非营利组织经营管理

陈晓春 等著

Public Administration Series

清华大学出版社
北京

内 容 简 介

伴随着社会转型和经济发展,中国非营利组织经历了爆炸式的增长,其活动范围、自身功能及其对整个社会发展的推动作用等都在与日俱增。同时,非营利组织也面临着诸多机会和挑战。为适应新时期的社会经济发展要求,必然要提高非营利组织的经营管理能力。本书通过对非营利组织经营管理的战略环境、战略目标、生命周期等方面进行分析,寻求改善非营利组织经营管理的路径;在此前提下,重点研究了非营利组织不同的经营管理策略,主要包括价值导向战略、准公共产品生命周期战略、品牌经营管理、多元化战略、民营化战略、财务支持管理、信息化及网络营销战略、管理创新、绩效管理等。最后,以长株潭"两型社会建设"中非营利组织的功能发挥为例,对非营利组织经营管理做了实证分析。

图书在版编目(CIP)数据

非营利组织经营管理/陈晓春等著. --北京:清华大学出版社,2012
(公共管理系列教材)
ISBN 978-7-302-29548-8

Ⅰ.①非… Ⅱ.①陈… Ⅲ.①社会团体—经营管理—教材 Ⅳ.①C912.2

中国版本图书馆 CIP 数据核字(2012)第 170528 号

责任编辑:周 菁
封面设计:傅瑞学
责任校对:王凤芝
责任印制:李红英

出版发行:清华大学出版社
　　　　　网　　　址:http://www.tup.com.cn,http://www.wqbook.com
　　　　　地　　　址:北京清华大学学研大厦 A 座　　　　邮　　编:100084
　　　　　社 总 机:010-62770175　　　　　　　　　　邮　　购:010-62786544
　　　　　投稿与读者服务:010-62776969,c-service@tup.tsinghua.edu.cn
　　　　　质量反馈:010-62772015,zhiliang@tup.tsinghua.edu.cn
印 刷 者:清华大学印刷厂
装 订 者:北京市密云县京文制本装订厂
经　　销:全国新华书店
开　　本:185mm×230mm　　印　张:25.5　　　　字　　数:400 千字
版　　次:2012 年 9 月第 1 版　　　　　　　　印　　次:2012 年 9 月第 1 次印刷
印　　数:1~4000
定　　价:40.00 元

产品编号:016202-01

公共管理系列教材丛书编委会

主　　任：薛　澜
委　　员：朱立言　娄成武　唐　伟
　　　　　张康之　姚先国　刘俊生

著作参与人员名单

陈晓春　　王小艳　　陈文婕　　李菲漓　　李　胜

陈雄先　　陈玉娥　　林　森　　周　振　　施卓宏

赵一鸣　　段小燕　　柴子菲　　章卓然　　颜克高

陈岳堂　　王　桥　　任　腾　　李江浩　　李炳秀

张笑宇

CONTENTS

目录

第一章

绪 论

第一节　非营利组织发展现状

改革开放 30 多年来,中国非营利组织经历了爆炸式的增长,其数量、活动范围、自身的能力、发挥的作用都在与日俱增,与此同时,理论界对非营利组织的研究也取得了一定的进展。随着社会转型和经济全球化的加快,我国非营利组织在发展过程中正面临诸多的机遇与挑战。由于我国非营利组织内部治理存在巨大差异,出现了少数佼佼者与绝大多数平庸者并存的状况。绝大多数非政府组织的发展路径和发展方向还很不明朗,导致其在发展道路上存在许多不确定性因素。当前非营利组织的发展表现出如下态势。

一、社会职能增加和社会认可度将逐步提高

目前伴随非营利组织法制和政策环境改善、政府机构改革、企业结构调整等,非营利组织获得了更大的发展空间,为非营利组织改善其经营管理提供了较好的外部条件。但是由于非营利组织自身经营管理水平不够,目前,非营利组织在中国社会中的认可度偏低。非营利组织能够做什么?能够提供何种服务?由于社会认可度不高,不少弱势群体在寻求帮助时,很难找到非营利组织帮助其解决问题。随着非营利组织管理的改善,服务质量的提高,社会认可度将逐步提高。

二、各部门权力交叉和利益博弈

非营利组织不是生活在真空中,政治制度、法律框架、管理政策、社会资源、资金、知识创新、人员交流等,这一切都对非营利组织的经营管理具有强烈影响。在中国,与非营利组织利益密切相关者包括政府、国际组织、跨国组织、国内的大企业、专家和媒体等。它们对非营利组织的期望与非营利组织关于使命的自我意识之间的冲撞,基本上决定非营利组织的发展方向和发展模式。因此,现阶段非营利组织的发展体现了各部门权力交叉与利益的博弈。

三、监督机制逐步健全

非营利组织的经营管理体现了其责任意识,而责任也是非营利组织的自觉追求。一个负责任的组织应当主动承担其应尽的责任和义务,并接受外部的监督。但是监督机制并没有存在于我国非营利组织经营管理的所有环节。在中国,对非营利组织现有的监督手段包括:民政部门的管理、业务主管单位的控制、政府审计、独立机构审计、捐赠方监督、媒体监督、行业自律、定期公布财务报告等。总地看来,民政部门和业务主管单位的管理正逐步完善,政府和独立机构的审计更加严密,非营利组织年报制度逐步成熟,行业自律机制有一定发展。值得注意的是,媒体特别是互联网在监督方面发挥了越来越重要的作用。

第二节　非营利组织经营管理面临的问题

一、组织结构尚待完善

众多非营利组织承袭了政府管理体制中的弊病,如管理结构不合理、部门分割、管理层级繁多、管理幅度过宽或过窄、职能重复、多头管理,大大降低了组织的工作效率。理论上,理事会应在非营利组织经营管理实施上发挥作用,但现实却并非如此,由于我国非营利组织成长的特殊环境,其理事会在人员构成与职能运转方面都存在诸多问题。中国有相当一部分的非营利组织没有理事会,或理事长由行政管理机关任命,或由出资人一人承担。理事会对组织的影响力比较薄弱。董事会成员虽然参与组织管理,但是他们很少有报酬,又缺乏利益驱动和激励机制,使得他们很少真正关心并及时了解组织的发展状况和相关信息,因而不能对组织内部管理人员或内部职工行为进行有效监督,造成非营利组织经营管理失灵。

二、缺乏战略发展意识

发展战略规划是非营利组织经营管理的重要环节,由于发展历史、所处行业、管理理念等原因,一些中小型的非营利组织对于战略管理缺乏认识,要么不知道战略管理为何物,要么认为战略管理是遥不可及的理论,对组织管理来说没有任何实际作用。既然连战略意识都没有,也就谈不上为长远发展着想去制定战略了。一些非营利组织管理者有战略意识,但是专注于一般性事务,沉迷于做一个"忙人",而无暇顾及组织战略。由于管理者实质上对于战略管理缺乏了解,认为战略管理是一种形式主义,只要经常谈一谈就行了。另一种情况是管理者没有从企业的日常事务中脱离出来,还是没有真正超脱于日常事务,造成高层次的人做低层次的事,组织经营完全处于无战略状态。战略的有效性在很大程度上取决于战略制定人员对组织战略目标的确定是否明确,对非营利组织外部环境的分析评价是否准确,以及对内部条件的分析是否完整、透彻。在市场竞争异常激烈的今天,很多非营利组织的战略不具备有效性。

三、人力财力资源不足

非营利组织经营管理需要高素质的人才作保证。非营利组织管理者必须清醒地认识到,有了正确的经营思路和匹配的组织结构后,还要拥有相应能力的管理者及员工才能实现组织经营管理的优化,否则在执行过程中会偏离方向,不仅无法实现战略目标,反而很可能会给组织造成重大损失。目前非营利组织不仅普遍缺乏专业化人才,而且专职工作人员少。以安徽省为例,全省性社会团体中的专职工作人员,平均每个社团仅1.6个,大多是从行政部门分流或退休下来的,年龄、知识结构不合理。社会组织普遍缺乏筹资渠道,政府公共财政顾及不了,社会捐赠资助有限。706个全省性社团,每年活动费用平均仅16万元。社会组织人、财资源缺乏,严重制约了自身能力的发挥和良性发展。

现存的管理体制不健全,管理缺乏民主性,传统的低工资、高贡献的做法和成员社会保障措施不力对优秀人才缺乏激励作用。

四、决策缺乏民主管理意识

部分非营利组织是在我国经济体制转轨时期过渡而来的,其董事会或者理事会的成员多由政府任命,组织内部产生的董事很少,其他利益相关者代表更是寥寥无几。董事会在人员构成上较强的行政色彩直接影响了董事会的决策。如在董事会的决策过程中官僚思想严重,民主意识缺乏,常常导致独断决策,违背了非营利组织的民主价值取向,也不利于决策质量的提高。当前我国非营利组织信息的公布和制度透明往往滞后于公众的需要,很难吸引更多的关注。参与战略设计阶段的工作人员包括理事会成员、秘书长、部门负责人、工作人员和志愿者。征求不同层面人员的意见可以保证组织经营管理的正确和组织成员的认同。但目前国内非营利组织的经营管理多是由决策者主导进行的,局限于少数人智慧和灵感的设计往往不能反映多数人的设想和意见。

第三节 改善非营利组织经营管理的建议

一、建立正式的经营管理战略制定系统

非营利组织经营管理战略不能凭上层管理者感觉产生,必须建立起有效的经营管

理战略制定系统。系统的形式可以多种多样,例如,成立由外部专业人员和组织高级管理人员组成的经营管理战略咨询委员会,也可以在非营利组织内部设立专门的经营管理战略制定机构。经营管理战略制定机构的设立可以连续地搜集战略信息,对环境进行分析,对有关经营管理的问题进行专题研究。同时可以对战略构想进行具体的细化,做出规划方案,进行可行性分析;通过对不同情景的模拟,促进组织决策者学习;对复杂环境下的经营管理问题开展分析,有助于促进管理者对相关问题的展开深度思考。

二、提高非营利组织经营管理创新能力

在非营利组织中,创新被定义为组织提供新的产品和服务的能力,以顺应科技进步并与国际接轨。对非营利组织的管理者来说,提高非营利组织经营管理创新能力至关重要,因为创新可以提高组织的效率和效能。创新可使非营利组织财政充足,完成使命。成功的营利性公司为赢得或保持竞争优势而致力于不断创新,成功的非营利性组织同样为了达成使命而努力创新。因此,创新能力是非营利组织经营管理中非常重要的一种能力。

三、提高非营利组织的应急反应能力

应急战略是管理者根据竞争态势和现有资源能力的分析确立长期目标、策划行动方案并分配资源,以实现企业既定的目标。应急决策能力是非营利组织必备的管理能力。危机的发生往往是情理之中、意料之外的,但非营利组织不能等事情发生以后才感到措手不及,应急预案的准备是非常必要的。近年来我国社会突发事件频发,无论是天灾还是人祸,都影响着社会各阶层,挑战非营利组织的应急决策能力。因此,实施应急管理对提高非营利组织经营管理能力意义重大。

四、建立合理的人力资源规划

人员是非营利组织一切战略的最终执行者,非营利组织有三种基本人员:理事、专职员工和自愿者。非营利组织生存和发展的关键是拥有受过良好训练且具有高度灵活性的员工。为了能够及时应对不断变化的环境,组织必须把对人力资源管理的要求整合到经营管理的长期规划中去。合理地利用物质性和非物质性的激励方式,提高人员的积极性。同时,非营利组织管理者应该意识到志愿者是非常重要的人力资源,在招募志愿者之前应该进行认真的工作分析,对所有员工进行平等承诺教育,以营销的方式公开招募优秀的志愿者。此外应注重各种形式、各个阶段的教育和训练,设置专门的志愿者管理档案。

第二章 非营利组织战略环境分析

组织存在于环境之中,环境必然对组织产生影响。非营利组织(Non Profit Organization,NPO)的环境是指影响其生存和发展的各种内外因素的总和,分为两类:一类是不可控制的外部环境,一类是可以控制的内部环境。非营利组织要生存和发展,就要适应外部环境的变化并对内部环境加以控制,这样内外环境才能发挥更大的能动作用。通过对内部环境和外部环境的分析,非营利组织将明确自身面临的机会和威胁、优势和劣势,从而为组织制定战略提供依据。

第一节 非营利组织战略外部环境分析

现代规划方法的标志之一是以外部环境为导向[①]。无论哪个行业,要判断其所具有的吸引力就必须有效分析并正确评价外部环境的走向。外部环境的多变性构成组织的生存空间,尽管外部环境包括组织外围的各种因素,但评估的焦点主要集中于那些对组织有影响的外部环境,主要包括宏观外部环境和行业环境两部分。

一、非营利组织(NPO)战略外部环境分析的意义

非营利组织作为一个特殊的部门,应该选择以义取利、以利谋义的"义利共生"之路。在充满激烈竞争的环境中,非营利组织怎样才能健康长久地发展,真正实现"义"和"利"的双丰收,外部环境分析具有十分重要的意义。

非营利组织不像企业那样以营利为目的,但并不否定创造更多的盈余。非营利组织的资金来源虽然不全是其服务收入,但有些非营利组织资金的主要来源还是离不开其销售收入。比如,私立学校的资金来源主要是学生的学费,地方医院主要通过收取医

---

① 迈克尔·A.希特,R.杜安·爱尔兰,罗伯特·E.霍斯基森.战略管理——竞争与全球化(概念)[M].北京:机械工业出版社,2002.

疗和药品费用维持其发展，它们的生存和发展在很大程度上依赖于市场。对于其他不以销售收入为主要资金来源的非营利组织，如社会福利院、教堂、公园、各种慈善机构，其资金来源主要依靠企业和个人捐赠。

随着经济突飞猛进发展，人们的社会心理也在快速变迁，消费者的需求越来越多样化，对准公共产品的需求也在不断增加；同时非营利组织越来越多，消费者的选择空间也越来越大，谁有更适合社会需求的产品，谁能提供更优质的服务，谁就能获得更多的支持。因为在社会主义市场经济条件下，非营利组织为社会提供的这种"公""私"兼顾的准公共产品的效用直接影响消费者个人利益的实现程度。非营利组织要想获得更多的支持，在激烈竞争的市场中有一席之地，就必须搜寻竞争对手、客户以及其他利益相关者的信息，搜寻相关的社会文化、法律政策、经济、全球环境的信息，在对这些信息进行分析的基础上，理解其现实意义，提高战略竞争力。

二、宏观外部环境分析

宏观外部环境包括在整个社会环境中影响一个行业和企业的各种因素。具体来说包括：社会因素、经济因素、政治法律因素、技术因素等几个方面。这些因素的改变是单个组织不能控制的，但有一些环境因素的变化是组织可以预测的，这样组织可以通过对这些环境的分析进行预测，从而制定相应的战略决策适应不断变化的环境。在分析这些环境因素时应抓住其中最重要的部分，从对这些关键要素的分析中认识环境变化发展的趋势、机会和威胁，通过适当的调整，实现组织的战略目标。

（一）社会因素分析

社会因素包括社会文化和人口特征两大方面，它不仅影响社会对产品或服务的需求，也能改变组织的战略选择。

1. 社会文化因素分析

社会文化因素通常与一个社会的价值观念和人们的消费风格、教育文化水平、品位、宗教信仰等相关。专栏作家乔治·威尔（George Will）在描述文化对社会的影响时认为，一个国家的文化对它的社会特征和社会健康起主要作用。了解这一点对大家来说是至关重要的[①]。组织一经产生，就按照社会环境的要求进入一定的位置，但组织所处的社会环境并不是一成不变的。因此，非营利组织要想提供符合消费者需求的准公共产品，必须先了解当前这个社会的人们的价值观念和生活的态度。任何一个国家都

---

① 文理.企业战略管理：原理、案件、分析[M].北京：中国科学技术大学出版社，2003.

有不同的社会文化,比如,在美国,人们将 14% 的 GDP 花在医疗保健上,德国花在医疗保健上的费用占 GDP 的 10.4%,瑞士则为 GDP 的 10.2%,但在中国这个比例还相当低。这说明中国这一潜在的市场是巨大的。要打开这个巨大的潜在市场,就得从转化人们的价值观念入手,让人们对各种准公共产品有认同感,能欣然接受这样的产品。从中国目前的现状来看,人们的价值观正在朝有利于非营利组织发展的方向转化,接受高等教育的人群队伍越来越庞大,各种保健性的服务行业更是门庭若市,大部分老年人开始乐于选择到社会福利院安度晚年,宗教界也运用儒家文化、佛教文化吸引更多的信徒及旅游观光者。

2. 人口因素分析

人口因素在宏观外部环境分析中处于相对重要的位置。人口总量、人口的年龄结构、人口的收入分配、人口的地理分布都对一个行业有着重要的影响。非营利组织所提供的准公共产品不同于有形的物质产品,有形的物质产品生产出来之后可以储存,在短时期内消费不完可留到下期再用,而准公共产品生产和消费同时进行,有多少消费者才提供多少产品和服务。因此,对非营利组织来说,进行人口因素分析是至关重要的。

(1)从人口数量来看,虽然世界人口增长呈放慢趋势,但在 50 年内预计中国仍将是世界人口最多的国家。人口的增长就意味着将会有更多的消费者,同时也意味着将消耗更多的自然资源,这给"地球村"带来的威胁更大。非营利组织在给越来越多的人提供服务的同时,也要争取最大程度地保护自然资源。比如,学校可提供生态教育和生态消费教育,医疗机构可从医学的角度倡导人们健康饮食、健康生活并教育人们如何保健,科研机构可研究更多可降低环境污染、保护资源的技术成果。

(2)从人口的年龄结构来看,世界人口的平均年龄正在增加,很多国家的人口年龄结构正在老龄化。中国也是如此,随着经济的飞速发展,人民生活水平的日益提高,人口寿命也越来越长。另外,由于中国实行计划生育政策,婴儿出生率大幅降低。因此,中国人口老龄化趋势尤为明显。这种趋势对非营利组织来说可能意味着无限的机遇,他们可以开发各种新型的服务以满足不断老龄化的人口的需要。比如,医疗保健、社会福利院、老年人活动中心等都将会有很大的需求。

(3)从人口的收入分布上来看,虽然人们的生活水平有了显著提高,但贫富差距依然存在。不同地区、不同行业都存在或多或少的差距。而人们的收入水平在很大程度上影响人们的消费观念及态度。对低收入阶层来说,重点是满足生存需求,仅有少部分用于享受及发展需求。高收入阶层的重点则恰恰是享受及发展需求。非营利组织在制订战略计划时一定要做到既能满足高收入阶层的现实需求,又能满足低收入阶层的潜在需求。

总之,人口数量及结构的变化对主要社会关系及政治关系有很大的影响,对经济产业结构和规模有直接的影响,并将影响组织的活动空间和方式。例如,日本国内由于有60岁以上成员的家庭已超过消费群体的20%,于是出现一种新的业务类型——"银发服务业",这也是日本社会人口结构变化的产物①。

(二)经济因素分析

经济环境是影响组织行为的各种因素中最关键、最基本的因素。对非营利组织进行经济环境分析,把握其所属的或可能参与其中竞争的经济体的经济特征和发展方向,找寻经济环境的变化趋势,可为其制定的战略目标提供重要信息。

1. 国内经济环境分析

经济环境的变化首先表现为一国国内经济环境的变化。它主要包括经济增长率、财政货币政策、利率、税率、投资、市场需求等各方面内容。一个国家的经济状况对各个行业的生存及发展有重大影响,它可以促使人们生活水平提高及消费观念、价值观念转变,不仅可以扩大现有市场购买力,同时还可促成新市场的开发及新一类需求的增加,这无疑将成为非营利组织发展的机遇。比如中国自改革开放以来,经济年增长率持续保持在8%～9%的平均水平,经济环境发生了巨大的变化,再加上中国经济体制的改革,为非营利组织的发展提供了良好的机会。

2. 国际经济环境分析

经济环境的变化还表现在全球经济环境的变化上。随着生产的国际化,世界各国的经济联系越来越密切,任何一个国家经济的变化都会对其他国家的经济产生影响。因此,组织在对经济环境进行分析时,必须考虑国与国之间经济的相互影响,必须时刻注意找寻新的市场和正在发生变化的市场。由于全球市场的一体化使其变得无国界、无地区界限,这就要求组织除了看到全球化所带来的机遇,也要注意那些市场中潜在的威胁。

(三)政治法律因素分析

政治法律因素是指政府的行政性行为,有关法律法规、政治形式等。这方面的因素反映了各种组织和政府之间相互影响的结果,这些因素在不断变化中,从根本上影响各组织之间的竞争。政府的某些政策可以影响一个组织的运作和发展。政治的稳定无疑

---

① 陈晓春.非营利组织营销学[M].长沙:湖南人民出版社,2003.

是组织发展必不可少的前提条件,政治环境的变化对组织的决策可能产生直接的作用,但更多地表现为间接影响。因此,非营利组织要仔细研究这些因素,看这些因素是否有利于自身目的的实现,或者说这种政策环境的变化所导致的新的政策、法规及新制度的出台是否有利于自身的发展。另外,政府的预算作为资源在政府支出与组织消费之间的再分配也是影响组织发展的重要因素,政府制定的税收政策、投资政策都会对组织活动及其活动的结果产生影响。

从世界各国目前的情况看,政策和法律因素也正朝着有利于非营利组织发展的方向变化。许多国家的政府都对成立的非营利机构从财政税收政策和法律上予以支持。例如,德国给予非营利机构的财政支持约占非营利机构总收入的 68%,而在法国这一比例为 60%。此外,还给非营利机构特定的免税,从事社区服务时购买的商品不需缴税。比如,美国法律就规定非营利机构可以享受一定的税收优惠政策,慈善机构、宗教团体、科研机构、教育机构等可以不向地方政府上缴财产税,当这些组织销售产品或服务时,也不需上缴营业税。还规定非营利组织债券持有人不用缴纳利息收入所得税,而且当企业和个人向非营利组织捐赠时,他们的捐赠物可以少交一部分所得税[①]。这些政策和法律都为非营利组织的发展提供了有利条件。

(四) 技术环境分析

任何组织都与一定的技术存在稳定的联系,一定的技术是一定组织为社会服务或作出贡献的手段。当前,以电子技术和信息处理技术为核心的新技术革命正在迅猛发展。这场技术革命对人们的生活和工作带来了极大的方便。技术领先的医院、学校、科研机构、甚至一般慈善机构,比没采用先进技术的同类组织具有更强的竞争力。比如,我国的中医药业,像三九集团开发的电脑抓药与电脑煎药将逐步替代目前的人工抓药与人工煎药,这将节约更多的人力资源,提高工作效率。同时,由于电子计算机和信息处理技术的发展,组织将可能在最短时间内获得最全面的信息,这将大大提高组织决策的准确性和及时性。

另外,新技术的产生会促使更多新的产品和服务项目的出现,甚至某些新技术的产生在迫使一批老产业淘汰的同时创造出一批新产业,这就为非营利组织的发展提供了更广阔的发展空间。

三、行业环境分析

行业结构分析是制定组织战略的主要基础。一个行业是由一系列组织构成,它们

---

① 陈晓春.市场经济与非营利组织研究[M].长沙:湖南人民出版社,2001.

生产的产品和提供的服务具有很大的相似性。在非营利组织部门同样存在不同的行业，每一个行业都由大致相同的机构构成。在这些组织之间存在很多的竞争，怎样才能在竞争中获得竞争优势，义利双收呢？根据美国著名的战略管理学家迈克尔·波特（M. E. Porter）的观点，在一个行业中，存在五种基本竞争力，即潜在的进入者、替代品、购买者和供应者的讨价还价能力以及行业中现有竞争力。通过对这几个因素的分析可提高非营利组织的竞争力。

（一）新进入者的威胁

新进入者通常会给在位者带来很大的威胁。首先，新进入者通常拥有相当的资源，也想占领更大的市场。有资料表明，在位者总是在关注新进入者方面做得不够。其次，新进入者会在对在位者做充分调研的基础上，利用"产品差异化"战略吸引顾客。比如，传统的医疗机构的本职是救死扶伤，而现在的一些地方医院已经不再是单纯治病救人，像保健、美容等也成为他们很重要的服务项目。最后，新进入者会避开进入障碍，寻找在位者未提供服务的市场缝隙进入，随后再引入更多的服务项目，在更广阔的市场展开竞争。比如，我国私立大学作为新生事物在与老牌的国立大学竞争时，从知名度上来说是完全不具优势的，任何一名学生都希望自己能在知名学府深造，然而并非每一位学生都可以实现美好愿望，总是会有很多落榜者，而这些学生也希望能有一技之长。很多私立大学正是看中这个市场缝隙，在进行科学文化教育的同时，从各种技能培训入手，在打下基础之后再引入其他各种专业的教学，与国立大学展开全方位的竞争。

（二）替代品的威胁

替代品是指来自不同行业的功能与该行业相同或相似的产品或服务[①]。非营利组织的准公共产品基本上是以服务的形式提供给顾客，当顾客面临多种可供选择的准公共产品而且转换成本很低甚至为零时，当然会做出更优的选择。首先，要注意收集替代品所具有的优势和劣势的相关信息，通过弥补替代品的不足之处来吸引顾客。在众多的可供选择的服务面前，顾客难免会有点盲目，毕竟每一种方法都会有自己的优势，都有吸引力的方面，因而要尽量突出自身的优势和替代品的劣势。其次，在顾客认为具有价值的地方进行差异化，要注意充分体现自己具有而别人都没有的服务特点。最后，要考虑双方的寿命周期及总体发展方向。如果非营利组织始终坚持自己原有的服务方式和内容，最终必将被淘汰。所以非营利组织在研究与替代品的关系时，一定要注意分析

---

① 劳伦斯·S.克雷曼.人口资源管理：获取竞争优势的工具［M］.北京：机械工业出版社，2003.

替代品及自身的发展前景及总体趋势,不能盲目竞争。

(三)买卖双方的讨价还价能力

1. 非营利组织通常在以下情况下更具有讨价还价的能力

(1)少数几个非营利组织控制着供应者集团。当供应者较少时,组织就能在价格和质量上对顾客施加压力。

(2)替代品不能对非营利组织提供的准公共产品构成威胁。

(3)非营利组织提供的准公共产品对顾客来说是至关重要的。

(4)非营利组织提供的准公共产品具有差异化且标准化程度高。

(5)非营利组织提供的准公共产品给其他非营利组织制造了很高的转换成本。

2. 顾客通常在以下情况下更具有讨价还价的能力

(1)顾客的消费占非营利组织相当大部分比重,且对非营利组织是一笔可观的交易。

(2)顾客转向消费其他非营利组织的准公共产品时转换成本低。

(3)替代品具有很强的竞争力。

(4)非营利组织提供的准公共产品的差异化不大且标准化程度低。

非营利组织在了解自己及顾客的讨价还价能力的基础上,可以通过吸引一批核心顾客增强自身的竞争实力。

非营利组织提供的准公共产品具有很强的针对性,每一种准公共产品的顾客群体都有大致相同的特征。比如,学校主要针对青少年求学者;医院的美容专科主要针对的是中年妇女;老年人活动中心主要针对的是老年人。这些主要顾客群体可以确定为组织的核心顾客,一个组织对这些核心顾客的分析是很重要的。首先,这些核心顾客会对其他消费者的消费行为造成一定的影响。一方面,核心顾客会对非营利组织所提供的准公共产品进行宣传,作为消费者当然宁愿相信其他消费者推荐的产品,所以他们的宣传对非营利组织来说是最有效的宣传手段;另一方面,现有消费者会对下一代的消费行为产生影响,比如,母亲的消费行为对女儿未来的消费选择会有很大的影响,这对组织的长远发展无疑是相当有利的。其次,核心顾客会对非营利组织提出中肯的建议和意见。核心顾客在享受非营利组织提供的准公共产品过程中,会不断了解产品的性能、质量以及存在的问题,并且会及时将问题反馈给非营利组织,同时还可能提出自己的看法。因而非营利组织要与这些顾客保持密切的联系,收集顾客消费状况的相关信息。最后,核心顾客具有很强的代表性。他们代表一个时代同类人的生活特征和消费偏好。非营利组织可以根据这些核心顾客的特征设计更新的准公共产品,创造更适合他们生活特征的消费环境。

核心顾客对非营利组织来说是不可忽视的竞争力量，要吸引核心顾客应做到以下几点：

（1）提高准公共产品的标准化程度。让顾客认为其享受的产品或服务是最好的、标准的，是其他产品或服务所不能替代的。

（2）提高顾客的效用。当顾客认为效用高时，便不会对价格很敏感。相反，当顾客认为效用低时，就会千方百计压低价格，并很有可能转向选择其他组织。

（3）充分了解顾客的消费态度。不同的顾客有不同的消费偏好，是偏好于当前消费还是未来消费，是偏好于物质消费还是精神消费，是偏好于高质量的还是低价格的，组织都要清楚地了解，只有这样才能针对不同的消费群体制定不同的战略。

（四）竞争环境分析

1. 影响非营利组织之间竞争程度的因素

（1）众多规模和能力接近的竞争者。在一个市场中提供相同准公共产品的非营利组织不可能只有一家，数量越多组织之间的竞争就越激烈，每个组织都有扩大市场份额和提高行业地位及利润的欲望，即使是为数不多的几家实力相当的非营利组织，基于这些欲望其竞争也会非常激烈。

（2）行业需求弹性小，增长缓慢。当一个市场正在成长的时候，非营利组织会尽量将资源用在有效地满足不断扩大的顾客群体的需求上。如果顾客对非营利组织提供的准公共产品的需求弹性很小且市场的增长速度又很缓慢时，非营利组织就会试图吸引竞争对手的顾客以扩大自己的市场份额，这样就会使竞争更加激烈。

（3）缺少差异化且转换成本低。当非营利组织提供的准公共产品具有差异化且标准化水平很高时，顾客会很忠诚地选择同样的消费，行业内如果非营利组织可以成功地差异化自己的产品，竞争程度将会较低。如果非营利组织的差异化能力差，而且顾客很容易转向选择类似产品时，非营利组织之间的竞争程度将会很高。

（4）退出障碍高。当非营利组织在竞争中处于弱势而想退出竞争时，可能会受到经济的、情感的、甚至政策等方面的约束而形成退出障碍。当这种退出障碍（即退出成本）较高时，非营利组织就得勉强维持下去。要继续坚持的话，就必须采取更强有力的战术来获得顾客，这又会减少其他同类非营利组织的顾客，为争夺更多的顾客必然产生更加激烈的竞争。

（5）行业产出增量大。规模经济要求非营利组织以大的规模来提供更多的准公共产品，供给的大幅增加会打破行业内的供需平衡，从而使行业内为实现均衡而不得不降低价格,这样对以营业为主要收入来源的非营利组织来说是相当不利的。

2. 竞争对手的分析

竞争环境分析主要是对竞争对手的分析,竞争对手包括所有与该组织直接竞争的其他组织。任何一个行业内的同类组织都是相互制约的,任何一个组织的行为都会引发竞争反应,各个组织也都会为追求战略竞争力或创造更多的盈余而积极投身于竞争。对竞争对手的分析主要是收集大量竞争对手的数据和信息,并通过对其中有效数据和情报进行分析获得竞争对手的重要信息。

(1)可获得关于竞争对手未来目的的信息。竞争对手之所以投身激烈的竞争中,并不是盲目行事,肯定会有一定的驱动力量,这个驱动力量正是竞争对手想要达到的未来目标,也是必须掌握的信息。只有了解竞争对手未来目标,才能有效地对自己的目标进行调整,才能正确地确定未来将自己的重点放在什么方面才不至于与竞争对手冲突,或者说才能比竞争对手更具竞争优势。

(2)可获得有关竞争对手当前战略的信息。竞争对手当前的战略措施正是他们当前竞争所用的强有力的武器,用什么样的方式应对竞争对手目前的竞争是组织首要考虑的问题。如果当前在竞争中处于下风,对未来的竞争会产生相当多的不利影响。认真分析竞争对手正在用什么样的方式竞争,这种方式究竟有多大的威胁,对组织制订当前应对竞争的措施有很大的作用。

(3)可以获得竞争对手对自己及整个行业的看法和态度的相关信息。竞争对手对自己及整个行业的设想可能会影响行业未来的发展趋势,甚至引起行业的波动。那么,对这种趋势我们有没有看到?对可能出现的波动有没有预测到?如果没有看到或预测到,现在就要进行分析和预测。如果已经预测到了,要分析这种趋势和波动会带来多少有利因素和不利因素,从而进行战略调整,或用自己的实力扭转这种趋势或波动。

(4)可获得有关竞争对手能力的信息。竞争对手的能力直接体现他在竞争中的实力,了解这一点对任何一个参与竞争的组织来说都是至关重要的。对竞争实力强的对手,要谨慎应对,认真比较各自的优势和劣势,找出竞争对手的不足之处,从他们的弱点入手,充分发挥我们的强项。对于竞争实力相对较弱的对手,既不能掉以轻心,也不能投入太多的精力而忽视其他强劲的对手。

以上四个方面的信息,将帮助非营利组织建立起针对每一个竞争对手的预期反应档案(如图 2-1 所示)。

```
┌─────────────────────────────────┐
│ 当前战略                         │
│ 1. 竞争对手正在做什么，能做什么？ │
│ 2. 我们目前如何应对竞争对手？     │
│ 3. 竞争对手目前战略的威胁有多大？ │
└─────────────────────────────────┘

┌─────────────────────────────────┐
│ 未来目标                         │          ┌──────────────────────────────────┐
│ 1. 竞争对手未来目标是什么？       │          │ 反馈信息                          │
│ 2. 我们的目标是什么？            │          │ 1. 我们的竞争优势有哪些？          │
│ 3. 我们未来的重点是什么？         │          │ 2. 竞争对手未来的目标及做法是什么？ │
└─────────────────────────────────┘          │ 3. 我们如何改变与竞争对手的关系？   │
                                              └──────────────────────────────────┘
┌─────────────────────────────────┐
│ 行业态度                         │
│ 1. 竞争对手对自己及行业的态度怎样？ │
│ 2. 我们能预测到未来的趋势吗？      │
└─────────────────────────────────┘

┌─────────────────────────────────┐
│ 竞争能力                         │
│ 1. 竞争对手实力如何？            │
│ 2. 我们的优势和弱点是什么？       │
└─────────────────────────────────┘
```

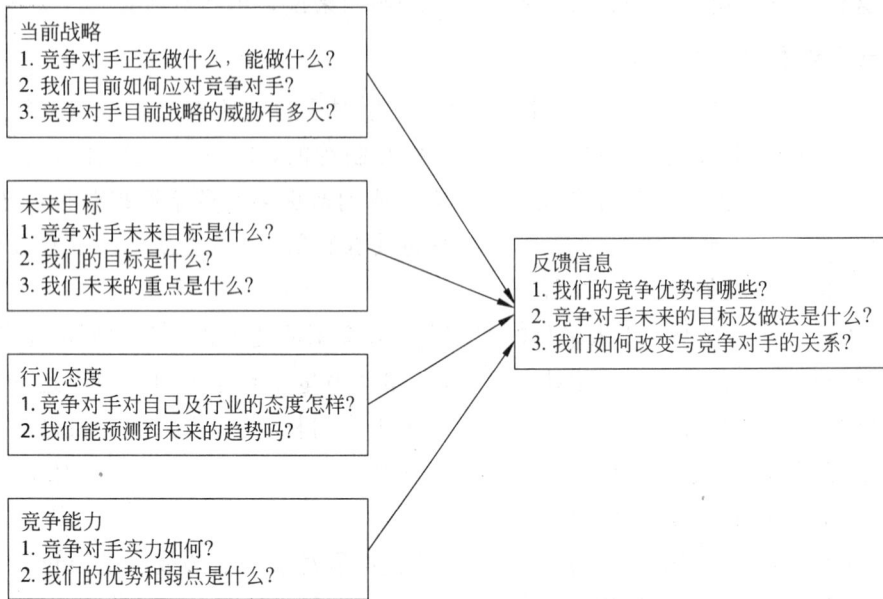

图 2-1　竞争对手预期反应档案

第二节　非营利组织战略内部环境分析

在第一节我们讨论了宏观外部环境和行业环境等外部环境。在了解身处的外部环境条件后,非营利组织对市场机会、威胁以及自身的产品和服务将会有进一步的了解。外部环境的分析,让非营利组织确定可能会选择做什么。下面我们将集中于内部环境分析,它让组织确定他们能做什么,这是竞争优势的基础。内部环境分析主要从资源、组织文化、能力、核心竞争力几个方面入手。

一、非营利组织战略内部环境分析的意义

(一)有利于非营利组织正确确定核心竞争力

随着经济全球化和互联网的快速发展,任何一个组织都很难在长时间内保持竞争优势。要想在不断变化的经济环境中具有竞争优势,就必须不断地更新自己,获得新的思想,使组织内部资源与能力紧密地组合是具有独特价值的。由于新的专有技术的出现,世界经济政治发生翻天覆地的变化,人类社会价值观的改变以及消费者需求的转变,都将给组织的决策者或经理人员们带来更多的不确定性。在进行内部环境分析时,

决策者有可能犯错误,将一些不能产生竞争优势的资源和能力作为组织的核心竞争力,使组织遭遇失败。这样,决策者就必须重新定位,采取措施进行修正。在修正的过程中,决策者要对组织内部资源进行全面细致的比较,直到最终确定正确的核心竞争力。

(二) 有利于非营利组织更好地利用核心竞争力

组织的核心竞争力的一个非常重要的特点是,它与实物资产不一样,它们在应用的过程中会变得更有价值,因为它们都是建立在知识的基础上。但是也不能假设某种特别的核心竞争力会给组织带来永久性的竞争优势,因为组织外部环境的变化会使组织的核心竞争力变成核心僵化因素。由于竞争优势的生命是有限的,一旦确定了组织的核心竞争力,就要尽可能充分利用这种优势,并尽可能延长这种优势的生命周期。

组织内部资源和创造价值的潜力是可以不断挖掘的,核心竞争力也是如此。为了更好地利用核心竞争力,挖掘核心竞争力创造价值的潜力,组织的决策者们必须要敢于面对复杂多变的环境,并且要敏捷地认识到环境变化会给核心竞争力带来怎样的冲击。然后通过对内部环境的分析进行合理的判断,采取相应的措施维护现有竞争优势。

(三) 有利于非营利组织培育新的核心竞争力

核心竞争力是有阶段性和层次性的。阶段性是指核心能力作为组织竞争优势的来源和基础,总是与组织成长阶段相联系的,即不同的阶段应有不同形式和内容的核心竞争力。层次性是指核心竞争力在竞争范围的扩大过程,应不断提升其作用和水平。因此,获取新的核心竞争力就成为组织成长过程中的一个持久性的课题[①]。当现有竞争优势随着环境变化而不断消失时,必须有新的竞争优势来取代。对内部资源和能力的分析可以使决策者们看到原有优势减弱的原因,可以知道哪些问题在寻求新的竞争优势时是可以避免的。同时,组织的决策者要敢于接受竞争优势生命有限的事实,不断地通过对内部环境的分析优化组合内部资源和能力,积累核心竞争力,通过创建学习型组织,在不断修炼中增加组织的专用性资产以及隐性的不可模仿的知识,以培育新的核心竞争力。

二、资源分析

资源是组织生存和发展中不可缺少的要素。资源数量的多少、质量的高低,对维持和发挥战略管理活动的成效具有很大的影响。资源通常可以分为有形资源和无形资源。有形资源指的是有具体实物形态、可以看得见摸得着、可以量化的一种资产,主要包

---

①　黄明胜,水家耀.核心能力:现代企业持续竞争的案例[M].广州:华南理工大学出版社,2001.

括财务、实物、技术等资源。无形资源是指不具实物形态、植根于组织的历史、长期积累下来的一种资产,主要包括人力、创新、声誉等资源。

(一)有形资源分析

1. 财务资源

财务资源主要包括筹款能力及产生内部资金的能力。由于非营利组织的特殊性,大多数非营利组织的财务资源主要来自于企业和个人的捐赠或政府的支持。只有少部分有产生内部资金的能力,如私立学校、地方医院。对于主要靠捐赠维持生存与发展的非营利组织,其财务资源似乎不能单独体现其竞争优势。但对于私立学校、地方医院等有销售收入的非营利组织,进行财务资源分析可以提高其战略竞争力。比如,私立学校有了更多的资金就可以不断扩大规模,不断充实其师资力量,培养出更多优秀的人才;医院有了更多的资金就可以添置更多先进的医疗设备,培养更多高素质的医生,为病人创造更好的医疗及休养环境,以此吸引更多的客户。因而,对非营利组织进行财务资源分析,不断增强产生内部资金的能力,并合理利用这些资金是有必要的。

2. 实物资源

非营利组织不同于企业,它不生产有形的商品,以提供服务的形式满足消费者,因而它没有生产设备、机器、厂房。但它要通过一些设施提供服务,也需要房屋和一定的活动场所。比如,老年人活动中心就得有各种健身器材和娱乐设施,学校得有足够的教室、学生活动场所以及完备的教学设施,医院也得有先进的医疗仪器及良好的院内环境供病人休养;等等。实物资源越丰富,越能体现非营利组织的优越性。但由于这些有形实物资源具有很强的模仿性和可替代性,因而靠这些实物资源分析得来的竞争优势并不具有持续性。

3. 技术资源

一个组织要想在当今的市场上表现过人,就必须为顾客提供比竞争对手更有价值的东西。这种价值主要来自于知识的创新和使用,而这正是以技术支撑的。一项成功的技术战略能让组织获得并维持竞争优势,并能使组织获得更多的市场份额,提高行业地位。

(二)无形资源分析

1. 人力资源

组织中有很多种非人力资源,如土地、资源、设备。对这些资源的管理固然是相当重要的,但一个组织如果不进行适当的人力资源管理是不能取得成功的。就像一台机器离开专业的有能力的人的操纵就不可能有效地运行,或者根本就不可能运行一样,一个组织除非由有能力的人驾驭,否则就不能运作。只有人能够制定组织的目标,也只有人才能使组织实现目标。要想对人力资源进行有效的管理,必须认真分析组织的人力资源状况。

（1）知识分析

21世纪是知识经济时代,知识已成为经济发展中首要推动力量和决定力量,也是主要的经济发展资源。知识通常是在交流的过程中产生,它不仅仅只指人们掌握的科学文化知识,还包含人们的经验、判断能力、价值观及世界观。管理者们要找出蕴藏在组织内部有价值的知识,并将这些知识融入到能使顾客实现效用最大化的产品中去。对非营利组织来说,就是要将这些知识渗入到其服务中去,而且使这种知识在整个组织内部有效地传播并运用,使组织更具有优势。另外,组织要创造一支知识多元化的劳动力队伍。既要有年轻的科学文化知识扎实、创新能力强的工作人员,又要有经验丰富、判断能力强、年龄较大且相对稳定的工作人员,还要有具有各种专长的人员。

（2）信任分析

一个企业得不到顾客的信任,它生产的产品就销售不出去,就会亏损。同样,一个非营利组织所提供的服务得不到消费者的认可,或者工作人员的行为得不到公众的信任,它的资金来源就会受到限制。在中国,由于极少数非营利组织违背了非营利准则,使得很多公众缺乏对非营利组织的信任,以致不愿意捐款。甚至还有一些人或企业有意愿捐赠,却不知道捐给谁。非营利组织不同于企业,企业可以靠自己生产的产品获得顾客的信任。非营利组织不能生产有形产品,就只能靠人力资源树立自己的形象,提高公众的信任感。首先,管理人员要以身作则,用非营利组织的标准规范自己的行为,获得员工的信任,将所有的员工团结在一起,为实现组织的目标而努力。其次,所有的员工也都应对组织有认同感,有相应的知识技能,将自己最好的服务提供给顾客,并且还要懂得如何培养、增加顾客的信任感。

（3）管理能力分析

非营利组织主要以提供服务为主,因此,管理能力主要体现为对人力资源的管理。

1）高层管理人员的管理能力。在复杂多变的环境中,管理者所面临的不确定性越来越大,他们不得不去管理一支多样化和不断更新的劳动力队伍,这就要求管理者不仅是有效的教员、激励者和沟通者,而且要具有很强的"人际技能"。一方面,高层管理者要保持相对稳定的劳动力队伍。有调查表明,消费者对相对稳定的组织更加信任,因而管理人员要有留住雇员的能力。另一方面,高层管理者要懂得如何开发和配置人员,要善于了解员工们的工作状况,给员工们适当的培养,这不仅可以提高员工的工作能力及工作积极性,还可以稳定员工。

2) 人力资源专业人员的管理能力。以前,很多组织都把一般雇员看做组织的花费而不是使组织能完成其使命的资产或资源。现在,很多组织已逐渐明白专业人员对于一个组织目标的实现具有举足轻重的作用。人力资源专业人员最了解劳动力的转换性质,并更清楚劳动力市场中技能的供应状况。例如,一所医院在赈灾时考虑增加一个新的癌系科,人力资源专业人员可以为确定这个行动的可行性提供建议。

2. 声誉资源

声誉对于任何一个组织来说都是至关重要的,它通常与组织的形象和外观相联系。纽约大学教授弗姆布鲁恩在《声誉》一书中说:"声誉是竞争优势的一个来源。……在那些重视声誉的公司里,管理者花费很大的力气去建立、维护和捍卫公司的声誉。他们始终努力:①塑造独特的公司外观;②向公众推出协调统一的公司形象。"非营利组织要充分发掘其声誉资源。首先,要树立自己独特的形象和外观。就像一个人能被另一个人形象鲜明和外观独特所吸引一样,组织也因其独特的形象和鲜明的外观而魅力大增。"魅力就是信心"。如果一个组织能够有这般自信,就不愁得不到雇员、客户、投资者和社区的支持。牢固的组织形象具有吸引力,但最重要的是组织的公众可信度。组织的威信更多的基于顾客对组织的印象和看法,而并非组织本身。比如,一所大学想通过全国性媒体建立良好的公众形象。如果这所大学在本地区以外并不知名,这就很难做到。这种情况下,这所大学的影响力是不够的,因为他们与全国性的媒体记者打交道的经验不多,远不如全国闻名的大学那么老道。这样,尽管这所大学付出了努力,并且调动了很多资源,也很难如愿以偿。提高组织的公众可信度,将是决定一个组织追求其目标成败的关键因素。当一个组织面临顾客责难时,可以利用在顾客服务方面建立起来的良好声誉挽救整个组织。其次,组织要树立信任标志。信任标志是一个与众不同的名字或象征,它是情感的连接,这样的连接比传统上认定的产品标志具有的功效更为强劲有力。[①]

3. 创新资源

在信息技术飞速发展的今天,任何一种竞争优势都不可能持续很久,要想有新的竞争优势就必须有一种"全新的思路",也就是必须具有创新资源,一个没有创新资源的组织在日益激烈的竞争环境中很难生存和发展。首先,要有创意。创新者们和那些管理创新的人们所面对的挑战是那些一旦建立后便主导现有市场并创造新市场的组织,他们要通过现有的资源、能力和核心竞争力创造出一种独特的市场定位。其次,要有科技能力。有创意固然重要,但创意只有付诸行动变成事实才能真正体现出价值,这就要求组织能有将创意变成现实的科技能力。正在开发的技术并不意味着成功,使技术增加应

---

① 保罗·A.阿根狄.公司沟通[M].北京:清华大学出版社,2003.

用价值的实施模式最终决定技术的成功。通常技术的开发依赖于其他技术发展，所以创新的完成是与组织系统中其他部分的成功发展相联系的。

三、组织文化分析

文化与组织联系在一起时，指的是组织中的成员所共有的价值观念、行为方式、信仰及道德规范。它往往是该组织所特有的、在较长的一段时间里形成并长期处于比较稳定的状态。它不仅确定了该组织的风气和人们的行为准则，而且也影响计划、组织、用人、领导和控制等各个管理职能的实施方式。组织文化是各种文化中发展最成熟、最有代表性的一个分支，其内容大致可以概括为四个方面。

（1）形象。组织形象是组织文化个性化的表现，好的组织形象至少应具备四条特征：鲜明的个性；独特的外观；重视对社会的责任；关心和尊重职工。

（2）精神。组织精神是组织文化的思想核心，是凝聚全体员工的主要精神力量。它需要长期的培养。好的组织精神必须既有丰富的思想内容，又有言简意赅、醒目易懂的表达形式。

（3）规范。组织规范是指员工的行为规范，它是组织内每位成员都必须遵照执行的行动准则。如果谁违背了这些准则，便会受到集体舆论的谴责和唾弃，或者受到批评和处分。

（4）哲学。组织哲学是对一个组织的共同价值观、最高目标的理论概括。它是组织精神、组织形象、组织规范的理论基石，是组织活动的基本指导原则。

四、能力及核心竞争力分析

（一）能力分析

能力是一个组织分配资源的效率，这些资源被有目的地整合在一起，以达到某种预想的最终状态。通过有形资源和无形资源的不断融合，利用洞察力和智慧创造并利用外部机会，使组织建立持久性的竞争优势。成功组织的竞争优势主要来自于其知识的积累，这种知识的积累正是组织能力的反映。在不断的实践中组织的能力会随着知识的积累越来越强大，越来越具有价值。一些调查人员认为："在信息时代，实物是辅助的，知识才是中心。企业不是从实物里获得价值，而是从人们所固有的知识、技术诀窍、知识产权和竞争能力中获得。"因而，非营利组织要为人们创造一种环境，使人们能将他们个人的知识组合在一起，这样每一名员工能够尽量更多地支配组织共有的知识。

（二）核心竞争力分析

核心竞争力是指能为组织带来相对于竞争对手的竞争优势的资源和能力。核心竞争力的形成要经历组织内部资源、知识、技术等的积累、整合过程，才能形成持续的竞争优势。只有当资源、知识和能力同时符合用户价值性、延伸性和独特性标准时，它们才是核心竞争力[①]。它能使组织超越竞争对手，并为组织所提供的产品或服务增加价值。一个组织如果不断地学习和积累如何分配及整合资源和能力，核心竞争力就会不断出现。核心竞争力的定位是很重要的，如果定位不好会给组织带来很大的不利。那么，怎样才能识别和建立核心竞争力呢？下面四个决定战略能力的标准将帮助我们判断哪些是核心竞争力。

1. 有价值的能力

有价值的能力是指那些能为组织在外部环境中利用机会、降低威胁而创造价值的能力。这种能力对组织最终产品或服务的价值有重要贡献。

2. 稀有的能力

稀有的能力是指那些极少数现有或潜在竞争对手拥有的能力，它代表了独一无二的并且能提供持久性优势的能力。如果一种能力被许多竞争对手所拥有，他们中的任意一个都不太可能产生竞争优势，有价值而普遍存在的资源和能力可能会造成对等的竞争。只有当组织创造并发展了与竞争对手不一样的能力时，才会产生竞争优势。

3. 难于模仿的能力

难于模仿的能力是其他组织不能轻易建立起来的能力。当一个组织所拥有的能力极易被竞争对手模仿时，这种能力的优势是极其短暂的。如果组织拥有的能力是不易被模仿的能力，比如组织长期以来形成的独特而珍贵的组织文化以及组织建立起来的良好的人际关系、信任、友谊及组织的声誉。这些不易被模仿的能力将是组织相对持久的竞争优势。

4. 不可替代的能力

不可替代的能力是指那些不具有战略对等资源的能力，它是能力成为竞争优势的最后一个条件。如果两种能产生价值的组织资源在执行相同战略的情况下能分别产生价值，那么它们就称为战略对等资源。总的来说，一种能力越难被替代，它所能产生的价值就越高。能力越是不可见，组织就越难找到它的替代能力，竞争对手就越难模仿以产

---

① 吴照云.管理学[M].北京：经济管理出版社，2003.

生价值。组织的专有知识以及建立在经理和非经理员工之间信任基础上的工作关系是很难被了解也很难被替代的能力。

总之，只有通过将以上四种标准有机地结合，组织才能获得持久性竞争优势。

第三节　非营利组织战略环境分析技术

一、外部环境分析技术—PEST 法、"五力"法、脚本法

（一）外部环境分析的步骤

外部环境分析包括对宏观外部环境的分析和行业环境的分析。具体分析步骤如下。

1. 罗列可能的影响因素

根据非营利组织所处的具体外部环境，列出所有可能影响组织的因素，并收集相关信息。

2. 找出关键影响因素

通过 PEST 方法分析外部环境，用"五力"法分析行业环境，找出所罗列的问题中对组织有较大影响的关键的问题。

3. 预测关键因素变化

对关键因素变化的预测方法可以分为两类：定性分析法和定量分析法。

定性分析方法的基本技术主要有：

（1）德尔菲法（Delphi）[1]。德尔菲依据系统的程序，采用匿名发表意见的方式，即专家之间不得互相讨论，不发生横向联系，只能与调查人员发生关系，通过多轮次调查专家对问卷所提问题的看法，经过反复征询、归纳、修改，最后汇总成专家基本一致的看法作为预测的结果。这种方法具有广泛的代表性，较为可靠。

（2）头脑风暴法（BrainStorming）。当一群人围绕一个特定的兴趣领域产生新观点的时候，这种情境就叫做头脑风暴[2]。由于会议采取没有拘束的规则，人们就能够更自由地思考，进入思想的新区域，从而产生很多新的观点和问题解决方法。当参加者有了新观点和想法时，他们就大声说出来，然后在他人提出的观点之上建立新观点。所有的观点被记录下但不进行批评。只有头脑风暴会议结束的时候，才对这些观点和想法进行评估。

---

[1] 为科学名词缩写，即德尔菲法、时间序列法、组织文化，2003-12，引自 WWW. BAST. CN. NET
[2] 头脑风暴. 中国制造网，2003.10.

（3）脚本法（Scenarios）。对可能影响组织的事件进行描述，并预测如果这些事件发生的话可能会对组织产生什么样的影响。这是进行预测时使用较为广泛的一种方法。

定量分析方法的基本技术有：

（1）模糊综合评判。对一个事物的评价常常涉及多个因素或者多个指标。每个人都可从不同角度考虑，这就要根据多个因素对事物作综合评价。具体过程是：将评价目标看成是由多种因素组成的模糊集合（称为因素集），再设定这些因素所能选取的评审等级，组成评语的模糊集合（称为评判集），分别求出各单一因素对各个评审等级的归属程度（称为模糊矩阵），然后根据各个因素在评价目标中的权重分配，通过计算（称为模糊矩阵合成），求出评价的定量解值。

（2）时间序列法。它是把一个时间序列的数值变动分解为四个组成部分：①倾向变动；②循环变动；③季节变动；④不规则变动。然后再把这四个组成部分综合在一起，得出预测结果。另一种方法是把预测对象、预测目标和预测影响因素都看成为具有时序的，为时间的函数。时间序列法就是研究预测对象自身变化过程及发展趋势。第三种方法是根据预测对象与影响因素之间的因果关系及其影响程度推算未来。与目标相关的因素很多，只能选择那些因果关系较强的作为预测影响的因素。

（3）回归分析。此法是在掌握大量观察数据的基础上，利用数理统计方法建立因变量与自变量之间的回归关系函数表达式，用一个或几个自变量的变化解释另一个因变量。

（4）趋势外推。此法是生产预测中常用的一种方法。这种方法是找出一系列历史数据的趋势线并外推将来，做中长期预测。该方法的原理是：给趋势型时间数列拟合以时间单位为自变量的数学模型，然后以顺延的时间单位作已知条件，外推时间数列后续趋势值。外推预测的准确程度取决于所拟合模型的拟合优度，最小二乘法以其所拟合模型的预测标准误差最小的优势成为最常用的趋势模型的拟合方法。

4. 比较分析关键因素

对关键的外部因素进行比较分析，判断哪些会给组织带来机遇，哪些会给组织带来威胁。

5. 制定组织战略

根据以上分析确定的机遇与威胁，制订组织的战略计划。图 2-2 所示为外部环境分析的

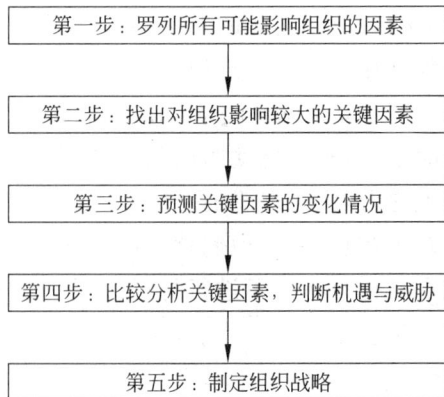

第一步：罗列所有可能影响组织的因素

↓

第二步：找出对组织影响较大的关键因素

↓

第三步：预测关键因素的变化情况

↓

第四步：比较分析关键因素，判断机遇与威胁

↓

第五步：制定组织战略

图 2-2　外部环境分析的五个步骤

五个步骤。

（二）外部环境分析技术

1．PEST 分析法

PEST 分析法是对组织宏观外部环境的分析，即对政治（political）、经济（economics）、社会（social）和技术（technological）四种因素的分析。这是对宏观外部环境分析的第一步。其基本步骤如下：

（1）找出关键因素。从政治法律、经济、社会、技术四个方面入手，尽可能全面地列出每一种环境应该考虑的因素，从列出的所有问题中确定几个对组织影响较大的因素。

（2）分析重点因素。对所确定的对组织有较大影响的因素进行仔细分析，将这些因素带入行业中进行全面调研，找到解决这些问题的答案。

（3）确定战略因素。通过定性或者定量方法对这些因素进行评估，确定战略因素。

2．“五力”分析法

“五力”分析法是对组织行业环境进行分析的一种重要方法，它包括潜在进入者、替代品、供应商、买方、竞争对手五个方面。这五个因素之间的关系如图 2-3 所示。

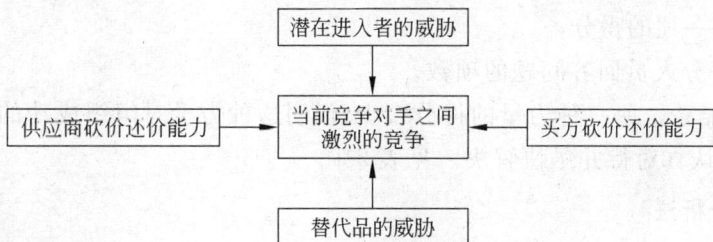

图 2-3　“五种力量”模型

从战略形成的角度看，五种力量共同决定行业的竞争强度。但是五种力量的作用力是不一样的，通常只有某一种或两种力量起决定作用。为了确定哪一种是影响组织成败的决定力量，就要对五种力量进行评分，采用五种力量评估模型[1]，如图 2-3 所示。

五种力量评估模型的具体操作方法如下：

（1）分别对五种力量的相关因素按是否同意相关因素的表述内容评分。将评分的内容分为 5 等：肯定同意（1 分）；可能同意（2 分）；中立（3 分）；可能反对（4）；坚决反对（5 分）。

（2）制订某种力量的评分表格，进行打分（用潜在进入者的例子说明，如表 2-1

---

① Caryn. A. Spain, Ron Wishnoff. 战略远见：制造前瞻性战略决策工具[M]. 北京：机械工业出版社, 2003.

所示）。

表 2-1　对潜在进入者评分的例子

潜在进入者	肯定同意	可能同意	中立	可能反对	坚决反对
1. 进入转换成本高	1				
2. 进入规模小		2			
3. 我们的产品具有明显差异化				4	
4. 政府限制新进入者			3		
5. 顾客不愿接受新的进入者					5
6. 新进入者资金不足				4	
7. 新进入者进入的可能性及进入后对该行业构成的威胁不大			3		

分数＝各项得分之和÷所回答的项数＝(1＋2＋4＋3＋5＋4＋3)÷7＝3.10

（3）计算每一种力量的分数。计算方法为：

$$竞争力量的得分 = \sum X \div N$$

式中：X——每一项的得分；

N——评分人员回答问题的项数。

（4）得出结论。每一种力量的得分多少，说明这种力量对组织成功的重要程度。得分高的项应该认真对待并尽快解决。见表 2-1。

3. 脚本分析法

脚本分析法描述了一个方案的各种未来可能的结果，它是分析外部环境的一种重要的方法。

其基本分析步骤如下：

（1）观察环境。这一步的主要目的是根据当前环境找出影响组织的关键因素。一是用 PEST 分析法判断宏观环境因素；二是利用"五力"分析法判断行业环境因素。

（2）确定基本影响因素。基本影响要素是对组织起决定作用的因素，因此这一步应对组织的内部环境进行分析，以便计划者选择最合适、最关键的影响因素。

（3）提出三种脚本方案。即"最可能的未来"、"乐观的未来"和"悲观的未来"。

（4）列出关键影响因素。将关键因素应用于每个脚本中，针对每个脚本判断这些影响因素的变动情况。

（5）建立脚本矩阵。将所有经过评价的影响因素集中于脚本矩阵中。横轴代表"要素的战略重要性",纵轴代表"事件发生的概率"。评估后所有因素的影响结果和三种脚本方案发生的概率将分布于矩阵的四个象限内。

(6)制定战略计划。根据以上分析的结果,选择那些具有最大可能以及具有最大战略重要性的因素,制定战略计划。

二、内部环境分析技术——价值链分析

迈克尔·波特认为,组织的竞争优势是在组织价值形成的过程中产生的。因此他提出用价值链作为分析评价组织竞争优势的一种新的技术。价值链不是孤立存在的,它体现在价值系统中。供应商拥有创造和交付企业价值链所使用的外购输入的价值链(上游价值),许多产品或服务通过渠道价值链(渠道价值)到达买方手中,组织产品或服务最终成为买方价值链的一部分,这些价值链都在影响组织的价值链①。因此,获取并保持竞争优势不仅要理解组织自身的价值链,而且也要理解组织价值链所处的价值系统。

总之,价值链是从价值生产过程中最基本的原材料和组成部件的供应商开始,经过价值生产过程中的购买者、最终消费者等各阶段并在材料的处理与再循环中达到顶点。利用价值链分析法可以识别价值生成的过程以及在每一环节所需投入的成本,通过对价值形成关键环节的成本管理和成本控制获取成本优势。利用价值链分析非营利组织内部成本有以下几个步骤。

(一)确定自己和竞争对手的价值链

(1)识别非营利组织的价值生成过程。

(2)确定企业产品或服务的总成本的构成,即将成本在各个不同的价值生产阶段上进行分配。通过对各价值生产阶段的评估和成本分配,可以了解各阶段对价值生成所做的贡献大小和所耗用的成本大小及其增减趋势,同时比较竞争对手的价值和成本分布,找出差异。

(3)识别各过程的成本动因。成本的驱动因素多种多样,比如规模经济、学习溢出、技术、生产能力利用率、联系、整合、质量管理、时机、地理位置、机构因素。

(4)识别价值链中不同价值生成过程之间的内部联系。作为竞争优势的源泉,价值链之间的关系及其联系与各种价值链本身同等重要。而且,这些联系可以提供可持续的竞争优势,因为这种复杂的联系使竞争者难以模仿。

---

① 胡大立,吴照云.关于优化价值链条的几点分析[J].中国工业经济,2001,(12):5.

（二）对比双方的价值链，找出自己的优势和劣势

通过对自己及竞争对手的价值链进行分析，可以发现非营利组织与竞争对手相比的成本差异发生在价值链的哪个部分，如果其弱势在于上游或下游价值链，非营利组织必须考虑延伸其价值链于现有经营之外。

（三）分析形成差距的原因，制定战略

由于价值链分析在前面章节中已详细介绍，这里就简单介绍这些。

三、内外部环境综合分析技术——SWOT 分析法

SWOT 分析法是把组织内外部环境所形成的机会（opportunities）、威胁（threats）、优势（strengths）、劣势（weaknesses）四个方面的因素综合起来进行分析，以寻找最优化战略。

（一）SWOT 分析的基本步骤

（1）进行外部环境分析，找出组织面临的机会与威胁。这一部分包括用 PEST 法分析宏观外部环境、用"五力"法分析行业环境、用脚本法分析整个外部环境三部分。

（2）进行内部环境分析，找出组织自身的优势、劣势。这一步主要是用价值链分析方法找出与竞争对手的差距并确定组织的核心竞争力。

（3）进行战略因素分析，制订组织战略计划。

（4）建立 SWOT 矩阵，确定四类战略，即 SO 战略、WO 战略、ST 战略、WT 战略。

（二）SWOT 分析常见因素

SWOT 分析常见因素如表 2-2 所示。

表 2-2　SWOT 分析常见因素

	机会（O）	威胁（T）
外部环境	1. 市场需求量大 2. 同行业中竞争力强 3. 同行业中声誉好 4. 政府政策的保护 5. 新进入者障碍高 6. 替代品竞争力不强 7. 多元化经营	1. 市场增长缓慢 2. 很难争取新的用户群 3. 顾客还价能力高 4. 政府政策影响 5. 新进入者的威胁 6. 替代品竞争力强 7. 经营方式单一

续表

内部环境	优势（S）	劣势（W）
	1. 组织文化优势 2. 资金优势 3. 产品差异化能力强 4. 产品标准化程度高 5. 创新能力强 6. 管理能力强 7. 规模经济	1. 没有良好的组织文化 2. 资金不足 3. 新产品差异化不强 4. 产品标准化程度低 5. 创新意识差 6. 管理不善 7. 工作效率低

（三）SWOT 矩阵及四种战略

SWOT 矩阵及四种战略如表 2-3 所示。

表 2-3　SWOT 矩阵及四种战略

	外部机会（O）	外部威胁（T）
内部优势（S）	SO 战略 利用内部优势,把握外部机会	ST 战略 利用内部优势,抑制外部威胁
内部劣势（W）	WO 战略 把握外部机会,克服内部劣势	WT 战略 抑制外部威胁,克服内部劣势

SWOT 矩阵是帮助非营利组织管理者制定上述四类战略的重要匹配工具。

（1）SO（优势——机会）战略。这是对组织最有利的一种战略,即利用内部优势抓住外部机会的战略。当一个非营利组织既有内部优势,又有外部优势时,就应该采用这种战略去开拓市场。

（2）ST（优势——威胁）战略。这是非营利组织利用其自身的内部优势抵制或减轻外部威胁的战略。

（3）WO（劣势——机会）战略。这是非营利组织在充分利用外部机会的基础上改善内部条件的战略。

（4）WT（劣势——威胁）战略。这是对非营利组织最不利的一种战略,既要克服内部的劣势,又要设法避免或减少外来的威胁。

由于 SO 战略是既能发挥非营利组织内部优势又能充分利用外部机会的一种对非营利组织最有利的战略。因而非营利组织通常会通过利用 ST 战略、WO 战略、WT 战略达到能够利用 SO 战略的状况,即努力克服内部劣势,将其转化成优势,并尽量避免外部威胁,抓住机会。

第三章 非营利组织战略目标的制定

通过对非营利组织战略外部环境和战略内部环境的分析,我们已基本弄清了有利于非营利组织发展的机会和存在的威胁,以及非营利组织自身的竞争优势和劣势。在制定非营利组织战略之前,我们还需进一步明确非营利组织使命并制定战略目标。这是非营利组织战略环境分析的最终目的和结果,也是非营利组织战略制定的基本前提和步骤。本章重点介绍非营利组织使命的定位及意义,并研究非营利组织战略目标体系的构成和制定方法。

第一节　非营利组织使命的定位

非营利组织的存在是为了实现社会公益,即实现某种特殊的社会目的或满足某种特殊的社会需要。每个非营利组织从其建立开始,就应该承担相应的责任并履行相应的使命。非营利组织战略制定的第一步就是确定非营利组织使命,一方面,非营利组织使命的定位是在对非营利组织内、外环境分析的基础上完成的;另一方面,非营利组织使命的定位也为非营利组织内、外环境分析界定了范围。

一、非营利组织使命的概念和意义

(一)非营利组织使命的概念

非营利组织战略目标的制定从确定非营利组织使命开始,非营利组织使命就是阐明非营利组织的根本性质与存在的目的或理由,说明非营利组织的社会使命、经营领域和经营思想,为非营利组织战略目标的制定提供依据。对非营利组织来说,需要回答的问题:谁是我们的顾客? 他们需要的是什么? 我们能为他们做些什么? 我们的业务应是什么? 我们的社会使命是什么? 非营利组织只有非常明白自己的社会使命、经营领域和客户群,才能把握住发展的大方向,才不至于误入自己不熟悉的领域,才能避免脱离自己的客户群。

非营利组织使命的定义要求非营利组织战略决策者慎重考虑本组织当前的社会使命、营销活动性质和范围,评估组织当前市场需求情况和营销活动的长期潜力,从而为组织的未来发展描绘出广阔的前景,鼓舞员工的斗志。

(二)非营利组织使命的意义

每一个组织客观上都应该有一个特别的不同于其他组织的存在理由,而不论其战略管理者是否意识到以及是否能用文字表达出这种特别的理由。清楚表达非营利组织使命,对于非营利组织战略管理过程来说至关重要,它能为非营利组织资源分配提供基础与准则,从而对非营利组织内部各种相互冲突的目标起到一定的缓解与协调作用,能为非营利组织员工了解组织目标与方向提供机会,从而有助于在组织内部树立起团结奋发精神,将组织的业务宗旨转化为具体的行动目标,将战略任务落实到每一位员工。

1. 明确发展方向与核心业务

非营利组织使命定义可以帮助明确组织发展方向与核心业务,弄清非营利组织目前是怎样的一个组织,将来希望成为怎样的一个组织,以及如何才能体现出不同于其他组织的显著特征,从而为非营利组织确立一个贯穿各项业务活动始终的共同主线,建立一个相对稳定的营销主题,为进行非营利组织资源配置、目标开发以及其他活动的管理提供依据,以保证整个非营利组织在重大战略决策上做到思想统一、步调一致,充分发挥各方面力量的协同作用,提高非营利组织整体的运行效率。

非营利组织发展方向与核心业务明确,一方面,可以为组织的发展起到一定的规范作用,帮助非营利组织界定战略方案选择的边界,从而做到目标明确、力量集中。另一方面,使得人们能在基本符合非营利组织发展方向与核心业务的前提下,开阔思路,积极创新,从比较广泛的角度提出与形成多种可行目标及战略方案,并进行方案的评价与选择,从而促进非营利组织的创造性增长。非营利组织使命的这种作用,在非营利组织不断发展、向外拓展的过程中,显得尤其重要。

2. 协调内外部各种矛盾冲突

非营利组织使命的确立是建立在非营利组织战略管理者对于内外部环境未来发展趋势进行前瞻性分析基础之上的,这必然会受非营利组织战略管理者个人主观价值判断的影响。因此,必须考虑非营利组织战略管理者与各类利益相关者可能会对非营利组织的发展方向与核心业务抱有不同的期望和看法,导致他们有可能会在非营利组织使命与目标的认识上产生意见分歧与矛盾冲突。

由于非营利组织利益相关者所追求的目标之间存在上述矛盾冲突,非营利组织战略决策者不可能做到对每一位利益相关者所提出的要求和所关心的问题,都给予同样程度的重视。此外,真正回答"非营利组织的业务是什么"这一问题,即使在非营利组织内部不同战略管理者之间,也会由于各人经验、知识、能力等背景的不同,最终给出截然不同甚至相互矛盾的回答。为此,一个良好的使命表述应能说明非营利组织致力于满足这些不同利益相关者需要的相对关心与努力程度,注意协调好这些相互矛盾冲突目标之间的关系,对各种各样利益相关者之间所存在的矛盾目标起到调和作用。总之,一切组织都需要得到用户、员工与社会公众的支持[①],非营利组织使命表述能够起到帮助非营利组织实现与内外部环境利益相关者有效沟通并赢得支持的作用。

3. 树立价值导向思想

一个好的非营利组织使命体现了对顾客需求价值的正确预期。非营利组织的营销宗旨应当是确认用户的价值需求,并提供准公共产品和服务以满足这一价值需求。顾客如何看待价值的含义?瓦拉瑞尔·A.泽丝曼尔认为,顾客以四种方法定义价值:

(1) 价值就是低廉的价格;

(2) 价值就是我在产品或服务中所需要的东西;

(3) 价值就是我根据付出所能获得的质量;

(4) 价值就是我的全部付出能得到的全部东西。

顾客对价值的需求是多种多样、因人而异的,并且受消费者的收入、文化水平、消费心理、需求的紧迫程度等因素影响。例如,对大学生来说,他对教育的价值需求是获得大学文凭并期望找到一份好工作;对病人来说,他对医院的价值需求治好他的病并拥有健康。因此,非营利组织必须从其使命出发,提高准公共产品的质量、可靠性、安全性、经济性以及信誉,满足顾客的价值需求,从而提高非营利组织社会效益和经济效益。

总之,非营利组织的使命是该组织的凝聚力所在,它能赋予该组织以明确的目标,激励其工作人员,并能为其活动争取到资源和公众的支持。

二、非营利组织使命定位的内容

随着非营利组织的快速发展,越来越多的非营利组织将确定非营利组织的使命看成是非营利组织战略的一个重要组成部分。一般地,非营利组织使命的定位包括以下三个方面的内容。

(一)非营利组织生存目的定位

非营利组织生存目的定位应该说明非营利组织要满足顾客和捐赠者的某种需要,

---

① 黎群.企业战略[M].北京:中国铁道出版社,2000.

而不是说明非营利组织要生产某种准公共产品。

　　决定非营利组织经营项目的是顾客和捐赠者。顾客和捐赠者愿意购买准公共产品或服务才能将资源变为财富，将物品变成准公共产品。顾客和捐赠者对准公共产品及其价值的看法决定非营利组织经营什么、生产什么以及非营利组织的前途。顾客和捐赠者所购买的以及认为有价值的从来就不是准公共产品，而是一种效用，也就是准公共产品或服务带给他们的满足。顾客和捐赠者是非营利组织的基础和生存的理由。以满足顾客和捐赠者需要作为非营利组织生存的基础，还会促进非营利组织不断开发优良服务和新准公共产品，使非营利组织在创新中不断得到发展。

（二）非营利组织营销哲学定位

　　非营利组织同营利部门一样，也是一个开放的系统，在其从事的一系列经济性活动中，营销是非营利组织获得资源的有效平台。非营利性组织营销哲学是对非营利组织营销活动本质性认识的高度概括，是包括非营利组织的基础价值观、非营利组织内共同认可的行为准则及非营利组织共同的信仰等在内的管理哲学。

　　非营利组织营销哲学的主要内容是通过非营利组织对外部环境和内部环境的态度体现的。对外包括非营利组织在处理与顾客、捐赠者、社区、政府等关系的指导思想，对内包括非营利组织对员工及其他资源的基本观念。例如，印第安纳大学在1997年发起一场营销运动，其目的是为了在竞争日益激烈的高等教育市场中树立形象。该校负责公共事务的副校长查尔斯·辛普森说："在今天的高等教育中，我们正面临着一系列的挑战，迫使我们按从事商务活动的方式做出改变。"就像许多学校和大学一样，印第安纳大学也遇到财政预算缩减的倒霉事，这使得它要具有说服力，为争取私人捐赠而竞争，并要受到媒体的监督。因此，该大学用重新定义自己形象的全面营销闪电战做出响应。

（三）非营利组织社会使命定位

　　在非营利界，社会使命规定了该机构的目的，确立了员工为之奋斗的愿景，而且也为这个机构的日常运转定下了基调。因此，社会使命是非营利组织的双重基本目标之一。对社会使命的重视反映非营利组织对社会公益及社会责任的认识。从公共关系理论的角度看，一个非营利组织的营运过程，一般有员工、捐赠者、顾客、供应商、竞争者、社区舆论者、政府等基本公众。每一个非营利组织在其特定的公众心目中都有自己的社会使命：如红十字会医院是救死扶伤，大学是提供优良的教育服务，电影院为公众提供文化艺术服务。

　　研究表明，对于不同行业的非营利组织，影响非营利组织社会使命的主要因素各不相同。例如，在教育部门，良好的社会使命在于表达责任感，师资力量、先进的教学设备等特征;对医疗卫生部门,向公众传递责任心,精湛的医术、良好的服务质量等信息会有利于树立良好的社会形象。

一般来说,非营利组织使命在非营利组织成立之初通常比较明确,随着时间的流逝,当非营利组织规模逐渐扩大,增加新的服务或新准公共产品,开拓新市场时,其使命可能与新的环境条件不相适应。因此,非营利组织使命不是一成不变的。在非营利组织生存发展的关键阶段,必须通过制定非营利组织战略,对非营利组织使命进行研究并重新定位。无论在非营利组织发展的哪一阶段,对非营利组织使命的定位或再定位都应该包括以上三个基本构成因素。

三、非营利组织使命与战略的关系

任何非营利组织在制定其战略时,必须在分析研究非营利组织及其环境的基础上进一步明确自己的使命。这不仅因为它关系非营利组织能否生存和发展,而且在整个非营利组织战略的制定、实施和控制过程中有以下作用。

(一)非营利组织使命为非营利组织发展指明方向

非营利组织使命的确定,首先,会从总体上引起非营利组织方向、道路的改变,即使非营利组织发生战略性的改变;其次,非营利组织使命的确定也为非营利组织高屋建瓴地构筑了一个目标一致的愿景,一方面,为非营利组织成员理解非营利组织的各种活动提供依据,保证非营利组织内部对非营利组织目的取得共识;另一方面,为非营利组织外部公众树立良好的社会形象,以使非营利组织获得发展的信心和必要的捐赠与帮助。

(二)非营利组织使命是非营利组织战略制定的前提

首先,非营利组织使命是确定非营利组织战略目标的前提,只有明确地对非营利组织使命进行定位,才能正确地树立非营利组织的各项战略目标;其次,非营利组织使命是战略方案制定和选择的依据。非营利组织在制定战略过程中,要根据非营利组织使命确定自己的基本方针、战略活动的关键领域及其行动顺序。

(三)非营利组织使命是非营利组织战略的行动基础

首先,非营利组织使命是有效分配和使用非营利组织资源的基础,有了明确的非营利组织使命,非营利组织才能正确合理地把有限的资源分配在能保证实现非营利组织使命的营销事业和营销活动上;其次,非营利组织使命通过非营利组织目的、营销哲学、社会使命三方面的定位为非营利组织明确营销方向、树立非营利组织形象、营造非营利组织文化,从而为非营利组织战略的实施提供激励。

第二节　非营利组织战略目标体系

要制定正确的非营利组织战略,仅仅有明确的非营利组织使命还不够,必须把这些共同愿景和良好的构想转化成各种战略目标。非营利组织使命比较抽象,而战略目标比较具体,是非营利组织使命的具体化。

一、非营利组织战略目标定义

战略目标是非营利组织战略构成的基本内容,它表明的是非营利组织在实现其使命过程中要达到的社会公益性目的以及市场竞争地位和管理绩效目标。战略目标是战略的核心[①],是非营利组织战略思想的具体化,又是制定战略对策的依据,在非营利组织战略体系中处于承上启下的重要地位。

前面所讨论的非营利组织使命是对非营利组织总体任务的综合表述,一般没有具体的数量特征及时间限定。战略目标则不同,是为非营利组织在一段时间内所需实现的各项活动进行数量评价。目标既可定性也可定量,如非营利组织社会公益性目标、获利能力目标和市场竞争地位目标。正确的战略目标对非营利组织的行为具有重大指导作用:它是非营利组织制定战略的基本依据和出发点,战略目标明确了非营利组织的努力方向,体现了非营利组织的具体期望,表明了非营利组织的行动纲领;它是非营利组织战略实施的指导原则,战略目标必须能使非营利组织中的各项资源和力量集中起来,减少非营利组织内部的冲突,提高管理效率、经济效益和社会公益;它是非营利组织战略控制的评价标准,战略目标必须是具体的和可衡量的,以便对目标是否最终实现进行比较客观的评价考核。因此,制定非营利组织战略目标是制定非营利组织战略的前提和关键。如果一个非营利组织没有合适的战略目标,势必使非营利组织营销战略活动陷入盲目的境地。

二、非营利组织战略目标的特征

(一)可接受性

非营利组织战略的实施和评价主要是通过非营利组织内部人员和外部公众完成的,因此,战略目标首先必须能被他们理解并符合他们的利益。但是,往往不同利益集团有着互不相同而且经常是冲突的目标。例如,在非营利组织中,社会公众追求社会公益

---

① 张彦宁.现代企业经营战略[M].北京:中国展望出版社,1988:100.

最大化,员工需要工资和有利的工作条件,捐助者希望获得荣誉和权力,顾客渴望获得高质量的准公共产品。一般来说,能反映非营利组织使命的战略目标易被非营利组织成员和社会公众所接受。另外,战略目标的表述必须明确,有实际含义,不易产生误解。易于被非营利组织成员和社会公众理解的目标也易于被接受。

(二)可检验性

为了对非营利组织管理活动的结果给予准确衡量,战略目标应该是具体的、可以检验的。目标必须明确,具体地说明将在何时达到何种结果。目标的定量化是使目标具有可检验的有效方法。如"极大地提高我校毕业生的一次就业率"的目标,就不如"到 2008年,我校毕业生的一次就业率达到 99％"的目标恰当;又如某公园的目标不应是"尽可能多地接待游客,降低游客不满意率",而应是"2005 年接待游客 100 万人,游客不满意率降至 1％"。实际上,还有许多目标难以数量化,时间跨度越长、战略层次越高的目标越具有模糊性。此时,应当用定性化的术语表述其达到的程度,要求一方面明确战略目标实现的时间,另一方面需详细说明工作的特点。完成战略目标的各阶段有明确的时间要求和定性或定量的规定,战略目标才会变得具体而有实际意义。一般来说,非营利组织的战略目标一经制定,应保持相对稳定,同时要求战略目标应保持一定的弹性,以对客观环境的变化做出反应。

(三)可实现性

在制定非营利组织战略目标时,首先,必须在全面分析非营利组织的内部条件的优劣和外部环境的利弊的基础上判断非营利组织经过努力后所能达到的程度。既不能脱离实际将目标定得过高,也不可妄自菲薄把目标定得过低。过高的目标会挫伤员工的积极性、浪费非营利组织资源,过低的目标容易被员工所忽视、错过市场机会,战略目标必须适中可行。其次,战略目标必须是可分解的,即必须能转化为具体的小目标和具体的工作安排,从而帮助管理者有效地从事计划、组织、激励和控制工作。非营利组织战略目标是一个总体概念,必须按层次或时间阶段进行分解(使每一目标只包含单一明确的主题),使其将应完成的任务、应拥有的权利和应承担的责任,具体分配给非营利组织的各部门、各战略单位乃至个人身上。

(四)可挑战性

目标本身是一种激励力量,特别是当非营利组织目标充分体现了非营利组织成员的共同利益,使战略大目标和个人小目标很好地结合在一起时,就会极大地激发组织成员的工作热情和献身精神。一方面,非营利组织战略目标的表述必须具有激发全体职工积极性和发挥潜力的强大动力,即目标具有感召力和鼓舞作用;另一方面,战略目标必须具有挑战性,但又是经过努力可以达到的。因而,员工对目标的实现充满信心和希望,愿意贡献自己的全部力量。

三、非营利组织战略目标的内容

由于战略目标是非营利组织使命的具体化,一方面,有关非营利组织生存的各个部门都需要目标,从不同侧面反映非营利组织的自我定位和发展方向;另一方面,目标还取决于个别非营利组织的不同战略。因此,非营利组织战略目标是多元化的,既包括经济性目标,也包括非经济性目标;既包括定量目标,也包括定性目标。B. M. 格罗斯在其所著的《组织及其管理》一书中归纳组织目标的七项内容如下。

(1) 利益满足。组织的存在是为满足相关的人和组织的利益、需要、愿望和要求;

(2) 劳务和商品的产出。组织产出的产品包括劳务(有形的或无形的)或商品,其质量和数量都可以用货币或物质单位表示。

(3) 效率或获利的可能性,即投入—产出目标,包括效率、生产率等;

(4) 组织、生存能力的投资。生存能力包括存在和发展能力,有赖于投入数量和投资转换过程。

(5) 资源的调动即从环境中获得稀有资源。

(6) 对法规的遵守。

(7) 合理性,即令人满意的行为方式,包括技术合理性和管理合理性。

非营利组织的战略决策者应从以下几个方面考虑建立非营利组织的战略目标。

(1) 社会公益性目标。社会公益性目标是非营利组织的双重基本目标之一。非营利组织是一个推动公益事业发展的组织机构,必须实现社会公益,才能被社会公众所接受。最常用的社会公益性目标是社会公众满意率和支持率。

(2) 财务目标。良好的财务状况也是非营利组织的双重基本目标之一。非营利组织的资金来源光靠各种捐赠的款项和政府的拨款是远远不够的,还必须靠提供准公共产品所获得的收入[1]。因此可以说非营利组织是一个产业实体,必须获得经济效益才能够生存和发展。常用的财务目标是销售利润率、资金盈余额等。

(3) 准公共产品目标。准公共产品是非营利组织赖以生存的基础,准公共产品的水平、档次、质量等反映非营利组织的实力。准公共产品目标通常用产量、质量、品种规格、准公共产品销售额、优质品率、新的准公共产品开发周期等表示。

(4) 竞争目标。竞争目标表现为非营利组织在行业中的竞争地位,非营利组织的技

---

① 刘庆元,刘宝宏.战略管理——分析、制定与实施[M].大连:东北财政大学出版社,2001:138.

术水平、准公共产品质量名次,非营利组织在消费者心目中的形象等。

(5)发展目标。发展目标表现为非营利组织规模的扩大、资产总量的提高、技术设备的更新、劳动生产率的提高、新的管理模式和新准公共产品新事业的发展等。

一个非营利组织战略目标是由多个目标项目组成的,在数量上和内容上没有固定的模式。非营利组织应当根据本组织的发展方向和营销重点,设计出符合自身实际情况的目标体系(图3-1)。

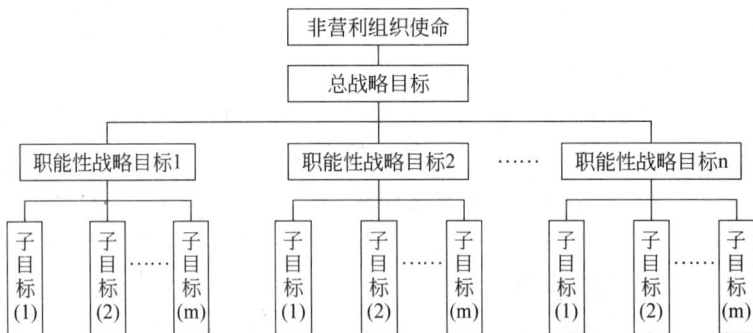

图 3-1　非营利战略目标体系

四、非营利组织战略目标体系

非营利组织所制定的各项战略行动及其结果,是通过战略目标表述的。由于非营利组织内不同利益集团的存在,目标之间不可避免地会出现冲突和矛盾。例如,非营利组织降低成本、增加利润的经济目标和实现社会公益性目标之间可能存在冲突。因此制定战略目标的有效方法是构造成战略目标体系,使战略目标之间相互联合、相互制约,从而使战略目标体系整体优化,反映非营利组织战略的整体要求。

非营利组织战略目标体系通常用树形图表示,如图3-1所示。从图3-1中可以看出,非营利组织战略目标体系一般是由非营利组织总体战略目标和主要的职能目标组成。在非营利组织使命和非营利组织功能定位的基础上制定非营利组织总体战略目标,为保证总目标的实现,必须将其层层分解,规定保证性职能战略目标;也就是说,总战略目标是主目标,职能性战略目标是保证性的目标。

第三节　制定非营利组织战略目标

上一节介绍了战略目标的定义、特征、内容以及战略目标体系,人们很自然地会问到"怎样制定非营利组织的战略目标",这是战略制定者非常关心的问题。因此,本节着重讨论制定战略目标的原则方法和技术,从而为管理者制定非营利组织战略目标提供依据和可操作性。

一、制定战略目标的原则

在制定战略目标时,战略制定者应遵循以下基本原则。

(一)系统性原则

由于非营利组织是在开放环境下运行的组织,战略目标的制定必须建立在实事求是地对内外环境进行分析、预测的基础上。因此,必须根据非营利组织的现状,充分估计非营利组织发展的潜力,分析非营利组织的优势与劣势;同时,通过对外界环境的分析判断确认非营利组织面对的机会和威胁,从而制定组织的发展战略目标。

(二)平衡性原则

在制定战略目标时,需要进行三种平衡:①社会公益和财务状况之间的平衡。提高财务收入的目标与实现社会公益的目标往往是矛盾的,即因提高财务收入增加利润而降低了社会公益性,或因提高了社会公益性而降低了财务收入,必须把两者摆在适当地位求得平衡。②近期需要和远期需要之间的平衡。只顾近期需要,不顾长远需要,非营利组织难以在未来继续生存;相反,只顾远期需要而不兼顾近期需要,非营利组织也将难以为继。因此,战略目标的制定必须兼顾非营利组织的长短期利益。③总体战略目标与职能战略目标之间的平衡。总体战略目标是从全局出发,注重宏观层次的引导方向。而各个职能目标是从各部分出发,注重的是本部分的利益,因此战略目标的制定必须注意整体和部分的平衡。

(三)权变性原则

由于客观环境变化的不确定性、预测的不准确性,因此在制定战略目标时,应制订多种方案。一般情况下,制定在宏观经济繁荣、稳定、萧条三种情况下的非营利组织战略目标,分析其可行性及利弊得失,从而选择一种而将另外两种作为备用。例如,一所快速发展的大学的发展目标是在5年内扩招5 000名学生。相应的权变方案是:如果情况比预料的好,扩招的学生就可达到10 000名:如果经济萧条,学校不但无法扩招,而且有可能缩减5 000名学生。

二、战略目标的制定过程

一般来说,确定战略目标需要经历调查研究、拟定目标、评价论证和目标决断四个步骤。

（一）调查研究

在确定战略目标的工作中,首先必须对已经做过的调查研究成果进行复核,进一步整理研究,把机会与威胁、长处与短处、自身与对手、需要与资源、现在与将来加以对比,搞清楚它们之间的关系,才能为确定战略目标奠定比较坚实的基础。调查研究既要全面,又要突出重点,主要侧重于非营利组织与外部环境的关系以及对未来变化的研究和预测上。

（二）拟定目标

拟定战略目标一般需要经历两个环节:拟定目标方向和拟定目标水平。首先,在既定的战略营销领域内,依据对外部环境、需要和资源的综合考虑,确定目标方向。其次,通过对现有能力与手段等条件的全面估量,对沿着战略方向展开的活动所要达到的水平做出初步的规定,形成可供决策选择的目标方案。

（三）评价论证

战略目标拟定出来以后,就要组织多方面的专家和有关人员对提出的目标方案进行评价论证。论证和评价要围绕目标方向是否正确进行。要着重研究:拟定的战略目标是否符合非营利组织精神,是否符合非营利组织整体利益与发展的需要,还要论证战略目标的可行性。如果在评价论证时已经提出多个目标方案,那么这种评价论证就要在比较当中进行。通过对比,权衡利弊,找出各种目标方案的优劣所在。

目标的评价论证过程也是目标方案的完善过程。通过评价论证找出目标方案的不足,并想方设法使之完善起来。如果通过论证发现拟定的目标完全不正确或根本无法实现,就要回过头来重新拟定目标,然后再重新评价论证。

（四）选定目标

选定目标要从以下三个方面权衡各个目标方案:目标方向的正确程度、可望实现的程度、期望效益的大小。对这三方面要做综合考虑。在选定目标时,要掌握好决断的时机,既要防止在机会和困难没有搞清楚前就轻易决断,又要反对无休止的拖延和优柔寡断。

调查研究、拟定目标、评价论证和选定目标这四个步骤是紧密联系在一起的,要前后照应协调进行。

三、战略目标的制定方法

（一）时间序列分析法

时间序列分析把过去和未来的某一目标值都看成是一个时间函数，这一序列是由互相配对的两个数列构成，一个是反映时间顺序变化的数列，另一个是反映各个时间目标值变化的数列。编制时间序列是动态分析的基础，主要目的在于了解过去的活动过程，评价当前的经营状况，从而制定战略目标。这一方法一般用于环境较为稳定情况下对未来的预测。表 3-1 是长沙市某医院 1993—2002 年每年治疗病人数。

表 3-1　长沙某医院治疗病人数时间序列

年份	1993	1994	1995	1996	1997	1998	1999	2000	2001	2002
人数/万人次	10.1	13.2	16.7	21.1	26.3	31.2	36.8	40.6	45.9	50.2

图 3-2 中黑点表示每一时期的有关病人数变数。虽然比较离散，但仍可对未来的病人数作大概的估计。如果要制定 2003 年治疗病人数目标，可以把坐标轴向外延，从而得出 2003 年的病人数目标，大致在 55 万～57 万人次。

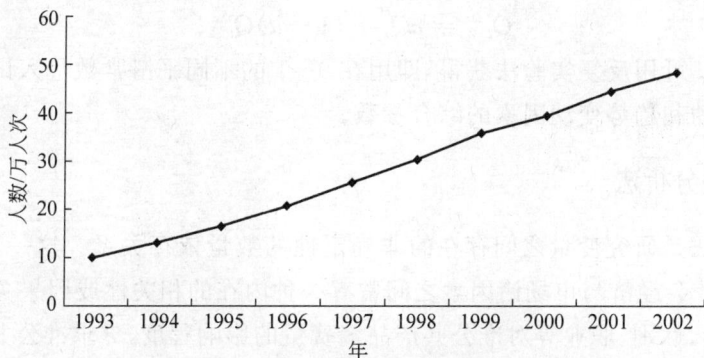

图 3-2　医院治疗病人数趋势图

以上模型是比较简单的。时间序列反映的指标变化是由众多复杂因素共同作用的结果。经典的时间序列模型是将之分解为如下四种变动因素：趋势变动、循环变动、季节变动、偶发事件。以某公园过去接待游客人数的时间序列为例阐述这一方法。假设，1998 年接待游客人数为 50 万人次。

（1）接待游客人数的趋势变动是人口、收入情况和基础设施状况的结果。通过对接待游客人数的分析可以发现它是一条直线。假设每年增长 10% 的游客人数，那么，预计第五年接待游客人数目标是 $50 \times (1 + 0.1)^5$。

（2）接待游客人数的循环波动受经济波动的影响，这一波动带有某种周期性特征。如估计第五年旅游业会繁荣，并且能获得长期预测接待游客人数的120%，因此，2003年的接待游客人数可能是 $50×(1+0.1)^5×120\%$。

（3）接待游客人数的季节变动是一年中营销活动的固定形态，这一形态可能与天气因素、假期等有关。如果各月的接待游客人数相等，则每月接待游客人数为 $50×(1+0.1)^5×120\%÷12$，但是5月和12月的季节指标分别为1.3和0.8，因此，2003年5月和12月的接待游客人数可能分别为 $50×(1+0.1)^5×120\%÷12×1.3$ 和 $50×(1+0.1)^5×120\%÷12×0.8$。

（4）不规则变动包括罢工、风暴、火灾、战乱等突发事件对接待游客人数造成的干扰，这些偶发成分是无法预测的。为了有利于观察较正常的游客人数，必须把它从过去数据中分离出去。在这一例子中，假设没有偶发事件，则第五年5月份最理想的战略目标为接待游客人数的估计数是 $50×(1+0.1)^5×120\%÷12×1.3$。

对四种变动分析测算不再赘述。如长期趋势测定，可用移动平均法、最小二乘法等。

另外，一种有效而又简单的目标制定方法是指数平滑法。仍以上例说明，指数平滑法的最简单模型只需三种数据：本期实际接待游客人数、本期平滑接待游客人数 Q_t 和一个平滑常数 a；由这些数据得到下一期的接待游客人数预测

$$Q_{t+2} = aQ_t + (1-a)Q_{t+1}$$

平滑常数 a 可用反复实验法获得，即用在0~1的不同平滑常数代入试算，从而找出能反映季节变动和趋势变动因素的综合参数。

（二）相关分析法

相关分析法是研究变量之间存在的非确定性的数量依存关系。这一方法广泛应用于经济分析：社会经济与市场诸因素之间常有一种内在的相关性或因果关系，如研究消费者收入、年龄、性别、职业等对准公共产品消费量的影响程度，寻求准公共产品的"目标市场"。因果分析是相关分析的一种，主要研究变量之间存在的主从关系或因果关系，从而判断变量的发展趋势，在此基础上制定战略目标。简单的回归模型为

$$y = ax_1 + bx_2 + cx_3 + d$$

式中：y 是因变量；x_1、x_2、x_3 代表自变量；a、b、c、d 代表常数，可用最小二乘法求出。

表3-2是某科技开发型非营利组织的统计数据。

表3-2　新增科研开发投入额与科研成果收益的增加值序列

新增科研开发投入额 x/万元	18	22	25	30	36	40	47	50
科研成果收益的增加值 y/万元	54	62	70	104	130	160	170	200

从表 3-2 和图 3-3 可以看出,科研成果与科研开发投入额呈正相关,科研开发投入越大,科研成果收益越高。根据回归方程,在科研成果收益目标确定的基础上,可以求得科研发展投入额增加的目标。

当然,还可利用估计标准误差衡量 y 的实际值和估计值离差的一般水平。

(三) 盈亏平衡分析法

由于非营利组织获得政府的拨款和各种捐赠的款项已远远不能满足其支出的需要,必须靠提供准公共产品获得收入维持生存和发展。因此,非营利组织也必须运用盈亏平衡分析法制定其战略目标。盈亏平衡分析法是根据准公共产品的销售量、成本和利润三者之间的关系,分析各种方案对销售准公共产品盈亏的影响,从中选择最佳战略目标。图 3-4 是盈亏平衡分析图解。

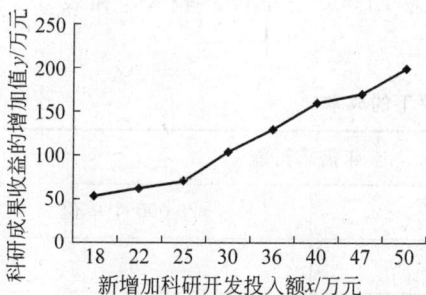

图 3-3　科研成果与科研开发投入的相关分析　　　图 3-4　盈亏平衡分析图解

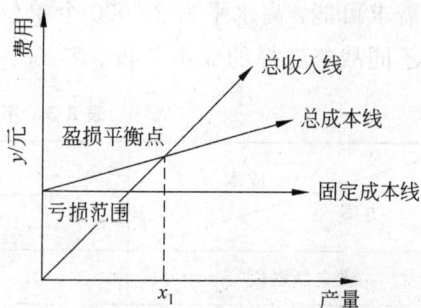

y 轴表示收入或费用(元), x 轴表示准公共产品数量。只要单位准公共产品销售价格大于单位总成本,总收入线必能与总成本线相交于某一点,相交点就是盈亏平衡点。从图 3-4 可看出,当准公共产品销量(或产量)低于盈亏平衡点时,非营利组织必然亏损;只有当准公共产品销量(或产量)大于盈亏平衡点时,非营利组织才有盈利。设 BEP 为盈亏平衡点, TFC 为总固定成本, P 为每件准公共产品的价格, VC 为每件准公共产品的变动成本,那么

$$BEP = \frac{TFC}{P - VC}$$

例如,某电影院的电影票价为 30 元,每张电影票的变动成本是 20 元,放映一场电影的固定成本是 3 000 元,试问每放映一场电影必须销售多少张电影票才能达到盈亏平衡?根据公式可以算出: $BEP = 300$ 张。因此,要达到盈亏平衡就必须销售 300 张电影票。如果电影票价格上升为每张 40 元,销售 150 张就可以了。

（四）决策矩阵法

以矩阵为基础,分别计算出各备选方案在不同条件下的可能结果,然后,按客观概率的大小,计算出各备选方案的期望值,进行比较,从中选择优化的战略目标。采用这一方法一般必须具备以下几个条件:

(1) 要具有明确的目标;

(2) 要有两个以上备选方案;

(3) 存在各种可能状态,并能估计其发生的客观概率以及可能的结果。

例如,某医院决定扩大规模以求发展。该医院希望进入一个新的地区市场,有三种方法可以选择:①建立一家新医院;②购买改建现成的医院;③租一家医院进行医疗服务。由于不同病人需要不同水平的医疗服务,因此新市场需求水平存在不确定性。假定两种需求可能:高水平为 20 000 个单位,低水平为 10 000 个单位。表 3-3 和表 3-4 是对各种不同战略选择的成本分析。

表 3-3 不同需求水平下的成本

成本 方案	年需求可能	
	10 000 个单位	20 000 个单位
建立新医院	58	35
购买及改建	56	33
租医院	50	40

表 3-4 不同需求水平下的成本预期

方　案	年需求可能		加权平均成本
	10 000 个单位	20 000 个单位	
建立新医院	58×0.7	35×0.3	51.10
购买及改建	56×0.7	33×0.3	49.10
租医院	50×0.7	40×0.3	47.00

由以上分析可以看出,出现较高需求的可能性为 30%。租入方案由于其加权平均成本最低,因而为最优方案。虽然决策矩阵在分析战略方案时非常有用,但是这一简单的分析方法也忽视了间接因素的考虑。在上例中,租入一所现有医院的分析忽略了主要竞争者迅速抢占该市场因素。

（五）决策树法

风险决策一般常采用决策树进行分析。决策树的基本原理是以收益矩阵决策为基础，进行最佳选择决策。所不同的是，决策树是一种图解方式，对分析复杂问题更为适用。决策树能清楚、形象地表明各备选方案可能发生的事件和带来的结果，使人们易于领会做出决策的推理过程。如果问题极为复杂，还可借助于计算机进行运算。决策树分析不仅能帮助人们进行有条理的思考，而且有助于开展集体讨论，统一认识。20 世纪 50 年代以来，许多组织都利用决策树制定战略目标，取得了明显的成效。例如，某科学研究院开发新准公共产品，欲在 R&D 方面进行投资。计划准公共产品开发期为 6 年，有下列投资方法：①一次性投入 500 万元；②仅投入 200 万元；③先投入 200 万元，2 年后追加投资到 500 万元；④先投资 500 万元，2 年后紧缩。

图 3-5 表示四种不同投资方案在不同经济景气程度下所引起的净现值变化（$B_1 \sim B_{16}$）。$E_2 \sim E_{10}$ 为净现值的期望值，$D_2 \sim D_5$ 为决策，假定在第 1～第 2 年经济繁荣的概率 $H = 0.5$，第 3～第 6 年繁荣与萧条的概率 $HH = 0.9$，$HL = 0.1$。第 1～第 2 年经济萧条的概率为 $L = 0.5$ 时，第 3～第 6 年繁荣与萧条的概率各为 $LH = 0.1$ 与 $HL = 0.9$。由此，求得：

$$E_3 = B_1 \cdot HH + B_2 \cdot HL = 4.05$$
$$E_4 = B_3 \cdot HH + B_4 \cdot HL = 3.5$$

比较 E_3、E_4 得到决策为追加投资，记为 $D_2(E_3)$，又

$$E_5 = B_5 \cdot LH + B_6 \cdot LL = 0.45$$
$$E_6 = B_7 \cdot LH + B_8 \cdot LL = 3.5$$

得到 $D_3(E_6)$，同理求得

$$E_7 = 2.5 \quad E_8 = 5.55 \quad 故 D_4(E_8)$$
$$E_9 = 1.5 \quad E_{10} = 0.95 \quad 故 D_5(E_9)$$

所以

$$E_1 = E_3 \cdot H + E_6 \cdot L = 3.275$$
$$E_2 = E_8 \cdot H + E_9 \cdot L = 3.525$$

得 $D_1(E_1)$。

也就是说，投资目标先是投入 200 万，如果未来 2 年经济高涨，追加投资；如果经济衰退，维持原有水平。

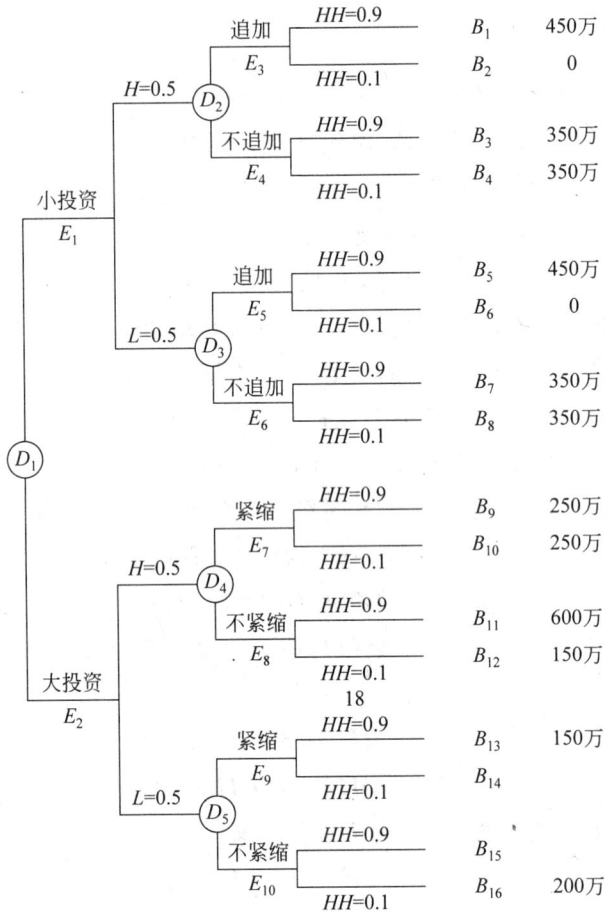

图 3-5　投资的决策树分析

（六）博弈论法

博弈论又称对策论,是运筹学的一个分支。该法最初用在军事上,用来研究如何战胜对方的最佳策略;后来被非营利组织和企业广泛采用,通过用数学方法研究有利害冲突的双方,在竞争性的环境中如何找出并制定战胜自己对手的最优策略。

（七）模拟模型法

模拟,是模仿某一客观现象建立一个抽象的模型,并对模型进行分析试验,以观察并掌握客观现象运动、变化的规律,从而找出错综复杂问题的解决方案。通过给各种模型输入不同的数据,再观察这些模拟的运转和可能产生的结果,从而制定合适的战略目标。模拟模型试验,特别是复杂的建模,往往需要专家顾问的帮助,也要有计算机的帮助。用计算机进行模拟的基本步骤是:①建立模型。这种模型往往不是简单的数字公式,而是用来描绘事件运行的逻辑步骤。②把这些逻辑模型输入计算机,编成计算机模拟程序,这样既便于操作,又能大大提高效率。③进行设计和实验。在模拟客观现实问题的各方案中选出较优的战略目标。一个战略模拟可能包括所有相关的环境因素以及内部成本结构,资源分配等因素对非营利组织经营业绩的影响。也就是说,战略模型试图将本章各种不同的分析技术所涉及的因素,纳入一个数量模拟模型加以分析研究,使战略目标的制定更完整、更系统化。

第四章

非营利组织的治理

非营利组织在进行社会治理的同时,也可能具有消极的破坏作用。为充分发挥非营利组织在构建和谐社会中的积极作用和功能,必须加强对非营利组织的正确引导。

第一节 非营利组织治理概述

一、治理与非营利组织治理的含义

治理这一范畴在学术界有多种解释。1989 年世界银行报告中提出的"治理"概念,现已成为一个具有广泛性的新理念。其基本含义是指在既定的范围内运用权威维护秩序,满足公众的需要。治理的目的是在各种不同的制度关系中运用权力引导、控制和规范公民的各种活动,以最大限度地增进公共利益。这里所讲的治理是指政府治理。但是,从治理的内涵可见,在广泛的社会生活中,不仅有政府治理,也有公司治理和非营利组织治理。非营利界之所以同样可以导入"治理"这一概念,是因为从治理的主体看,参与决策与管理的主体既可以是第一部门——企业,也可以是第二部门——政府,而且还包括第三部门。

国内外对非营利组织治理已有一定研究。非营利组织治理概念萌芽于 20 世纪 60 年代高等教育。当时,治理意味着教授团与行政人员二元一体的组织"Dual Organization"。在此结构下,教授团享有课程安排的控制权,而行政人员则负责行政事物的处理。根据 Wood(1996:3)研究,当学校的行政人员未能解决教授团、学生或其他利益相关者的纷争时,学校的治理董事会通常有权介入其中,并以最后仲裁者的身份解决纷争。就此观之,治理所隐含的意义超过行政管理及其执行。今日"治理"概念更扩展为行政人员及治理董事会与各利益相关者共同商议之(Wood,1996:3)。就其实际运作而言,治理通常将决定权保留给治理董事会,并由它充任重要角色(Wood,1996:4)Giesoti & Shafritz 指出:"治理的一般含义系指董事会为治理免税组织所采取的集体行动。身为董事会的成员,董事们应针对与组织有关的事务表达自己的态度、信念及价值。治理就是治理,不是管理,非营利部门的诸多治理功能是与营利部门相似的。"美国学者 Dennis R. Young 在其《非营利组织的治理、领导与管理:来自研究与实践的新洞察》(*Coverning, Leading, and Managing Nonprofit Organizations: Newlnsights from Research and Practice*)一书的导论中,将非营利组织的治理明确界定为"非营利组织用以设定长期方向并维持组织整合(Integrity)的机制(Mechanism)。一般而言,治理的论述大多是以董事会的角色及运作为探讨的核心"。因此,非营利组织的治理近似于董事会职能与角色的发挥与运用。

尽管如此,非营利组织治理的概念仍处于萌芽阶段,还没有统一的概念内涵。为进一步研究的需要,结合非营利组织与治理的含义以及非营利组织正规性、民间性、非营利性、自治性、志愿性的特点,将非营利组织治理定义为:一个指导和控制非营利组织各利益相关者相互之间关系的制度或过程。它包括董事和董事会(理事会)的思维方式、理论和做法。它研究创办的董事或捐助人、管理层和内部职工、服务对象或受益人、政府主管部门、专业协会、所在社区等利益相关者之间的关系。

二、非营利组织治理的功能

非营利组织治理归纳起来具有如下基本功能:①保证组织治理行为符合国家法律法规、政府政策、组织的规章制度(如章程)的要求,保证组织记录正确真实,保证各利益相关者对组织经营与运作状况有一个全面的了解。②保证组织目标的实现和使命的完成。为此,非营利组织的治理既要设计合理的激励机制,促使代理人在守法经营的前提下努力工作,还要建立有力的监督机制和管理者考核撤换制度,监督决策者和管理者及内部职工的道德风险等内部人控制行为。③保证组织高效率运作和取得高效益结果,保证组织内部的分权与制衡。④保证组织的自律与公信力建设,实现组织的可持续发展。

三、非营利组织治理的分类

在研究公司治理过程中,根据公司治理的范围,迈耶把各国治理机制分为内部治理与外部治理两种类型。公司内部治理要解决的是公司内部利益协调问题。其途径是通过公司内部的机构设置和权力安排解决有关的效率问题。内部治理的作用主要是通过董事会、监事会和股东实现。公司外部治理是通过公司外部的因素和手段,如利用竞争、并购、资本市场、利益相关者,对公司进行控制,解决公司的治理问题。外部治理包括一般少数股东以及潜在股东、资本市场、股票交易所,以及经理市场、产品市场、社会舆论和国家的法律法规等外部力量对企业管理行为进行的监督。

尽管在使命和目的上与营利组织有着本质区别,但是,如同营利组织一样,非营利组织也存在委托—代理关系,存在如何降低代理成本,维护委托人利益之类的问题。因而,作为一个组织,非营利组织也有内部治理与外部治理之分。

非营利组织的内部治理指的是非营利组织的自主治理,是以组织的内部人为基础的治理,所要解决的是组织内部的利益协调与整合问题。其主要途径是通过组织的机构设置和权利安排解决与组织有关的效率问题。非营利组织的外部治理是指通过组织的外部因素和手段对组织进行监督和约束,解决组织的治理问题。它包括组织的捐助人或出资人、服务对象或受益人、政府主管部门、专业协会、所在社区、社会舆论监督、准公共产品市场、管理人员市场和国家法律法规等外部力量对组织行为和组织使命的监督。但是,由于其自身的特征,非营利组织中不存在股东,存续期间也不涉及盈余分配,其中的非会员制组织,如财团法人,甚至连会员都没有,因此,非营利组织不能利用公司治理的竞争、并购、资本市场等手段对组织进行外部治理和控制。

第二节　非营利组织的内部治理

一、非营利组织内部治理的内涵及其特征

非营利组织的内部治理结构是指一整套控制和管理非营利组织运作的制度安排。根据非营利组织自身的特点,我们认为,非营利组织的治理结构可以借鉴公司治理结构,它也有狭义和广义之分。狭义上的内涵是指在非营利组织所有权、控制权、经营权分离的条件下,董事会(理事会)、执行机构、监事会的结构和功能,董事长与高层管理人员的权利和义务,以及相应的聘选、激励与监督等方面的制度安排;广义上的内涵是非营利组织的人力资源管理、员工的薪酬、激励约束机制、财务制度、组织发展战略以及一切与组织管理控制相关的一系列制度安排。

从提高非营利组织运作效率、完成其社会使命看,非营利组织治理结构所要研究的问题有两个:①管理层的激励机制,主要解决由于"代理人行为"和"短期行为"所引起的管理人员不积极、不努力工作和滥用职权的问题;②管理层的管理能力,要解决的主要是由于领导团队的管理能力与职位要求不对称的问题,思考方法错位引起的决策失误问题等。前者是利益和动机问题,后者是认识和能力问题。非营利组织由于具有组织性(正规性)、民间性、非营利性、自治性、志愿性、公益性(共益性)特征,其治理结构相对于一般营利组织来说,更具有独特性。它们必须具有一些明确的任务目标,同时必须把这些抽象的目标变成可操作的目标、可实施的行动方案,它还应该不断重审自己的使命与

任务：

（1）非营利组织需要明确它要达到的结果。

（2）非营利组织的物资所得，不论来自捐助者还是纳税人，都不归自己所有，非营利组织的理事们只是这些资金的看管人而已。

所以，非营利组织需要形成一个强效力的问责机制——问责它的使命、产出、资源配置和他们的生产率，也需要组织一个强有力的、直接的、清晰的治理结构。

二、非营利组织内部治理的主题

非营利组织内部治理的主题是指其内部所需要解决的主要问题。它与非营利组织的特殊结构紧密联系在一起，它的核心是要解决非营利组织在所有权、控制权和受益权分离的情况下产生的种种问题，包括代理问题、内部人控制问题、产权问题等。

（一）代理问题

非营利组织董事会之所以享有决策权，是源于委托—代理理论。因而非营利组织也必然存在和企业一样的问题：代理问题。由于非营利组织的特殊结构，其代理问题尤为突出，具体表现为如下困境。

1. 产品的品质与数量难以测度

与公共部门一样，非营利组织的产出属于非市场产出。如美国经济学家沃尔夫指出："与市场产出的效益—成本描述相比，非市场产出总地来说没有一个评价其成绩的标准。"[①]这一结论对非营利组织的描述非常恰当。首先，许多非营利组织的服务性产出的数量和品质难以测度；其次，非营利组织的产出与其产出的最终社会效果之间存在一定的滞后性；最后，非营利组织的产品缺乏价格信号和消费者的自由选择压力，因而也就缺乏检验和传递质量信息的机制和渠道。

2. 服务的间接性

服务的间接性即服务购买者不是最终消费者，尚有中间环节存在。其结果是：家长很难判断托儿所的服务质量，因为他们年幼无知的孩子才是服务的对象；子女很难判断养老院的服务质量，因为他们年迈体弱的父母才是服务对象。因而，服务的间接性导致信息获取困难，进而导致监督困难。

3. "所有者缺位"或"监督主体缺位"

非营利组织面对多样化的监督主体，其中捐助者和服务对象无疑是最重要的群体。

---

① 俞可平.治理与善治[M].北京：社会科学文献出版社,2000：1-15.

然而,来自捐助者的监督面临动力不足和监督主体"自然缺失"的问题,因而,难以真正发挥其监督作用。作为弱势群体,非营利组织的服务对象不仅在信息获取和处理、利益诉求方面存在能力的缺陷,而且由于受益者所处的不平等地位,监督作用也难以发挥。

4. "市场缺位",即外部监督机制薄弱

公共部门监督机制的制度化表现为权责明确,监督者与被监督者关系明确,监督组织,如审计部门、管制机构和监督部门健全,并有一套正式渠道使得监督者能够获得实施监督的信息。归根结底,宪政民主之下的"政治市场"为公共部门的监督机制提供了可靠的保证。而私营部门的监督既来自所有者"用手投票",如股东大会选举董事、董事会任免总经理的约束。更源于竞争环境下顾客的"用脚投票",如在资本市场抛售股票、自由选择,以及价格、市场占有率等信号持续传递给生产者,形成外部硬性监督约束。相比之下,非营利组织缺乏类似的机制。

总而言之,非营利组织在所有权、控制权、受益权分离的条件下,存在委托—代理关系。而代理人由于利益驱动以及信息不对称等种种原因,必然产生逆向选择和道德风险等代理问题。因而,如何设计合理的非营利组织内部治理机制形成对代理人的激励和监督约束,使代理人维护委托人的利益,降低代理成本,以及如何维护董事会的决策权是非营利组织治理的主要命题。

(二) 内部人控制问题

"内部人控制"是在研究现代公司治理结构的缺陷时经常使用的一个概念。这一概念最初是由美国学者青木吕彦提出来的。内部人控制问题是指独立于所有者(外部人)的经理人员掌握着企业的实际控制权,在公司经营中充分体现自身利益,甚至与职工"合谋"谋取各自的利益,从而架空所有者的控制与监督的问题。[①] 在中国经济体制转轨过程中,国有企业的"内部人控制"问题非常严重。然而,由于利益驱动、信息不对称、激励不相容、监督不严密等现象的存在,在这一过程中,非营利组织中也同样有可能发生"内部人控制"现象。

非营利组织的"内部人控制"是指非营利组织内部人员的行为偏离组织目标,以及因监督这种偏离行为而产生的代理成本,如控制权收益、在职享受、转移资产。

当前我国非营利组织"内部人控制"的主要表现有:①管理人员过分在职消费,包括公款吃喝、公费旅游、公费出国、购买高级轿车、豪华办公设施等。②滥发工资和奖金,乱提高职工福利,组织收入没有用来保证组织共益性的实现,而是作为利润分配给内部职

---

① Carver J. Boards That Make A Difference: A New Design for Leadership in Nonprofit and Public Organization. 2nd. Sanfrancisco: Jossey-Bass Publisher, 1997: 181.

工。③信息传递不规范、不及时和不真实，欺骗政府及其他利益相关者。④短期行为，不考虑组织的长远发展、自身建设和公信力建设，忽视自身应有的强烈的责任感。⑤腐败蔓延，权力滥用。在一些非营利组织中存在严重的腐败现象，如高校中的学术腐败，医院中药价格高、大处方、滥检查、乱收费、开方提成、药品回扣、送红包、宰病人等行业顽症。各种非营利组织的行贿受贿行为以及其内部人蓄意提高组织所需物品进货价以提取回扣等现象屡见不鲜。⑥利用非营利组织"所有者缺位"这一特征牟取私利，损害委托人和其他利益相关者的利益，化公为私，转移组织资产，如将基金会资金据为己有，滥用救济金、救灾款等。

可以说我国非营利组织中内部人控制问题比比皆是，比西方以及其他转轨制国家相比有过之而无不及。

转轨时期非营利组织中的这些"内部人控制"现象对组织目标的实现、使命的完成和组织的问责机制产生很大的消极影响。主要体现在以下几方面：一方面，内部人在掌握组织信息上比外部人有优势。非营利组织存在先天的"所有者"缺位，因而由经过专业训练的管理者或专业技术人员执掌非营利组织，比由委托人自己执掌更有效率，也更能达到完成其社会使命的目的。另一方面，在非营利组织中，由于利益驱动，代理人和委托人往往会具有不同的目标取向，因此，代理人有可能以追求个人效用最大化为目标，在组织运作过程中，利用掌握的信息优势和掌握的组织控制权谋取自身利益，损害委托人和其他利益相关者的利益，从而对组织目标的实现和使命的完成造成不利影响。

因此，如何解决内部人控制问题，使非营利组织提供的准公共产品和服务不偏离组织目标，以实现社会效用的最大化，是非营利组织治理的另一大主题。

（三）非营利组织的产权问题

从现代企业理论的观点来看，企业是一系列契约（合同）的组织（nexus of contract），是个人交易产权的一种方式。张维迎（1995）认为，严格地讲，企业作为一种契约，其本身是没有所有者的。企业是否有其所有者尚且不论。对于非营利组织，特别是公益性非会员制组织，如财团法人或信托型组织来说，其"契约"特征更为明显，因而确实存在"所有者缺位"。在所有者缺位的情况下，产权问题对非营利组织的内部治理显得尤其重要。研究非营利组织的产权关系，就是要明晰它的产权关系。

然而，处于转轨过程中的中国，由于在计划经济下对事业单位片面的社会属性定位，导致人们至今对非营利组织的产权问题尚表示淡漠。产权模糊导致非营利组织中经营者、管理者权责不明确。其结果是：一方面，政社不分，使得政府对非营利组织在行政上表现为"超强控制"：另一方面，表现在产权上的"超弱控制"。经营者和管理者同政府博弈的结果是：一部分经营者或管理者利用政府产权的"超弱控制"形成事实上的内部人控制,谋取自己的利益;同时又利用政府行政上的"超强控制"推脱责任,转嫁风险。因此,如何界定非营利组织的产权,并处理好产权问题也是非营利组织内部治理所要解决的主题之一。

三、非营利组织内部治理的基本原则与机构设置

内部治理是以组织内部人员为基础的治理,所要解决的问题是组织内部的利益协调问题,其主要途径是通过组织的机构设置和权利安排解决组织有关效率问题。对非营利组织来说,其内部治理需要做好以下三个方面的工作:①建立一整套非营利组织治理的相关制度,其中最主要的是确定其治理的基本原则;②建立相应的组织机构;③有效地执行。

(一) 内部治理的基本原则

无论是公司、政府还是非营利组织,作为现代社会的组成部分,它们都是一个复杂的适应性系统。与其他复杂的适应性系统一样,非营利组织既有规律性也有动态性,是规律性与动态性的结合体。这种规律性与动态性往往呈现出多样、自发、可调节、适应以及变异的特征。因此,完善的非营利组织治理并没有单一的模式。尽管完善的非营利组织治理没有单一的模式,非营利组织的领导人、管理者等决策制定者也需要制定适用于经济、社会、法律和文化环境的治理结构。例如,日本、中国台湾、中国香港等国家和地区实行法人治理结构,在组织内设立董事会制度。我国当前的非营利组织有的设有理事会,有的不设理事会,如公立学校实行的是校长负责制。但是,根据过去非营利组织治理的实践,不管非营利组织的治理模式如何,它们都必须遵循某些基本的、共同的要素和原则。

1. 非营利组织治理应保护委托人的权利、维护委托人的权益

非营利组织的委托人主要包括组织创办者、政府、社会捐助者等。非营利组织在成立时,往往由创办者或政府设立组织章程和规章制度,确立组织使命。因此,非营利组织治理要确保代理人依循组织章程和规章制度行使各项权力,进行各种代理活动。只有这样,才能使代理人在进行代理活动时不违背委托人的初衷,维护委托人的权益。非营利组织委托人的基本权利应包括:设立组织章程和规章制度,出席董事会(理事会)并投票,参与选举董事会(理事会)成员,及时、定期地获得组织有关信息。

2. 鼓励非营利组织和利益相关者合作

认可法律所规定的利益相关者的权利,并鼓励非营利组织和利益相关者积极合作,以确保组织使命的完成,非营利组织治理受到治理体系参与者的影响。非营利组织的受益者作为社会的弱势群体,常常无法也没有能力行使治理权,但可能非常关心自己是

否受到了社会的关注,是否得到了公正的待遇;非营利组织的职员和其他利益相关者在促进组织的长期发展、社会使命以及非营利组织的良好运作中充当重要的角色;政府则为非营利组织建立制度和法律框架。非营利组织的这些利益相关者的作用以及他们之间的相互关系,是受法律和规则的支配并随市场和社会环境的变化而变化的。因而,非营利组织治理应认可利益相关者的权利,保证利益相关者对组织运营状况的知情权,允许通过利益相关者的参与改善组织的经营状况。

3. 建立透明的财务、业绩、治理结构披露制度

披露的实质信息应包括:组织的财务和管理状况、组织的目标、治理结构、管理层和内部职工及其薪酬,以及与内部职工及其他利益相关者有关的重大事项等。

(二)内部治理的机构设置

非营利组织治理是一种制度安排,但又不局限于制度安排。非营利组织本身没有意识和意志,它只能经由一个组织系统,即非营利组织治理结构支配的管理人员,才能对非营利组织进行治理。非营利组织治理的实施必须有一套组织机构,包括董事会、理事会、监事会以及由高层管理人员组成的执行机构。

1. 董事会(理事会)

Mark Lyon认为:"在确切意义上,理事会是指治理非营利组织的群体。"它扮演受托监护人的角色,主要职责是利用它的诚实、能力审视非营利组织的战略、计划和重大决策,并且根据委托人和社会的利益指导、监督和监控非营利组织的高级管理层。因此,一个完善的非营利组织治理结构必须有一个能很好地发挥作用的董事会或理事会。理事会(董事会)履行以下职能:①决定组织的使命和目标;②选择和支持首席执行官或高层管理人员,核查监督他们的管理,有必要时撤换高层管理人员;③规划未来,关注组织的长远发展战略、服务计划;④批准和监督组织的项目和服务,使其与组织的目标保持一致;⑤规定完善财务管理;⑥争取财务援助,保证组织能够拥有充足的资源来执行自己的任务,实现预定目标;⑦提高组织的公众形象,提高理事会(董事会)自身的效率;⑧确保组织的法律和伦理统一性及其问责性。

2. 监事会

监事会,是指组织内部专司监督职能的治理机构,它既向委托人负责,又对组织的各项活动进行监督。监事会拥有独立行使的监督权,在不干涉董事会或理事会行使其经营、管理权的前提下,不仅可以对董事会或理事会进行监督,也可以对经理人员进行监督;不仅可以监督组织的财务状况,也可以监督组织的运作是否违反法律、法规和组织章程、规章制度。非营利组织存在多重委托—代理关系,如政府举办的非营利性医院,在国家授权投资的机构或国家授权的部门和医院之间,国家授权的机构或国家授权的部门是委托人,医院的理事会是代理人。在医院内部,医院理事会是委托人,院长是代理人。在这些委托—代理关系中,由于委托人和代理人具有各自不同的利益,因而在代理行为中,代理人追求自身利益的同时,就有可能损害委托人利益,从而产生代理问题,也导致代理成本的发生。因此,从代表理论来说,在非营利组织内部有必要设立监事会,以实现对董事会或理事会和高层管理人员的全面、独立和强有力的监督。

3. 执行机构

执行机构是指非营利组织的首席执行官及管理层,如医院院长、学校校长。非营利组织在理事会或董事会做出决策后,需要由一个有效的执行机构将这些决策贯彻、执行,否则决策将是"空头支票"。

至于理事会与首席执行官之间的关系,Peter F. Drucker 认为:"非营利部门最好的管理例证说明,理事会和首席执行官对于组织功能的正常发挥都是至关重要的。这些行政机构必须作为一个团队平等行事,而不是一个凌驾于另一个之上。而且,首席执行官的工作和理事会的工作并非泾渭分明:一个是政策制定,一个是完全执行。首席执行官与理事会在功能上相互交叉、相互协调。在一个非营利部门的组织结构中,首席执行官要承担起保证治理功能的有效性和可持续性的责任。"

四、非营利组织的内部治理机制

现代公司内部治理机制为解决公司的治理问题提供了三种有效机制:激励机制、监督机制与决策机制。通过这三种机制促使公司的代理人——经营者努力工作,降低代理成本,避免偷懒、机会主义等道德风险行为。

非营利组织尽管与企业在目标和使命方面有本质区别,但如同企业只有通过为社会提供令人满意的产品才能获得生存和发展一样,非营利组织只有为社会提供满意的服务——准公共产品,才能换取自己生存和发展的资源。为了使自己的服务令人满意,一方面,它要与自己竞争,不断改进自己的工作,以获得越来越多的社会捐助与政府投资。另一方面,它也要与同行业的其他非营利组织竞争,以赢得越来越多的市场份额。这种无情的竞争迫使它不得不调整和完善组织结构,并开发一套合理的内部治理机制应对偏离组织目标和使命的各种行为,减少或杜绝各种"内部人控制"现象,提高组织的社会公信度。

非营利组织的内部治理结构为实现组织的内部治理提供了相互制衡的组织机构,并起一定监督作用。但是,非营利组织的代理问题以及由于合约不完全、信息不对称所引起的不确定性问题,使得非营利组织代理人的代理成本和道德风险过大,使得其不可能通过合约解决。

非营利组织的代理人作为"理性经济人"有追求自身效用最大化的倾向,因此,在非营利组织中,同样存在对代理人的激励、约束监督以及如何解决组织决策权的问题。因此,非营利组织的内部治理机制同样包括内部激励机制、内部监督机制与内部决策机制。通过这三种机制,非营利组织同样可以降低代理成本,避免偷懒、机会主义等道德风险行为。但是,相对于企业来说,非营利组织内部治理的激励、监督与决策的方式方法与企业应有所不同。

(一)非营利组织的内部激励机制

激励机制是现代公司理论中最重要的议题之一。它是解决委托人和代理人之间的关系动力问题,即委托人如何通过一套激励机制促使代理人采取适当的行为,最大限度地增加委托人的效用。因此,有效的激励机制能使企业的经营者与所有者的利益一致起来,从而克服经营者的短期行为,防止偷懒、机会主义等道德风险行为。然而,道德风险并非企业专有。由于存在多重委托—代理关系,非营利组织的委托人和代理人之间也存在信息不对称和契约不完全等问题。因而,非营利组织中必然存在道德风险问题。

非营利组织的内部治理结构有利于克服代理人的道德风险问题。然而,内部治理结构是一个相互制衡的组织结构,着重于监督与制衡,忽视激励因素。而非营利组织中的代理成本与道德风险问题仅仅依靠监督与制衡是不可能解决的,关键是要设计一套有效的激励机制,促使代理人努力克服道德风险行为。

1. 非营利组织内部激励问题的特殊性

不论是非营利组织的治理、管理还是实施效率的实现,最终都取决于组织人员的构成。然而,非营利组织和其他任何组织一样,需要有组织凝聚力和对工作人员的吸引力。因此,在组织内部应设立对工作人员的激励机制。

非营利组织对组织成员的激励,相对于企业、政府面临更多的问题。作为第一部门的政府,其成员努力工作、积极进取的主要动力来源和激励方式是职位阶梯的攀升,即获得更多的权利资源和机会;作为第二部门的企业组织,刺激员工创造性、积极性、主动性的主要形式是收益的增加,即更多的物质利益的满足。当然,这两种组织都不排斥其他激励形式,如政府组织中对精神道德因素的强调和企业组织中对企业文化的倡导。对于作为第三部门的非营利组织来说,其员工工作的动力不仅仅是为了生存,他们还为了某种希望和精神上的满足和享受。尽管第三部门意味着社会使命、爱心、奉献精神和崇高感,但组织中的员工都是复杂的社会人,有着多方面的需求,仅凭使命感、崇高感和奉献精神,任何一个组织也不能长久支撑下去。相对于政府和企业来说,非营利组织所能提供的激励方式的匮乏,必然导致激励问题更加突出。

然而以往的组织激励理论强调对工商企业的研究,在此基础上发展起来的激励理论被假设适用于所有组织或者与组织类别关系不大。组织激励类型的选择受到组织特征的限制。比如,工商企业的激励机制是绩效与物质报酬相结合,公共部门的激励机制是职位的上升和精神奖励相结合,假如两者不相匹配,看似理想的激励机制也将无效。因此,对非营利组织来说,除报酬激励外,组织有特色的激励因素在于非金钱、非物质的东西。赫茨伯格认为非营利组织除报酬之外最重要的五个激励因素是:成就感、价值的肯定、工作本身、责任感、个人成长与进步的机会。因此,对非营利组织员工的激励要充分考虑组织的特征及组织内部激励机制的构成。

2. 非营利组织内部激励机制的构成

非营利组织内部激励机制指的是狭义的激励机制,即指组织以什么样的制度安排激励组织成员的工作动机。它包括:

(1)使命激励。企业使命是企业文化的一部分,由于非营利组织自身特点和公共责任,自然比营利性的企业有更多更大的社会使命。对非营利组织员工的激励中,高尚使命的描述是很重要的。非营利组织使命激励的关键在于领导者,卓越的领导者不仅是使命的代言人,并且是它忠实的履行者,是道德的楷模,长远的榜样。

(2)目标激励。目标是人们行为的精神支柱,一旦失去了目标,人们的行为就失去了方向和动力。因此,非营利组织要有一个激发动机、引导行为的目标。这一目标必须满足下述条件:首先,要保证目标科学合理,即要经过一番努力才能实现。其次,要把组织目标与员工个人目标联系起来,既要保证组织的长远发展,又要注重员工工资、奖金、福利待遇的改善和个人活动舞台的扩大,从而激发员工巨大的工作热情和强烈的归属意识。

(3)报酬激励。报酬是组织用以激励员工的基本因素。非营利组织的专职员工和企业职工、政府公务员一样,需要运用报酬机制调动其积极性。非营利组织员工的报酬和企业酬薪概念大致相同,包括工资、福利和其他。工资包括基本工资、奖金和津贴。福利作为报酬的重要组成部分,其形式可以是金钱和实物,也可以是服务机会与特殊权利。同时,由于非营利组织员工工作的目的不仅仅是为了生计,还为了某种希望和精神上的享受,对他们采取一定精神激励措施也可以算是一种报酬。

(4)组织文化激励。组织文化是共同思想、价值观念、作风和行为准则的集中体现。组织内部的互信、互动和经常的沟通,以及民主、透明和公正的管理政策,是激发员工士气、形成团队精神的重要条件。组织文化一旦形成就会对员工产生巨大的凝聚力和感召力,对员工的思想和行为产生很强大影响和制约作用,即使组织管理方式改变、组织领导人更换,业已形成的组织文化也会长期存在。因此,建设一个良好的组织氛围和文化,是激励机制中不可或缺的部分。

(5) 信任激励。现代管理心理学的原理表明,信任可给任何人以力量和希望。它是点燃自尊心的火种,自尊心则是促人向上的动力。

现代企业管理研究成果表明:即使工资、奖金、福利和生活压力等激励因素充分发挥作用,也只能调动职工 60% 的积极性,另外 40% 则有赖于领导者以其卓越超群的个人行为来调动。因此,非营利组织的各级领导和管理者更要利用自己独特的激励优势,发挥自己的示范作用。

信任激励主要包括:允许员工发表不同的或相反的意见;尊重员工的人格;信任下级,放手让下级大胆工作;创造一定的条件使下级胜任工作;主动支持下级工作,对后进员工不揭伤疤,不计"老账",增强下级的信任感和安全感。

(6) 强化激励。所谓强化激励,是对员工的某种行为给予肯定和奖励,使这种行为得以保持和增强,即"正激励";或对某种不正当的行为给予否定和惩罚,使它减弱、消退,即"负激励"。按照斯金纳(B. P. Skinner)的观点,当人们采取某种理想行为受到奖励时,他们最有可能重复这种行为。当奖励紧跟在理想行为之后,则奖励最有效;当某种行为没有受到奖励时,其重复的可能性非常小。因此,强化激励可以广泛用于对非营利组织员工的激励。但强化激励的运用要把握好质、量和时机。

从质的方面看,把握好准确度。表扬和奖励、批评与惩罚都要做到准确、公正。在量的方面,做到两个结合、两个为主。即正强化与负强化相结合,以正强化为主;精神激励与物质激励相结合,以精神激励为主。

(7) 竞争激励。在组织中开展竞争是调动员工工作积极性的有效方法。竞争不仅能满足员工自尊和自我激励的强烈欲望,表现出员工的工作才能,而且能充分调动员工的积极性、主动性和创造性。员工受到竞争目标的鼓舞,会出现观察力敏锐、执行力增强、思维想象活跃。这种精神状态必然会大大提高员工自身的工作能力。因此,竞争激励也是非营利组织内部激励机制必不可少的部分。在非营利组织中,竞争可以是多方面的,比如对某些关键和重要的岗位实行竞聘制度,在学校实行教学竞赛、项目设计、创意竞赛等。

3. 非营利组织内部激励机制设计原则

(1) 目的性原则。非营利组织是不以盈利为目的的组织,不像企业以利润最大化为目标,而是以社会效用最大化为目标。因而,非营利组织内部激励的首要原则是目的性原则。激励方向一定要指出组织的目标,激励的目的是要提高员工的工作积极性及其素质,以达到工作效益的提高。只有这样,才能促进组织目标的实现和使命的完成。

(2) 系统性原则。激励是一种复杂的心理和行为现象,直接决定于员工的动机、目标、需要、期望、公平等机制的作用,并受到组织文化、员工个性、工作性质、工作环境、领导者等因素的影响和制约。因此,非营利组织的激励也是一个系统,对系统内部各因素都要进行激励,以增强其驱动力,减少代理成本和道德风险,使组织的整体效益最高、合力最大。

(3) 差异性原则。非营利组织作为一个系统,对系统内各个因素进行激励是必不可少的。但是,组织中个体之间在需要、能力、素质上存在不同程度的差异。亚伯拉罕·马斯洛(Abraham Maslow)认为,每个人都有五个不同层次的需要:生理需要、安全需要、社会需要、尊重需要和自我实现的需要。当每一种需要得到满足时,另一种更高层次的需要就会占据主导地位。按照马斯洛的观点,如果希望激励某人,就必须了解此人目前所处的需求层次。因此,同一激励作用于不同的员工,取得的效果往往是不一样的。所以,在激励中必须坚持差异化原则,根据对象的差异选取相应的方法和手段。

(4) 精神激励和物质激励相结合原则。由于非营利组织是不以盈利为目的的组织,到非营利组织中工作的员工往往不仅仅是为了生存,还为了某种希望,为了得到精神上的满足和享受。因此,在激励过程中,管理者要全面了解员工的需要,既要运用工资、奖金、福利等物质激励手段,满足员工的生理、安全需求,同时更要全面了解员工在社会、尊重、自我实现等方面的较高级的精神需求,使激励更为持久。因此,在非营利组织中,要坚持精神激励与物质激励相结合,以精神激励为主的原则。

(5) 正激励和负激励相结合原则。非营利组织的代理人和其他组织的代理人一样,当他们因采取某种行为而受到奖励时,他们会重复这种行为。因而,紧跟在这种行为之后,正激励是最为有效的激励方式。然而,由于组织委托人与代理人之间存在契约不完全、信息不对称等因素,代理人会利用信息优势偷懒、采取短期行为等,损害委托人及其他利益相关者的利益。对这种现象必须设计各种规章制度给予否定、惩罚。而否定和惩罚只能起到惩戒的作用,不能作为激发员工积极性、主动性、创造性的手段。因此,在非营利组织管理中,应坚持正负激励相结合,以正激励为主,负激励为辅的原则。

(6) 激励强度原则。在任何组织中,不管采取何种激励方式,对代理人的激励强度都要适度,也就是说,对代理人的激励应坚持激励强度原则。

最优的激励强度需考虑四个方面的因素:①诱发代理人努力的成本与收益比较,只有在诱发代理人更多努力所带来的收益大于激励成本时,进一步加强对代理人的激励才是有效的。②对代理人活动进行测评的准确程度,只有在代理人活动绩效确定的情况下(激励报酬与工作绩效有较强的相关关系),对代理人进行强激励才是最优的。③代理人的风险规避程度。代理人的风险规避程度越低,激励成本也就越低。④代理人对激励的反应程度。代理人对不同工作性质和不同工作环境的反应程度不一样。

(二) 内部监督机制

监督是建立一种实施控制的行为方式。所谓监督机制是指公司的利益相关者针对公司经营者的经营成果、行为或决策所进行的一系列客观而及时的审核、监察与督导的行为。它包括内部监督机制和外部监督机制。非营利组织如同企业一样，存在对执行机构和执行人员的监督。

从国内外对非营利组织监督的情况看，对组织执行机构和执行人员的监督大体分为外部监督和内部监督，即他律和自律。非营利组织是他律和自律的有机结合。然而，由于非营利组织所提供的产品品质和数量难以测度以及服务的间接性，非营利组织存在"所有者缺位"或"监督主体缺位"，加上非营利组织的外部监督机制薄弱，即非营利组织存在"市场缺位"，非营利组织的外部人很难对组织的内部人进行监督。因此，非营利组织的内部监督机制显得尤为重要。

1. 非营利组织内部监督的主要内容

内部监督，即非营利组织的自律和"内在化"的自我约束，它是确保非营利组织非营利性的基础，包括道德驱动的自律和组织内部的制度化自律。

（1）道德驱动的自律。道德驱动的自律是以事业感、使命感、社会责任感、人生理想和价值观为基础的自律。它主要依靠社会舆论、习惯、良心和信仰维护和保障实施。它具有三个重要的特征：①道德自觉是自律的唯一动力；②"道德人"的存在是自律的前提；③道德人品格在行为之前已经形成。道德驱动的自律能使第三部门的成员在推进社会的过程中，具有正义、民主、平等、良心、诚信的优秀品质，强烈地认识到自己的责任，在面临个人利益、集体利益、国家利益相冲突的道德窘境时，能够顾全大局，自觉放弃个人利益。

（2）制度化自律。制度化自律是指通过非营利组织的组织章程、组织使命和信念、组织内部的机构设置、规章制度的安排对组织的内部人所形成约束与监督。它包括监事会的监督、董事会（理事会）的监督、组织规章制度的监督、组织信念和使命的监督以及内部职工的监督。

1）董事会（理事会）的监督。董事会或理事会对组织领导人，如秘书长、总干事的监督表现在行使招聘或解聘领导人的职责，并定期评估和鉴定其工作绩效，或通过制定组织重大和长期的战略与计划，并监督计划的执行约束组织领导人的行为。同时，董事会要审核和批准预算，监督财务制度的执行情况，进行预算和财务监督，另外，董事会还要定期检查组织的规程及方案的内容是否与组织的宗旨一致。

董事会对执行情况的监督是为了监督其决定是否被贯彻执行，以及组织领导人是否称职。董事会对组织领导人的监督表现为一种制衡的关系。但由于董事会只是出资人或捐款人的受托人，大多数董事会成员不具有专职身份或不具有专业知识，董事会常常成为一个"橡皮图章"，所以董事会对组织领导人的监督是有限的。

2）监事会的监督。监事会是非营利组织中专司监督职能的机构。通过监事会及其专职监督员,可以对董事、执行人员的行为进行有效的监督。在我国,监事会的基本职能是以出资人的身份监督董事和管理者的经营活动,以财务为重点,确保董事及组织领导者正确有效地行使其职责,随时要求董事及组织领导者纠正其违反组织章程、法律法规、损害其他利益相关者利益的各种越权活动。

3) 规章制度的监督。非营利组织可以通过组织章程、管理制度、办事程序、信息披露制度、会计制度与审计制度预防违规行为。例如,希望工程建立比较完善的内部监督机制。其内部监督机制涉及组织建设(监察、监督机构的设立)、规章制度建设(《希望工程实施管理原则》、《希望工程监察巡视员制度实施办法》等 20 余项)、基本原则的确立(如青少年发展基金会的"五透明"、"五不准"原则)、技术保障(如计算机管理信息系统)等多个方面。

4) 信念和使命的监督。非营利组织以完成某种公益使命为目的,以社会的需求为驱动力。信念和使命是非营利组织的精神和灵魂。高尚和明确的社会使命可以对非营利组织的各方面都产生巨大的监督作用。因而,使命监督被认为是非营利组织内部监督的核心。公共责任的最高境界是一种"内在化"的自我约束。通过使命监督,可以确保非营利组织领导以使命感、事业感、社会责任感、人生理想和价值观为基础,形成一种"道德驱动的自律",促使组织高效益、高效率和负责任地完成自己的社会使命。

5) 组织员工的监督。非营利组织的内部员工是与组织发展密切相关的当事人,他们不仅对组织的董事和管理者有监控的动机,同时,也有有利的条件。一方面,在现实经济活动中,员工的各种物质和精神上的需求的满足有赖于组织的良性发展;另一方面,组织员工相对于其他利益相关者来说,处于优势的位置,具有监控的更为有利的条件。

2. 非营利组织内部治理的监督机制确立的基本原则

(1) 民主原则。民主是调动组织员工主动性、积极性、创造性的原动力。非营利组织不以营利为目的,其员工是为了一种社会使命走到一起。他们到非营利组织中工作,不仅仅是为了生存,还为了一种精神上的享受。因而,和政府、企业相比,非营利组织实行民主管理不仅有优越条件,而且更是维系组织生命力的基本要素。非营利组织既不是自下而上的等级领导体制,也不是在权利和利益下开展活动,所以,组织本身的性质要求实行民主管理原则,否则组织所确立的使命、持有的观念以及道德准则都难以得到保障。非营利组织的民主管理既需要有一套制度规则和程序,还需要有一系列非正规的行为准则,以切实在组织内部形成民主决策和民主监督机制。

(2) 透明原则。非营利组织是不以营利为目的的公益或共益性社会组织,其资金来源和运作成本依赖于社会财富的第二次分配,并在法律上享受一定的减免税待遇。因此,公信力是非营利组织的第二生命。赢得良好的公信力的最好的方式是公开组织内部与外部运作过程和结果,让公众了解组织的治理结构、人事安排、运作、服务和项目、资金、行政管理、财务状况以及其他与利益相关者有关的重大事项和决策。非营利组织应实行公开的原则,坦荡地接受政府、资助者、服务对象、大众传媒和独立的第三方的评估和监督,进而提高非营利组织的公信力。

(3)效率原则。非营利组织不以盈利为目的,不以利润为取向。但同企业一样,必须进行成本核算,追求在既定投入条件下的产出最大化。虽然,非营利组织的资源主要来自政府、社会和个人的捐助,不必像企业那样对投入的资源进行等值补偿,但是非营利组织也必须尽可能有效地运用这些资源,不仅要获得经济效益,而且要获得社会效益,这样才能提高组织的公信度,促进组织的可持续发展。

(三)内部决策机制

在组织内部治理过程中,设计一系列激励与监督机制的目的,就是要促使经营管理者努力工作、科学决策,从而降低代理成本,实现委托人预期效用和社会效益的最大化,以促使组织使命的完成。激励与监督机制所解决的只是非营利组织的内部分权与制衡,以及如何调动内部人的积极性的问题,并没有解决非营利组织治理中的根本问题,这些问题不是产生于权力失衡,而是产生于组织决策过程中的失灵。

在非营利组织中,大部分管理人员并不拥有过度的权力,大部分组织的失灵不是由于权力失衡,相反是源于一些出发点良好但有问题的管理决策,而这些决策又没有一种有效和有效率的方式加以质疑。非营利组织治理的核心是保证有效的决策。因此,非营利组织内部治理不仅要建立有效的激励机制和监督机制,而且要建立一套科学的决策机制。通过这一机制,设法创造和保持有效率的决策过程,使高层管理人员和董事会(理事会)在决策中真正合作。

1. 设计决策机制的理论基础

公司的决策机制是指决策权在组织内部利益相关者之间的分配格局。它表明什么样的决策由谁做出,它需要依靠一定的组织结构和制度运行,实质上是由决策权力机构及其对应的决策内容组成。其理论基础是决策活动分工与层级决策。

非营利组织作为一种非营利的公益或共益型组织,其决策和治理要依靠一定的组织结构和制度。非营利组织内部治理的权力系统是由会员大会(大陆法系下的非会员制组织不设会员大会)、理事会、管理层、监事会组成,并以此形成相应的决策分工形式和决策权分配格局。在这一分配格局中关键的是理事会决策。然而,所谓理事会决策是对组织重大目标和发展方向的决策。在重大问题决策后,有大量的操作性问题,这些问题都靠理事会解决是不可能的,要靠 CEO、执行董事、总干事或秘书长去做。因此,非营利组织的决策机制也是严格的层级制决策。

层级制决策的产生在公司治理中被看成是权力的分配与制衡的结果。在非营利组织中,同样存在分权与制衡问题。因而,为防止权力过于集中,必然要求层级制决策。但是,层级制决策和层级决策活动分工产生的主要原因是有限理性假设。主要表现为:一方面,作为层级组织中最高决策者的决策能力有限;另一方面,由于每位决策者决策能力的有限性,应将不同能力的决策者有效地分配到不同的用途,以达到节约使用决策活动能力的目的。

非营利组织的治理结构在会员大会、理事会、管理层、监事会之间形成不同的权力边界,并使得每一权利主体被赋予不同的决策权。但是,非营利组织每一权利主体的决策权的地位是不一样的,它们也应满足层级决策的三个特征:①存在一个最高决策者。无论组织存在多少层次,决策权如何分解,有且只有一个最高决策者。非营利组织治理的核心是理事会决策。②权力边界清晰。每一个决策层都应清楚其权力范围,知道有权决定什么,无权决定什么。权力边界清晰是层级组织决策机制的基础。③下级服从上级。下级决策必须服从上级决策。但是,下级决策者在贯彻上级决策时要充分发挥其主动性,而不是机械、被动地贯彻执行。

2. 非营利组织内部决策机制的主要内容

大陆法系下的非营利组织按是否有社员分成社团法人和财团法人。社团法人即非营利组织的会员制组织。财团法人即非营利组织的非会员制组织。由于非营利组织的决策是一种层级制决策,会员制组织与非会员制组织的权力系统又有所区别,因此,他们的层级内容也应有所区别。对会员制组织来说:第一层次是会员大会的决策,是组织最高权力机关的决策;第二层次是董事会(理事会)的决策,是非营利组织常设决策机构的决策;第三层次是管理层的决策,是组织领导者对日常事务的决策。其他管理人员是董事会(理事会)决策的执行者。大陆法系下的财团法人因为没有社员的存在,不设社员(会员)总会,因而,层级决策中不存在会员大会这个组织的最高权力和决策机构,其他决策层也不需要依循社员总会的决议。因此,在非营利组织的非会员制组织中,决策机制的第一层是董事会的决策,董事会对法人的一切事务有决定权。董事会(理事会)的决策是最高权力机构的决策;第二层次是组织领导者的决策,这也是组织领导者对日常事务的决策,它以理事会决策为原则。

(1) 会员制组织内部决策机制的主要内容。

1) 会员大会的决策。

第一,会员大会决策权的基本内容。

会员(社员)大会或会员代表大会由全体会员或其代表组成,是会员制组织的法定最高权力机构。社团法人的一些事项的决定权专属于社员总会。但是社员总会的具体权限不同国家和地区的情况有所不同。如日本、德国概括性地规定为:社团法人的事务,除了依照章程由董事或其他职员处理外,均应由社员总会以决议决定之。而在我国,会员大会作为会员制非营利组织的最高权力机构,拥有选择组织管理者和重大经营管理等决策权力。会员大会选择组织管理者的决策权力表现为选举和罢免理事。重大经营管理决策权表现在:制定和修改章程,审议理事会的报告和财务报告,决定章程规定的其他重大事宜。

第二,决策程序。

会议行使其决策权是通过不同种类的会员大会实现的。各国法律对于社员总会(定期与临时会议)的召集方法、社员的表决权(是否享有或表决权是否平等)、决议方法(不同决议所需半数,或者 2/3 多数,或者其他比例)、决议的效力等作出规定。我国非营利组织的非会员制组织的会员大会主要分为普通年会和特别会议两类。普通年会是指会员制非营利组织一年一次必须召开的会员大会。会员大会普通年会的决策权主要有:制定和修改组织章程;决定组织的重大人事任免、选举和罢免理事;审议理事会的工作报告和财务报告;决定组织的经营方向和投资方向。会员特别大会,是指在两次年会之间不定期召开的讨论和决定组织重大决策问题的会员大会。

第三,会员大会决策的主要方式。

会员们在会员大会上采取什么方式进行表决是会员们行使控制和决策权的关键。会员大会的表决方式一般有直接投票、间接投票、累积投票等形式。直接投票是指每位会员对组织的每项决议,包括选举理事有一个投票权,投票结果按简单多数原则或 2/3 多数原则决定。间接投票是指由会员选出代表,再由代表对组织的每项决议进行投票,每位代表有一个投票权。累积投票是指会员在决定理事人选时,每人拥有与将当选的理事总人数相等的投票权,并可以把所有这些票数集中投在其中意人选上。

2) 理事会(董事会)的决策。

第一,理事会(董事会)的决策权。

在会员制非营利组织中,理事会是会员大会(或会员代表大会)的执行机构,在其闭会期间领导本团体开展日常工作,对其负责。理事会的重大决策权包括招聘和解聘领导人,如罢免和选举理事长(会长)、副理事长(副会长)、常务理事、秘书长,决定副秘书长、各机构主要负责人的聘任;决定办事机构和其他机构;决定组织的目标和宗旨;清楚地界定组织的宗旨、核心任务和将要达到的主要目标以及制订运作的程序;决定组织的计划和发展,参与组织的年度计划;决定长期计划的基本方向;决定组织的方案与服务。

第二,董事会(理事会)的决策程序和方式。

在会员制非营利组织中,理事会是会员大会(或会员代表大会)的执行机构,因而,如果董事会(理事会)的决议与会员(代表)大会的决议冲突,应以会员(代表)大会的决议为准。但是,因为理事会是非营利组织的常设机构,非营利组织应建立理事会决策原则。

理事会通过理事会议行使其决策权。理事会议分为普通年会和特殊会议。普通年会是规定定期召开的会议。特殊会议是理事认为必要时召开的会议。参加理事会议的人数只有符合法定人数,会议才合法。只要由出席会议的董事按照一定的投票规则,如全体一致原则、简单多数原则、2/3多数原则,通过的决议就应视为整个理事会的决策。董事会(理事会)会议的表决采取每人一票的方式,不得委托别人投票,但可以弃权,也可以不出席会议。在投票时如果出现僵局,董事长(理事长)有权行使裁定权,进行决定性投票。

3) 组织领导者的决策。

会员制非营利组织中,会员(代表)大会作为组织的最高权力机构,享有对重大事务的决定权。但是,组织实际运作过程中的大量决策权属于理事会(董事会)。由于有限理性假设的局限,理事会不可能就一切事情做出决定,而只是在重大问题上做出决定,在大的问题决定以后,有大量日常事务的决策性问题,这些问题要靠CEO、执行董事长、秘书长和总干事去做。何况"非营利组织的首席执行官和理事会并非泾渭分明:一个是政策制定,一个是完全执行。首席执行官与理事会在功能上相互交叉、相互协调"。因此,在非营利组织的层级决策中还包括组织领导者的决策。其决策内容包括:决定专职工作人员的聘用、报酬与奖惩;制订和实施组织的核心计划和工作安排;制订关于培训、发展、业务等方面的业务计划与工作安排;制订财务计划、组织的各项政策和工作方案;制定、调整和推动组织的中长期发展战略;等等。但是组织领导者的决策要以理事会决策为方向和基准,他们只是在理事会决策的基础上,对日常操作性事务进行决策。

(2) 非会员制组织内部决策机制的主要内容。

1) 非会员制组织董事会(理事会)的决策。

第一,非会员制组织董事会(理事会)的决策权。

由于财团法人不设社员总会,董事会就法人的一切事务有决定权。如台湾私立学校董事会有下列职权:董事的选聘及解聘;校长的选聘及解聘;校务计划及报告的审核、经费的筹划;预算与决算的审核;基金的管理、财务的监察。但是,因为财团法人以捐助财产为其成立基础,法人按照设立人所确定的章程或者遗嘱独立运作,财团法人董事会的行为应恪守章程的规定。除章程准许外,不得变更章程。

普遍来讲,非营利组织的非会员制组织的决策权包括:制定和修改组织章程;选举和罢免理事长(会长)、副理事长(副会长)、常务理事、秘书长,决定副秘书长、各机构主要负责人的聘任;决定邀请名誉会长(理事长)、名誉副会长(副理事长);审议工作报告和资产管理情况;决定发展计划和其他重大事项,决定长期计划的基本方向。

第二,非会员制组织董事会的决策程序和方式。

非营利组织的非会员制组织的决策程序和方式与会员制组织基本相同,也是通过理事(董事)会议行使决策权。会议召开的时间和方式按照章程规定进行。例如,人口福利基金会理事会是人口福利基金会的最高权力机构,按照章程规定,理事会两年召开一次,满四年换届,全体理事参加。理事会休会期间,由常务理事代行使理事会职权。常务理事会每年召开一次,全体常务理事参加。一切决定遵循民主集中制原则。人口福利基金会的各项重大事务都要通过理事会讨论通过。[①]

2) 非会员制组织领导者的决策。

非营利组织的非会员制组织领导者决策的内容和方式与会员制组织的内容和方式大体一样。例如,人口福利基金会的日常事务在常务副会长的指导下,由秘书长负责。秘书长行使的决策权有:聘任办事机构、分支机构、代表机构和民办非企业单位的主要负责人;决定专职工作人员的聘用,决定各种具体的工作计划,财务计划,等等。

3. 非营利组织内部决策原则

(1) 层级决策原则。

非营利组织的决策始终贯彻层级决策制原则。在组织的决策过程中,既要确立理事会决策的核心地位,保证理事会对组织重大目标和发展方向的决策,又要充分授权,赋予 CEO、秘书长或者总干事对日常性决策事务一定的决策权。而 CEO、秘书长或总干事在对日常性事务进行决策时,不得违背理事会决策的基本方向,只能根据理事会的决策行动,因为他们只是组织资源的管理人,他们所能决策的也只是理事会决策定下的事情。

(2) 科学决策原则。

在非营利组织中,为了保证做出正确的决策,促进组织内部治理决策机制的有效运行,非营利组织应该使决策科学化。决策科学化包括以下内容:

1) 注意区分程序化决策和非程序化决策。所谓程序化决策是指针对组织中反复出现的结构清晰并可以通过一定程序予以解决的活动而做的决策。这种决策可以程序化、定型化。所谓非程序化决策是针对非反复出现的、没有结构化的、新的、无固定程序可循的并且又属于特别重要的问题而做的决策。

通过区分这两类决策,领导者可以将主要精力用来处理重大的、原则性的、影响组织未来的非程序化决策。而程序化决策可以通过制定规章制度、政策等形式交给下级处理。

2) 注意决策的目标、条件和标准。在非营利组织的层级决策中,每一层在要做出新的决策时,首先,应当反复论证做出新决策的必要性;其次,如果做出新的决策,必须思考决策的相关条件。例如新的决策针对什么?可能会产生什么问题?最后,决策不能追

---

① 里贾纳·E.赫兹琳杰,等.非营利组织管理[M].北京新华信商业管理有限责任公司,译.北京:中国人民大学出版社,2000:3-5,49-60.

求绝对的合理性,而应该通过多次反复确定目标、水准。

3）注意依靠充分的情报和科学的决策方法。充分的情报是指与决策问题有较大关系的全部资料。科学的决策方法是指目前已有的现代化决策方法,如计算机辅助决策方法。

4）建立和健全科学决策的支持系统。非营利组织的内部决策需有一个科学的决策支持系统。这一系统一般包括信息系统、咨询系统、决策系统、执行系统和反馈系统五个方面。

（3）民主决策原则。

决策的民主化是形成科学决策的保障。随着组织的发展,决策变得越来越复杂,非营利组织的任何一位领导者都感到难以独立承担决策的重任,逐渐地转向决策的民主化,即吸收下级参与决策,集思广益,群策群力,使决策的质量和实施速度得到提高。同时,为了保证理事会决策的地位,确保理事会决策的原则,非营利组织必须在民主基础上实行必要的集中,理事会的一切决策都遵循民主集中制原则,采取理事会集体决策的制度。如中国人口福利基金会规定,基金会的一切决策,原则上均采取民主集中制原则。

第三节　非营利组织的利益相关者协同治理

一、利益相关者协同治理的含义

利益相关者是指在某一非营利组织里享有一种或多种利益关系,或者其利益受到组织活动的影响,与组织存在一定联系的个体或群体。现代企业理论研究认为,企业本质是多边契约关系的总和,亦即现代企业是有股东、债权人、经营者、生产者、消费者、供应商及其他利益相关者主体共同组成的“契约网”。非营利组织作为现代社会的重要组成部分,同样是多边契约关系的总和。对于非营利组织来说,利益相关者至少包括创办的董事、捐助人、管理层和内部职工、服务对象或受益人、政府主管部门、专业协会、所在社区等。这些利益相关者是与非营利组织的效率和效益密切相关的利益主体。他们之间应该是平等、独立的关系。

非营利组织是在政府失灵和市场失灵的情况下应运而生的。它的优势在于其同时相对于市场和政府的双重独立地位,既能弥补市场失灵,又能弥补政府失灵,并在私人不愿意提供产品而政府又无暇顾及的广泛的社会生活领域发挥作用。它可以弥补政府功能的不足,成为政府部门以外的公共物品之供应者。而且,由于政府活动须符合一定的程序,而非营利组织具有自发性,能满足多样化的需求,在相同的支出下,将有更多人受益,总成本也可以降低。因此,非营利组织不仅仅是对市场失灵或政府失灵的反映,而且也是一种优先机制(preferred mechanism)。所以,非营利组织必须坚持自主治理。

然而,正如市场和政府都不是万能的一样,非营利组织也不是万能的。在市场失灵和政府失灵之外,尚有"志愿失灵"的存在。非营利组织存在先天的"所有者缺位"问题,在其内部治理结构中,也缺乏相应的权力制衡和监督机制,而且非营利组织的代理人有存在"道德风险"倾向。因此,非营利组织仅仅依靠自主治理是不够的,它特别需要利益相关者通过各种途径全面参与的"协同治理"。具体来说,在非营利组织的权利机构——董事会(理事会)、监事会中,要有组织领导者和管理者以外的利益相关者代表(如职工代表、受益人代表、政府主管部门代表);在组织的决策过程中,要反映其他利益相关者的愿望,体现全体利益相关者的意志,发挥全体利益相关者的作用。

二、利益相关者协同治理的主要内容

非营利组织利益相关者协同治理的内容很广泛,既包括政府对非营利组织的扶持和管理、捐助人的监管,以及客户、行业协会、媒体与公众等外部监管,也包括通过在非营利组织的治理结构中引入独立董事制度加强非营利组织的内部监督。

1. 政府对非营利组织扶持和管理

非营利组织的资金来源主要包括三个方面:政府资助、社会捐助和非营利组织的自创收入。其中政府资助是非营利组织资金的主要来源之一。一方面,政府以出资人的身份或通过减免税政策对非营利组织进行扶持;另一方面,政府作为唯一的法律权威,不仅可以强行对非营利组织进行监督,而且在非营利组织的监督管理方面负有不可推卸的责任。例如美国联邦或中央政府对非营利组织的建立、职能、解散进行监督和管理。政府的行政、立法、司法部门对非营利组织的生存有重要的影响。立法部门负责有关非营利组织法律的起草工作,司法部门负责各种法律上的争议以及对指控违法行为进行裁定,行政部门则负责非营利组织的登记和减免税待遇,尤其是通过对非营利组织的年收益、稽查财务和经营账目、罚金和处罚等方式对非营利组织进行监督管理。美国国家税务局(IRS)的"受雇者计划及免税部"就是政府对非营利组织进行监管的一个机构。

2. 社员或创办董事对非营利组织的监督

在非营利组织的非会员制组织中,会员因其会员资格而享有会员权。会员权具体包括两个方面:共益权和非共益权。具体而言,包括出席会员总会和表决的权利、请求或者自行召集会员总会的权利、请求宣告会员总会不当决议无效的权利、根据社团章程享受社团设施等权利。会员通过会员总会这个最高权力机构主导法人的营运及监督事宜。非营利组织中的非会员制是以捐助财产为基础的,非组织成员不能组成会员总会决定组织的法人事务。设立人通过设立捐助章程或遗嘱以其捐助财产为基础设立公益组织。设立人的捐助行为一旦结束,即与组织脱离关系,其财产归组织所有,设立人或原始捐助人不再拥有对组织的控制权。组织的权力机构(董事会或理事会)依照捐助目的管理财产,以维护特定人的公益并确保受益人的权益。设立人通常以创办董事的身份参与董事会,通过参与董事会对重大事项的决策行使监督管理的权力,确保组织在经营管理活动中遵守捐助章程和组织使命。

3. 捐助人与公众对非营利组织的协同治理

非营利组织的捐助人除设立人或原始捐助人以外,还包括组织在运营过程中为组织提供资金的个人或社会其他组织,其中以个人捐款为主。不管以何种方式进行捐助,捐助者都应该拥有对组织经营状况、资金使用情况、目的和使命的完成情况的知情权。他们通过对非营利组织经营状况信息的获取决定对哪个非营利组织捐款或是否继续对某组织的捐款,进而在非营利组织中形成压力,使之为争取有限资源而相互竞争,从而促使组织提高效率和效益,完成社会使命。公众则通过一些政府部门、评估机构和非营利组织自身设有的网站和投诉热线对非营利组织进行监督。

4. 客户监督

"客户"即非营利组织的服务对象。在非营利组织和服务对象的传统模式中,服务对象是没有地位的。他们作为社会的弱势群体,被动地接受有关机构的服务,而且所接受的服务大多是免费的。即使所提供的服务的质量和数量已大打折扣,服务对象仍然能感受到其公益性质,因而,他们只有感恩戴德的义务,没有利益表达的渠道和监督的权利。在新的公益服务的治理模式中,服务对象从单纯的受惠者转为服务的协作生产者和权益维护者。他们通过维护自己的消费权益和表达自己的消费需要实现对公益机构的监督。因此,必须通过完善客户需求的评价机制、服务提供方式设计中的客户参与,以客户满足为组织追求的目标,实现客户对非营利组织的协同治理。

5. 非营利组织的同行互律

非营利组织的同行互律包括联合会的互律、全国性协会的互律和行业性社团的互律等。通常联合会、全国性协会和行业性社团会制定一个共同遵守的标准和行为规范,以维护会员共同的形象。例如,美国基金会理事会(Foundation Council of America)是基金会的联合组织,其理事会由各大基金会的主要负责人组成,负责制定本行业的互律条款,这些条款和规范每位会员必须严格执行,否则将受到组织的制裁,甚至取消会员资格。

非营利组织同行互律的另一种形式是认证制度。通常有非营利组织的行业协会倡议。例如,美国医学协会(American Medical Association)推行的医生资格认证制度,近年来非营利组织学习企业管理经验,在行业内部推行 ISO 9000 国际标准质量认证。通过这些认证制度对一个非营利组织是否具备必要的专业资格与能力进行评定。

6. 独立的第三方评估

为弥补政府监督不足,非营利组织应该建立独立的第三方评估。第三方评估不仅不会限制好的非营利组织的发展,还会淘汰不良的非营利组织,促进健康的非营利组织良性发展。例如,美国的全国慈善信息局(National Charities Information Bureau, NCIB)是公众在一股爱国热情的推动下,将大量的财物捐赠给慈善机构,为规范捐赠市场,避免有人从中渔翁得利而成立的机构。其主要的工作是对慈善组织的非营利性进行评估,帮助捐款人掌握慈善组织的全面信息,使捐助者更明智地捐款,从而达到对非营利组织进行外部治理的目的。

7. 媒体的舆论监督

舆论对公共官员和公共部门具有强有力的监督和约束作用。媒体在促进公众组织对非营利组织投诉和增进非营利组织的透明度等方面具有独特的功能。同时它还有助于促进非营利组织使命和战略评估文化的发展。因此,要进一步加强广播、报刊等新闻媒体的监督作用,及时对非营利组织的不良经营行为进行曝光,实现媒体对非营利组织的协同治理。

利益相关者"协同治理"除了加强外部监管以外,应尽可能将公共责任机制引入治理结构内部。非营利组织,特别是其中的公益性非会员制组织,要避免董事会发生一手遮天的情况。可以引入独立董事制度,不仅独立于内部管理层,也有必要独立于原始捐助人,以克服非营利组织同样可能存在的"内部人控制"问题。此外,OECD(经济合作与发展组织)《公司治理原则》中的有关信息披露的内容对于非营利组织同样适用。独立董事的引入和信息披露的强调,有助于进一步加强协同治理。

第四节　当前我国非营利组织治理中的问题及对策

一、当前我国非营利组织治理中存在的主要问题

当前我国非营利组织治理中存在的主要问题是内部治理结构本身不合理导致的代理成本问题、道德风险问题和内部人控制问题。除此以外,各利益相关者也没有充分发挥其协同治理的作用。具体体现在以下几个方面。

1. 内部治理结构失效,不能形成对内部人的分权与制衡、激励与约束

当前我国有相当一部分非营利组织没有引进法人治理结构,组织治理结构中没有

设立董事会(理事会)和监事会等制衡机构。一些设立了董事会(理事会)的机构,也没有充分发挥其作用。例如,当前的公立高等院校实行的是校长负责制,而在实际运作过程中,很大程度上还是党委领导下的校长负责制。党委书记、校长都由上级主管部门任命,不是由选举产生。其人事存在严重的行政化倾向,因而不能从内部形成有效的分权与制衡。基金会、养老院、专业协会、私立学校和私立医院等非营利组织,在其内部治理结构中虽然设立了董事会(理事会),但大多数没有设监事会,理事会在组织运作过程中通常是"橡皮图章",不能充分发挥其决策和监督作用。

2. 非营利组织的内部激励方面缺乏竞争机制

非营利组织的内部缺乏竞争激励具体表现在两个方面:①分级管理带来的地域上限制竞争。《社会团体登记管理条例》规定我国的社团实行"分级登记,分级管理"的管理模式。其中的"分级管理"要求社团活动的空间不能超过其行政管理区域,从而造成社团之间互不干扰、互不竞争的局面。②在同一行政区域内,不容许设立相同或相似的社团,人为地制造了社团的垄断地位。非营利组织人事制度行政化倾向是组织缺乏竞争的另一个原因。当前我国的非营利组织,特别是公立非营利组织,实行机关式的管理方式,官本位突出,行政色彩浓厚。根据清华大学 NGO 研究所的发现"我国根据组织章程,民主选举产生管理干部的 NGO 不到 30%,而近三分之二的 NGO 的干部或者直接来源于业务主管部门的派遣或任命,或者是组织负责人提名得到业务主管部门批准。其结果是,我国大量 NGO 没有独立的人事任免权,NGO 的执行负责人实际上没有对 NGO 的管理控制权。"加上我国能上不能下的人事行政制度,非营利组织的内部人在谋取个人利益、损害组织及其他利益相关者利益的同时不必对其行为负应有的责任,不存在在职竞争和职位风险。此外,缺乏对管理人员造成压力的人才市场和经理人市场,因此,在非营利组织的内部不存在职位风险激励。

3. 非营利组织的领导人缺乏制衡,内部监督机制虚设

当前我国不少非营利组织的领导人凭借自己对组织的贡献、领导才能和领导魅力,在组织中形成独断专行的领导地位。不少非营利组织内部没有建立完善的规章制度,有的非营利组织虽有规章制度却不能严格执行,因而不能对组织领导人形成有效的制衡与监督。例如,10 多年前以中国科协捐助的 300 万元起步,现在拥有 1.5 亿元资金和 6 个专项资金的中国科学技术发展基金会,称得上是中国最大的民间科技基金会,在基金使用上也有一套监督、管理办法,如基金会年度经费即对科技的资助金主要依靠基金的利息;基金会的本金原则上不能动用,除非经理事会 2/3 成员通过;办事机构开支由基金会办公费解决,办公费不能超过当年收入的 5% 等。然而,该基金会近年来在基金管理上出现重大失误和损失,其中造成恶劣影响和巨大经济损失的是原基金会副秘书长

违法犯罪。由于基金会成立后的 5 年中理事会很少认真讨论和决定重大事项,对基金会秘书处工作失去有效的管理和监督,使得副秘书长得以违规运作基金,将基金会大量资金直接拆借给企业,而企业实则为个人公司,将借款投资房地产项目,最终资金被套用而无法还款。虽经多方努力,至今仍有 2 000 万元资金遗留问题。

4. 利益相关者没有充分发挥协同治理的作用

由于传统计划经济下长期形成的政社不分,政府作为非营利组织的唯一具有法律权威的利益相关者,对非营利组织在行政上表现为"超强控制",在产权上又表现为"超弱控制",结果是政府不能对非营利组织进行有效的监管,非营利组织的经营管理者利用政府产权上的"超弱控制"牟取私利,同时又利用行政上的"超强控制"推脱责任,转嫁风险。捐助者则因自然死亡或无暇顾及而无法承担监督之责任。非营利组织的受益人大多数缺乏消费维权的观念和能力,非营利组织所在社区和行业协会等其他利益相关者也常常由于信息不对称和信息披露制度不健全而无法进行监督。

5. 相关法律制度不健全

我国目前关于非营利组织的法律主要有国务院 1998 年 10 月 25 日颁布的《社会团体登记管理条例》和《民办非企业单位登记管理暂行条例》两个行政法规。应该说这与1989 年的《社会团体登记管理条例》相比有了明显的进步,但仍存在诸多重大的缺陷与不足。这不仅反映我国在法律技术上与国外相比有巨大的差距,而且在法律政策上对一些重大问题的认识也不妥当。总之,政府对民间组织的限制还过于严厉,民间组织不仅受业务主管单位和登记管理机关的双重管理,而且还受同业竞争和跨地域的限制。此外,现行法规对非营利组织的划分标准也不尽合理。有关政府与其举办的非营利组织如公立医院、公立学校等的权责界定的法律不健全。因此,如何确定非营利组织的法律框架,为非营利组织的经营管理营造良好的法律环境也是亟待解决的问题。

二、完善非营利组织治理的措施

(一) 建立合理的法人治理结构

非营利组织法人治理结构的核心内容是组织的所有权、决策权、管理权、监督权的分割和制衡,即组织的管理体制中的权力制衡问题,是要解决在组织所有权、决策权、受益权分离情况下如何处理好委托—代理关系,防止内部人控制的问题。因此,在非营利组织中可以建立由董事会或理事会、监事会和首席执行官组成的法人治理结构,理事会成员应由内部职工代表、组织管理人员、财会、法律等专业人员担任,理事会可设立若干委员会协助理事会工作,如发展委员会,公共关系委员会,人力资源委员会,财务委员会;监事会成员可由政府代表,社区代表,组织内部职工代表,人大、政协代表、法律、财会等专业人员担任,首席执行官如学校校长、医院院长应由组织选举产生,由具有专业技术知识和管理才能的专业人员担任,减少政府对首席执行官的行政任命。

(二)确认产权主体,明晰非营利组织产权

在组织所有权、受益权、决策权分离的情况下,在组织各利益相关者之间建立起相互独立、相互制约、权责明确、互相配合的机制,并通过建立科学的决策程序和监督制度,使各自的正当权利得到保障,行为受到合理约束。因此,必须明晰产权及产权关系,以此为基础对权利主体的角色进行正确定位,合理设定产权主体权利的行为边界,明确规定产权主体之间的权利关系,从而在组织内部形成有效的权力制衡机制,避免、克服及解决内部人控制问题。

(三)建立合理的监督约束与激励机制

在内部监督约束机制方面,首先,在非营利组织中设立监事会,并加强监事会职能,形成有效的监控制度;其次,将独立董事制度引入非营利组织。独立董事的来源,可以考虑有关的社会知名人士、咨询公司、律师事务所、会计师事务所等,较大的非营利组织还可以允许董事会设立专门委员会,如财务审计委员会、工薪委员会,并由独立董事组成,承担额外的责任。[①] 在外部监督方面,充分发挥各利益相关者对非营利组织的协同治理作用,尤其是要加强政府对非营利组织的监管和大众传媒对非营利组织的舆论监督作用,加强非营利组织的诚信建设和准公共产品的消费者维权意识。

在非营利组织中,合理的激励机制首先应该有一个合理的绩效考评体系和报酬制度。对非营利组织的高层管理人员和内部职工,可以采用精神、物质等多种方式进行激励;对其他利益相关者的激励则取决于非营利组织的自律机制以及问责机制与社会公信力建设。非营利组织必须树立自己的诚信形象,强化社会问责制度和公信力建设。

(四)完善相关法律制度

非营利组织可以引进社团法人、财团法人制度以及公益信托制度等来完善相关规章制度。政府要减少对非营利组织的直接干预,建立更加完善的法律,进一步明确政府与非营利组织的权责关系。在法律之外,政府不要再对非营利组织强加更多的约束。同时,政府必须严格依法行政,避免自由裁量权的滥用和暗箱操作。

---

① Carver J. Boards That Make A Difference: A New Design for Leadership in Nonprofit and Public Organization. 2nd. Sanfrancisco: Jossey-Bass Publisher,1997: 181.

（五）规范财务管理

有效的会计制度建设能降低财务道德风险水平。非营利组织在设立会计制度时，一方面，要重视会计制度特别是内控制度的设计，包括对原始凭证的审核监督和对财务物质的监督。同时完善国家和社会监督，防止内部人控制。另一方面，重视财务审计制度。非营利组织的委托人和其他利益相关者可以通过代理人提供的财务报告判断其是否有效履行了受托责任，监督其受托行为，防止内部人控制。

总而言之，建立在协同治理之上的自主治理，是非营利组织法人治理的命脉所在。非营利组织应该将自主治理与协同治理并列作为非营利组织的法人治理的两大指导思想。非营利组织应该以董事会或理事会为中心，保障独立董事的有效作用，吸纳利益相关者多方参与。加强信息披露和透明度，不断健全非营利组织的法人治理制度。既克服非营利组织的越轨营利冲动，也要避免沦为政府的附属物，从而为实现目标、履行社会使命服务。

第五章 非营利组织价值导向战略

在了解非营利组织战略目标体系及制定方法之后,从这一章起将进入具体各个战略的认识与制定。本章主要内容为价值导向战略。在非营利组织中,价值导向既要注重物的价值导向,这是载体,更要注重精神的价值,这是非营利组织的根本之所在,也就是说,非营利组织更注重的是一种对人的精神导向,在服务社会与大众的过程中让人的精神得到升华。因此,本章将首先介绍价值导向战略的含义及其两个层次——宏观层次和微观层次的价值导向,然后具体阐述这两个层次价值导向的含义及建立方法。

第一节 价值导向战略的含义与层次

一、价值导向战略的含义

要明晰价值导向战略的含义,首先要认识一下价值的本质。在对价值本质的探讨和界定上,不外乎以下三种观点:主观唯心主义价值论、机械唯物主义价值论和关系价值论。主观唯心主义价值论认为,价值是相对于人的需要、情感、欲望和兴趣等而言的东西,即人的主观感受。机械唯物主义价值论则把价值看成是事物的固有属性,即价值存在于客观事物本身。关系价值论认为价值是客体属性与主体尺度之间相一致、相适合、相接近的关系。无论价值为何物,它总是因人的活动而存在。人们进行一定有目的的活动,总是认为有价值的才去做,不管这种价值的表现形式是有形的物品还是无形的精神。在某种程度上,价值成为人类追求的终极目标。所以,我们所说的非营利组织价值导向战略就是认识非营利组织存在的价值,树立其价值观,然后创造价值,实现整个组织的价值。

二、价值导向战略的两个层次

古人云,本立而道生。作为个人,我们从小受到的教育是要学会如何树立自己的人生价值观,然后努力实现自己的人生价值。对政府或企业来说,也有一个政府价值取向或企业价值选择问题,然后逐步实现各自的价值取向。所以,在制定价值导向战略时要注意价值导向的宏观层次与微观层次。宏观层次的价值导向有关"方向"问题,它告诉一个组织或团体该做什么;而微观层次的价值导向有关"活动"问题,它告诉一个组织或团体该如何行动。非营利组织作为社会三大部门之一,在确定价值导向这一战略时,也应考虑宏观和微观这两个层次。具体来说,主要是:

首先,从宏观层次上说,非营利组织的价值导向战略是要弄清楚本组织存在的终极目标是什么,也即存在的意义。如有的非营利组织以保护环境为目标,有的以关爱弱势群体为目标,有的以传播知识为目标。总之,在价值取向多元化的时代,一个非营利组织首先要有"立组织"之本,然后才不会在以后的具体活动中迷失方向。

其次,从微观层次上说,非营利组织的价值导向战略是以所服务的对象为本,分析他们的具体要求,进行各种创造价值的活动。由于营利的企业部门在这方面有丰富的理论和经验,因此,在这一层次上,非营利组织要大胆借鉴企业部门进行价值创造的理论和方法,有效地利用和支配所掌握的资源,为社会和大众创造最大价值。

三、价值导向战略两个层次的相互关系

总的来说,这两个层次上的价值导向既相互区别又相互依赖。两者相互区别是指宏观层次上的价值导向即整个组织的价值导向,涉及的是非营利组织的价值观和组织文化,微观层次上的价值导向涉及的是具体创造价值的活动和方法。两者相互依赖是指整个非营利组织的价值取向是实际价值创造活动的动力所在,是大方向的保证,而每一个具体的价值创造活动能最终实现非营利组织的价值取向。所以,非营利组织在制定其价值导向战略时,应对这两个层次上的价值导向都有所重视,不应有所偏重。

第二节　宏观层次上的价值导向战略
——非营利组织的价值观

一、非营利组织价值观的含义及与组织文化的关系

宏观层次上的价值导向战略最重要的体现就是价值观。一般来说,价值观是"价值观念与价值知识的根本观点的总概括,是关于一般价值的根本观点"。在人类社会,价值

观无处不在。小到一个人,一个群体、企业或组织,大到一个国家或社会,都有各自的价值观,并都受其价值观的约束。对非营利组织来说,其价值观是指该组织内的成员所认同或所追求的价值选择、价值理念、价值目标、价值实现的方式与道路。在现实中,企业和非营利组织的价值观总是用具体的语言精确地表达出来,如波音公司的价值观是"领导航空工业,永为航空工业的先驱";摩托罗拉公司的价值观是"以公平的价格向顾客提供优质的产品和服务,光荣地服务于社会";中华慈善总会的宗旨是"发扬人道主义精神,弘扬中华民族扶贫济困的传统美德,帮助社会上不幸的个人和困难群体,开展多种形式的社会救助工作";希望工程的宗旨是"根据政府关于多渠道筹集教育经费的方针,广泛动员海内外财力资源,建立希望工程基金,资助贫困地区的失学儿童继续学业,改善贫困地区的办学条件,促进贫困地区基础教育事业的发展";宋庆龄基金会的宗旨是"增进国际友好、开展两岸交流和发展少儿事业";等等。这些简短的语言有力地表明了该企业或该组织应该"做什么",进而在这一方向的指引下用行动加以实现。

说到组织的价值观,就不能不谈组织文化。概括而言,文化是一个广义和抽象的概念,但在这里我们仅涉及其狭义的一方面,即组织文化。对于企业文化,有人定义为"是企业经营者长期倡导的,被广大员工认同、接受并实践的价值观和行为规范",有人定义为"是企业在长期生产经营中形成的管理思想、管理方式、群体意识和行为规范的总和"。对于非营利组织文化的定义,我们可以参照以上有关企业文化的定义得出,即非营利组织文化是以非营利组织所秉持的一贯理念为核心而形成的对组织员工以及周围环境的影响。说到底,文化就是一种影响力。当然,企业文化和非营利组织的文化还是各有侧重的,企业围绕产品和利润而展开一系列活动,非营利组织则以对人的精神升华为导向。

了解组织文化之后,接下来对组织价值观和组织文化进行比较,可以看出,组织文化是一个系统,是对整个组织的一种弥漫式的渗透,影响组织的方方面面。一般认为,组织文化的基本结构包括物质文化(如提供的产品和服务、产品种类及内涵、组织的基础设施与外在形象、生产环境、技术、设备现代化与文明程度)、精神文化(如经营哲学、价值观、精神和道德、表现出的风貌),制度文化(如制度文化的性质和内容、类型及属性)、行为文化(如领导者的行为、模范人物的行为、成员群体的行为)。所以,组织文化是一种积淀,而组织价值观则是这种积淀的提炼。简言之,一个组织可以很快地树立一种价值观(当然这是没有文化支撑的价值观,因而不可能长久),但无法在短时间内形成本组织的文化。这就是组织价值观与组织文化的区别。当然,这两者也是紧密相连的,很难说清楚两者谁决定谁,比较准确的描述是:统一的价值观是形成良好组织文化的突破口,统一价值观的长期实行就形成了一种无所不在的文化;反过来,良好的组织文化更容易让本组织的价值观得到其成员和他人的认同,并进一步修正本组织的价值观。

二、非营利组织价值观的作用

价值观作为组织文化的核心越来越受到人们的重视,是因为价值观具有以下重要作用。

(一) 良好统一的价值观是一个组织的根本所在

良好统一的价值观具有很强的引导功能,能够使组织基业长青,保持旺盛的生命力。首先,价值观有引导方向的作用,因为"管理人员和组织内部所有的人都极为关心公司价值体系中格外强调的事情"。一个旨在保护环境的组织,必定会密切关注有关环境污染的活动和事件,并迅速对这些事件做出反应。其次,价值观有指导决策作用,"企业总是要做选择,而价值(观)则是选择时必不可少的指导因素"。在组织成员的心目中,也总会以这一价值观作为判断基础做出选择。再次,价值观有延续组织生命力的作用。据统计,《财富》500强中大约每20年就有1/3不在名单之列。一些中小企业消失的速度更快,它们倒闭的原因多种多样,但是反观那些经历大风大浪存活下来的企业,它们无一不有深厚的文化以及良好统一的价值观。比如福特汽车公司,100多年前,亨利·福特的理想是让更多的人买得起车,能够享受用车的乐趣;让更多的人就业,得到不错的工资。在该信念的指引下,福特汽车公司以高出业界两倍的工资雇佣工人,在T型车供不应求的情况下仍然大幅降价出售,最终造就了今天的百年福特。

(二) 良好统一的价值观能使组织产生强大的凝聚力

良好统一的价值观能使组织产生强大的凝聚力,能有效地整合组织内外资源。据研究,鸟在群飞时会遵守一些规则:每只鸟都努力与相邻的鸟保持最短的距离,与相邻的鸟保持相同的飞行速度,向邻近鸟的重心方向飞行,并避开固定的物体。这虽是鸟类在飞行实践中不知不觉形成的,但是鸟类遵守这些规则能使它们在群飞时形成一个内聚的整体。如果把这些规则当成鸟类的价值观和一种飞行文化,那么与这种价值观和文化所起作用类似,非营利组织的价值观和文化的作用也是使整个组织形成一个内聚的整体。通过统一的价值观和良好的文化吸引优秀员工或志愿者,并把他们紧密团结在一起,对内来说,得到认可的组织价值观不仅能将优秀的人员吸引到本组织来,还能让他们彼此充分合作,紧密团结,从而使整个组织坚不可摧;对外来说,组织的价值观所传达的崇高追求能在人们心中树立良好的形象,从而提升本组织名誉度,所提供的产品和服务也更容易为大众所接受。

（三）良好统一的价值观能使组织员工产生强大的内在动力

良好统一的价值观能使员工产生强大的内在动力。一方面,得到员工认同的价值观能激励他们的斗志,让他们在困难面前不退缩,并能与组织荣辱与共。比如在经济萧条时期,真正重视员工、视员工为企业最宝贵的财富的企业,在濒临破产倒闭时坚持不裁减一名员工,而是号召全体员工进行减薪和倡导节约计划的企业,其员工会以积极的态度、昂扬的斗志和勤奋工作回报企业,最终使企业解除危机、渡过难关。另一方面,组织的价值观有助于提升员工的素质,并约束其行为。当组织成员从内心深处真正认同组织的价值观后,他们不仅会在日常工作中努力达到这一价值观的要求,并且在违反了相关行为准则后,即使没有被发现,也会因为内心感到不安而进行自我调节,这将有利于组织在运行过程中减少摩擦,降低运行成本。

总之,正如 Milofsky 认为的,在社区形成过程中,"公民参与和志愿主义是两大重要基石",非营利组织的运作更多的是靠自觉和志愿。因此,更需要非营利组织在现实中用其价值观感染人,获得各种有形的和无形的支持,并给组织成员提供精神动力。

三、共生理念与非营利组织价值观的建立

（一）共生现象与含义

整个世界是一个相互依赖、共存共荣的体系。在自然界中,共生现象随处可见。例如,在美国佛罗里达州生活着这样一种鳄鱼和小鸟:鳄鱼觅完食后,在休息时常常张开它们的大嘴,任由这种小鸟在它们嘴里啄食吃。如果鳄鱼不小心闭上了嘴巴,小鸟就会啄鳄鱼一下,提醒鳄鱼张开嘴巴。这是因为鳄鱼吃完东西后总有剩余的食物塞在牙齿里,小鸟把这些食物残渣当作它们的美餐。如果没有小鸟,鳄鱼会很难受,如果没有鳄鱼,小鸟寻找食物会辛苦得多。这就是鳄鱼和小鸟的共生关系。人类社会中的共生现象更是处处可见。如汽车厂周围常常分布很多零配件厂,它们就是一种产业链的共生关系。汽车厂要组装汽车,就向零配件厂下订单,零配件厂按照订单要求提供零配件,双方共存共荣。整个政府组织和全体人民也是一种共生关系。同样,对于非营利组织,无论是呼吁和平,促使全人类安定团结,还是提倡保护环境,强调人与自然"天人合一",无论是帮助弱势群体,避免社会动荡,还是提供教育、艺术产品满足人们精神需求,无一包含共生的理念。共生的含义在非营利组织中表现为:人人为我,我为人人。

（二）共生环境下非营利组织价值观的建立

企业价值观和非营利组织价值观的建立都是一个复杂的系统工程,都要根据企业

和非营利组织自身条件,结合内外环境因素的分析,并由倡导者和下属同心协力加以执行,才能真正建立起独有的价值观。曾经有人说企业是利润驱动型的,非营利组织是使命驱动型的,但现在人们越来越认识到其实两者都是价值驱动型的。所以,非营利组织在建立其价值观体系时,既要注意以共生理念为指导,也要注意借鉴企业价值观建立的方法和手段。具体来说,非营利组织价值观的建立,可以从以下三个方面着手。

1. 立足现实,分析组织目标,确立组织现有价值观

一般来说,一个非营利组织的成立总是为了一定的目的。但有些时候,不仅组织以外的人,就连组织内的成员也对组织的目的存在模糊认识。这是因为这种观念并未以有形的语言表现出来,因而常常使人忽视它的存在。因此,建立价值观的第一步是要分析组织自身的条件,确认现有的价值观。在确认基本价值观后,还应进一步挖掘组织存在的价值,形成一个价值观体系,因为"文化越强,价值(观)体系就越丰富、越复杂,这些价值(观)真正产生的效用也越多、越显著"。特别是对大规模的组织来说,规模越大,完整的价值观体系越具有重要意义,越能使组织有效地运作。

2. 领导者身体力行,并对下属进行指导

把价值观用有形的语言具体表达出来,并不代表就真正建立起组织价值观,还需要领导者和其下属认真履行价值观的要求。其中领导者身体力行和对其下属灌输价值理念是组织价值观得以最终建立的最重要的一环。这是因为,首先,能成为领导者的人,往往具有坚定、明晰的人生价值观和组织的经营理念,这种人生价值观和经营理念是和组织的价值观相呼应的,因此可以用来指导组织的行为;其次,领导者的一举一动都关乎组织的形象,如果领导者的行为与组织的宗旨背道而驰,必定会引发组织的信任危机甚至导致组织解散。因此领导者在努力培养组织价值观的同时也必然使自己的价值观与组织价值观一致;再次,领导者除了自己身体力行外,还要通过言传身教使他们的下属也具有强烈的价值观意识,而这往往需要有坚定的行为和意志才能做到。总之,在组织价值观的建立过程中,领导者通常起标杆作用。

3. 注意树立组织成员的个人价值观,并与组织价值观相一致

组织的价值观虽然能以言语的形式表现出来,但其观念在各成员的头脑中往往有不同的理解,其接受程度也不一样。心理学研究表明,人对事物认可具有三种表现形态,即服从、认同、内化。服从是因外部的某种作用而表现出来的被动性行为,通常带有一定程度的强制性。认同是自愿的,说明主体对所认同的对象有一定的了解和接受,但与完全了解和接受还有一定的距离。内化是人对事物的接受达到一种完全融合的状态。对于组织所倡导的价值观,大部分成员都能达到认同阶段,只有少数停留于服从或达到内化阶段。因此,在建立组织价值观时,要使那些停留于服从阶段的成员朝认同组织价值观阶段转化,并努力让处于认同阶段的成员朝内化组织价值观阶段转化。当然,各人拥有的知识、觉悟能力不一样,最终达到的阶段也不可能相同。但是,要采用多种多样的方式帮助组织成员价值观尽量达到内化组织价值观的水平,对此,可以采取诸如增加组织成员教育投资、进行培训、引导成员进行自己的职业生涯设计、充分发挥组织成员特长和潜力等,在不知不觉中使成员的价值观与组织的价值观一致。

总之,与企业价值观的建立一样,非营利组织价值观的建立也是一个漫长的过程,在这个过程中,需要不断地摸索和修正,最终才能建立起引导组织前进的价值观。

四、建立非营利组织价值观时应注意的问题

(1)要注意在描述其核心价值观时不能凭空想象,随便想出几句口号式的话语,而应该和组织内的全体成员充分沟通。必要时还要进行问卷调查,弄清楚组织成员对本组织究竟是什么样的定位和认识,然后在此基础上用适当的语言表达出来,但应注意要简单明了,不能冗长难懂,否则,连记都记不住的价值观就不要指望得到组织成员的认同了。

(2)不能流于形式,要把遵循价值观的要求纳入组织内部运行机制,落到实处。这样的好处是能使整个组织建立起一套防疫体系,即使组织在运作时不会说一套做一套,用机制进行防范;又不会发生领导者意志独裁。虽然我们说在建立组织价值观时要充分发挥领导者的作用,但有时却会把组织的领导人进行神化,变成领导者的言行就是组织的价值取向。如果能把组织价值观纳入组织内部运行机制,就能有效地防止"长官意志"现象的出现。

(3)非营利组织在建立起价值观体系后,要适时地对外进行宣传,获得外部的认可和支持。如由中国青少年基金会发起并组织实施的希望工程,从1989年10月开始至今,在海内外产生了广泛的影响,这与其不断的宣传活动是分不开的。从1990年开始,中国青少年基金会与全国青年联合会及首都十家新闻机构合作,每年举行一届"中国十大杰出青年"评选活动;与全国青年联合会共同设立奖励基金,从1992年开始,每两年举行一次"中国青年科学家"评审活动;从1993年开始,与中国国际人才交流协会合作,实施以促进海内外学者为国服务的"展望计划"。正是这些良好的公益活动使得众多的国内外人士记住了青少年基金会,支持希望工程的发展建设。

(4)非营利组织的价值观应与时俱进。世界是在不断变化的,非营利组织所面临的内外环境也在不停地变化,当原有的价值观已不再适应变化了的环境时,就应应时而变。从另一个角度看,这也是一个对价值观进行不断调整的过程,目的是为了更好地指导非营利组织所进行的活动。

第三节　微观层次上的价值导向战略

——非营利组织价值链、顾客需求分析与价值创造

一、非营利组织价值链分析

（一）价值链概述及价值链分析内容[①]

1. 价值链概述

价值链是美国哈佛商学院教授迈克尔·波特在其《竞争优势》一书中提出来的,目的是把它作为一种工具,用来寻求确定企业的竞争优势。他认为,企业有许多资源、能力和竞争优势,如果把企业作为一个整体来看,无法认识其竞争优势,因此他引入价值链作为进行分析的工具,将一个企业分解为与战略性目标相关的许多活动,通过分析这些单个活动本身及其相互之间的关系确定企业的竞争优势。因此,价值链分析的基础是价值,价值是买方愿意为企业提供给他们产品所支付的价格,也代表顾客需求满足的实现;各种价值活动构成价值链,价值活动是企业所从事的物质上和技术上的界限分明的各项活动。企业价值链除包括价值活动外,还包括利润,利润是总价值与从事各种价值活动的总成本之差。此外,不同的产业有不同的价值链,同一企业也有不同的价值链。

2. 价值链分析的内容

波特教授认为,价值链分析的内容包括识别价值活动和确立活动的类型两个方面。

（1）识别价值活动。

识别价值活动要求在技术上和战略上有显著差别的多种活动相互独立。如前所述,价值活动有两类:基本活动和辅助活动。

1）基本活动,涉及产品的物质及其销售、转移给买方和售后服务的各种活动,可分为:

内部后勤,指与接收、存储和分配相关联的各种活动;

生产经营,指与将各种投入转化为最终产品相关联的各种活动;

外部后勤,指与集中、仓储和将产品发送给买方相关联的各种活动;

市场营销,指与提供一种买方购买产品的方式和引导它们进行购买相关联的各种活动;

服务,指因购买产品而向顾客提供的、能使产品保值增值的各种服务,如安装、维修、零部件供应。

2）辅助活动,主要是辅助基本活动,并通过提供外购投入、技术、人力资源以及各种

---

① 迈克尔·波特. 竞争优势[M]. 陈小悦,译. 北京: 华夏出版社,1997: 37-58.

公司范围的职能以相互支持。辅助活动共有四种：

采购，指购买用于企业价值链各种投入的活动。

技术开发。每项价值活动都包含技术成分，无论是技术诀窍、程序，还是在工艺设备中所体现的技术等。技术开发由一定范围的各项活动组成，这些活动可以被广泛地分为改善产品和工艺的各种努力。技术开发可以发生在企业中的许多部门，与产品有关的技术开发对整个价值链能起辅助作用，而其他的技术开发则与特定的基本和辅助活动有关。

人力资源管理，指与各种人员的招聘、培训，职员评价，以及工资、福利相关联的各种活动。它不仅对单个基本辅助活动起作用，而且支撑整个价值链。

企业基础设施。企业基础设施由大量活动组成，包括总体管理、计划、财务、会计、法律、政治事务和质量管理等。它与其他辅助活动不同，不是通过单个活动而是通过整个价值链起辅助作用。

（2）确立活动类型。

在每类基本和辅助活动中都有三种不同类型。

1）直接活动涉及直接为买方创造价值的各种活动，例如零部件加工、安装、产品设计、销售、人员招聘。

2）间接活动，指那些使直接活动持续进行成为可能的各种活动，如设备维修与管理、工具制造、原材料供应与储存、新产品开发。

3）质量保证，指保证其他活动质量的各种活动，例如监督、视察、检测、核对、调整和返工。

这些活动有完全不同的经济效果，对竞争优势的确立起不同的作用，应该加以区分，权衡取舍，以确定核心和非核心活动。波特教授认为，企业的竞争优势就是建立于各种价值活动本身、价值链内部联系和价值链外部联系以及它们相互之间的联系，应通过分析价值链中的各种价值活动，确立起企业的竞争优势。

（二）非营利组织进行价值链分析的意义

作为社会第三部门的非营利组织，和政府部门、企业组织共同构成一个完整的社会体系，一起促进社会的运转。在非营利组织的定义中，最主要的一条就是不以盈利为目的，也就是说，其盈利所得不准分配给其成员。因此，由于非营利组织的公益性角色，在人们眼里总有某种超然的性质，不应该与商业化有什么联系。而价值链是作为如何确定企业竞争优势并维持这一优势被提出来的分析工具，似乎不应该和非营利组织联系起来。事实上，把价值链分析引入非营利组织，不仅是可能的，而且是很有必要的。这主要体现在：

1. 价值链分析适用于非营利组织

正如我们把市场经济和计划经济当作发展经济的手段一样，价值链也只是一种手段,企业可以用它达到增强竞争优势、获取利润的目的。非营利组织也可以用它达到做好事的目的。事实上,非营利组织和企业在许多地方都是相通的,例如都向社会提供产品,都涉及人事、财务、管理、营销等活动。在企业里,通过价值链分析把各种价值活动进行整合,并通过价值活动本身、价值链内部联系以及价值链外部联系进行价值创造,从而达到成本降低,优化产品和目标聚集的竞争优势,使企业立于不败之地。在非营利组织里,通过引入价值链管理,可以提高非营利组织运作的专业化程度,促进其发展。非营利组织虽然不以赚钱为目的,而是以做好事为目的,但做好事也要精益求精,不能因为提供的是公益性产品和服务就可以粗制滥造或不计成本,而应该进行一系列的控制与管理活动。价值链的九种基本活动类别可以帮助非营利组织进行相应的管理。事实上,发达国家的非营利组织在有些方面比企业部门运作得还要好。比如,在1989年夏,管理大师彼得·杜拉克在《哈佛商业评论》中指出:"特别是在战略领域及有效发挥董事会作用的领域,非营利管理者实践着大多数美国商人所鼓吹的事情。20年前,非营利组织营销是一个肮脏的字眼。而现在,他们都认识到非营利需要营销管理,甚至超过了商业的需要……"由此可见,在管理和运作上,价值链分析是适用于非营利组织的。

2. 非营利组织需要价值链分析工具帮助其发展

一方面,非营利组织不以盈利为目的并不代表不盈利或不能盈利,有时甚至还要强调盈利,因为非营利组织首先要能生存下去,然后才能谈发展。无能是生存还是发展都要有收入来源,现实也表明非营利组织收入的很大一部分来自于收费服务。图5-1为考虑志愿者和宗教因素后,1995年美国及22国非营利组织收入来源比较。

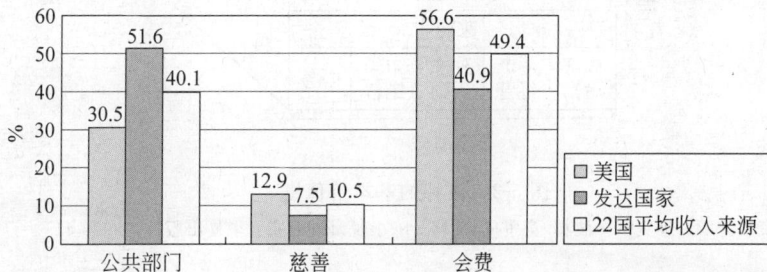

图 5-1 1995 年美国及 22 国非营利组织收入来源比较[①]

资料来源:莱斯特·M.萨拉蒙,等.全球公民社会——非营利部门视界[M].北京:社会科学文献出版社,2002,300

[①] 考虑志愿者和宗教因素是指把由这两者所带来的收入计入慈善收入。如果1995年美国非营利组织收入不包括这两者,那么其收入来源结构将变为会费收入56.6%,公共部门支持30.5%,慈善12.9%。22国是指荷兰、爱尔兰、比利时、以色列、美国、澳大利亚、英国、法国、德国、奥地利、阿根廷、日本、芬兰、秘鲁、哥伦比亚、巴西、捷克共和国、匈牙利、斯洛伐克、罗马尼亚、墨西哥、西班牙。

由图 5-1 可知,非营利组织要发展壮大,需要自身积极去开源,有时从事营利活动也无法避免。这就需要为所服务的大众提供物有所值的产品,为他们创造价值。

另一方面,非营利组织所处的社会环境发生了变化,非营利组织也面临竞争。美国学者 Rosenbannm 研究美国非营利组织的发展脉络后提出,美国非营利组织发展自殖民时代始,至今经历了四个阶段、四种模式。

(1)民众互助模式:起自清教徒时期至 20 世纪初;

(2)慈善赞助模式:自 20 世纪初起至 20 世纪 30 年代;

(3)人民权力模式:自 20 世纪 40 年代至 20 世纪 60 年代;

(4)竞争与市场模式:自 20 世纪 60 年代后期至今。

这说明,非营利组织在进行其活动时将难免与企业部门发生竞争。另外,随着受教育水平的提高,人们由过去因为是接受免费的产品或服务而不对非营利组织有所要求,变为现在要求更高品质的产品和更好的服务水平。所以随着非营利组织的发展,也需要引入价值链分析工具,为大众提供高品质的产品和服务,取得竞争优势。

(三)非营利组织价值链分析内容

波特教授在进行价值链分析时,从两个层面上进行了阐述。

一是基本价值链,如图 5-2 所示。

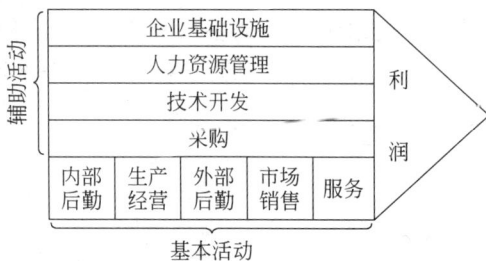

图 5-2　波特的基本价值链

资料来源:迈克尔·波特.竞争优势[M].陈小悦.译.北京:华夏出版社,1997:41

二是价值链系统,如图 5-3 所示。

图 5-3　波特的价值链系统

资料来源:迈克尔·波特.竞争优势.陈小悦.译.北京:华夏出版社,1997:38

波特教授的价值链分析就是在企业的内部价值链以及企业价值链与外部价值链的

联系上展开的。不难发现,无论是单个企业的价值链还是价值链系统,它们都是有始有终的。我们在把它们运用于非营利组织时,不妨稍加改造一下,形成一个价值链环,如图 5-4 所示。

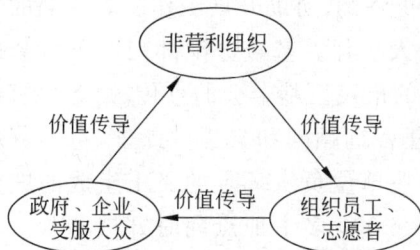

图 5-4　非营利组织的价值链环

在这个价值链环里,价值的创造无始无终,循环不尽。非营利组织本身的各种价值活动成为一条价值链,同时,其价值观又吸引志愿者和组织成员作出贡献,并给他们以精神上的满足感,实现自己的人生价值。志愿者和组织成员在组织价值观的引导下为社会提供产品和服务时,既能直接为受服务的大众创造价值,间接为政府承担部分责任,又能为企业带来良好的环境,增加其效用;而受益的大众、政府和企业又会以某种方式回报非营利组织。如此不断循环,价值不断被创造和传递。具体在进行非营利组织价值链分析时,我们可以从以下三个方面着手:

(1) 从非营利组织价值链的各个基本价值活动着手,因为各个基本活动都有可能创造价值的地方。如前文所述,企业的价值活动分为基本活动和辅助活动,这也同样存在于非营利组织中。非营利组织也会有寻找办公场所,进行人力资源管理和采购等的辅助活动,以及进行一系列提供有形或无形产品的和市场营销的基本活动。把这些活动与企业组织或非营利组织同行进行对比,就能发现其中的不足,然后加以改进。比如,各国一般对非营利组织有税收减免的规定,如果在这方面聘请专业人士进行规划,可以节省税收成本等方面的开支。又如,有的非营利性基金会可以进行专业化的投资活动,使基金保值增值。这方面的例子是诺贝尔基金。世界闻名的诺贝尔奖,其奖金由诺贝尔基金提供。1886 年诺贝尔去世后,按他的遗嘱将约 2 800 万克朗作为诺贝尔基金。但由于基金投资方式保守,基金数额一直增幅不大,直到 1991 年其实际价值才首次超过 1901 年的实际价值(按 1901 年价值计,约为 3 100 万克朗)。但在此后,诺贝尔基金会注重投资方式的改变,到现在诺贝尔基金已增长至 40 亿克朗,奖金数高达 100 万美元左右。

(2) 从非营利组织价值链内部联系着手,对价值链进行优化,实现内部价值链的最大化。对各个基本价值活动进行分析,可以发现单个活动有待改进的地方。如果把各个基本价值活动联系起来看,又能发现创造价值的地方。例如,对投入的原料和生产出的产品进行严格的质量检查,可能会花不少时间和人力,但能使废次品大大减少,使顾客的满意度大大提高,从而使总成本大大降低。因此,利用价值链的内部联系创造价值,在于恰当地运用与组合基本活动之间、辅助活动之间以及这两种活动之间的联系。比如联合公益基金会在美国已有 80 多年的历史,是由几家在当地区最有影响力的社会公益组织(如红十字会、救世军)联合,聘请当地最有名望的企业家成立董事会,联合发起募款而成立的。基金会有精干的全职员工队伍,从事募款和基金分配管理等专职工作。为减少行政开支,各部门都聘请义工组成领导委员会,提供咨询、协助开展工作。募款部的领导委员会成员多由积极支持基金会募款的企业负责人担任。基金分配部门的委员会成员有研究社会问题的专家教授和关心各类社会问题的市民。基金会的宣传、财务、人事、培训、数据库管理等也都分别聘用有关专业人员担任咨询顾问和义工。此外,每年募款季节 8 月到 11 月,有从大企业借调的人员以及各企业单位负责募款的义工组成的庞大的募款队伍。仅休斯敦地区就有 2 000 多家企业等、6 000 多个地点同时开展募款。募款淡季期间,有几百名义工深入各个社区服务机构考察了解服务效益,进行审计,听取下一年度服务项目调整计划等。可以看出,在非营利组织中的募捐活动会涉及一系列的宣传、人事、财务等方面的活动,需要统筹规划才能获得满意的结果。又如学校是一个培养学生的地方,同时也是一个研究机构,所以教学、研究和出版可以结合起来,教研相互见长,其成果既可以用于社会,又可以出版获取利润,进而支持教研进步。

(3)从非营利组织的价值链的外部联系着手。这些联系主要包括非营利组织与受服务群体、政府、企业以及捐赠者的联系。对于接受服务的群体来说,非营利组织所提供的产品和服务,可能是他们最需要的物质帮助,也可能是给予精神帮助或享受。无论是什么形式,都能给受服务者带来价值。如果他们又把这种快乐和满足传递给别人,那么整个社会的满意度就会增加。对于政府来说,非营利组织承担一部分政府职能部门提供的服务,或提供政府部门无法提供的服务,可为政府部门分忧解难,从而使政府部门专注于行使其职能。同时,非营利组织也要取得政府部门的支持,如争取相关的立法以保障其合法地位,或税收方面的减免等。对于企业来说,一方面,非营利组织通过自身的许多活动唤起企业的社会责任,如呼吁企业关注环境污染问题;另一方面,非营利组织在某些方面也可以和企业合作,取得共赢。如 1982 年,美国运通信用卡公司在旧金山地区发行一种运通卡,并承诺用户每使用一次该卡,公司将提取 5 美分捐献给几家艺术类组织。此外,该地区每增加一名运通卡用户,公司就提取 2 美元作为捐献。这个营销活动持续 3 个月,运通卡公司就捐出 10.8 万美元给艺术组织,并且该公司的业务也有很大的增长[①]。最后,非营利组织在帮助捐赠者实现自己的愿望的同时得到了帮助,是双赢的结果。

总之,非营利组织价值链环的实现,是要充分调动非营利组织,组织员工、志愿者,受服大众、政府和企业这三方的积极性,形成一方到另一方的正向激励,达到三方共赢的局面。

(四)非营利组织进行价值链分析时应注意的问题

企业运用价值链分析是为了确定竞争优势,而非营利组织是为了完成其公益使命,

---

① 里贾纳·E.赫兹琳杰.非营利组织管理[M].北京:中国人民大学出版社,2002:110-111.

更好地服务于社会,但最终都是为了创造价值。虽然终极目标相同,但在实现过程中还是有所区别。在现实中,非营利组织在运用价值链工具进行分析时,要注意以下问题:

(1) 不可忘记其使命和宗旨,防止过度商业化。人们在从事某一目的的活动时,常常会迷失其中,偏离其初始目标或忘记其初衷。由于生存及发展的压力,非营利组织有时不得不进行一些商业化的运作,如收取会费或有偿提供产品。在一定范围内,人们可以接受,社会也认可。但如果没有把握好度,由进行价值创造变成追求利润最大化,会严重损害非营利组织在人们心目中的形象,甚至会自取灭亡。如有着8年历史的中国保健食品协会被国务院通告撤销,直接原因就是违反国家有关规定,对企业乱排序、乱评比、乱收费,擅自增设分支机构。[①] 所以,价值链分析有助于非营利组织提高收入、增加利润、创造价值,但一定要牢记组织的宗旨,不能为了利润舍弃使命。

(2) 不能因为价值链分析是用来确定竞争优势的弃之不用,走上另一个极端。因为非营利组织使命的特殊性,在人们眼里这种组织有一种清高的形象。价值链分析方法是企业部门人员津津乐道的,这使人们认为在非营利组织不能用或没有必要运用。如市场营销是价值链的一个环节,但有些医疗部门认为健康不需要营销……他们不愿甚至拒绝营销理念,形成非营利组织营销的误区。

在非营利组织中运用价值链这一工具时,应把握好度,既不能过,也不能完全置之不理,应在坚持组织宗旨的前提下充分运用。

总之,价值链分析方法可以让我们了解如何进行价值创造活动。但需要说明的是,各个非营利组织情况不同,价值链的具体运用也应有所不同,应结合非营利组织各自的特点进行分析。总之,非营利组织的存在是一种社会"黏合剂",它在实现自身价值的同时也在创造社会价值,推动社会变迁。正因为如此,现在有人把社会非营利组织发展程度当作评价这个社会成熟度的重要内容。因此,非营利组织的发展壮大是社会发展的趋势。把价值链与非营利组织结合起来,借鉴企业部门的有关理论与方法,能促进非营利组织的发展。当然,这仍需要探索。

二、顾客需求分析与价值创造

本来在价值链分析中就有买方价值链一说,也就是如何分析和满足顾客需求。之所以把顾客需求分析单独列出来,是因为顾客需求在当今越来越重要,谁能真正把握顾客需求,谁就能立于不败之地。

企业战略管理思维发展经历了三个阶段:以资源为本的战略管理,以竞争为本的战略管理,以顾客为本的战略管理。这三种战略思维本无优劣之分,都是企业为适应各自

---

① 李冰.中国保健食品协会"灭亡"的背后[J].中国经营报,2004-03-01.

生存环境而发展起来的。现在企业越来越注重以顾客为本的战略思维。以顾客为本,就是从顾客的需求出发,强调为顾客创造价值,从而也为自己创造价值,取得双赢的结果。企业如此,非营利组织也不例外。非营利组织由于其总的宗旨在于"推动人与社会的改变",即"促成社会上每一个人享有生活品质的最高水准",所以其战略思维也应以大众需求为本,说到底就是以顾客需求为本。所以,顾客需求分析对非营利组织进行价值创造具有重要的意义。

(一)顾客需求分析的意义

一部人类的发展史,就是一部人类不断创造物质产品和精神产品满足人类自身需求的需求史。没有人的需求,就没有人的发展,没有文明的进步,没有今天繁荣的世界。以顾客为本已成为今天越来越多人的共识,无论是政府部门公务员和政党成员的"做人民群众的公仆",还是企业部门的"顾客就是上帝",都说明了顾客的重要性。顾客需求分析,是把握顾客的心理,从而提供满足的他们需要的产品。之所以说顾客需求分析重要,是因为进行顾客需求分析有以下的意义。

1. 进行顾客需求分析是企业和非营利组织在现代社会中生存的有效手段

随着生产力的发展,现在已经很少有产品是供不应求的了,各种各样的产品市场都已由卖方市场转为买方市场。因此,只有进行顾客需求分析,有的放矢地生产产品和提供服务,才能获得顾客的青睐。否则,就会造成产品积压,造成资源的闲置与浪费。例如,对于商品房,有的楼盘一开盘就出现火爆的场面,有的楼盘却门可罗雀。又如,有的手机以低于成本价都卖不出去,而 TCL 的手机镶上钻石,标上天价却供不应求。同样,现在有的大学根据就业状况调整专业设置,凡一次性就业达不到某个标准的专业停止招生或隔年招生,以保证该专业的学生能学有所用。否则,就不会有学生报考这个专业。所以说,对顾客需求进行分析是企业和非营利组织提供产品和服务时首先要做的事情。

2. 进行顾客需求分析能够创造理想的顾客价值

顾客价值,是指顾客从某一特定产品或服务中获得的一组利益,与他在评估、获得和使用该产品或服务时引起的预计费用之间的差额。由于不同顾客有不同的需求,甚至同一顾客在不同的具体环境,以及在参考群体、情感等因素的影响下,其内在需求也是不同的。如果企业和非营利组织不能准确地把握顾客内在的本质需求,盲目地增加产品的附加价值,结果就会吃力不讨好,得不到顾客的认同。只有真正提供顾客所需要的产品和服务,才会让顾客在支付费用时产生"物有所值"或"物超所值"的感觉。

(二)顾客需求的层次与趋势

1. 人的需要的认识

关于人的需要的认识,历来仁者见仁,智者见智。马克思曾经把人的需要分为"自然需要"或"必不可少的需要"（即"食物、衣服、取暖、居住等自然需要"）、"精神需要"、"社会需要"①。美国经济学家约翰·肯尼斯·加尔布雷思认为，人的需要分为两种：一是自然需要；一是心理需要②。美国著名心理学家马斯洛认为，人为了满足一定的需要会采取一定的行动，而这种需要的满足进而又为满足新的需要产生新的行动。这是一个不断激励的过程。因此，他把人的需要分为五个层次，只有在较低层次的需要满足后，才会有较高层次的需要。

认识了人的需要，我们可以进行顾客需求分析。

2．顾客需求层次的分析与当今顾客需求的八大趋势

需要是人们为了满足自己的生存和发展对获得物质财富和精神财富的愿望、要求或欲望；需求是在商品经济条件下通过市场、通过有支付能力的购买而实现的愿望，它是需要的实现。所以说需求的本质是有支付能力的需要。顾客需求可以划分为三个层次，它们分别是：没有或不敢有所要求的需求层次、具有显性需求的层次、具有潜在需求的层次。第一个层次是指在物质极度贫乏的情况下，顾客对所能得到的物品没有选择的余地，只有接受，这是现在很少发生的事情；第二个层次是指顾客对所购买的物品和服务，能够明确地对质量、款式、颜色等提出具体的要求，即显性的需求层次；第三个层次是指顾客自己也不明了，但是当产品和服务提供者把它们具体化时，顾客愿意为此而多付钱的需求，即潜在需求层次。

随着社会生活的发展，顾客需求呈现八大趋势。

（1）快速化。如快餐，快速冲印，即尽可能在最短的时间内让顾客得到产品或服务上的满足。

（2）健康化。随着生活水平的提高，现代人对健康越来越关心，所以自然食品、绿色产品越来越走俏。

（3）简便化。现今社会生活节奏快，顾客除了要求购买商品方便外，还要求商品携带、使用、处理也能省时省力。

（4）多样化。不仅商品品牌要多，而且商品的功能要多，一物多用，"物超所值"，消费者对商品求好，求精。

（5）专业化。随着商品日益丰富，顾客在寻求所需要的东西时，迫切需要从专家那里得到咨询服务，以减少购买的盲目性。

（6）外显化。高价产品、名牌产品有助于个人身份地位得到显示。

（7）情趣化。现代人既讲求生活品质，也渐重情趣享受。

---

① 尹世杰，蔡德容.消费经济学原理[M].北京：经济科学出版社，2000：31.

② 同上

(8) 保障化。由于人们对人身、财产安全产生更大的要求,所以这方面的需求也渐次上升。

3. 非营利组织应注意当今社会需求的趋势

非营利组织除应关注上述顾客需求趋势,充分利用有利于自身的因素外,还要关注更高层次或企业部门不愿关注、政府部门又无能为力的社会需求发展趋势。这主要有以下几个方面:

(1) 经济发展与文化的需求。经济与文化是共存互动的关系。马克思主义认为,经济是基础,文化是上层建筑,又反作用于经济基础。但是,从另一角度来说,我们认为文化有更重要的意义。比如我们可以发现凡是优秀长寿的企业都有优秀的企业文化。此外,纵观历史,凡是文化消亡了的国家再也没有复兴过,而文化延续不断的国家,最终能够重新站立起来。经济越发达,人们越注重精神上的需求,越需要文化的熏陶。因此非营利组织要注重做好文化教育这方面的建设,以保障经济的正常发展。

(2) 人口老龄化。应突出关注老年人的需求。很多发达国家的人口出生率已经很低,与之相对应的是人口老龄化。据预测,到 2080 年,2 000 多万意大利人中,只有小部分人口小于 15 岁,至少有 1/3 人口大于 60 岁。日本年轻人口已经比老年人口增长慢得多。[①] 因此,老年人是非营利组织应长期关注的问题之一。

(3) 人们对环境保护的需求。很长一段时间,世界经济发展是以浪费资源、破坏环境为代价的。尽管很多国家已认识到可持续发展的重要性,但仍有不少国家和地区在肆意破坏环境。因此,唤醒人们的环保意识,关注人们对环保产品的需求,也是非营利组织努力要做到的。

(4) 关注贫富差距问题及弱势群体的需求。古人说,不患寡而患不均。这虽然带有平均主义色彩,但贫富不均太严重了往往是社会动乱的根源。据报道,2002 年中国基尼系数达到 0.454,超过国际标准的 0.4。[②] 长久这样既不能实现共同富裕,也可能引起社会不安。因此,通过非营利组织实行社会收入的第三次分配,帮助弱势群体改善他们的生活困境,能有效地促进社会稳定地发展。

当然,非营利组织所应关注的问题远不止这些,这些只是当今比较突出的问题。

(三) 顾客需求分析的方法

上文论述了进行顾客需求分析的重要意义,也对顾客需求的层次与趋势进行了分析,那么该如何进行顾客需求分析、了解顾客的真正需求呢?《企业再造》一书提出了以

---

① 杜拉克.关注五大现象,重建 21 世纪管理战略管理[M].厦门:厦门大学出版社,2002.

② 郭凯.谁阻碍了中国富人成为慈善家[J].21 世纪经济报道,2004-03-01.

下几种具体的方法[①]。

1. 组织镜像法

组织镜像法是一种从顾客群体那里获得他们对本组织印象和意见的方法。这是一种间接的调查方法。之所以说是间接方法,是因为此方法是从顾客对本组织的印象或意见中推测顾客的真正要求。这种方法的具体做法是:通过发邀请函给有关具有代表性的消费群体的代表,恳请他们携带对组织在产品、服务和其他方面的意见参加本组织召开的镜像会议。会前本单位顾问或有关人员分别与代表会晤,做到心中有数,并为回答他们的问题做好准备。

会议开始,主持人表示真诚希望听取意见,顾问或有关人员把会晤所得到的信息通报一下,作为启发大家思路的引子,然后让来宾发表各种意见,本单位成员则虚心倾听,也可就自己不明白的地方发问,以求弄清意见本身的含义。接着由本组织成员同来宾混合组成若干小组,讨论为提高组织效率、增加顾客满意感需要改革的主要问题。各小组充分讨论,然后大会集中,由各小组向大会汇报。在此基础上,大会讨论并制订专门的行动计划,推行一种新的服务方式。镜像会议的好处是能在短期内获得有效的信息反馈。其缺点是与会代表不一定能跳出组织行为模式的原有框架,提真正针对组织的意见。

2. 实地调查法

实地调查是由企业派出调查人员或小组,深入顾客购物现场或跟踪顾客接受服务的全过程观察问题、征求意见。这种方法还可以辅以摄像和录音等手段,以便于事后分析。这种方法的好处是,调查人员可以观察到顾客的实际态度和反应,并能有针对性地获取顾客的反馈信息。其缺点是受时间限制。

3. 角色转换法

这种方法是由企业中参与再造工程的有关成员设身处地地分析顾客需求。这种方法的关键是要把参与讨论的人员角色转换为顾客的角色,否则,就会受到本企业现有状况和既存模式的限制,在这样的讨论会上要鼓励参与人员充分发挥想象力,提出全新的设想,然后对所提设想中最有创新意义的设想进行分析讨论,最后形成一致的新方案。

对非营利组织来说,这些方法可以单独使用,也可以同时使用。除此以外,非营利组织在平时要做好顾客档案建设,收集好数据,还应注意通过其他途径了解需求信息等。

---

① 颜光华,刘正国.企业再造[M].上海:上海财经大学出版社,1999.

第六章 准公共产品生命周期战略

准公共产品又称准公共消费品,它是非营利组织的员工通过有目的、有效的劳动投入而创造出来的,以服务的形式存在,通过效用满足顾客需要的产品(服务),它介于公共产品与私人产品之间,同时具有公共性与私有性。

第一节 准公共产品的特征

一、准公共产品的一般特征

准公共产品、公共产品、私人产品分别是非营利组织、政府、企业提供的产品,这三种产品从不同层次、不同程度满足消费者的需求。将准公共产品与公共产品、私人产品进行比较,可以得出准公共产品的以下特征。

(一)可分割性

可分割性是准公共产品与私人产品的共同特征,也是准公共产品区别于公共产品的特征之一。萨缪尔森认为,对于私人产品,某一商品的总量(x)与每一个消费者所拥有或消费该商品数量(x_i)的总和是相等的,即

$$x = \sum_{i=1}^{n} x_i$$

这意味着私人产品可在消费者之间进行分割。分割产生排他性,例如,消费者对一个苹果的占有就排斥其他消费者在未付对等价格的条件下占有这个苹果。同样,准公共产品在一定程度上也是可以分割的,例如当学生数达到饱和时,学校提供的教育服务被完全分割,分割性产生排他性,在这种情况下,在校生享受教育服务的同时就排斥校外欲进入学校接受教育的人。准公共产品的这种分割性在防治 SARS 的过程中尤为明显。SARS 的蔓延使得北京的专业防治医院无法同时为众多的 SARS 病人提供医疗服务,不得不向外地临时借调医护人员,同时扩建小汤山医院。

（二）不可分割性

虽然可分割性与不可分割性是截然对立的、矛盾的,但在准公共产品上却得到了很好的统一。同样是萨缪尔森,他将公共产品的消费表示为 $X = X_i$,即对于任何一位消费者来说,他为了消费而实际可支配的公共产品的数量(X_i)就是该公共产品的总量(X),这表示公共产品在消费者之间是不可分割的。就像国防这样的公共产品,每位公民都平等地享有受其保护的权利,并不会因为他人的占有而影响自身受保护的程度（数量）。与此类似,在一定范围内和一定程度上准公共产品也具有不可分割性,在学校达到饱和之前,在校生可以充分地享受学校的教育服务；在医院能力范围之内,病人可以享受全部专门的医疗服务。不可分割性产生非排他性,某位公民在享受国防保护的同时并不排斥他人同样享受国防保护。未饱和学校的学生和医院的患者并不会排斥他人享受同样的服务。

（三）价值补偿方式差异

准公共产品、公共产品、私人产品的生产都需要投入一定的物化劳动或活动,因此都存在价值补偿问题。消费者在消费准公共产品时,一般只需支付低于实际费用的价格就可享受较好的服务,这主要是因为非营利组织不以营利为目的,利润不能在管理者之间分配,故定价偏低。同时,非营利组织能够获得来自政府、基金会、公司、个人的捐赠,即使价格低于成本也可以持续经营。

公共产品的消费并不是免费的,消费者必须通过间接方式即税费对其进行补偿。尽管每位公民可以非排他性地享受公共产品的全部,但他们支付的补偿价格是不同的,例如国防,它无差别地被一国所有公民享受,但每位公民并没有支付相同的价格,维持国防支出的主要来源是国家的税收。但每位纳税人的收入并不相同,在累进税情况下,收入多者多缴税,收入低者少缴税或免缴税,从而产生补偿价格的差别。

营利性组织提供私人产品的目的是获取利润,消费者消费私人产品必须支付等价的补偿,除支付其生产成本以外,消费者还必须支付营利性组织的平均利润及部分可转嫁的税收。

二、准公共产品的具体特征

准公共产品除了上述一般特征之外,还具有以下具体特征。

（一）无形性

准公共产品从产品的形态上看,不是以实物形态存在的,而是以服务、活动来体现的。准公共产品虽然具有内在的价值和使用价值,但并没有外在的形体。例如,医疗保健是由提供者针对患者及其家属进行的活动(如手术、诊断、检查、治疗),患者很难像对有形商品那样全方位地把握。由于准公共产品的存在不具有一定的形态(如固态、液态、气态),不占有一定的空间,人们对它的"占有"不是一种实在而具体的控制,而是表现为一种感知与效用。某一物质产品,在一定的时空条件下,只能由某一个人或社会组织实际占有或使用,所有人能够有效地管理自己的有形财产,以排除他人的不法侵占,而准公共产品的公共性可以使许多人同时共享、同时占有。准公共产品的无形性对于营销来说又是一种挑战,因为医疗、教育、福利等机构提供的准公共产品以服务的形式存在,而这种产品不能像实物形式的商品那样加以储存,服务质量很难在事前加以控制与评估,只有顾客接受服务,通过服务过程中顾客的感知与服务后的结果才能得知。因此,准公共产品消费过程的随机性与风险性较大。例如,一名医术低劣的医生可能毁掉一个人的生命。学生进了名牌大学,也可能遇上不学无术、徒有虚名的导师。针对准公共产品的不可储存性,我们可以通过统计的大量观察法进行分析,观察某一时点、某一时期,顾客对准公共产品的需求量,根据需求规律,制订工作计划,有效地配置员工,提供准公共产品。

(二)可物化性

人们在科学、技术、文化、医疗等知识形态领域所创造的准公共产品,一方面它不占有一定的空间,但另一方面它总要通过一定的客观形式表现出来。非营利部门所从事的文化、精神生产,实质上是一种信息的生产活动,这种以声音、文字、数字、图像等形式表现的信息生产,可以借助于一定的物质载体,物化为书籍、书画雕塑品、影视片等物质产品。例如,发明创造表现为文字叙述、设计图表、形状构造,商标表现为图案、色彩、符号、文字,技术类产品是通过把科学知识(或理论经济类知识产品)转化为技术和现实生产力并融入实物产品中而得到的。马克思在 1857—1858 年的《经济学手稿》中指出,机器"是物化的知识力量"。"固定资本的发展表明,一般社会知识已经在多大程度上变成了直接的生产力,从而社会生活过程的条件本身在多大程度上受到一般智力的控制并按照这种智力得到改造。"正因为非营利界的思想、观念、发明创造等能物化为有形的物质产品,才使得科学技术能转变为生产力,使人类创造巨大的物质财富。马克思指出:"劳动生产力随着科学和技术的不断进步而不断发展。"根据马克思这一观点,我们不难发现,科学研究、文化、教育、医疗、社会福利越发展,就越能推动社会生产力的发展。换言之,准公共产品越丰富,劳动生产率就越能得到提高,创造的物质财富也就越多。

（三）生产与消费的同步性

第三部门向社会所提供的产品中,尽管某些准公共产品具有物化性,"它们具有离开生产者和消费者而独立的形式,因而能在生产和消费之间的一段时间内存在,并能在这段时间内作为可以出卖的商品而流通,如书、画以及一切脱离艺术家的艺术活动而单独存在的艺术作品"。但是,准公共产品具有其自身特征,它与实物产品相区别的是"作为活动而提供服务的","作为活动而有用"。准公共产品提供给消费者的正是活动本身。从大多数情况来说,准公共产品的生产过程同时也就是消费准公共产品的过程。正如马克思所说:"产品同生产行为不能分离,如一切表演艺术家、演说家、演员、教员、医生、牧师等等的情况。""一个歌唱家为我提供的服务,满足了我的审美需要;但是,我所享受的只是同歌唱家本身分不开的活动,他的歌唱一旦停止,我的享受也就结束,我所享受的是活动本身……"从准公共产品生产和消费的同步性这个特点来看,非营利组织生产准公共产品生产时,顾客是在现场的,而且能亲身体验或参与生产过程。例如,养老院的老人在接受员工的护理时,他们会同员工进行交流,对服务的内容、质量、感受发表看法。

（四）可传递性

以信息形态表现的准公共产品能凭借信息技术与各种媒体进行传播。准公共产品的这一特征,使得它在生产、分配、流通、消费的过程中能超越时间与空间的限制,使越来越多的人共享非营利组织所提供的准公共产品。例如,利用计算机网络技术、卫星通信技术为基础和多媒体技术,知识的传播速度大幅度提升,学习的效率也大为提高,教育准公共产品也不再受时间、空间、容量等方面的限制,大幅度扩展了人类的思维空间。

第二节　准公共产品链的延伸

准公共产品链的延伸是非营利组织对准公共产品生命周期做出的一种反应。准公共产品生命周期指的是一个全新的准公共产品从构思、开始成型到最终退出市场所经历的阶段。一般来说,这个周期可分为五个阶段:开发期、介绍期、成长期、成熟期、衰退期。准公共产品链的延伸就是为了延长准公共产品的生命周期,延缓进入衰退期的时间。

一、准公共产品的生命周期

非营利组织在推出新的准公共产品之后,总是希望准公共产品能够经历一个较长而且顺利的生命周期,以获得补偿和收益。

图 6-1 是一个典型的准公共产品生命周期,展示了准公共产品在整个生命周期销售和收益的变化。

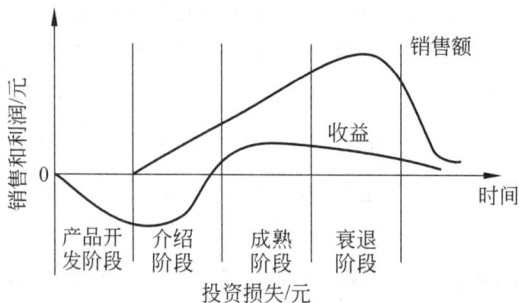

图 6-1　准公共产品生命周期过程中的销售和收益

(一) 产品开发阶段

这是非营利组织准公共产品的构思和开发阶段。在这个阶段,构思和开发新产品需要大量的资金投入,但产品并未生产,因而销售额为零。

(二) 介绍阶段

在这个阶段,由于新准公共产品初次投放市场,消费者并不了解该产品能够提供的价值,销售额比较低。为了告诉潜在消费者新准公共产品的价值,并指引他们购买该产品,通常需要大量的宣传费用。因此,在这个阶段大多数非营利组织处于亏损状态。

(三) 成长阶段

新准公共产品在得到市场认可后,进入成长阶段。在这个阶段,销售额以很快的速度增长,主要是因为消费者已经了解该产品的价值,在试用之后重新购买,并带来新的顾客。但收益却是先是上升然后下降。当越来越多的消费者购买时,创新者可以获得大量的利润,但大量的收益会吸引竞争者进入,竞争者通过模仿或改善新准公共产品吸引一些目标市场的消费者,从而导致竞争加剧,价格和收益降低。

(四) 成熟阶段

当销售额开始保持平稳时,准公共产品进入成熟阶段。这个阶段的持续时间一般要比前两个阶段长。在这个阶段,由于销售增长的减慢,使得整个行业中的生产能力过剩,而能力过剩又导致竞争加剧,非营利组织开始退出市场,或者对其产品进行改造。日本新潟大学研究生部和本科部根据学科的发展和社会的需求,在各个单学科的适用性和竞争力下降时,将医学、齿学合并成为医齿学综合研究科,并且作为日本的重点研究生部开始新的发展。该大学还把理科、工科、农学统一合并为自然科学研究科,将人文科学、法学、经济学及教育学合并成现代社会文化研究科,以提高竞争力。

(五) 衰退阶段

在这个阶段,新产品开始代替旧产品,只有少数的非营利组织因为成功地实现产品的差异化而吸引了部分忠诚顾客。

二、准公共产品链的延伸

准公共产品链的延伸主要包括放弃垂危产品、开发新产品、产品差异化三个方面的内容。

1. 放弃垂危产品

当准公共产品进入成熟期之后,销售额开始保持平稳,在达到某一点之后便开始下降,该准公共产品即将进入衰退期,非营利组织可以选择放弃该产品,但这个时期的判定往往是非常困难的。

2. 开发新产品

新产品是指非营利组织通过研发新发明的产品、改进的产品以及新品牌产品。当非营利组织的产品已经有了忠诚消费者,为了保持消费者的满意度,非营利组织仍然需要对产品进行不断改进,特别是当消费者的需求发生转变的时候。产品差异化。非营利组织通过提供与竞争对手有明显区别的产品营销市场,差异化的主要来源有原材料采购、独特的产品设计等价值链的任何一环节。

三、开发新准公共产品

(一) 新准公共产品的内涵

我们可以从不同的角度理解新准公共产品。从产品的物质表现形态看,它可以是新发明的产品,也可以是改进或调整了的产品,或者是新品牌产品。从价值角度看,任何产品,只要能给消费者带来某种新的价值就可以视为新准公共产品。

(二) 类型

从新准公共产品的内涵可以看出,新产品并非一定是一种全新的发明,也可以是一

种改进的产品,因而,根据新准公共产品创新程度的不同,可以将其分成以下几类:

1. 创新品

创新品是非营利组织运用新的原理与方法、新材料与技术研发的一种新准公共产品,这种产品在市场无法找到替代品。创新品的研发需要非营利组织付出大量的时间、精力以及物力、财力,同时创新品的成本十分高昂,需承担的风险十分巨大,因而,非营利组织在构思开发、推出创新品时是非常谨慎的。

2. 改进品

改进品是非营利组织根据消费者的需求,对原产品的材料、性能、原理与方法进行改进,从而形成一种新产品。这一类新准公共产品能够更好地满足消费者的需求与偏好,能给消费者带来新的利益,因而容易得到消费者的欢迎。

3. 仿制品

仿制品是非营利组织对自己从来没有生产过的、根据市场已有的产品进行模仿而推出的新准公共产品。从市场的角度讲,该产品并不是新产品。但是如前所述,准公共产品具有地域性,因而,对于某个区域的消费者,非营利组织提供的仿制品一样可以得到效用与价值,因此,从这个角度讲仿制品也是一种创新品。

(三) 新准公共产品开发的步骤

1. 构思

新准公共产品的开发始于构思。新产品的构思并不一定来自于非营利组织的研发人员,有可能源自准公共产品的生产人员、销售人员(服务人员)、竞争对手、顾客以及一些协会等机构。

(1)研发人员。非营利组织可以通过正规的研究与开发创造新的产品构思。研发人员是非营利组织产品设计的主要承担者,他们的每一种设想都有可能将新准公共产品推上成功之路。

(2)服务人员。准公共产品的生产和消费是同步的,因而,可以将准公共产品的生产人员和销售人员统称为服务人员。服务人员因为参与准公共产品的生产和销售过程,能够集合源于生产过程和消费者的信息,对服务人员意见的调查可能成为另一个构思的来源。

(3)竞争对手。非营利组织可以通过分析竞争对手的产品和广告,了解竞争对手的新产品和其销售状况,然后决定自己应该生产怎样的新产品。

(4)顾客。顾客是构思的一个重要来源。"体验经济"兴起,顾客越来越要求参与产品的生产过程。因此,非营利组织需要提供可以吸引顾客参与创造的产品,这样既可以扩大市场份额,也可以延长产品生命周期。

（5）其他。其他的一些契合也可以成为构思的来源。主要是通过提供一些公共信息影响非营利组织的构思。

2. 筛选

并非每一个构思都会成功,因而,在将构思付诸于实施之前,对其进行科学的筛选是非常重要的。这是因为一种构思一旦付诸实施,就需要大量的成本,而这种成本的弥补则是在构思实现并取得商业价值之后。

筛选的过程是很严格的,非营利组织一般要求用统一的格式描述新准公共产品的构思,主要包括对市场规模、产品价格、开发时间和开发成本及收益率的大致估计。

筛选通常可以采用 SWOT 分析方法和产品市场筛选标准。SWOT 分析方法是通过分析顾客需要、非营利组织的目标和资源、现有的和潜在的竞争者,明确地列出非营利组织的优势和劣势以及它的机会和威胁,从而细分与选择目标市场,实现产品定位。产品市场筛选标准则是通过分析非营利组织的优势和劣势、非营利组织面临的环境和高层管理者的目标及非营利组织的宗旨,集合成一套产品市场筛选标准。

3. 构思评估

经过筛选之后,只有少数构思得以保存下来。这些构思将面临进一步的仔细评估。在这一阶段,非营利组织主要是对成本、收益利润、市场规模以及消费者态度进行评比。

市场调查可以帮助非营利组织了解潜在的市场规模,但在构思评估阶段,产品并未形成,非营利组织通常会使用概念测试获取目标消费者的评价。概念可以用文字、图画、实物等形式表示。

非营利组织在获取以上信息之后,才能够估计新准公共产品在推出之后是否能成功,从而决定是否将新产品开发过程继续下去。

4. 产品开发

新准公共产品的构思经过评估阶段被证明可行之后,将进入产品开发阶段。在此阶段之前,新产品还只是通过语言、图样或模型进行描述。而在此阶段之后,研发人员将开发出新产品样品。新产品样品的开发并不意味着产品开发阶段的结束,产品开发的过程还包括对样品的测试,具体包括功能测试和消费者测试。功能测试主要检测产品的功能是否达到预期的要求。消费者测试则是通过消费者的试用评价该产品的性能。

5. 市场测试

市场测试是在新产品通过功能测试和消费者测试之后进行的一种真实市场环境测试。市场测试有利于测试新产品的各个方面以及对市场的适应情况,以便非营利组织做出及时的调整。

新准公共产品类型不同会导致市场测试不同。创新产品因为是全新的产品,非营利组织对消费者关于新产品的态度并不了解,因而,市场测试是很有必要的。

对于改进品和仿制品,因为它们都是在市场原有产品的基础上创造出来的,非营利组织对消费者的反应比较了解,因而,市场测试并非必要。

市场测试的方法主要包括两种类型:模拟市场测试和测试营销。模拟市场测试是非营利组织通过建立一个现实的市场环境,向目标消费者展示各种产品,然后对消费者的购买和消费行为进行分析,并预测该产品在更大的范围内的销售情况。测试营销是非营利组织将新产品投入一个或多个具有代表性的目标市场。测试营销可以更加准确地检验产品的价格、质量等是否具有竞争性,是否适应市场的需求。

6. 商业化

通过测试的新产品将被推向市场,非营利组织将大规模提供该产品,即商业化。在商业化的过程中,非营利组织推出新产品的时机和地点是两个非常关键的因素,只有根据不同的市场环境和特征选择推出新产品的时机,才能提高新产品成功的可能性。此外,新产品的营销策略也是影响其推广的一个重要因素,适当的营销策略将有助于新产品的成功。

第三节　准公共产品差异化

准公共产品的差别化是由消费需要决定的。英国经济学家马歇尔早就指出:"一切需要的最终调节者是消费者的需要。"消费需要的多样性决定了准公共产品的差别性。消费需要的多样性来自于消费者各自的差异,由于消费者收入、文化程度、职业、性格、年龄、民族和生活习惯不同,自然会有多种多样的爱好和兴趣,对准公共产品的需求是千差万别和丰富多彩的。此外,消费者心理状态和消费行为不同,消费者的购买倾向不同,也要求非营利组织提供不同类型的准公共产品。其次,社会经济、生态可持续发展的需要,也对准公共产品的差别提出了要求。例如,在文化产品的包装上,人们对其提出绿色包装的要求。希望这种包装应该具备环境保护和资源利用两个方面的特征,即这种包装是能与自然融为一体,源于自然,对生态环境不造成污染,对人体健康不造成危害,能循环再生利用,可促进持续发展的包装物质。

一、差异化的基础

差异化的基础主要是指差异化的可能性及必要性,它为差异化提供了动因。差异化的可能性主要是从非营利组织自身的情况分析是否具有差异化条件,必要性则是从市场环境的角度探讨差异化。

（一）可能性

差异化的可能性取决于非营利组织自身的资源条件，非营利组织的资源约束了差异化的程度和范围。此处资源的内涵比较丰富，包括技术水平、人力资源、资金等一切维持非营利组织经营的必不可少的要素的总和。两个医院都提供同一种医疗服务，但其中有一家医院还提供"售后服务"，即回访，另一家则不提供，从而使同一种服务产生了差异。显然，提供回访的医院有更多的资源支持，例如需要医护人员担任回访人员，需要建立顾客档案，需要回访支出。职业学校和普通高校都是向顾客提供受教育的场所，但是它们资源条件的不同决定了他们提供不同的服务。职业学校注重技术培养，强调在某个方面有一技之长；而普通高校则强调理论修养，注重提高学生的理解能力和综合素质。

（二）必要性

差异化的必要性是从市场环境出发分析非营利组织是否有提供差异化产品的必要。非营利组织产品的提供源于顾客的需求，然而，市场上的顾客并非都具有相同的偏好。事实上，每位顾客因为文化层次、收入水平、消费观念、年龄等诸多因素的不同会有不同的偏好，顾客并非同质，而是异质的，因此，顾客的这种异质性给非营利组织差异化提供了生存空间。同样以职业学校和普通高校为例，并不是每个人都想接受大学教育，即使都有这种想法，也并不是都能转变成现实，除受主观愿望影响外，他们还要受到客观条件的限制，因而产生不同种类的需求。部分人选择接受大学教育，部分人则接受职业教育，有些人对这两种教育都不接受。

非营利组织之间的竞争压力是差异化必要性的另一个体现。竞争压力主要源于两个方面：产品竞争压力和筹款竞争压力。产品竞争压力是由于非营利组织之间提供相同或可替代产品而产生的压力。在现有的市场上，完全没有替代品的产品少之又少。准公共产品并非完全具有唯一性，其提供过程很容易被模仿。因而，非营利组织之间存在很大的产品竞争压力。提供相同专业教育的两所高校之间必然存在竞争，但享有较高声誉、拥有名师，办学条件优越的高校肯定更具有竞争力，因为差异化提供了不同的效用。

筹款竞争压力源于非营利组织对社会捐赠的依靠。非营利组织正常营运的一部分资金来源于社会的捐赠，如果将整个社会捐赠视为一个蛋糕，那么众多的非营利组织为了取得较大的一块而相互竞争。社会和组织在捐赠时并非随意，他们会仔细权衡非营利组织的宗旨、经营状况、社会反应，只有那些宗旨与他们的意愿相符，经营状况良好，且社会效用大的非营利组织，才能得到他们的捐赠。因而，非营利组织为得到社会捐赠，会尽力改善经营状况,提高服务质量,正是差异化满足了他们的这种需求。

二、差异化的实质与原则

(一) 差异化的实质

差异化是非营利组织通过提供有别于竞争对手的产品满足顾客的需求,从而获取竞争优势。这种差别可以产生于价值链中的任何一个环节:内部后勤、生产作业、外部后勤、市场和销售、服务等,并且这种差别能够给顾客带来特别的利益,顾客因此选择非营利组织的产品。所以,差异化的实质是非营利组织向顾客提供了独特的利益,且非营利组织获得的溢价大于差异化的成本。例如拥有一流设施的医院能够给患者提供更多治疗,一流的教师能给学生提供更好的教育。更好的治疗、更好的教育都是医院和学校提供给顾客的独特利益,医院和学校通过提供这些产品而取得溢价。

(二) 差异化的原则

差异化的进行并非随意,而是有原则可循的。根据菲利普·科特勒的观点,有效的差异化应遵循以下原则:

1. 重要性

准公共产品的差异化应该为其消费者提供较大的价值,以致使这种价值足以影响消费者的购买决策。

2. 明晰性

准公共产品的差异化应鲜明、突出,消费者通过简单判别就可以察觉它与同类准公共产品的差别。

3. 优越性

消费者通过消费差异化的准公共产品取得效用应明显优于通过其他途径获得的相同利益。

4. 可沟通性

非营利组织除使准公共产品差异化外,更重要的是让消费者知晓这种差异化和差异化给他们带来的利益。因此,这种差异应该可以通过一定的方式得以表达。

5. 不可模仿性

非营利组织差异化的目的是取得竞争优势。如果这种差异化很容易被竞争对手模仿,那么这种差异化的价值并不大。

6. 可接近性

差异化的实现需要一定的成本支持,准公共产品成本的上升必然会体现在其价格上,价格的上升会影响消费者的消费行为,因此,差异化的成本也是影响因素之一。

7. 盈利性

只有当差异化的收益大于差异化的成本时,有了一定的剩余,非营利组织的差异化才能得以实现和继续。

三、差异化战略的实施

差异化的实施主要包括市场细分、目标市场选定、竞争者分析、差异形式的选定四个步骤。市场细分将消费者分成具有相同属性的群体,目标市场选定是在市场细分的基础上选择非营利组织将进入的细分市场,竞争者分析是对即将进入的细分市场的竞争者进行分析,差异化形式的决定则是最终选择差异化的形式,四个环节紧密相连,缺一不可。

(一)市场细分

消费者是异质的,他们因为年龄、收入、性别、居住地点及文化程度的不同产生不同的需求。市场细分是根据消费者的不同特征和需求,将他们分成具有相同属性的群体。非营利组织通过分析消费者的特征设计市场细分的方法。

1. 市场细分过程

市场细分通常包括两个过程:了解单个顾客的特征的过程和将顾客分组的过程。这两个过程的实现并非易事,了解单个顾客的特征需要以大量的统计资料为基础。将顾客分组是"对号入座"的工作,分组的方法对非营利组织产品提供和营销有着重要的影响。

2. 市场细分方法

市场细分的方法并非是唯一的,非营利组织可以结合消费者市场的不同特征,如地理、人口、心理、行为等因素对市场机构进行细分。因此,市场细分的方法可以分为地理细分、人口细分、心理细分和行为细分。

(1)地理细分。地理细分是非营利组织根据地理区域细分市场,即将市场分成不同的地理区域。一般来讲,不同地理区域的经济发展水平、社会需求不同,因而不同地理区域的消费者会有不同的消费需要。准公共产品与其他产品不同,部分具有明显的地域性。以幼儿园和养老院为例,幼儿园只能给周围一定范围内的幼儿提供学前教育,学生家长一般比较愿意将小孩送到附近的幼儿园,那样他们会比较放心。而幼儿园也不愿意接受距离太远的幼儿,因为那样会增加他们接送成本。城市和农村的幼儿园存在差别,城市的幼儿园提供良好的教学环境和设施,而农村幼儿园要求幼儿自主上学,并不负责接送。养老院也是一个类似的例子,养老院的顾客也具有明显的地域性,不同地域的老人对养老院的要求不同,北方的老人和南方的老人因为生活习性不同会向养老院提出不同的要求。

然而,地理细分并不适合于每一种准公共产品。以大学例,它是面向全国招收学生。那么,大学是否有对全国各个地方的学生以地域标准进行细分的必要呢?显然这种适用性并不大,特别是远程招生的兴起,地理细分对大学的差异化意义并不大。

(2)人口细分。人口细分是根据消费者的年龄、性别、家庭人口,及生命周期、教育、职业、收入、民族等因素将其划分为不同的消费群体。这种细分方法相对来说比较常用,因为它更适合非营利组织产品的需要。

以年龄为标准对消费者进行细分有利于非营利组织识别不同年龄阶段的消费者的需求,从而为差异化提供参考依据。例如,职业学校主要是针对青少年,老年人俱乐部主要是面对年纪较大的老年人,他们都是以年龄标准对消费者进行细分。

按性别对市场进行细分可以了解不同性别对准公共产品的要求。由于生理结构及社会角色的不同,男性和女性在产品需求与偏好方面有很大的不同。医院经常性采用这种细分方法,提供专门的男性门诊和女性门诊。

家庭人口及生命周期也是影响消费者消费准公共产品的因素。一个小孩多的家庭对教育的需求比较大,而老人多的家庭对医疗等方面的需求突出。

受教育程度的不同也影响消费者的购买行为,受教育程度高的人更加关注自身健康和自我完善。如一个具有大学文凭的人和一个同年纪的没有大学文凭的农民对准公共产品的需求是不同的,前者除生病去医院外,还会为了保健而经常去医院咨询和检查。农民则只有在生病的时候才会去医院,甚至生病不严重的时候不会去医院。

以收入为标准进行市场细分对准公共产品的差异化具有很大的指导意义。收入水平是影响消费者购买准公共产品的一个重要因素。收入水平高的人倾向于选择接受良好的教育、享受良好的医疗服务,收入水平一般的人倾向于大众化的消费。如医院为满足不同收入水平层次顾客的需求专门设置高档、中档、一般病房。

此外,职业和民族也会影响准公共产品的消费,不同职业的环境会给消费者带来不同影响,不同的民族会具有不同的风俗习惯,从而产生对准公共产品的不同要求。

(3)心理细分。心理细分是根据消费者的社会阶层、生活方式或个性特点进行市场细分。西方的社会学家将社会阶层分成七种,具体包括上等上层人、下等上层人、上等中层人、中等阶层、劳动阶层、上等下层人、下等下层人。不同阶层的人对消费的需求不同,以上等上层人为例,他们拥有大笔财富和良好的政治关系,因此,他们要求享受最好的医疗服务,将子女送入最好的学校。而下等下层人主要依靠救济维持生存,对准公共产品的消费根本不存在太多的要求。

生活方式的差异也使消费者产生不同的偏好,注重自己生活质量的人更加关注教育和健康,注重事业和工作的人更多地关注手头的工作,不同的生活方式会产生不同的需求。

(4)行为细分。行为细分是根据消费者的知识、态度和对产品的了解程度、使用情况、反应将他们划分为不同的群体。行为细分是以产品为立足点对市场进行细分,因而成为市场细分的最佳起点。根据消费者行为的差异,行为细分一般包括:

按购买时机进行市场细分。准公共产品的消费与时间紧密相连,例如一年四季之中,冬季和春季流行病的发生率要远远高于夏季和秋季,因而,消费者对治疗流行病这种医疗服务需求量会增多。再如职业技术培训学校在下半年的消费者会增多,因为部分初中、高中毕业生会选择职业培训。

以消费者追求的利益为标准细分市场。准公共产品并非只提供单一的利益,而往往是多种利益的结合体。但是,消费者在消费时往往关注其中一种相对于自身突出的利益。如同样去医院享受医疗服务,有的消费者是为了治疗疾病,有的消费者是为了保健。

根据消费者对准公共产品的使用率也可以对市场进行细分,通常据此可将消费者分为经常使用者、首次使用者、潜在使用者和非使用者。准公共产品的差异化就是为了保持经常使用者,并将潜在使用者转化为实际使用者。

(二)目标市场选定

在对市场进行细分之后,非营利组织接下来要做的是确定目标市场。事实上,确定目标市场的过程是对细分市场的评估,可以从以下几个方面对细分市场进行评估。

细分市场的规模和增长评估。非营利组织通过对细分市场的规模和增长空间进行评估,从而可以决定是否进入这个细分市场,以何种形式进入细分市场。一般地讲,细分市场规模适当、增长空间广阔(相对于具体的非营利组织而言)是非营利组织进入该市场的最好契机。

细分市场的结构评估主要是针对细分市场的顾客数量、竞争对手及产品类型进行评估。如果细分市场顾客规模较小,购买力不强,显然会影响非营利组织的销售业绩;如果竞争对手强大或占垄断地位,非营利组织进入很难获得竞争优势;如果产品类型丰富,竞争激烈,非营利组织的差异化空间会因此而减少。

非营利组织差异化目标及宗旨与资源的匹配性。细分市场的结果可能会让非营利组织感到很激动,然而,非营利组织并不一定进入每个细分市场,除非它具有在细分市场中取得竞争优势的资源。因此,资源约束是非营利组织差异化的另外一个限制因素。

(三) 竞争者分析

如果严格地区分,竞争者分析应该是目标市场选定的一部分。但是从差异化角度看,竞争提供的产品是参照物。因此,竞争者的分析对差异化的最终实施至关重要。竞争者分析通常包括五个方面:明确竞争对手、评估竞争者能力、了解竞争者的目标与战略、判定竞争者的战略手段及预测竞争者的反应。

1. 明确竞争对手

明确竞争对手是竞争者分析的第一步。非营利组织只有在知道跟谁竞争之后,才能开始思考差异化,显然,没有参照物的差异化是没有意义的差异化。表面上讲,明确竞争对手是一种比较容易的事情,但在实际中,非营利组织往往过于狭隘地定义了竞争对手的范围。例如,医院只将其他医院和门诊部视为其竞争对手,而忽视了药品超市对他们的挑战;大学只注重与大学之间的竞争,而忽视了与职业培训学校之间的竞争。此外,非营利组织对潜在的竞争者也应该有足够的认识,潜在的竞争者一般通过提供近似产品或替代品进入市场。

2. 评估竞争者能力

评估竞争者能力主要是对竞争者的财政实力、技术水平、管理水平及优势与劣势进行评估。通过对竞争者能力的评估达到知己知彼,从而扬长避短。以慈善机构增设幼儿园为例,在幼儿园破土动工之前,慈善机构对该社区的幼儿园进行充分的了解是非常必要的。如果该社区的幼儿园师资力量雄厚,教学环境优良,管理水平高,消费者反映良好,那么增设幼儿园的必要性就不是很大。如果情况相反,并在难以与之达成合作的情况下,慈善机构会做出增设幼儿园的决定。

3. 了解竞争者的目标与战略

竞争者目标和战略是其经营的方针政策,对非营利组织的差异化也会产生影响。维持和扩张是竞争者的两种可能战略,采取维持战略的竞争者将其目标设置为维持目前的销售额和市场占有率;实施扩张战略的竞争者则以增加销售额、扩大市场占有率为目标。了解竞争者的目标和战略对非营利组织选择产品营销策略具有指导作用。

4. 判定竞争者的战略手段及预测竞争者的反应

判定竞争者的战略手段主要是了解竞争者的定位战略,包括竞争者的目标市场、产品优势及差别及其营销组合,从而为差异化提供切入点。预测竞争者的反应,要求非营利组织考虑实施差异性之后竞争者可能做出的反应。大体上讲,竞争者的反应类型包括报复、没有反应、有选择性地反应、无法预测四种,显然非营利组织差异化产品的营销组合受竞争者反应影响明显。

四、差异化形式的决定

通常情况下,我们可以将差异化战略划分为产品差异化、市场定位差异化、形象差异化三个方面。

(一)产品差异化

根据现代营销理论,产品的价值主要分为三个层次:核心价值、主体价值、增加价值。核心价值主要是指准公共产品的基本功能,如医疗服务的功能是治病,教育是传播知识;主体价值体现在准公共产品提供手段和质量,如名医、名师、优良设备;增加价值则是指准公共产品售出之后的跟踪服务、咨询及接待等价值活动。

主体价值是在准公共产品的提供过程中体现出来的价值,包括产品的质量、服务质量、服务水平、服务态度以及提供准公共产品所使用的设备和人力资源。由此可以看出,非营利组织可以通过增加或变更主体价值实施差异化,途径可以包括改善服务态度,改进设备,开发人力资源等。如广州市 21 中学"以人为本,面向全体,因材施教",注重学生个性差异,在课程设置、教学设计、教学方法上采取有针对性的"差异教育"措施。

增加价值主要是指非营利组织在准公共产品售出前和售出后给顾客提供的价值,如跟踪服务、服务咨询及接待。这些活动都可以为顾客创造价值,因而增加价值也为非营利组织的差异化提供了平台。如广州市 21 中学通过建立生物园、动物园、展览馆提高中学生的综合素质。从准公共产品角度看,这是一种增加价值的体现。

(二)市场定位差异化

非营利组织根据市场细分、市场评估及竞争者资源和自身资源条件建立和发展差异化竞争优势,使自己的产品在消费者心中树立起优于竞争者产品的形象,这个过程称之为市场定位差异化。

(三)形象差异化

形象差异化是非营利组织通过品牌战略和 CI 战略树立自己的形象,提高知名度,从而改变非营利组织在消费者心目中的形象,影响消费者的偏好。如青岛职业教育就是依靠打造教育品牌、实施教育创新,在激烈的教育竞争中,稳稳地走在全国职业教育前列。

第七章
非营利组织品牌战略

20世纪80年代以来,非营利组织在世界各个国家都得到迅速发展美国教授莱斯特·萨拉蒙将其称为一场全球性的"社团革命"。非营利组织的迅猛发展为传统的政府提供公共物品模式进行了有效的补充,对于改善公共物品的质量和数量,克服市场失灵和政府失灵具有非常积极的意义。非营利组织的规模不断扩大,其社会责任也在加强,因此非营利组织本身的发展及其发展战略也越来越成为一个时代性的话题。

第一节　非营利组织品牌战略概述

品牌战略在企业即营利机构已经发展得比较完善了,也为营利机构完成组织的营利目标做出了很大的贡献。虽然非营利组织是不以追求利润为目的,主要是为社会提供公共服务,但是这并不等于非营利机构就不能有盈余。因此,有必要在非营利组织发展的过程中引入品牌战略。

一、非营利组织品牌的含义

非营利组织是指独立于营利机构和政府机构之外的社会组织。换言之,所谓非营利组织是指不以获取利润为目的,为社会公益或共益服务的,提供准公共产品的独立机构[①]。非营利组织主要提供教育、医疗、文化艺术和社会福利等准公共产品,其最大的特征就是自愿性、自主性、公益性和民间性。

关于品牌的定义有很多。著名市场营销学家菲利普·科特勒认为:"品牌是一种名称、术语、标记符号或图案,或是它们的相互结合,可以识别某个销售者或某群销售者的产品或服务,并使之与竞争对手的产品和服务相区别。"切纳瑞和麦克唐纳对品牌下的

---

① 陈晓春.市场经济与非营利组织研究[M].长沙:湖南人民出版社,2001.

定义是："一个成功的品牌能帮助顾客识别产品、服务、人员或地方,把品牌加在产品、服务、人员或地方身上,能使购买者或使用者感受到与最好地满足他们需要相关的独特的增加价值。而且,品牌的成功源于其在竞争环境下,能持续地保持这些增加的价值。"

肖克认为品牌管理已经吸引许多不同学科领域学者的注意,这些学科包括心理学、社会学、人类学、经济学与战略学。同样,在非营利组织的研究过程当中,也有学者开始关注品牌战略。有些学者认为非营利组织要像营利性的企业那样引入以交换为主的营销理念。非营利组织营销是社会经济发展的内在规律所决定的,是组织获得资源的有效手段,可以防止"搭便车"行为出现,同时也是非营利组织可持续发展的需要。关于非营利组织实施营销战略,有核心能力战略、形象营销和绿色营销;在谈到非营利组织的质量营销策略时,有关于品牌产品策略实施的论述[①]。周晖认为,非营利组织在获取社会资源、为社会提供公共产品和服务,以满足社会的公益性需求的过程当中,应该具有以顾客为中心的市场意识、优胜劣汰的竞争意识以及创造财富的经济意识。

由此可见,关于非营利组织品牌战略还没有一个统一的、大家都认可的定义。但是,关于非营利组织市场营销的探讨已经很多,理论研究有了一定的积累。随着理论研究的深入,对于品牌战略的思考也会越来越多。

二、非营利组织实施品牌战略的必要性、必然性

为了加快自身发展、完善自我和迎接未来挑战,非营利组织迫切地感觉到制定发展战略、实施战略管理的必要性。同时,非营利组织实施品牌战略也是其发展的必然结果,具有一定的必然性。

非营利组织为什么要实施品牌战略呢。归纳起来,大概有以下一些因素。

(一)可以更好地完成非营利组织的目标

竞争的实现、品牌战略的实施可以使非营利组织更好地完成组织的目标。由于非营利组织有"非利润分配"规定,即非营利组织不得为其拥有者积累利润,组织得到的盈利必须用于公益慈善事业,不得在组织成员、理事或董事之间分配[②]。不以营利为目标使非营利组织缺少"晴雨表"——利润,没有利润目标带来的竞争压力,非营利组织容易忽视环境的变化,降低生存发展危机感,墨守成规,缺乏创新。在这种情况下,如何有效地整合整个组织成为一个十分必要的话题。

品牌战略可以从组织内部和外部同时激发组织活力,从而促进整体发展,更好地为

---

① 陈晓春.非营利组织营销学[M].长沙:湖南人民出版社,2003.
② 彼得·德鲁克.社会的管理[M].上海:上海财经大学出版社,2003.

社会和广大人民服务。从组织内部讲,通过对组织内部资源的整合、人员的调动,可以使整个组织形成一股凝聚力,共同为组织的目标奋斗。从组织外部看,如果整个行业或者整个非营利组织系统都有品牌意识,如果一个组织实施品牌战略而且取得了很好的社会效果,就会给其他组织带来无形的压力,使之纷纷考虑实行,各组织的目标就能更好地实现。对于整个社会来说,这也是好事,社会可以从这些非营利组织得到更多更好的服务。

(二)非营利组织存在的目的决定

非营利组织的迅猛发展为传统的政府提供公共物品提供了有效的补充,对于改善公共物品质量和数量,克服市场失灵和政府失灵具有非常积极的意义。在西方国家,先是自由放任思想占主导地位,政府只是扮演"守夜人"的角色;随着世界性的经济危机的出现,政府部门推崇凯恩斯主义,积极地干预社会经济生活;随后出现"滞胀"现象,出现普遍的关于政府合法危机和信任危机。非营利组织的兴起和发展,解决了政府和市场无法解决的一些问题,为形成政府、市场和非营利组织三方互动的社会管理机制提供了可能。

随着社会主义市场经济的不断发展完善和人民生活水平的不断提高,非营利组织为社会公众提供市场化、多样化、个性化的动态服务,满足了人们日益增长的物质文化生活需要,弥补了在政府和市场双重失效情况下民众对一些公共服务的社会需求。非营利组织通过接受社会捐助形式,筹集社会各方面的资源(捐助物资、资金),用于帮助解决一些容易被忽视的社会边缘问题,有利于减轻政府的财政压力,缓和社会矛盾,维持社会稳定。非营利组织提供的一些公共服务,有利于扩大社会公平,扶持弱者,缩小在市场经济发展中产生的贫富悬殊,促进社会全面发展。特别是现在,随着我国政府机构改革、职能转变,政府主动把一些公共服务、公共产品的提供转交给非营利组织。为社会提供公共产品和公共服务成为非营利组织的存在目的,而品牌战略无疑是在整个提供服务过程当中的一种必要手段。

(三)适应我国当前政府改革和社会发展要求

从我国非营利组织的发展和变迁过程来看,我国非营利组织的发展体现为政府与社会的关系调整和变化。一方面,由于政府职能转变,在推动改革过程当中政府将一些职能主动转让给市场或其他社会组织;另一方面,广大社会成员也在有意识地、理性地推动非营利组织的发展。作为非营利组织本身来说,更加应该抓住这样的发展契机,努力加快自己的建设和发展。

非营利组织具有社会服务功能,这是它基本的社会职能。所谓社会服务,就是以不营利的方式推进公益事业,专门提供那些不能由政府或企业充分提供的经济和社会服务,造福社会。非营利组织主要为社会成员提供两种服务,即中介服务和直接服务。中介服务是利用自身信息广、人员多、专业精和形象好的优势,将需要者和提供帮助者联结起来,如工会组织提供的就业咨询及指导服务,将欲参加就业者与用人单位相联结。直接服务,即对有需要人士提供直接的服务,包括为老人、残疾人、少儿及普通居民提供的各项社区服务。如医院为病人提供的医疗服务。现在,不少社区推出"居民服务中心",为居民提供维修、请人、看家等多项服务,成为非营利组织推展社会服务的典范。

从社会的发展趋势看,大量社会事务必须由社会组织自行管理,某些特定的事务由政府组织管理。同时,政府职能也在不断调整变化,这客观要求存在多元主体承接政府转移出来的职能。因此,政府不是社会公共事务唯一的管理者,它要依靠众多非营利组织、广大民众共同管理。实际上,非营利组织在社会服务和管理上有自己的独特优势:①创新优势,包括技术创新,也包括制度创新;②贴近基层,很多非营利组织以社会弱势群体和边缘性社会群体为服务对象,具有增进人际和谐的优势和功能;③灵活,非营利组织在组织机制和运行方式上具有很大的弹性和适应性,便于根据不同情况及时做出调整;④效率优势,非营利组织在功能上代替政府能解决许多社会问题。凭借这些优势,非营利组织在社会管理中扮演越来越重要的角色,越来越显示出强大的生命力。

(四)非营利组织获得资源的有效手段

目前,非营利组织的主要难题在于各项资源短缺。从一般意义上讲,从事非营利事业的人员普遍存在数量少、人员不稳定、人员素质参差不齐、观念不统一问题。在财力、物力方面存在严重不足,许多非营利组织由于不能及时筹集到发展所需的资金,缺乏各种物质保障,因而步履维艰,甚至面临倒闭。此外,非营利组织由于从业人员的技术层次相差较明显,也影响营销和品牌策略的实施。因此,要完成组织的任务和使命,必须争取资源,向外界谋求援助,并寻找新的合作伙伴。

菲利普·科特勒指出:"为什么有些人愿意捐赠?非营利组织必须很好地理解捐赠的动机,才能使集资更为有效。不要把捐赠看做是资金转移,而应看成是一笔交易。"非营利组织要筹集资金,解决制约非营利组织生存发展的"资金瓶颈"问题,必须考虑用什么方法获得资金。"慈善不足"是世界各国非营利组织发展中的普遍现象,其中一个原因是潜在的捐款人和非营利组织之间的信息不对称。非营利组织如果一味地只为索取与得到,不为捐赠者提供相应的价值,那么,非营利组织是难以持续地获得社会各界的支持。因此,非营利组织要对社会各界的捐赠者进行动机分析与调查,积极地挖掘和发现他们的动机和心理,千方百计地同他们进行沟通并满足其需要。正如菲利普·科特勒指出："交换是营销学的中心概念,它要求给对方贡献出一定的价值以获取对自己有利的价值……推销者知道怎样去研究和了解对方的需求,以设计一种有价值的贡献去满足这些需要,去同捐赠者进行有效的沟通,并在恰当的时间和地点把它展现出来。"因而通过打造一定的品牌,让潜在的捐款人更多地了解组织的内在运作和所提供的产品与服务,这样就能让他们更多地捐款,非营利组织也能进一步增强核心能力从而获得可持续发展。

(五)符合社会经济发展的规律

非营利组织是不以营利为目的的向社会提供产品和服务的组织,是与政府机构、市场机制平行的一种制度安排,是介于政府与企业之间的第三种组织。相对于政府机构提供的是绝大多数公众所需的公共物品和同质化的服务,以及企业提供的是私人物品和差异化的服务,非营利组织则提供的是满足社会那些最弱势群体和特殊群体需求的产品和服务,或是在信息不对称的条件下,提供维护消费者利益的服务。非营利组织的兴起和发展是符合社会主义市场经济发展规律的,是顺应社会发展要求的。

随着社会生产效率的提高,物质产品的丰富,国民生活水平的改善,人们会要求非营利组织提供更加丰富的公共产品和准公共产品。在市场经济条件下,非营利组织所提供的产品要通过市场交换习才能满足消费者的需求。随着交换的深入与频繁,消费者对教育、医疗、社会福利等准公共产品的需求量越大,就越能推动非营利组织和经济的发展。社会经济的发展与人们对准公共产品的需求的实现都离不开市场营销和形象营销,也就离不开品牌战略。经济发展的内在规律必然要求非营利组织开展营销活动和品牌战略。

三、非营利组织品牌战略实施的基础

品牌战略是一个完整的动态系统,这个系统是由竞争对手、顾客、资金、人力和资源的互动过程构成的。武志伟认为,由于组织目标的多元化,市场环境、影响力、产权特征和绩效期望不同,在实施战略管理时要用愿景取代目标,充分考虑市场环境的影响,适当利用其影响力辅助实施战略管理;要更多地了解服务对象的要求和期望,更多地让组织成员参与战略变革。

非营利组织在其发展过程中会遇到上述几方面问题,因此非营利组织实施品牌战略是需要具备一定的基础的。

(一)以组织的愿景为引导

要使组织的每一名成员都有使命感,就要以组织的愿景引导组织成员实现组织目标。使命的本质不是任务，而是责任，是人的一种精神。使命感是创新的源泉、是灵活性的源泉，同时也是激励士气的源泉。二战时期美国著名的将领乔治·巴顿注意为下属留下建立使命感的余地，他说："切勿指示人们如何做事。只要告诉他们你要他们实现什么目标，他们将会以自己的智谋使你感到惊奇。"非营利组织作为社会构成的一个重要组成部分，在社会生活和发展过程中，履行着不同的功能。众多履行不同功能的非营利组织作为提供公共服务、公益服务的社会机构，应该针对公民素质、公民健康、公民生活和公民秩序等方面发挥不同的作用。因此，先要使组织的成员得知该组织的使命和功能是什么，并在这个基础之上打造每个组织自己的品牌。

（二）以组织资源为依托

品牌必须根植于人们的生活才可使品牌维持和成长。所以我们必须同时考虑消费者感性和理性的需求，才能真正满足客户的需求，因为客户是用他们的心和大脑来选择品牌。在实施品牌战略的时候，必须充分考虑组织本身所拥有的资源。例如医院应根据自己的性质、任务和宗旨，选择医院的重点发展项目，即"拳头"服务产品，使其在医疗市场中保持长久的竞争优势，并通过合理配置医院内的各种资源，通过提高资源的使用效率，使医院的各项业务相互支持、相互协调、共同发展。

非营利组织资源包括的范围很广，既包括办公楼、办公用品等有形的资源，也包括人力、组织文化等无形的资源。其中，人力资源是影响组织发展非常重要的因素。非营利组织的人力资源，其政治觉悟和道德品质要高于社会整体人力资源的平均水平。非营利组织内的组织文化应该是参与式的，即在非营利组织中，组织成员在组织的决策、经营管理中要有一定的参与度。组织成员对于组织的使命、发展战略有一个比较清晰的认识。成员之间要有很强的团队合作精神，有很强的道德自律，通过员工的认同主动工作，并且团队成员之间密切合作。所有的这些都要求非营利组织成员有较高的道德素质和很强的奉献精神。

（三）以组织核心竞争力为保障

哈默与普拉哈拉德于 1990 年首次提出核心能力概念。

完善信息化管理机制有利于增强非营利组织的竞争力。非营利组织要广泛利用现代信息技术，充分开发和利用其信息资源，提高其运行效率。合理构建非营利组织的业务流程和管理流程，完善非营利组织结构和管理制度等，有助于增强非营利组织的应变能力。建立非营利组织的总体数据库，提高非营利组织对信息的收集、处理、分析的效率和准确性，有助于实现非营利组织管理决策的科学化。借助于网络达到非营利组织内部信息的共享，进一步整合非营利组织的各种资源和服务要素，提高非营利组织的服务效率和管理效率。通过互联网使非营利组织与合作伙伴、顾客或消费者之间实现信息共享;通过互联网获得与非营利组织有关的信息,充实信息资源。

(四) 以组织文化为土壤

组织文化,是指一种团体规范,一种组织中的隐而不察的标准和价值观。它一旦形成,就能以相对稳定的形式存在,并对组织成员的言行构成约束。成功的企业都有自己独特的组织文化,并由这些文化为自己的事业提供核心理念与动力。非营利组织更是以价值为导向的公益组织,倡导的是在不计物质报酬的情况下,基于道义、信念、良知、同情心和责任为改进社会提供服务,其组织的构建与运作更需要文化的支撑。为了凝聚组织员工及志愿者的感情、保持他们对组织这个事业共同体的认可与忠诚,尤其需要领导发挥积极的倡议和示范作用。他们作为组织文化的创立者、支持者以及延续者,应该以自身的品性、举止直接引导组织文化的贯彻与落实,保持组织内外形象的和谐统一。组织的承诺及其使命、明确对公众的承诺及其担负的使命是保证非营利组织独立性的首要条件。因为这意味着非营利组织能够清楚地意识到自己存在的价值以及自己的立场和责任,从而在与政府合作中有意识地保持自身的独立。我国有许多非营利组织是基于政府的需要而成立的,因此,其存在的价值在于协助政府工作而不是履行对公众的承诺或社会使命,从而导致它们缺乏明确的组织宗旨与使命。

组织文化所涉及的领域和影响的范围无不与组织的核心能力密切相关。因此,文化的建设必须提到组织的议事议程上,构建组织文化,使组织成为一个创造型组织,为培育和提升核心能力提供全方位的服务。从某种意义上讲,组织文化是组织的"大脑"和"潜意识",是组织凝聚力和活力的源泉。没有一定的组织文化做支撑,组织将很难长大,一旦遇到困难便会一盘散沙;没有形成一种积极的组织文化,对内将缺乏凝聚力,对外将不能形成和提升组织形象,从而很难具有长久的生命力和核心能力。在组织文化的建设过程当中要采用目标激励、人本管理和柔性管理等策略。

德才兼备,以德为先。在选人、用人中,同其他类型组织一样,非营利组织也力求德才兼备。但由于非营利组织是为社会公益、共益服务的组织,并有较强的志愿性,因此其成员之间要有很强的团队合作精神,成员个人要有很高的道德自律能力。所以,非营利组织必须比企业等营利组织更加注重职员的"德",在处理"德"与"才"之间的关系时必须坚持"以德为先"。非营利组织人力资源管理必须强调组织的价值观、意识、思想、信念、情感、态度等"软件要素",推行"文化制胜"的软管理模式,用组织文化规范、引导和激励成员,从而使成员主动、积极和富有创造性地开展工作。

第二节　非营利组织核心能力建设

一、对核心能力的不同阐述

核心能力概念最早是企业界提出来的。核心能力,又称之为核心竞争力。自从提出企业核心能力概念后,理论界掀起一股讨论的热潮。对于核心能力的阐述很多,不同的学者有不同的思维角度。下面分别对国内外不同学者的看法予以介绍。

(一)国外的理解

对于核心能力,国外的学者从整合观、知识观、文化观和组合观等各个角度进行研究,对此有不同的理解。哈默与普拉哈拉德基于整合观于 1990 年首次提出核心能力概念,他们认为核心能力是组织中的共有性学识,并且特别强调是不同生产技能和整合多种技术流的学识。哈默在 1994 年发表的《核心能力的概念》一文中重申这个观点——核心能力是多种单个技能的整合,这种整合形成核心能力的突出特性。根据他们两个在《竞争大未来》中的观点,核心竞争力是在组织内部经过整合了的知识和技能,是企业在经营过程中形成的不易被竞争对手效仿的能带来超额利润的独特的能力。麦肯锡咨询公司几位专家则是基于知识观定义核心能力,认为"核心能力是群体或团队中根深蒂固的、互相弥补的一系列技能和知识的组合,借助该能力,能够按世界一流水平实施一到多项核心流程"。巴顿(Leonar Barton)是基于知识的角度分析核心能力的代表人物,他认为企业核心能力是指具有企业特性的,不宜交易并为企业带来竞争优势的企业专有的知识和信息,是企业所拥有的提供竞争优势的知识体系,学习是提高核心能力的重要途径。拉法(Raffa)和佐罗(Zollo)基于知识观进行分析,他们认为,企业核心能力不仅存在于企业的业务操作子系统中,而且存在于企业的文化系统中,根植于复杂的人与人以及人与环境的关系中,核心能力的积累蕴藏在企业的文化中,渗透到整个组织中,而恰恰是在组织内达成共识,为组织成员深刻理解并指导行动的企业文化,为一种综合的不可模仿的核心能力提供了基础。康特的观点是基于组合观,他认为,核心能力是组织中主要创造价值并被多个产品或多种业务共享的技能和能力。在《核心能力和竞争优势》一文中,鲍哥那和索马斯田认为,核心能力是企业的专有技能和与竞争对手相比更好地指导企业实现最可能高的顾客满意的认知。

(二)国内的理解

国内的一些学者也有从整合的角度定义核心能力,比如芮明杰认为,所谓核心能力是一组技能和技术的集合体,是一种难以交易和在企业部门间分割的资产。同样,李相银、杨亚平认为,核心能力是企业在其经营历史过程中积累形成的、企业内一系列资产、技能、知识的组合,是存储于企业内的知识体系[①]。它是企业的核心与主线,是企业各项要素得以组织的基础,能在一定时期内为企业带来收益,为顾客创造价值。也有学者是通盘考虑整体情况,例如黄晓东认为:所谓企业核心能力是指企业独具的、长期形成并融于企业内质,支持企业竞争优势的,使企业能在竞争中取得可持续生存与发展的能力。它以企业的技术能力为核心,通过企业战略决策、生产制造、市场营销、内部组织协调管理等交互作用获得使企业保持竞争优势的能力。方琢、赵洪瑞对核心能力进行了层次划分,认为对核心能力的理解应该从整体上把握。作为一个整体概念,它包括四个层次:中心层、精神层、制度层和物质层,其中中心层是技术,精神层是指组织文化,制度层是经营管理,产品或服务则是物质层的体现。20 世纪 90 年代以后,为了竞争的需要,优势企业开始寻找优势组合进行企业间新的分工和整合。白津大认为这个时期大企业通过产供销链条上的价值链分析,将自己的主业集中到附加值最高的、自己有垄断优势的领域,而将不创造价值或创造价值较低的、其他企业能够比自己做得更好的业务,通过外包或剥离的形式转移出去,着力于组织流程重整和业务流程再造。这样做的目的在于对企业内部核心性资源进行整合,形成附加价值高、具有竞争优势的核心业务或能力,以提高企业的核心竞争力。

二、非营利组织核心能力的形成

一个组织取得长远发展的关键在于竞争优势,战略管理研究的一个基本问题就是如何获取并保持竞争优势。为了创造持续的竞争优势,组织应该培育和发展自身的核心能力。非营利组织核心能力的形成是需要具备一定的基础的,然后经过几个不同的阶段而最终形成。

首先,核心能力的形成需要一定的人力和物力资源。而且,组织的人力资源要通过内部创新和外部获取知识为整个组织的使命、目标奋斗。其次,需要价值观、制度、行为规范等文化层面的东西指导整个组织。在整合组织核心能力之前,其自身先要具备一定的要素、技术和管理方面的能力,这样才能为核心能力的整合提供基础。最后,就是管理整合,这是核心能力形成的必经阶段。完成核心能力形成需要各种技能、技术、知识、资源以及能力整合,由管理确定整合的要素、整合的方式、整合的目标等。单个技能、技术、知识、资源、能力等的简单堆砌并不能形成核心能力,必须通过整合,使之发生功能上的耦合、裂变,形成系统化的、强化的核心能力。

---

① 李相银,杨亚平.论核心能力创建的途径[J].经济师,2002,(8):23.

通过分析,非营利组织核心能力的形成可以用图 7-1 表示。

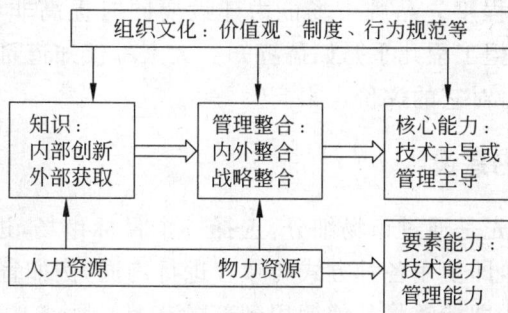

```
┌─────────────────────────────────────────────┐
│        组织文化:价值观、制度、行为规范等          │
└──────┬──────────────┬──────────────┬──────────┘
       ↓              ↓              ↓
┌──────────┐   ┌──────────┐   ┌──────────┐
│ 知识:     │   │ 管理整合: │   │ 核心能力: │
│ 内部创新  │→ │ 内外整合  │→ │ 技术主导或 │
│ 外部获取  │   │ 战略整合  │   │ 管理主导  │
└──────────┘   └──────────┘   └──────────┘

┌──────────────────────────┐   ┌──────────┐
│ 人力资源      物力资源     │→ │ 要素能力: │
│                          │   │ 技术能力  │
│                          │   │ 管理能力  │
└──────────────────────────┘   └──────────┘
```

图 7-1 非营利组织核心能力形成图

三、非营利组织品牌战略核心能力建设

任何组织要想获得长期的生存和发展,都必须通过差异化形成压倒其他竞争者的独特优势,即要打造自己的品牌。勉力维持这种差异化,正是组织长期战略的精髓所在。好的品牌不仅传达了质量的保证,而且还体现了承诺、优质、文化等内涵。

非营利组织要想打造自己的品牌,可以考虑从能力建设角度着手,通过组织的资源整合和能力建设,从而确立体现组织本质的品牌。具体说来,非营利组织品牌战略核心能力的建设主要体现在以下几个方面。

(一)品牌基础能力建设

品牌基础能力建设包括物力资源和人力资源两个方面。物力资源包括基础设施、办公条件和资源等。人力资源也不是单一的,而是包括管理者和其他的志愿服务人员在内。其中管理者的领导能力、领导水平、把握全局的能力以及面对困境时的应对能力和抗风险能力对一个组织的生存发展是至关重要的。其他志愿服务者的服务意识、竞争意识、团队意识等也是一个非营利组织基础能力的优势所在。

(二)品牌市场能力建设

由于非营利组织的性质,品牌市场能力主要不是指包括市场占有率和市场覆盖率在内的市场占有能力和超值创利能力,而主要是指品牌的知名度、美誉度和忠诚度。知名度是指顾客与捐赠对象认出或想起某一品牌的能力,这一点与非营利组织所提供的产品或服务有关。美誉度则是指顾客和捐赠者对非营利组织所提供的产品或服务的质量、功能和社会价值的满意程度。品牌的忠诚度是顾客对使用产品或享受服务之后的满意程度,即其偏好转向另一品牌的可能程度。对于捐赠者来说,主要是指捐赠者对该组织持续捐款或关注的程度。品牌市场能力建设要同时提高非营利组织的知名度、美誉度和忠诚度。例如希望工程几乎是妇孺皆知。大家不仅知道希望工程的存在,而且了解它为社会所作的贡献,对它的评价也很高。

(三)品牌管理能力建设

品牌管理能力建设先是通过市场细分,选择一个目标市场,进而打造自身的品牌个性。之后进行品牌沟通,即使用各种方式与顾客进行沟通,例如宣传、广告。这样才有可能达到品牌延伸的状态,即能够将品牌运用到新的产品或服务中去,从而使品牌得以延伸和可持续发展。随着互联网、博客、MSN 等高科技交流手段的发展,刺激了以传播为主体手段的公共关系。我们知道一条有利的信息可以帮助一个组织提高声誉,一个坏消息则可能酿造一场危机。清华、北大一些名校之所以能够长盛不衰,就在于学校有效地整合了所拥有的知识、资源和文化,形成了核心能力,构筑了品牌。并且,在品牌占有一定的市场之后,对品牌进行有效管理。

(四)品牌关系能力建设

品牌关系能力建设首先是处理好与服务对象的关系,所提供的产品或服务要满足其需求。服务对象是非营利组织存在的根本所在,要想组织获得持续发展,服务对象的需求是不可忽视的。医院要为病人治病,救死扶伤;学校应该满足人们对知识的渴求,教书育人。其次是要认真对待与捐赠者的关系,这是与长期发展有关的问题。非营利组织的形象、品牌在一定程度上影响捐赠者对组织的判断,并根据其对组织的印象而决定是否捐赠。最后,与其他非营利组织的关系也十分重要,各个组织之间可以相互合作、协调发展。如有可能就要进行品牌的战略联盟,将各个组织的优势集中起来,从而更加具有竞争力。

四、基于核心能力的非营利组织品牌战略

对品牌的研究过去主要集中在消费品市场上。有关服务或产业市场上品牌的研究成果发表得很少。品牌竞争力是企业核心能力在市场上的商品化表现。以知识、资源为基础构成的企业技术创新能力、组织管理能力等核心能力不会直接显示出来,必须通过卓越的产品、优质的服务来体现,而品牌则是产品和服务的标志。因此,品牌是在市场上彰显企业核心能力的最有效的方式。

同时,消费者越来越依据组织的形象选择产品,这种形象消费在人们对教育、医疗这类准公共产品的需求上已有越来越明显的体现。例如人们都想去名牌学校,都愿意

到知名度高和专业性强的医院就医。因此，探讨非营利组织的核心能力以及在此基础之上的品牌发展战略具有十分重要的理论意义和现实意义。

那么，非营利组织如何在整合核心能力的基础上创建自己的品牌呢？可从下面几个阶段来入手。

（一）品牌设计

品牌一般被认为是一个名称、一个标记、一个图案和一个形式，或者是它们的组合。从品牌的英文起源看，品牌——brand，其原始意义是烙印，用火烫在某个东西上的印记。品牌最早是一个烙印，后来演变为一种标记，主要功能是起识别作用，确认所有权。随着社会经济的发展，商业活动开始在社会经济中发挥重要作用。手工业生产者会把自己的店铺名写在一个牌匾或旗牌上，这就是牌子的起源。到了这个阶段，品牌已经成为产品或服务制造者的标识，起到识别作用。

品牌的定位设计是对该品牌目标进行定位和具体设计。设计人员在全面调查研究的基础上，对该品牌经营者的经营状况及其优劣势进行具体分析，根据所选目标市场和确定的品牌经营战略，进行合理的品牌设计和规划。品牌设计目标是进一步提高知名度、美誉度。根据品牌的知名度、美誉度状况，确立新的品牌目标形象。对于知名度高而美誉度低的品牌，品牌设计应定位在提高美誉度方面。其工作重点是苦练内功，提高组织素质和信誉。对于知名度低而美誉度高的品牌，主要工作放在提高品牌知名度方面，重点是加大宣传力度，提高品牌知名度。对于"双低"品牌，组织的管理者应认清形势，奋起直追，明确形象目标，在提高品牌经营者素质上下工夫。

（二）品牌传播

品牌从开始具有的标记、图案、文字、色彩等用于识别和表示所有权的识别功能，发展演变为区别产品质量、价格、服务，成为质量和信誉的象征。这样它具有了符号学的象征意义，而且这个符号不仅表示所有者，更代表高质量的、可靠的、可以信赖的产品和服务，并彰显消费者的个性和社会地位。牌子本身并无意义，但由于其代表一定的生产者及其产品的质量价格和服务质量的优劣而具有了意义。随着时间的推移，一些商家的牌子被人们肯定，不断重购，甚至被口口相传，比如张小泉、同仁堂，赢得了良好的声誉。牌子的价值随之产生，牌名就拥有了知名度、信誉度和顾客的忠诚度。由此可见，品牌的传播也十分重要。

品牌文化的传播是品牌战略当中的一种常用的手段。信息化时代需要传播作为手段，在很大程度上，品牌文化需要通过传播创立品牌形象。许多企业充分利用自己的文化资源，在营销中加以传播，树立独特的卖点吸引消费者，赢得消费者对有一定文化内涵企业的信任,使之对该企业产品产生好感,树立自己的品牌。在非营利组织的发展过程当中,同样需要利用组织文化传播品牌,以吸引捐赠者和消费者的注意力。品牌形象及知名度不仅离不开货真价实及精美的包装、独特的个性等要素,更离不开文化传播手段,文化传播的重要作用不容忽视。

(三)品牌改进

品牌的价值在于其象征意义,而这个象征意义是留在消费者脑中的。例如一个品牌随着购买、使用和比较,消费者得出对其质量和服务好坏的结论,于是这个“牌子”的印象就在消费者的大脑中形成。再通过人的沟通和信息的传递,逐渐加深对牌子的印象,逐渐建立良好的口碑。良好的口碑会增加人们对该品牌的忠诚度并促进购买。

随着商品经济的日趋成熟和社会的高速发展,人们的基本生活需要得到满足之后出现新的需求。在选择商品的时候不仅要产品质量、信誉、服务有保证,还追求自我展示、个性的张扬和情感的表达。品牌被赋予感性功能,品牌具有附加性价值——用于表达人们的情感、自我个性和社会地位。这样,在非营利组织发展品牌战略时,应该对品牌加以改进,满足消费者的时代需要。非营利组织要构建自己的动态识别系统,具体包括理念识别 Mind Identity(MI)、行为识别 Behavior Identity(BI)、视觉识别 Visual Identity(VI)。其中,理念识别 MI 是组织的存在价值、经营思想、组织精神的综合体现;组织的经营哲学是对组织全部行为的根本指导,是整个组织的共同信念、价值观念、经营宗旨、风格风尚等一系列完整的精神观念。MI 是 CI 的灵魂,也是 CIS 运作的原动力。它对 BI 和 VI 具有决定作用,并通过 BI、VI 表现出来。组织理念是一个整体性的概念,它以组织的价值观为基础,以组织系统和物质资源为依托,以组织员工的群体意识和行为特点为表现,形成一个组织特有的生产经营管理的思想作风和风格。

(四)品牌延伸

品牌延伸(brand extension)是指借助原有品牌已建立起来的质量或声誉,将原有品牌名称用于产品或推出新的产品类别,从而期望减少新产品进入市场的风险,以更少的成本获得更大的市场回报的营销策略。它是企业在推出新产品过程中经常采用的策略,也是品牌资产利用的重要方式。

品牌延伸是有一定的市场背景,它的出现并受到企业和理论界的关注是市场经济发展的必然,其背景主要与以下几个方面有关:

(1)市场竞争加剧,产品之间的差异逐步缩小,品牌成为形成商品之间差别、寻求竞争优势的重要手段;

(2)昂贵的品牌建立和培育成木,高风险以及较长的培育时间,使得企业在建立新

品牌时不得不仔细掂量,进而将目光投向品牌延伸;

(3)产品生命周期的缩短使品牌延伸的重要性加强。

品牌延伸有多种方法,最明显的区别在于延伸产品的种类。按照延伸产品的种类不同,品牌延伸可以分为两大类:横向延伸,是指将原有的品牌名应用在与原品牌产品种类相似或无关的新产品上。目前有关品牌延伸的研究大多数注重横向延伸。纵向延伸,指引入与原产品种类相同,但价格或质量与原产品差别较大的新产品。近年来,随着企业品牌意识的加强,对品牌这一无形资产日益重视,品牌延伸已成为企业品牌战略的重要手段。

(五)品牌战略联盟

品牌发展到一定的阶段就进入安全区。一个品牌的消费者对此品牌的产品和服务有高度的关注和固定的使用行为,同时还向别人推荐。由于拥有的知识、资源、管理等不同,各个组织所形成的核心能力自然也不同。在这样的情况下,非营利组织联合起来,综合各自的优势从而达到一定的规模效应,优势互补。同样,也可以与政府组织和营利性组织进行资源共享,实现互利。为了降低进入新市场的风险和成本,加快产品进入市场的进程,非营利组织可以与拥有某方面优势的企业进行品牌联盟。一般进行品牌联盟的一方拥有品牌知名度,但是缺乏顾客让渡价值高的产品,或者缺乏进入市场的途径。双方的外部性同时又是对方的利益与福利所在,这时品牌联盟正好可以加强它们的优势和弥补劣势,达成双赢。另一种不同于供应链关系的品牌联盟最近得到迅速发展,即事件品牌联盟。当某种品牌由于特别的原因迅速升温成为市场焦点,客户期望较高,品牌的价值呈现不断提高的态势。这时如果细分市场的客户群正是组织的细分市场,或者是组织的潜在市场,进行品牌联盟能够最大程度地利用事件形成的品牌热潮,达到组织自身品牌传播和消费者认知的目的。原品牌获得的利益与福利可以包括某些费用赞助,还可以是组织对事件的推动和其他便利。某些情况下,组织的资源优势和影响力,作为一种付出,促进事件的发展,就能够整合事件品牌的外部性。例如,银行可以与学校合作,利用校庆的良好机会在学校推行以学校命名的信用卡,这样既可以提高学校的知名度,也可以使银行的业务更广泛地为广大师生熟知。

第三节　文化品牌战略

一、品牌的文化内涵

市场竞争表现为产品竞争的一个重要前提是同类产品之间存在消费者可识别的差

异性。当竞争在技术、成本、服务等因素上费尽心机且数番轮回再难有大的突破时，一种更高层次的竞争因素——品牌便自然而然走到竞争的前沿。当技术优势因为竞争者异军突起而落伍时，强劲的品牌优势就成为组织的宝贵资产。

品牌不仅仅是一种象征，更是组织、产品、社会文化形态的综合反映和体现。品牌不仅仅是一种消费者认知，更是组织、产品与消费者之间的载体，品牌的底蕴是文化。

文化是一个综合体，其中包括知识、信仰、艺术、道德、习俗以及作为社会成员所掌握的其他能力和形成的习惯。品牌文化即指在消费者认知中，品牌所代表、蕴涵的意义、象征、个性、情感、品味等理念因素的综合。人不同于动物，在于人的生活是一种文化生活，人工物品不同于自然物品，在于其中渗透进了人的思想、理念与智慧，凝聚了文化的意蕴。卓越品牌的魅力，就在于它凝结了理念、情感、象征等文化内涵。

现在人们的消费已经转向品牌消费，由单纯重视商品的物质性需求、追求商品的物质性效用，转向注重商品的精神性需求，追求商品的精神、形象效用，这也是消费演进的必然历程，是消费者发展的自然规律。品牌就是力量，但树立品牌并不意味着获得力量。品牌的力量来自其内涵的价值。提高文化品牌的价值含量，突出其支柱价值，并得到广大人群的认同、接受和世代相传，是增强文化品牌力量的根本。

二、非营利组织的文化形象及其构建

（一）非营利组织文化形象

非营利组织文化形象是指非营利组织在其全部文化竞争活动过程中所展现的各种特征和品质在公众心目中所形成的总体而概括的认识和评价，是非营利组织内外成员对非营利组织文化活动的整体感觉、印象和看法。非营利组织文化形象是非营利组织总体形象的要素之一，也是非营利组织形象的精髓所在。

非营利组织文化形象由以下几方面构成：①品牌形象，是指非营利组织在文化竞争活动中形成的品牌在公众和消费者心目中的形象；②服务形象，是指非营利组织给目标群体所提供的文化服务及其质量（项目多少、态度好坏、是否及时和快捷、效果等）给公众留下的印象；③人员形象，是指非营利组织领导者的素质和能力、志愿者的素质和能力给社会公众留下的印象，这与企业形象是一样的，没有高素质的人员，就没有好的产品与好的服务；④社会责任形象，这是非营利组织文化形象的核心部分，因为非营利组织以实现社会效益最大化为最终目的，在竞争过程中，非营利组织一方面为社会提供无偿的文化服务或有偿的文化产品；另一方面，这些行为的最终目的是完成其公益性目的，协调社会矛盾，营造和谐气氛，只有好的社会责任形象才能为非营利组织赢得良好的口碑。

（二）非营利组织文化形象的构建

非营利组织文化形象构建过程见图 7-2。非营利组织远期愿景与使命要通过非营利组织发展战略实现,非营利组织发展战略中文化战略要通过一系列的活动达成:非营利组织内部管理影响非营利组织文化活动,非营利组织品牌也会影响非营利组织文化活动。非营利组织的内部管理体现在非营利组织文化产品上,公益广告是体现非营利组织品牌的渠道。非营利组织之间的关系及其与政府及企业之间的关系处理可以增强或减弱非营利组织文化产品的效果,非营利组织提供的文化公共服务通过公益广告传播给公众。非营利组织之间的关系及其与政府及企业之间的关系影响非营利组织提供的文化公共服务的质量。非营利组织文化活动、非营利组织内部管理、非营利组织品牌、非营利组织文化产品、非营利组织的公关处理、公益广告及非营利组织提供的文化公共服务等方面共同影响并构成非营利组织的文化形象。[①]

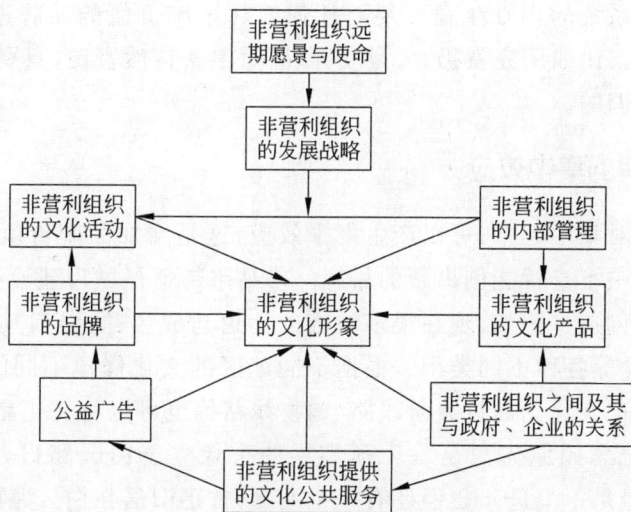

图 7-2　非营利组织文化形象构建图

三、如何实施文化品牌战略

文化品牌战略是一个多层次、多角度的问题,具体说来,非营利组织可以从培育组织文化、挖掘价值,利用品牌的集中效应以及文化的时间与空间的结合等方面展开。

---

① 章卓然.非营利组织文化竞争力研究[D].长沙:湖南大学,2010.

（一）培育组织文化，挖掘价值

非营利组织文化品牌的力量是社会公众对其组织形象、组织文化和组织价值认同的结果。世界许多知名和成功的文化品牌、商品名牌都包含了很多宝贵的价值。很多成功的商业人士善于挖掘产品不同的价值，从不同角度甚至全方位地揭示商品的价值，以赢得尽可能多的消费群体。非营利组织同样也可以做到，要多角度地挖掘品牌的价值，并将它们融会为一个具有生命力的整体。

这个过程中，组织文化的培育是首要的。通过组织文化体现非营利组织的目标、宗旨和价值取向。某些品牌需要强调价值，但这个价值又必须不与社会公众所接受和认同的文化发生明显的冲突和悖谬。也就是说，非营利组织的文化品牌价值需要在一定程度上与其他价值相容，或已经融合了其他价值于自身，只是没明确表达，或不想喧宾夺主。所以说任何成功和知名品牌的价值都是自成系统的。价值系统是品牌的生命，品牌的力量来自这种系统的内在生命。要对任何破坏系统价值的品牌进行鉴别，不提倡那些不适当的品牌。比如用完就扔、大量废弃、肆意浪费自然资源，只剩下"便利"一种价值的品牌是不该提倡的。

（二）文化品牌的集中效应

将文化品牌相对集中起来，可以产生集中效应，这是增加品牌价值含量和力量的另一种有效方法。集中本身就能创出新的品牌。修马路街道是城市建设必须的，这同时可以成为杰出的文化创造。比如，现在很多城市的街道建成主题大道，具有政治、学术、体育、艺术、粤商、美食等各种不同类型。根据不同地区的文化修建不同的公园，展示各地悠久且多样化的历史文化。通过旅游线路、购物线路等也可以将文化品牌集中起来。例如，广州市的鲁迅纪念园原先只是一个孤零零的头像立于白云路口，现在虽然建得很小，但比起之前已经是一个进步。但还有一个问题，鲁迅旧居在白云路西头，纪念园却处在东边。旧居那里还是有很多地理优势，如立交群绿化面积宽、地方较大、南贴珠江、视野宽阔等，这块地方还有古代码头、近代港口和现代铁路站，有许多文化品牌可以配套建设。因此，可以利用这些优势建设纪念园，将鲁迅和许广平的雕像垫高，既使人们多一个游览去处，又使这一交通繁忙的路段发挥其优势，让更多的人瞻仰"广州女婿"临江深思的风采。

（三）文化的时间与空间的结合

文化积淀也讲究策划，这需要历史的眼光和长远的谋划。在进行策划的时候，可以要将时间和空间结合起来，也就是说，在提升文化品牌的时候还要考虑时间和空间问题。只有时间建构与地域、园区、建筑物、街道、旅游线路等空间上的建构相结合，才是立体的。平均水深 1 米多的西湖包含了那么多的价值和文化底蕴，真是"水不在深，有文化则灵"。随着时间的流逝，各种文化价值会积淀下来，越积越厚重。"房屋矮矮，街道窄窄"，苏州人以此老区特色和园林特色为自豪，城市发展则采用另建新区的方法。历史积淀下来的很多价值是永恒的，如爱情、友谊、家庭、善良、勤俭和进取，这是以人的自然本性、社会本性和追求自身完善的本性等价值群所支撑的。大都市与特大花园并存，这已可独步中华，自立于世界名城之林。这样就能产生强大的文化向心力、聚集效应和马太效应。文化品牌便越来越厚实，其力量愈得到增强。

（四）提升文化形象竞争力

打造非营利组织文化形象竞争力可以从以下几方面着手：①客观塑造。非营利组织必须自觉塑造才能创造自身的客观形象。社会中非营利组织数量庞大，性质繁杂，因此，在进行文化活动前，非营利组织必须通过形象策划设计良好的文化形象，通过抽象、概括及具体的规划、设计，形成产品形象、志愿者形象、营销形象、公关形象等的形象组合，并且使这种组合具有整体性。由于文化形象具有持久性，因此它不仅有利于自身影响的扩大，而且对非营利组织提高社会地位、招揽人才、募集款项、增强志愿者的凝聚力和归属感都有很大作用。②主观印象。非营利组织文化形象是一种主观的心理印象，而不是非营利组织的存在状态。与一般反映不同，非营利组织文化形象不是公众对它的简单性质判断，而是价值判断和性质判断的统一。公众对非营利组织的印象和评价会以其文化服务是否满足或符合自身和社会利益为标准。也就是说，公众短期的、直接的利益是要求非营利组织提供优质的文化产品与文化服务；长期的、间接的利益则是要求非营利组织捐助公益、关心社会福利、支持公共事业、实现社会效益。非营利组织文化形象的主观性并不是公众主观臆造的，其文化形象从内容、存在形式到评价标准都有一定的客观性，一方面，公众的需要和利益要受一定的历史、阶级、文化传统和社会经济水平的制约；另一方面，非营利组织文化形象归根到底是由非营利组织实态决定的，必须从非营利组织实际出发。③传播沟通。非营利组织文化形象是其与社会公众（包括志愿者）通过传媒或其他接触方式形成的，因此，非营利组织文化形象必须通过一定的途径和方式广泛地传达给社会公众，使公众对其产生一定的认识和评价。非营利组织必须善于利用传播媒介正确传达自己所要传达的形象，最后还要和公众不断进行沟通，以了解公众对其进行的文化活动的认知程度，确保公众对非营利组织形象认知的客观、公正①。

---

① 杨魁，李惠民.第五代管理：现代企业形象管理战略与策划[M].兰州：兰州大学出版社.2007：42-43.

第八章　非营利组织的民营化战略

　　数量庞大的非营利组织涉及教育、卫生、文化、科技、民政、社会中介服务等诸多领域,在促进我国社会进步、经济发展,促进公益事业、维护社会公平,特别是在促进整个社会与经济和谐发展方面,起着积极的推动作用。作为我国民间组织的一个重要组成部分,非营利组织已经形成社会管理和社会服务的合力。然而,由于受制度等种种因素的影响,我国的非营利组织发展受到诸多制约,民营化成为了非营利组织发展的重要战略选择。适应经济社会发展的客观需求,积极稳妥地推动民营非营利组织的发展,对我国社会主义和谐社会的建设将有着重要的意义。

第一节　非营利组织民营化概述

一、非营利组织民营化的内涵

(一) 非营利组织民营化的产生

　　非营利组织民营化是在 20 世纪 70 年代末随着行政改革的兴起而出现的。行政改革形成强调行政部门的经济人特性、强调行政部门投入产出重要性的一种新的行政模式。政府失败、政府效率成为新的行政改革理论研究的主要问题。新的行政模式理论借鉴经济学的方法对其进行研究,对政府职能重新进行定位,从"全能政府"变成"有限政府",赋予政府经济人特性,引入私人管理办法和竞争机制,使得政府更有效率。在对政府重新定位的过程中,为达到效率目标,必须将政府原来所承担的一部分社会职能回归社会相应的部门,使其发展起来。在这种条件下,作为行政改革的重要手段——民营化出现了①。

---

①　陈晓春,陈玉娥.非营利组织民营化研究[J].云梦学刊,2005,(11):63-65.

(二) 民营化及非营利组织民营化的含义

民营化是一个动态的概念,它意味着作为国营主体的政府部门在一些社会服务领域的退出,以及民间组织在这些领域的推进。美国学者 E. S. 萨瓦斯在其著作《民营化与公私部门的伙伴关系》中对民营化的含义做了很好的界定,即民营化是一种提供物品和服务的机制,是一种改善政府的要径和社会治理的基本战略,它根植于这样一些最基本的哲学或社会信念,即政府自身和政府在自由健康社会中相对于其他社会组织的适当角色,民营化是一种手段而不是目的,目的是更好的政府,更好的社会。

非营利组织的民营化是在行政改革过程中,政府从包括教育、医疗、社会福利、社会保障体系等领域中淡出,民间组织在该领域推进,是非营利组织发展过程中的适当角色定位,是以一种更好的方式促进非营利组织完成其社会使命。

二、非营利组织民营化的原因

在我国,改革开放之前,非营利组织基本上归属政府。在城市,教育、医疗保健、环境卫生、社会救济等都由国家的事业单位经办;在农村,这些任务由人民公社完成。社会团体带有强烈的官方特性,数量较少,民办非企业单位根本没有。随着改革开放的不断深入和社会主义市场经济体制的建立,政府为促进改革成功,在进行经济体制改革的同时,进行了政治体制改革,逐渐明确划分政府职能、企业职能和非营利组织职能。党的十五大报告提出:"工会,共青团,妇联等群众团体要在管理国家和社会事务中发挥民主参与和民主监督作用,成为党联系广大人民群众的桥梁和纽带,培育和发展社会中介组织。"这些群众团体和某些社会中介组织都在某种程度上具备非营利组织特征,我国的"小政府,大社会"的改革方案也为非营利组织提供了巨大的社会空间。总之一句话,改革开放以后,政府为非营利组织的民营化创造了一系列有利条件,使非营利组织逐渐从国营化走向民营化。在政府为非营利组织民营化创造的有利条件下,民办非营利组织从无到有,诞生了大量的民办学校、民办托儿所、民办研究所、民办社会福利机构、民办医院等。据民政部统计,截至 2005 年 6 月底,全国有各类民间组织 28.4 万多个,其中民办非企业单位就达 13.4 万多个[①]。到 2007 年正式登记的民办非企业单位有 17.2 万个。

不仅我国的非营利组织经历了从国营化到民营化的转变,世界上许多国家,尽管各自的历史发展和文化传统不同,其非营利组织都经历过或正在经历这种变化。如德国长期以来实行高度分权的社会福利政策,非营利组织得以辅助政府发展社会福利事业。

---

① 民政部 2005 年二季度民政事业统计数据(截至 2005 年 6 月 30 日),http://admin. mca. gov. cn/mztj/yuebao0506. htm.

它们自主治理,自我发展,在德国社会经济生活中扮演十分重要的角色。美国的非营利组织在 20 世纪八九十年代,一方面得到政府进一步的高度重视,另一方面也失去很大部分政府支持。政府为了削减机构开支,把满足社会服务需要的沉重负担甩给了民间慈善机构,这从另一方面给非营利组织的民营化提供了发展空间。英国在经过福利国家扩张期之后,布莱尔政府也寻求把许多有待解决的社会问题转给民间志愿组织,这也导致非营利组织民营化这一趋势的产生①。

为什么世界上绝大多数国家的非营利组织都自发或被动地出现从国营化到民营化这种转变呢?原因大致可归纳为三个方面。

(一) 政府经营的无绩效

政府经营的非营利组织绩效不佳,导致对民营化的呼唤和其他深层次的改革。主要表现为:政府在经营非营利组织时,由于其活动是由垄断者实施的,缺乏有效利用资源的节约的动力,而且不会因绩效不佳而受到惩罚,即使受到惩罚,有时也只是象征性的,起不到惩罚的作用。如近年来,人们对国营医疗机构日益增加的抱怨即是国营非营利组织低效率的一种反映。许多国营医院的医疗费用高得惊人,尤其是国营大医院。如为治疗感冒到医院就医,首先是一系列的检查,必要的不必要的都有,然后是长长的处方。医生很少考虑病人的经济承受能力,他们考虑的往往只是自己的收益。最后的结果是,老百姓大病小病都得不起,充满了对国营医疗机构的反感。而非营利组织民营化时,这些现象很少,原因在于民营部门经营不善要么被兼并要么破产,而政府部门经营不善不仅不会被兼并,而且可能获得更多的预算。非营利组织国营化绩效不佳的症状及其原因主要有以下几个方面。

1. 无效率

政府机构低效率,人浮于事,资源浪费严重。如在中国,许多国营企业和事业单位都有自己的医疗机构或者子弟学校等非营利机构。由于是面对单位内职工的,所以它们其实是单位给职工提供的一种福利,这种福利单位的职工不论是谁都可以享受,其资金来源由所在单位拨出。由于不用直接支付医疗费用,这种制度本身造成职工吃医疗大锅饭现象。再加上医疗单位缺乏严格的成本控制,结果职工有病无病都跑到医院开药,有些人甚至为家属开药。由于制度本身存在缺陷,对医疗单位和职工双方都无法进行很好的监控,偏离了医院最初建立的宗旨。许多单位由于承受不了这种附属的非营利组织的高成本,最后大多数将其解散或者进行制度改革。近年来,中国的许多大型国有企业拆除其原来设立的幼儿园或医务所。同时中国大规模的医疗机构改革也使得大国

---

① 赵立波.民办非企业单位:现状、问题及发展[J].中国行政管理,2008,(9):100-105.

企的附属医院的性质有了改变,如允许职工医院对外营业,同时制定了成本收益控制新方法,使其独立核算。这种局面在以前是难以想象的。由于国营的非营利组织的低效率导致的中国的这种改革,无疑为中国的非营利组织的民营化提供了巨大的空间。

2. 质量低劣

国营非营利组织提供的准公共产品的质量低劣现象非常普遍。从中国的国立中小学的教育质量可见一斑。中国自 20 世纪 80 年代中期起实行九年制义务教育,所有适龄儿童都有权利接受教育,同时其监护人有义务送孩子上学。九年制义务教育包括六年小学教育和三年初级中学教育。义务教育法规定每名儿童必须完成九年教育,并且从小学校到初中无须升学考试,并且不限制学校。这给了学生很大的选择权。同时也给教学质量的控制带来了麻烦。由于没有升学的压力,一些学生不太珍惜学习的机会,整个环境的放松使得教师也得以松懈。学生是否学到知识并没有人进行检查,每个人在学校混九年即可,于是教师变得不像以前负责,学生也不爱学习,上学变成了混日子。许多孩子的父母却因为自己没文化而对孩子寄予较高的期望。这种现象在中国农村很普遍。如今受教育的机会多了,但是教育质量不如以前了。在农村,这是学生、教师以及家长对中小学教育的普遍评价。

3. 亏损和债务

尽管非营利组织不以营利为其目标,但并不意味着非营利组织不需要钱。非营利组织的生存和发展离不开资金,一旦资金缺乏,非营利组织将难以维持下去。在国营非营利组织中,亏损人负债往往是常规而非例外情况,这是世界范围内民营化的最重要的推动力。形成这种现象的主要原因是缺乏真正的经济责任,即国营非营利组织面临的是软预算约束,它们可以利用政治压力获取更多的补贴。

4. 缺乏管理技能和权威

国营非营利组织管理技能缺乏的主要原因有两个:一是选拔人员时只注重政治资格;二是同民营部门相比,国营部门高层管理人员的薪水较低,即使是优秀管理者也往往因为国营非营利组织的条条框框太多,机制不灵活,难以发挥其才能。

5. 缺乏回应性

一个典型的例子是,当国营非营利组织的产品或服务出现问题消费者投诉时,回应的时间非常长。同样问题出现时,民营非营利组织却会积极回应顾客。之所以会出现这种情况,主要在于国营单位和民营单位的制度机制不同。国营单位的机制难以激发员工发挥主动性和积极性,大家都有一种吃大锅饭的心态;而民营单位机制却是责任到人,并且业绩和效益挂钩。

6. 设备维护质量低下, 资本投入不足

由于管理不善, 国营非营利组织设备维护质量低下。如一些国营幼儿园, 因其职工拿的是国家有保障的工资, 干得好坏都有工资拿, 并且不存在被辞退问题。而且工资是固定的, 工资多少不用担心。在这样的制度下, 职工没有积极性对设备进行很好的维护, 也没有动力给学生争取更多的资金改善条件。一些国营幼儿园, 尽管面积大, 原来的设施也齐全, 但却给人一种破旧不堪的感觉。相反一些民营幼儿园, 尽管面积不大, 却因其设备维护得好, 管理比较好, 给人一种耳目一新、欣欣向荣的感觉。

7. 过度的垂直一体化

国营非营利组织为员工提供住房、医疗保障、度假地, 为员工的子女提供学校、娱乐设备等。这种麻雀虽小五脏俱全的做法无法利用社会化分工带来的好处, 如由几个非营利组织提供的学校由民营化的一个单位提供, 可以产生规模效益。

8. 资产未充分利用或使用效益不佳

政府机构倾向于占地和占空置的建筑, 期望借此扩大规模。美国的精神健康设施即为一例, 在专门从事心理医疗的机构数量被削减后, 许多资产被弃置不用。

9. 腐败

腐败问题在私营部门和国营部门都存在, 但是对国营非营利组织, 腐败一旦曝光, 就会成为民营化的动力。教育、医疗机构都存在严重的腐败现象。如教育乱收费一直是令老百姓头疼的问题。据保守测算, 10 年来, 全国教育乱收费总额已超过 2 000 亿元。另外教育界的贪官以及权力的异化现象也非常严重。中国的医疗腐败也是触目惊心。许多医院给病人治病除收取正常费用外, 还要加收红包, 否则拒绝给病人治病。此外乱开药现象也非常严重。

(二) 非营利组织民营化高效率性

国营非营利组织的低效率成为非营利组织民营化的第二大原因。研究表明, 民营化后, 一些非营利组织的低效率大为改观, 其成本大约降低 20%～50%, 其提供的准公共产品的质量明显比国营化时提供的产品的质量要高。表 8-1 为美国约翰·希克尔 (John. HilKe) 对部分国营和民营非营利组织的效率比较研究。

约翰·希克尔的研究大部分是在美国进行的, 但也包括来自德国、加拿大、澳大利亚和丹麦的研究成果, 其所做的研究总共有 100 多项, 覆盖的服务范围极广。表 8-1 中所摘录的是部分非营利组织的国营机制与民营机制的效率比较结论, 从其研究过程及范围来看, 其结论是具有一定代表性的。

表 8-1　公共服务提供机制的比较研究

服 务 领 域	研 究 结 论
空军基地的维护保养服务	合同承包降低成本 13％,减少雇员 25％;同时配件提供效率和飞机使用率有所提高
航空客运服务	民营航空公司比国营公司的效率高 100％～120％
机场运营	引入市场竞争的机场运营成本低 40％
财产税评估	民营评估公司的成本低 50％,而且更准确
清洁服务	政府内部机构提供的服务成本高出 15％～100％
日托服务	由于教师和职员人数减少,工资水平较少,私人日托节约费用 45％
消防服务	消防服务合同外包节约费用 20％～50％
林地管理	就单位产出的成本而言,公共机构是民间机构的 2 倍
住房服务	政府机构比私营承包商多花费 20％
法律服务	合同承包更快捷,成本减少 50％
军队后勤辅助服务	因较高的生产率及较低的工资,合同承包降低了成本,但随着时间的推移,合同承包的成本会上升
疗养院	合同承包的疗养院平均每天节约成本 45％
公园和娱乐场所	民营比国营节省费用 20％～30％
邮政服务	合同承包商在信件传递服务方面节省费用 60％,在窗口服务方面节省费用 88％
监狱管理	民营部门修建监狱的成本低 45％,管理监狱的成本低 35％
治安服务	私人保安服务节省成本 50％以上
汽车求援	合同外包节约成本 40％
天气预报	在提供相同水平服务条件下,私营部门的成本低 35％

　　非营利组织的三个备受关注的重要社会领域是：如何教育年轻人,帮助穷人和保障老年人的生活。目前,许多国家的政策争论是围绕教育改革,福利改革和社会保障体制改革这三大领域展开的。争论的核心问题是政府和社会民营机构在满足这些领域的社会需求方面,应各自承担什么样的角色。约翰·希克尔的研究结论为非营利组织的民营化提供了有力的支持。

　　研究表明,就中小学支出而言,美国在所有工业化国家中名列前茅,但是美国学生的学习成绩在这些国家中几乎是最差的。事实上在过去 25 年中,学生的人均教育支出增加了,学生的成绩却下降了。与此同时,教师的规模则达到了先前的 4 倍。公立学校的垄断性质应为这一局面承担责任。改革者们宣称,没有什么地方比大城市学校的垄断问题更为严重,更需要竞争。在这些大城市的学校中,大部分学生的阅读能力和数学水平低于全国平均水平,辍学率也很高。教师们把这些问题归咎于家庭。父母们指责教师缺乏爱心和不称职,教育机构则希望把更多的资金投入教育。目前在如何教育大城市的孩子的问题上,迄今为止仍缺乏共识。但是民营化的趋势却越来越得到认同。

不仅现代美国社会的教育模式有了从国营到民营的转变趋势,事实上,民营教育模式源远流长。从古雅典和斯巴达的教育模式的比较即可得出类似的启发意义。在斯巴达,父母没有自由选择的空间,国家将孩子从他们的家庭中带走,安排在学校中把他们培养成"斯巴达人"。民主化的雅典则不同,教育子女是父母的责任,父母有权就如何教育自己的子女做出选择。学校是民营的,一般都属于教师所有。国家在教育方面的角色是设定基本的教育标准以及提供军事方面的训练。与斯巴达摧毁家庭的做法不同,雅典把家庭看做发展和重塑个性的一种方式,并让他们为教育负责。雅典人认为,这对于培养健康的社区参与意识至关重要。目前,许多国家的教育改革的倡导者们钟情于雅典模式。

不仅教育因国营的低效率引起公众强烈不满,给其民营化带来了机遇,社会福利部门和社会保障体系也出现了同样的趋势。1981年,智利在世界上第一个建立了民营化的退休保障体系,许多国家紧随其后。奥地利和瑞典也将原来国家管理的养老金体系部分民营化了。在过去的20年中,英国通过强制性的储蓄和雇员私人投资,把退休保障的主要责任从政府转移到个人。

政府经营非营利组织通常成本高而质量差,采用民营化形式后就变成成本低而质量高,从而导致非营利组织从国营向民营转变这一趋势出现。是什么深层次原因造成民营化比国营化效率更高呢?是不是政府部门雇员的素质比私营部门的雇员差呢?答案是否定的,稍稍考察国营和民营的非营利组织便可以知道,许多民营的非营利组织的雇员和国营的非营利组织的雇员综合素质相当甚至稍次。研究表明,隐藏在高效率民营化后面的更实质的原因不在于表面上的公营还是私营,而是在于垄断还是竞争。在提供低成本、高质量的物品和服务方面,竞争往往优于垄断,而大多数政府活动毫无必要地以垄断方式组织和经营。民营化则不同,往往面临的是更多的竞争,实施得当,民营化会给政府官员和广大公众更多成本收益比高的准公共产品。因此,非营利组织的民营化意味着在准公共产品的提供中取消垄断,引进竞争。只要促进竞争的程序健康有效,消费者就会从竞争中受益。中国东部沿海经济发达地区,由于民营经济得到了比较好的发展,生活水平的提高和经济带来的观念的更新,使得这些地区的相应的医疗,教育等非营利组织也经历了从国营化到民营化的历程。这些被民营化的非营利组织的管理,许多方面采取合同承包的形式。如不少单位的卫生工作、食堂工作甚至整个幼儿园都被承包出去。除了原有的国营的非营利组织以承包的形式民营化,这些地区还允许相关民营非营利组织的自发兴起。这无疑使民营的非营利组织处于一个竞争环境中,从而不得不想办法提高管理效率,否则就可能在竞争中被淘汰。

(三) 社会分工的演化

从上述民营化原因可以得出结论,是竞争对垄断之替代造成了高效率的民营化,从而在世界各个国家都不约而同地渐渐出现了非营利组织从国营化到民营化这一趋势。其实不光是非营利组织,更多的营利组织都已出现从国营到民营的趋势,世界许多国家的企业已渐渐从原来的国有化转向于民营化。为何会出现这种趋势?任何新事物的出现,除了有其表层的偶然性的原因外,更重要的是其中必然隐藏着深层次的原因,即规律。非营利组织的民营化也不例外。之所以出现上述情况,除了前文所述直接原因以外,其背后还隐藏着深层次的原因,那便是社会分工的演化。生产力的发展是一切分工发展的前提条件,人类社会的每一次分工都由生产力的发展所推动,同时社会分工的发展又反过来推动了生产力的提高。尽管人类社会出现了三次标志性的社会分工(即畜牧业和农业分离、工业和农业分离以及商业的出现),从质量互变定律的角度来说,人类社会的分工并不是在三次大分工之间跳跃性地进行的,社会分工的演进是以一种连续性状态进行的。这种演进过程是一种改变旧分工、建立新分工的过程,每一次演进,自觉或自发的演进都伴随着生产效率的提高。社会分工是社会资源的一种配置方式,其效率的最优状态标准称之为帕累托标准。在帕累托最优状态下,资源配置、社会分工的任意改变,都不可能使至少一个人的状况变好,也不使任何人的状况变坏。帕累托最优状态是一种理想状态,现实生活中是难以达到的。但是,现实生活中,社会分工的演进、资源配置方式的改变却基本上是或快或慢地朝着帕累托最优状态的方向演进的。非营利组织的经营从国营转到民营即是这样一种帕累托改进的过程。

由于社会或历史的原因,许多国家的非营利组织从一开始往往都是国营的,但是由于这是一种偏离帕累托最优状态的社会分工或资产资源配置状态,在非营利组织以国营的方式经营了一段时间以后,许多弊端暴露了出来。效率低下、人浮于事、资源浪费严重、机构庞大等许多弊端使得消费者对于其提供的准公共产品深感不满。于是人们便自觉或自发地寻求一种效率更高的提供准公共产品的方式。在实践和摸索中,人们发现以民营化的方式经营非营利组织提供准公共产品可以获得更高的效率。于是,在社会分工演进这个规律的推动下,社会慢慢认可了非营利组织民营化的资源配置方式,逐渐以这种效率更高的资源配置状态取代低效率的资源配置状态,非营利组织开始民营化。由于社会分工的演化是渐进的,故二者之间的取代也是一种渐进的过程,不可能在很短的时间内完成,但非营利组织的经营从国营化到民营化的演进趋势却是必然的。

三、非营利组织民营化的原则

（一）政府的领导性定位原则

在非营利组织的民营化过程中，必须确立政府的领导性地位，由政府组织和管理整个过程。在这个过程中，政府的领导性定位主要由以下几个方面决定：

（1）非营利组织的民营化是在公共行政改革的大背景下进行的，是一种政府从非营利组织的经营中淡出以及民间组织向非营利组织的推进过程，是一种将政府对非营利组织的经营职能转移到民间组织的过程。政府作为非营利组织民营化的当事人之一，必须积极参与非营利组织民营化过程，才能使其顺利进行。

（2）民营化过程是一个艰巨的过程，不仅要求政府有坚定的政治决心，而且整个过程要有明确的责任分工，要设定清晰、透明的程序及目标，要确定合适的民营化形式，要取得公众对民营化的支持。与此同时，还要进行必要的立法改革，几乎所有的这些任务都需要政府作为主角参与和组织才能完成。

（3）非营利组织民营化作为一种改革，是一项极为复杂的社会工程，存在种种利益摩擦，因此必然会发生极其高昂的制度变迁成本。这种由于制度变革引起的成本称之为制度性费用，大体上可以分为两类，一类是直接成本，即由于非营利组织的经营制度从国营转为民营而需直接支付的经济代价。主要包括以下几个方面：①组织动员、实施非营利组织的民营化过程所需的直接费用；②安置原国营职工所需的费用；③非营利组织由国营转为民营以后最初运行的支持费用。这些费用民间组织往往难以承担，更不可能由雇员个人承担，只能由政府来承担。另一类是间接成本，即由于这种民营化改革可能会产生种种矛盾冲突，社会为缓解和克服由此而带来的种种摩擦和冲突不得不花费的代价。

诸多的客观条件决定了非营利组织的民营化过程必须确立政府的领导地位，在政府强有力的领导下才能完成。

（二）尊重非营利组织的特殊属性原则

非营利组织作为不同于政府和企业的第三部门，是一种有自己独特属性的社会组织形态，其本身所固有的属性使之与政府和企业这两类社会组织根本区别开来。因此在民营化的过程中，不管是从政府的角度，还是从民间组织的角度，都必须尊重非营利组织的属性，才能在民营化过程中以及民营化以后不扭曲非营利组织的本来面貌及其发展。

美国学者沙拉蒙（Salamon）和安黑尔（Anheier）从六个方面对非营利组织的属性进

行了归纳：①正规性。正式成立并达到一定规模，一般应具有法人资格，而且要有事务所、代表者,组织能够持续运行。②民间性。从体制方面来说,非营利组织是从政府中脱离出来的组织,政府官员不能左右其理事会。非营利组织可以接受政府的援助,政府官员也可以参加理事会,但其本质是民间性团体而不是官方机构。③非营利性。非营利事业活动得到的剩余额不在组织成员和理事会之间进行分配,只能用于非营利组织的发展。非营利组织的功能是实现社会公益而不着眼于营利。④自主性。非营利组织的内部实行自主管理,而不是受控于外部组织。⑤志愿性。组织成员都是自愿地、无偿地参与组织的领导、计划、经营和管理等活动。⑥公共性。组织不是为某些特定对象与人的利益服务,而是为公共利益服务[①]。

在以上本质属性中,民间性、自主性和志愿性体现了非营利组织的民间性本质,这要求非营利组织必须实现民办、民有和民营的"三民"管理政策,才能还非营利组织以本来的面貌,实现其满足社会公共利益的功能。

（三）竞争对垄断的替代性原则

非营利组织的民营化背景是公共行政改革,而行政改革的目的是提高政府效率,实行有限政府。改革的方略是打破垄断,在政府服务部门中引入竞争机制,引入私人管理办法,将政府看做一定意义上的经济人。

非营利组织民营化将在一定程度上克服其国营状态下的效率低、收益低、成本高等缺陷。关键在于民营化以后,竞争机制在民营组织中得到更好的应用,而国营非营利组织的缺陷则大多是由于国营方式的垄断性所造成的。因而竞争对垄断的替代效应成为非营利组织实行民营化的首要目标,只有在该目标达到以后,民营化才会有实质性的效果。

第二节　非营利组织民营化的方式

民营化可以通过许多不同的技术和方法来实现,即其形式是多样的。非营利组织从国营化走向民营化可以通过以下三大类方式进行,即委托授权、政府撤资和政府淡出。每一类又可以包括几种具体的方式,下面对其依次进行详细的讨论。

一、委托授权

委托授权是民营化最常用的方式,它需要政府积极行动。委托授权又称部分民营

[①]　陈晓春.市场经济与非营利组织研究[M].长沙:湖南人民出版社,2001:30-31.

化,它要求政府持续而积极地介入,因为国家依然承担全部责任,只不过把实际生产活动委托给民营部门。委托授权通常包括合同承包、特许经营、补助、凭单制、法令委托等形式。

(一) 合同承包

政府可以通过与非营利民间组织签订承包合同形式实现某一活动的民营化。这是美国民营化最常见的方式,见于联邦、州和各级政府。在英国,竞争性合同外包(招标)是对某些地方政府服务的强制性要求。

地方政府运用合同承包的方式提供直接面向市民的准公共产品甚至公共产品的服务。如固体垃圾收集,路面维护、街道清洁、积雪清除。各级政府部门还经常通过合同承包获取辅助服务,如数据处理、贷款处理、建筑与工程培训、视听服务、食品服务、雇员身体检查,邮件和文件处理、图书馆、洗衣店、设备维护、物品存储、运输及东西维修。美国最常见的市政服务(包括准公共品和公共产品)平均有 23% 以合同方式外包给私营部门。市政府业务中,平均有 14% 合同外包给私营部门,地方政府的 200 多项服务由合同承包商提供。在非营利组织中,许多国营的学校、医疗、机构、福利院等的辅助部门工作(如卫生),大学里的学生住宿甚至食堂,都以合同承包的形式承包给民营公司。

(二) 特许经营

特许经营是民营化的另一种形式,在特许制下,政府授予某一私人组织一种权利(通常是排他性权利)——直接向公众出售其服务或产品。民营部门通常为此向政府付费。特许有两种具体形式,一种涉及公共场所的使用,包括领空、街道、地下空间。第二种形式是租赁,即民营非营利组织租用政府的有形资产从事经营活动,直至这些资产被出售。如基于学校需要的人员只是教师、校长和学生,"政治家"是多余的。在这一共识前提下,美国的一种新型的学校——"特许学校"出现了。它被认为有助于解决许多传统公立学校体制的弊端:对学生的成长缺乏责任感、官僚主义严重、各种规章严格刻板、在不同公立学校之间的选择极为有限。这种特许学校一般由家长、教师、学校管理人员、社区成员或民营企业创办。虽然其设立必须基于创办者与学区或其他教育管理机构签订的契约或协议,但它们仍可享有广泛的自治权。这些自治权可以使其免受来自学区、州政府或行业组织等的外在控制。特许学校的自治权一般集中在课程设置、教学方式、预算管理及人事任免等方面。作为交换条件,他们必须对学生的课业成绩负责。研究表明,学生家长对特许学校有很高的满意度,其他一些早期研究结果也说明特许学校的发展前景广阔。特许经营和合同承包都应在一个开放、透明、竞争的环境中进行。

（三）补助

委托授权也可以通过补助的方式进行。与亲自承担国营非营利组织不同,政府通过补助方式安排民营企业从事该项活动。如政府欲推进非营利组织的民营化,可以对一些已起步或准备起步的民营非营利组织以补助方式进行扶持,从而使其进入成本低并最终将其效率发挥出来。补助和合同承包的区别在于:补助通常仅涉及最一般化的要求(如开展某一研究,推动艺术发展,为国家的环保事业作出贡献),而合同承包通常对某一准公共产品提出非常具体的要求。

（四）凭单制

政府可以通过向合格的服务对象签发凭单的方式,实现先前由国家提供的服务的委托授权。与补贴生产者做法不同,凭单是对合格的消费者提供的补贴,凭单制被用于教育、医疗、保健、日托等服务的提供,凭单接受者在市场上购买上述准公共产品时,可以用凭单弥补资金的不足。如在纯粹的凭单制度下,适龄儿童或少年的家长会得到一份凭单,持凭单家长可以把子女送入任何一所学校就读,无论这所学校是公立学校、民营学校还是特许学校。家长在将子女送入学校时将凭单交付学校,学校可以凭此单到发出凭单的机构兑换相应数量的资金。很容易看出,凭单制将竞争引入学校之间,为民营学校的发展提供了更大的空间。

（五）法令委托

法令委托指政府把提供某一准公共产品并承担相关成本作为对民营非营利组织的法定要求。在美国,失业保险就是法令委托的一个历史悠久的例子:私人雇主为其雇员提供这一福利。由于民营化意味着方向上的变化,因此,和补助、凭单、特许经营和合同承包一样,只有当法令委托导致政府作用减少时,它才可以被称为民营化。当一国政府直接经营的社会保障系统被一种强制性的个人退休账户所取代,这即是法令委托形式的民营化,反之如果基于市场的医疗保健变成一种法定要求的雇主向雇员提供的福利,这就成为民营化的对立面,因为它增加而不是减少了政府的作用。法令委托的经济效应是消费者以支付高物价方式间接为这些准公共产品付费,而不是通过纳税的方式直接支付。

二、撤资

撤资意味着政府放弃一个非营利组织。像委托授权一样,撤资需要政府采取直接、明确的行动,与委托授权不同的是,撤资总体上是一次性工作,组织可以作为一个继续经营的实体被出售或赠与他人,也可以采取清算的方式,即关闭并出售剩余资产。政府撤资的原因主要是非营利组织机构庞大或者经营不善,具体的方式有以下三类。

(一) 出售

以出售方式实现撤资者 4 种具体方法。

(1) 建立合资企业,即将国营的学校、医疗机构、福利院等非营利组织以不完全的形式进行出售给民间组织大部分、一半或小部分。二者都为出资的机构,民间组织通过注入资本和提供技术获得一半股份,并掌握企业运营的控制权。政府的投资保留在企业,但政府并不直接从资本投入中获取回报。不论采取合资还是其他形式,不论保留还是放弃多数股的所有权,政府必须放弃对非营利组织的控制,否则,出资只能被视为集资行为而非民营化。出售也可以分步进行,即在一段时间内售出一部分股份。

(2) 非营利性组织整体出售给私人买主,如中国湖南长沙市的一所幼儿园,因其管理不善在 2000 年整体出售给一位私人老板,经营面貌大为改观,许多家长在为孩子选择幼儿园时,在国营和民营幼儿园之间再三比较,选择了这所“不起眼”的民办幼儿园,因为他们相信民办幼儿园更负责。事实上,送孩子上这所民办幼儿园的家长都对其反映不错。

整体出售方式不仅可用于教育机构,医疗机构、福利机构都可以使用。

(3) 将股份卖给公众。如设立养老院时,若政府完全自营不了,可以将其分成股份卖给当地的公民,使其民营化,并且可以设立规则:公民在年老之后持其股份,或者通过在经营时公民提供的服务在其年老时享受一些服务。

(4) 将非营利组织出售给管理者或雇员。

(二) 无偿赠与

撤资并不必然要求出售一个非营利机构,无偿赠与也是撤资的形式之一,可以将非营利组织无偿赠送给雇员、使用者或消费者公众、原所有者,也可以赠送符合资格的特定群体,可以将合资视为无偿赠与的例子,因国家将股份转让给一个新创立的实体,并且不会因此索取回报。但由于国家仍然是部分所有者,所以将合资视为部分出售更合逻辑。

(三) 清算

撤资还可以通过关闭经营不善的非营利组织实现。若国营非营利组织经营不善,作为一个继续经营实体难以找到买主,自己经营又难以改观,则可以卖掉资产。由于资产重新进入市场可望得到更好的利用,故可以称为民营化。

三、淡出

除了撤资和委托授权,民营化还可以通过政府淡出实现。在前两种方式中,政府要求采取积极行动,而淡出则是一个消极和间接的过程,即政府逐渐被民营部门取代。淡出也称为以消损的形式实现民营化,尽管人们通常难以意识到,但淡出也是民营化的一种极其重要的形式,可以以相对少的政治争论和冲突有效实现民营化。

政府淡出可以通过民间补缺、政府撤退和放松管理制度形式实现。在很大程度上依赖地方的创新意识和非营利组织最高经营者的精神。

(一)民间补缺

当公众感到政府提供的准公共产品或服务无法满足其需要,而私营部门意识到并采取措施满足公众需要时,这个过程被称为民间补缺式政府淡出。补缺式淡出的过程,是一个更多地依赖民营部门,更少地依赖政府满足公众的需要的民营化过程。公众逐渐转向民营部门获取服务,随着服务规模的扩大,如果政府提供的产品和服务继续被公众忽视,或者政府在服务提供中的角色相对缩小,民营部门扮演的角色就会越来越重要。即消费者放弃接受政府提供的服务,如在教育系统,不管是发达国家还是发展中国家,由于民办学校规模的扩大及质量的提高,已有越来越多的家长认可民办学校,在公立学校日益不景气情况下,他们毫不犹豫地为其孩子选择私立学校。

(二)政府撤退

民间补缺对于政府而言是一种无意识的行为,政府也可以通过限制国营非营利组织的增长或缩小其规模,并让私营部门进入相关领域的方法,有意识地实现撤退。如政府停止给国营非营利组织提供补贴,从而限制其扩展。鼓励民营部门的竞争者进入和增长,最终占领整个领域。在中国东部沿海经济发达地区,许多地方的医疗,教育,福利院等国营非营利组织都是以政府撤退的形式慢慢隐退,取而代之的是面貌一新、蓬勃发展的民营非营利组织。由于这些地区的民营经济比较发达,居民的生活水平比较高,观念相对比较新,在有了强有力经济作后盾后,他们渐渐对原来的国营医疗、教育、养老院等非营利组织的效率及质量感到不满,于是他们开始建设民营非营利机构。这些新建的非营利机构一开始就站在一个比较高的起点上。许多这种机构规模超前,管理观念超前,当然也发挥了民营化的优势,给当地的人们带来了更多的利益,使得原有的国营非营利机构自叹不如,渐渐萎缩。如中国浙江省东阳市的横店镇,在其民营经济发展到一定的程度以后,相继拥有民营的幼儿园、小学、中学、大学、医院、养老院等一系列民营非营利组织机构。这些机构的规模以及管理的先进性都比原来相应的国营非营利机构超前得多。民营是这些机构的最大特色,是内部许多部门都采取了灵活的民营方式。如这些学校的食堂、花草维护工作等都以承包方式进行经营。

政府撤退往往伴随民间补缺。在英国,随着预算削减和公共医疗服务质量和能力的下降,私营医疗服务重新出现,人们渐渐转向私营部门获取服务。

撤退可以通过政府和民营供应商之间的正式合作实现。当公共部门不便继续承担某一职责并被民营供应商取代时,此种情况便会发生。如一些国家授予校园保安和其他治安人员拘捕的权力,并且给予这些私人警察管理雇主财产区域附近街道的权力。人们鼓励非营利机构像博物馆、幼儿园、歌剧院、图书馆和社会服务机构更多依赖私人捐助或慈善家,而不是指望政府的财政资助。

政府从已建立的非营利组织中退出来并不容易,这需要建立新的政治共识以取代旧的共识。对现有政府服务的不满可以导致这种新共识的出现,这并不一定带来激烈的意识形态斗争,所需要的只是鼓励已经存在的民营力量发展。

(三) 放松规制

国营的非营利组织得以继续存在的重要原因之一,是它们享有垄断地位,不允许民营部门进入并参与竞争。放松规制有助于民营部门挑战政府的垄断权甚至取而代之,便会促进民营化。如在日托服务方面,有史以来,父母一直是安排亲戚、朋友和邻居照看他们的小孩,充分考虑到了受托人的品格特征和小孩的生活环境。然而,近年来在美国,日托服务已成为扩大政府介入和财政支持的对象,结果造成一个日趋复杂的规制体系,涵盖服务提供者的资格、护理人员的数目和类型、设施特性和设计要求等方面的规定。不管用心多么好,这些条件相应地必然产生一个匪夷所思的结果:按照有关规定和标准,大多数家庭和居住条件将被宣布不适于小孩生活。事实上,这种情况在改变,随着凭单制的引入,父母可以向任何日托机构付费得到服务。

放松规制使民营部门有了更大的空间与国营部门进行竞争,从而促进了民营化。同时由于强有力的控制,这种进程并不会带来严重的社会动荡。

上述各种民营化方式都有其优点和缺点,如合同承包可以提高生产效率,节约成本,并且透明,但却可能招致国营部门内的工人的反对;凭单制给接受者更多选择自由,节约资金,没有腐败,但却需要政府持续投入;将非营利组织出售给管理者或雇员,可以保留经营经验,受雇员欢迎,但是企业不能获得新投资、新知识和新技术;放松规制虽是一个好政策,但操作复杂,易遭既得利益集团的反对。总之,各个国家和地区在进行民营化时,可根据具体情况选择合适的民营化方式,从而在得到民营化的高效率的同时,减少民营化带来的社会动荡。

第三节　民营化的过程控制

民营化与其说是经济行为,不如说是一种政治行动,需要持久不懈而且循序渐进的策略手段推进民营化,包括深入研究以获取内部支持,开展公关宣传以获取外部支持,推行税收改革以鼓励民营化,加强立法以扫除障碍,建立强大的利益相关者联盟以支持民营化。政府必须组织和控制整个过程。在非营利组织的民营化过程控制中,下述几个方面是必须注意的。

一、对民营化要有坚定的政治决心

在国营非营利组织中,政府对非营利组织经营的参与度非常高,有的是政府官员直接经营,就是那些不直接经营的非营利组织,政府往往对其控制和监督也很强。政府和国营化的非营利组织的联系度是很强的。因此对民营化要有坚定的政治决心,确保整个政府都理解这一点,否则民营化过程注定会失败。从国营化到民营化要求政府退出、撤资或淡出,这些都要求政府自觉或不自觉地采取行动支持非营利组织的民营化过程。从非营利组织的民营化方式可以看出,政府是民营化过程的一个不可或缺的参与者。民营化要求政府减少对非营利组织的控制,这个过程若没有政府主动采取行动是不可能完成的。如一个国营的学校已经出现明显的经营不善,领导者之间钩心斗角,不将心思用在管理好学校,使学生能学到更多的知识,使教师能更安心的教书,最终导致学生成绩差,整个学校不景气,学生流失严重,许多学生转到管理更好的公立学校或者民营学校去读书。此时,当地的教育部门想将此学校出售,并且也有民营组织想将此学校买下来,以便更好地经营。此时,学校民营化能否成功,关键在于政府部门的决心。这个过程会遇到来自教师队伍的巨大阻力,因为他们会担心民营化后他们的去路和待遇问题,尤其是那些面临退休的老教师。故教育部门下决心对经营不好的学校进行民营化时,一定要下决心解决好民营化过程中面临的主要问题,否则民营化可能会出大乱子,甚至有可能半途而废,导致失败。

二、民营化过程需要有明确的责任分工

非营利组织的民营化是一个复杂的过程,它不可避免地会遇到阻力和障碍,从而被延缓甚至中断。主要的反对力量是以前的老雇员,他们担心失去工作岗位。其他阻力来源于公共官员、特定利益群体和广大公众,反对的理由包括意识形态、民族主义、对少数人占有的担忧、担心失控、资本的缺乏等。非营利组织的民营过程犹如一颗炸弹处理不

好会使民营化过程以失败而告终。所以在进行非营利组织民营化时,必须要充分考虑全局,并进行明确的责任分工,充分听取各方的意见,权衡考虑之后再做出最后的决策。在形成决策的过程当中,要参考国内外民营化经验,听取民营化权威人士以及一些有识之士的意见,他们往往可以从不同的角度对民营化过程提出一些宝贵的意见。另外在进行分工时,应充分倾听并考虑非营利组织行业业内专家的意见,由于对行业的各种情况比较了解,他们往往可以提出一些中肯的意见,使有关人员对民营化过程会遇到的困难有充分的了解和把握,从而更好地促进民营化进程顺利完成。

三、对民营化项目设立清晰的目标

对于非营利组织的民营化项目要设立清晰的目标,这在国营非营利组织部分民营化时尤为重要。相对于整个单位民营化而言,部分民营化只涉及部分雇员的利益,只有部分雇员要考虑工资的变动、工作方式的改变等。此时的目标一般为降低成本,提高效率。如许多国营医院,其日常卫生服务是通过项目承包方式进行民营化,进而使得该项目的经营成本得以降低,效率得以提高。不仅如此,许多整个非营利单位的民营化都设立了提高效率、节约成本的目标。只是此时的目标须站在整个社会的角度才能理解,它是基于优化社会资源配置而产生的一种目标。此时对民营化的非营利组织的雇员而言,短时间内可能难以理解此目标,他们往往关心的只是自己的眼前利益,故在为民营化项目设定清晰的目标时,不可避免地要损害一部分人的利益,此时目标制订者只能从整个社会的收益和损失角度考虑问题。

四、选择合适的民营化形式

可以从前面提到过的不同形式中,选择一种或几种或者精心设计一个多种形式的有机结合体。方式选择必须建立在对下述因素仔细分析的基础上:行业状况和发展趋势、别处的经验、政治因素、雇员关系、可能引起的竞争程度、财政状况、可能实现的经济收益和其他收益估计、民营化目标。对于不同性质的非营利组织要根据具体情况采取适宜的民营化方式,以最大限度地减少民营化成本,减少民营化带来的动荡问题。

五、进行必要的立法改革

在进行非营利组织民营化时,会遇到各种障碍,其中法律层面的障碍是最大的阻力之一。一些国家的宪法中有保护国有单位的规定,在这样的国家,不修宪是没有办法进行民营化的。如在美国各式各样的法律壁垒就阻碍了民营化。其中,有些州就有法律禁止将某些社会服务合同外包给民间企业,禁止非营利性医院的存在。还有些国家对于一些非营利组织,如学校,尤其是高校,是不允许有民间组织承办的。即使允许民营化,也会因各种限制而使得民营的学校、医院等难以起步。故为了更好地促进非营利组织的民营化,促进整个社会效率的提高,国家进行有关立法改革是必要的,这样可以为非营利组织的民营化扫除法律上的障碍,从而更好地促进非营利组织的民营化进程。目前,这种状况正在逐渐改变,不管是公众还是政府官员都已慢慢认可了这种形式,并感觉到民营化的效果。

《中华人民共和国民办教育促进法实施条例》(以下简称《实施条例》)于 2004 年 3 月 17 日公布。根据《实施条例》规定,民办学校的受教育者在升学、就业、社会优待、参加先进评选、医疗保险等方面,享有与同级同类公办学校的受教育者同等的权利。但条例对"社会优待"的具体含义却并未作规定,使得一些部门钻条例空子,给民办和公办学校的学生以不同的待遇。在进行立法改革时,相关部门一旦发现在司法实践中出现上述法律含义争议,就应该出面作出细化或解释,尽量具体和详细地说明,尽可能地压缩执法者的自由裁量空间。唯有如此,才能从法律层面给非营利组织的民营化以保障。

六、为民营化过程设定清晰、透明的程序

非营利组织从国营化到民营化是一个复杂的过程,牵涉方方面面相关者的利益。政府必须设定清晰、透明的程序,否则可能出现难以控制的局面,从而导致民营化失败。国营化虽然效率不高,但是长期以来它们的管理模式已成定势,一些不思进取的人会认为目前状况不错,他们会想方设法阻止民营化进程。其他方面的意想不到的困难,也会使非营利组织从国营到民营的过程难以顺利完成。

非营利组织的民营化程序可以大致设计如下:洽谈规划—思想动员—实施阶段—遗留问题的处理。洽谈规划阶段是民营化的引领阶段,也是全盘布局的阶段。这个阶段要考虑民营化会遇到什么样的困难,对原来的雇员采取什么样的方式安置,原来的资产以什么样的方式进行处置效用最大,采取什么样的方式解决可能遇到的困难,遗留问题处理的时间及方式等。各方面的问题都要在洽谈规划阶段进行全局性的考虑,一旦非营利组织的民营化决策最后定下来,就要对各方利益相关者(其主要是雇员)进行宣传、进行思想动员,可以通过开职工大会、发文件的形式进行宣传、动员,使原来的雇员有思想准备,以利于民营化。实施阶段按照制订的民营化方案对非营利组织实行民营化,这是具体执行阶段。若洽谈规划阶段和思想动员阶段做得好,这个阶段就会顺利一些。有些遗留问题不能预料,要根据实施阶段执行情况解决。非营利组织的民营化过程,大程序下每个阶段会有不少子程序,在整个阶段要求做到程序清晰、透明,这有利于促进民营化进程。

七、聘用专家评估待售资产和非营利组织的价值

评估有很多种方法,例如打折、现金流、清算价值、替换价值、账面价值或者比较价值。应聘用专家评估待售资产和非营利组织价值。但归根到底,最有效的尺度是通过拍卖招标、股份公开出售等竞争过程确定的市场价格确定待售国营非营利组织单位的价值。政府往往对国营非营利组织的价值有不切实际的过高期望,从而难以出售。一般而言,越难找到买主,就越容易获得公众尤其是雇员对其民营化的支持。

八、公平对待现有雇员

非营利组织的民营化过程不会一帆风顺,会遭到来自各方面的反对。经验分析表明,裁员和对就业的担心是民营化最主要的障碍。组织员工切实感受到民营化的威胁,就像他们对工作场所的任何巨大变化感到恐惧一样,他们会担心失去岗位、工资降低、福利减少、工作环境发生大的变化、工作负荷增加、离开熟悉的环境到其他地方任职,以及要适应新的工作程序、新的上司等。组织员工几乎是民营化的必然反对者,至少开始时会是这样的。

罗伯特·库特纳宣称,民营化会导致低工资和低效率这种看法是错误的。民营化带来效率的提高,主要不是通过降低工资和福利,而是通过提高生产率,即用更少的人从事同量的工作。冗员问题是国营非营利组织一个无须证明的事实,也是民营化过程中必须处理的一个棘手问题。当政府出于创造就业机会的目的而雇用工人时,冗员问题就不可避免地产生了。长期以来,对于公共雇员的父爱主义和庇护政策已经根植于文化中,使新选举产生的改革取向的领导者屡屡受挫,这是民营化最新面临的最大的、最主要的问题。

民营化通常会给参加工会的工人带来好处,但却会给工会领导人带来不利。工人们可以由私人承包者提供有保障的工作,可以加入新的工会,并且在工资和提升机会方面变得更好。但在劳工领导人眼中,民营化意味着失去会员和会费。非营利组织的民营化过程除了会遭到工人的反对,还会遭到持"政府低效率但可以保证充分就业"观点的人的反对,还会遭到法律的程序性障碍等。由于工人是一个组织的主体,也是民营化过程中首先要解决的一个问题,故要尽可能地争取工人们的支持。

事实上工人们可以变成民营化的支持者,只要工作得到合理保障,有晋升的可能,工作条件有吸引力,私营公司计划在新从事的领域大量投资,工人能赢得公众尊敬而不再受到指责和嘲讽,他们就会改变开始的反对立场。民营化进程可以通过以下一些方法获得工人的支持:一种方法是允许内部工人和外部承包者之间展开竞争,这样体现了公平原则,并会得到公众支持。从工会的角度看,管理者参与的竞争明显优于合同外包。

第二种方法是逐步缩减。如果民营化是部分实施而非整体展开，人员的逐步缩减是一种解决之道。第三种方法是就业机会"存储"和人员吸收制。在民营化规划阶段政府可以实施宽泛的雇用冻结，把可以替代的其他职位空缺"存储"起来，以便在民营化实施阶段用。别的方法还包括要求承包商雇用部分工人、雇员借用、短期留用、再培训项目、社会保障网、提供再就业帮助、其他形式的救助机制及破产清算等。

总之民营化过程中，对于想办法帮助现有雇员、再就业将会逐渐获得他们对民营化的支持。

九、消解"民营化会伤害穷人"的担心

这种担心来源于民营化的减员问题。在非营利组织的民营化过程中，减员往往最先针对的就是那些岗位技术含量不太高、收入比较低的工人。看起来他们在民营化过程中容易受到伤害。因为有一技之长或者有知识的工人换岗位或换工作环境时，遇到的麻烦要少一些。所以人们很容易产生民营化会伤害穷人的担心。确实从短期的角度看，民营化是对穷人有所伤害。但是从前面所分析的民营化原因容易得出结论，只要稍微将眼光放远一点，非营利组织的民营化给穷人带来的好处会多于其受到的伤害。民营化是比国营化更好的一种社会资源的配置方式，非营利组织从国营化到民营化，从经济学的角度讲是一个帕累托改进的过程，它所带来的总福利是大于部分损失的。民营化是由民间组织对非营利组织进行经营，它可能更富有同情心，更人道。例如，与国营化的非营利组织的项目相比，民营化的凭单制度能带来更多的福利，更多的尊严，更多的选择，更大的个人责任感。实际上，从前认为只有通过大政府才能实现的社会理想已被证明是幻影，而它却可以通过小而好的政府，通过民营化来实现。此外，通过民营化所节约的社会财富可以用于最需要的人，从而实现人们期望的社会目标，尽管运用的方式完全不同。所以对"民营化会伤害穷人"的担心的消解，一是要对公众进行教育；二是要努力使民营化取得成功，并通过发挥民营化的优势给穷人带来利益，从而用实例消除人们的担心。

十、普及民营化知识

为公众普及民营化方面的知识，从而获得公众的支持。必须让公众明白什么叫民营化，为什么必须实施民营化，民营化期望解决的问题，如何推行民营化，以及民众从中将获得什么收益。这种大众化的民营化知识的普及可以或多或少地消除人们对于民营化的恐惧，消除人们的对于民营化的不必要的担心，从而为非营利组织民营化打好基础，使公众尤其是将要实行民营化的非营利组织内部的职工对于即将到来的变化有心理准备，以减轻人们的心理动荡，并减少由此引起的社会不稳定问题。

第九章　非营利组织的多元化经营战略

多元化经营是非营利组织成长过程中的一种战略选择,它是非营利组织根据市场机会和发展需要对现有资源的重新配置和整合。从主观的角度讲,非营利组织希望通过多元化经营增强竞争力,实现持续经营,以履行其社会责任。但客观上,非营利组织多元化经营的成败受诸多因素的影响。本章将对非营利组织多元化经营的机理及实施等方面进行探讨。

第一节　非营利组织多元化经营概述

一、非营利组织多元化经营的含义

对多元化经营的研究主要集中在企业界,因而在界定非营利组织多元化经营之前,对多元化经营的研究成果进行简单回顾是很有必要的。

最先提出多元化经营战略的概念是安索夫(H. I. Ansoft)。他认为,企业为实现其发展目标,逐渐放弃单一产品生产,进入利润高的新产品市场,从而使得企业在同一时间经营多种产品,实现多元化经营[①]。由此可以看出,安索夫是从企业所经营产品的数量定义多元化经营的。继安索夫之后,彭罗斯也对多元化经营的概念进行了定义。他指出,企业总是在保持原有产品的前提下进入新的产品领域(包括中间产品),新产品与原产品在生产和销售方面既有相通之处,又有差别[②],从而对安索夫的多元化经营的概念进行了补充。哥特(M. Gort)则从企业服务的市场异质性定义企业的多元化,即多元化水平的提高可以通过市场异质性的增加来表示,而衡量市场异质性的变量需求的,是交

---

① Ansoff H I. Corporate strategy: an analytic approach to business policy for growth and expansion, Harmondsworth Middlesex, Penguin Books, 1968.

② Penrose E. The theory of the Growth of The Firm 3th ed. Oxford University press, 1995.

又弹性和资源在不同市场之间的可移性[①]。罗美尔特(Richard P. Rumelt)对企业多元化经营颇有研究。他认为,多元化并没有统一的定义,不同的研究者根据其研究的需要给多元化下定义。因而他并没有给多元化下具体的定义,只是进行了一般性的描述:企业本身具有多元化的性质,多元化战略是企业通过结合有限的多元化的实力、技能或目标,以与原来活动相关联的新的活动方式表现出来的战略[②]。

国内学者对多元化经营也进行了界定。周三多等(2000)认为,企业多元化是一种市场内部化的表现形式,它是企业剩余能力市场转移的内部化。这种企业能力主要是那些难以通过市场转移的或转移导致企业受损失较大的核心能力[③]。他不是从产品的数量定义多元化经营,而是通过分析市场的不足和企业的核心能力描述多元化经营。就其本质来说,他认为多元化经营就是市场机会与企业资源的结合。李敬认为,企业多元化战略是企业战略结构中产品发展战略的重要内容,它是与企业区域发展战略相对应的,是企业成长的重要方式之一。其基本特征是企业在权衡企业能力、企业利润的基础上,寻求企业能力与市场机会的最优组合。它是企业产品经营和资本经营的综合体现,是企业内部管理型战略和外部交易型战略共同作用的结果[④]。孙志芳(2003)将多元化经营定义为企业同时生产和提供两种以上基本经济用途不同的产品和劳务进入不同市场的企业经营战略[⑤]。陈晓春、严克高(2004)指出,非营利组织多元化经营是指非营利组织为满足市场需求,同时提供多种准公共产品或服务的经营方式。与营利组织不同,非营利组织多元化经营并不以获取投资的最高回报率为最终目的,而是以实现其社会使命和共同愿景为宗旨。因此,在实施多元化经营时,非营利组织更多地考虑的是其社会使命。当然,出于生存和持续经营的需要,多元化经营的回报也是影响非营利组织多元化经营的一个重要因素[⑥]。

综合以上学者对多元化经营的定义,可以发现,他们主要是从两个方面界定企业多元化经营:产品的种类、企业能力与市场机会的匹配。顺着前人的研究思路,我们可以将非营利组织多元化经营定义为:非营利组织通过分析自身的资源优势和核心能力以及与之相对应的市场机会(社会需求),在保持原有优势产品或服务的同时,进入新的领域、提供新产品或服务,以满足社会需求,履行其社会职责,并保持其持续经营。

---

① Gort Michael. Diversification and integration in American industry. Princeton university press,1962.

② Rumelt Richard P. Strategy,Structure,and economic Performance. Boston:Harvard University,1974.

③ 周三多. 战略管理新思维[M].南京:南京大学出版社,2000.

④ 李敬. 多元化战略[M].上海:复旦大学出版社,2002.

⑤ 孙志芳. 多元化经营思考[J].企业研究 2003,(3).

⑥ 陈晓春,颜克高.非营利组织多元化经营探析[J].财经理论与实践,2004,(3):108-111.

二、非营利组织多元化经营的机理

非营利组织多元化经营要求它同时提供多种产品或服务满足市场的需求，与营利组织不同，非营利组织多元化经营并不以获取投资的最高回报率为最终目的，而是为实现其社会使命和共同愿望。因此，在实施多元化经营时，非营利组织更多地考虑的是其社会使命。当然，出于生存和持续经营的需要，多元化经营的回报也是影响非营利组织多元化经营的一个重要因素。下文将从市场和非营利组织两个方面对多元化经营进行剖析。

（一）需求导向

如以上所述，社会使命是非营利组织多元化经营的首要动机。具体地讲，任何一个非营利组织，在提供产品和服务时，都必须以市场为导向，以顾客为中心，否则其产品和服务很难适应市场的要求。以市场为导向，以顾客为中心要求非营利组织能准确地实施市场细分和定位，发现顾客现有的和预期的需求，再根据顾客的需求设计并提供产品和服务。例如，哈佛、耶鲁和普林斯顿这样的名牌大学定位于高额学费、提供小班上课和高薪师资力量。二流大学则以便利性吸引那些既想快又想花费少，并且能获得学历以升职的学生。还有一些大学通过远程教学提供满足那种经常旅行或住得离校园远的人们的需要。

每个特定的非营利组织都有其特定的社会使命。科研机构以推动技术进步和理论更新为己任；学校为社会的发展提供精神动力和智力支持；医疗机构为患者提供医疗保健和咨询；等等。实质上，非营利组织经营的产品和服务范围也会随之发生相应的变化以适应新的社会需求，多元化经营因此而产生。

（二）范围经济

1975 年，潘扎（John Panzam）和威利格（Robert D. willing）最先提出范围经济的概念，他们认为企业联合生产两种或两种以上的产品的生产成本比单独生产这些产品的总和要低。范围经济之所以具有成本优势的主要原因，是关联产品的生产可以提高资源的利用率。"一般认为，范围经济来源于投入要素或技术装备的联合利用、联合和市场营销计划，企业无形资产的共享性以及生产过程中副产品及关联产品的综合开发利用。"[1]"范围经济的产生，是因为分工和专业化生产导致企业经营不同阶段的技术水平不同，最优规模能力也不一致，从而出现了企业经营中某些阶段的经营能力剩余，或者

---

[1]　Gort Michael. Diversification and integration in American industry. Princeton university press, 1962.

有些类似于公共产品的投入。"

由此可见,同时提供多种产品即多元化经营,非营利组织可以进入新的市场又可以取得范围经济。范围经济可以用来解释为什么非营利组织会同时提供某些具有关联性的产品。迈克尔·波特将产品之间的关联分为三类:有形的相互关系、无形的相互关系和竞争者之间的相互关系。有形的相互关系是产生范围经济的一个重要原因。"由于存在着共同的买主、渠道、技术和其他因素,有形的相互关系来自有机会共同参与有关联的经营单位间价值链中的各种活动,如果共同参与降低的成本或者促进产品别具一格后,足以超过共同使用的费用,有形的相互关系会导致竞争优势。"[①]由此可见,非营利组织通过建立在有形的相互关系的基础上的多元化经营可获得范围经济,并取得竞争优势。

(三) 规模经济

非营利组织内部分工水平和专业化水平的提高,使资产的专用性增强,利用效率提高带来生产效率的提高,规模经济由此而产生。可以认为,规模经济源于分工和专业化,从物的表现来看,规模经济产生原因最主要的是生产要素设施等资源的共享和充分利用。非营利组织实施多元化经营,促使其生产规模扩大,降低平均成本增加收益和利润。如学校的师生在没有达到饱和以前,专业增加可以提高专业教师的利用率。在一定范围内,学校的体育设施、图书馆不会因为专业的增多而出现拥挤,整个学校的管理费用因为学生数的增加会降低其平均成本。医院也会有类似的情况,新的医疗服务的提供会减少医疗设施的空闲率,降低医疗服务的平均成本。如果一种价值活动的成本受规模经济、学习和生产能力利用形式的驱使,共同参与就具有降低成本的潜力。

(四) 产品生命周期

1996 年 Vernon 在假定国际供需平衡的前提下,依据发达国家到后工业国家再到发展中国家的顺次转移现象,将产品生产划分为导入期、成熟期和标准化期三个阶段,从而提出产品生命周期理论。

在导入期,发达国家(创新国)企业发明并制造出科技知识密集型产品,因为创新国对技术的垄断,同时新产品的生产需要大量的研发和人力资本,所以,新产品开始只能在创新国内生产。新产品刚开始比较昂贵,且创新国国内需求较大,故新产品的消费者只能是创新国和其他高收入的发达国家。

---

①　Ansoff H I. Corporate strategy: an analytic approach to business policy for growth and expansion. Harmondsworth Middlesex,Penguin Books,1968.

成熟期,其他发达国家开始生产新产品。创新国向其他发达国家出口新产品,吸引大量消费者,创造了非常广阔的潜在市场。在这一阶段,新产品由技术知识密集型变成技能或资本密集型,导致生产费用降低,使原进口国逐渐生产新产品,创新国对这些国家新产品的出口减少。

在标准化阶段,生产技术的标准化使得新产品的生产方式得以推广。发展中国家因为具有成本优势而逐渐生产新产品,随着这些国家生产量增长,创新国逐渐放弃新产品的生产,而从发展中国家进口新产品来满足国内需求。

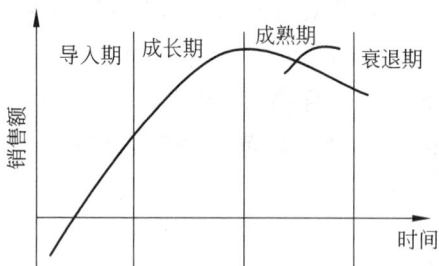

图9-1 准公共产品生命周期

准公共产品同样会经历一个导入、成长、成熟、衰退的生命周期(图9-1)。当准公共产品由成熟期逐步进入衰退期时,非营利组织面临三种选择:①提升生命周期曲线,延缓进入衰退期,主要通过改造现有产品实现;②退出并转向其他准公共产品的生产;③收缩,保留有竞争优势的部分,退出没有竞争优势的市场,并提供新的准公共产品。不管选择哪种方式,非营利组织都必须提供新的产品,进入新的市场,经营新的业务,而这些都是多元化经营的一个过程。

(五)核心能力竞争力

核心竞争力概念最先是由普拉哈拉德和海默明确提出的,他们认为核心竞争力是组织的积累性学识,特别是关于如何协调不同的生产技能和有机结合多种技术的学识。他们还进一步提出判断核心竞争力的三个标准:①核心竞争力必须为市场所认可,即能够提供进入相关潜在市场的机会;②核心竞争力必须给客户带来特别利益,应当能够提高企业的效率,帮助企业通过降低成本或创造价值来扩大客户的利益;③核心竞争力必须是竞争对手难以模仿的,只有这样才能保证企业基于核心竞争力的优势得以持续。在核心竞争的概念被明确提出之后,许多学者对其内涵与外延进行了丰富和拓展,并总结出核心竞争力本身的特征,具体包括:

1. 价值性

价值性是核心竞争力的一个重要特征,无论企业的核心竞争力源于何种要素,归根到底是创造更多的顾客价值。顾客价值是指顾客从某一特定产品或服务中获得的一组利益与他在评估、获得和使用该产品或服务时引起的预计费用之间的差额。顾客对产品价值感知因人、因时、因地而异,企业的核心竞争力就是根据顾客的需求和顾客对价值感知,对企业拥有的资源进行重新组合,为顾客提供价值。因此,从竞争的角度讲,谁能将自身资源整合之后为顾客提供更多的价值,那么,该企业将会在竞争中取胜。

2. 延展性

核心竞争力能够在企业内部进行复制和模仿称之为延展性。核心竞争力的延展性使得企业在某一方面获得优势并实现其内部的共享,核心竞争力也因此而成为企业相关多元化经营的依托。相关多元化使企业在业务之间保持了一定的统一度,获得技能转移和较低成本的竞争优势,能够使多元化企业获得比独立运作时更多的利润,且能在更大基础上分散业务风险。对此哈默尔和普拉哈拉德曾有过一个形象的比喻:多种经营的企业就好比是一棵大树,树干和树枝是核心产品,较小的树枝是经济单位,而树叶、花、果实是最终产品,树的根系则是提供了大树所需的营养,大树的稳定性就是核心竞争力。

3. 稀缺性

"物以稀为贵"阐述了一个简单的经济道理,越稀有的东西其价值会越高。核心竞争力的确如此,不同的成功企业会有不同的核心竞争力,且这种核心竞争为其所独有,无法通过市场交易取得,也无法在短时期在企业内部通过有意识的活动取得。如果一种能给顾客创造价值的能力为众多的企业所拥有,那么,这项能力只能成为企业的谋生之道,而不能成为其成功之本。

4. 持久性

持久性主要是指核心竞争力为企业创造利润的持久性。它的这种特性主要源于核心竞争力的稀缺性与难以模仿性,这两种特性保证了企业核心竞争力的价值不会马上消退,也不会轻易为其他企业所模仿。企业利润的持久性使得企业能够继续生存和持续发展。随着科学技术进步的加快,产品和技术生命周期不断缩短,大部分资产的持久性大大降低了,而企业的核心竞争力却不应因此而受到影响,它们应可以经历多代产品盛而不衰。只有具备了这种持久性的能力才有生命力,才具有战略意义,才算是核心竞争力。

非营利组织是以知识、技能为代表的能力体系,非营利组织持久性成长的本源是其核心竞争力。那么,非营利组织的扩张,即实行一体化、多元化等也是以其核心竞争力为支撑的。非营利组织以核心竞争力为基础,将其核心竞争力延伸到新的业务之中,实施多元化经营战略,其成功的可能性将会更大。

以核心竞争力为基础进行多元化经营能够保证主营业务的竞争优势,进一步推动非营利组织的经营实力,同时,以核心竞争力为基础的多元化经营不仅能保证新业务的发展,而且能进一步推动非营利组织核心竞争力的发展。核心竞争力提供在组织内部经过整合的知识和技能,特别是关于如何协调不同生产技能和整合多种技术的集合知识与技能,故核心竞争力能够为非营利组织提供进入相关多元化产业领域的潜力,能够保证非营利组织竞争优势的延伸。

此外,以核心竞争力为基础的多元化经营能够使非营利组织获得协同效应,包括对资源或业务行为的共享,市场营销和研究开发的扩散效应,非营利组织的相识性,对非营利组织形象的共享。

然而,核心竞争力并不能完全能保证非营利组织多元化经营的成功,非营利组织在将其核心竞争力延伸到新的业务时,应考虑以下因素:

(1)新业务与原业务的相关性,核心竞争力是建立于原有业务的基础之上的,只有在新业务与原业务存在较大的相关性时,新业务才可以因为核心竞争力的转移而获得竞争优势。

(2)核心竞争力是非营利组织能力的组合,它是一个整体,进入新的业务之前应对其有足够的认识。核心竞争力的分裂将导致非营利组织核心竞争力的丧失,进而削弱非营利组织的竞争力。

关于企业多元化经营的动因还有其他许多经典的解释,众多的学者从不同侧面对其进行了描述。以马克维茨为代表的投资组合理论认为,企业实施多元化经营是试图通过不同业务种类之间的不同业务周期的差别分散风险,而且业务之间的相关性越小,投资组合就越能分散风险。企业资源理论则认为,适度的多元化可以使企业的资源有效地利用,产生协同效应即 $1+1>2$,具体包括市场协同、生产协同、技术协同、管理协同以及采购和基础设施方面的协同。市场理论认为企业多元化经营是为了实现不同营销策略的组合。企业管理理论认为企业多元化经营是应企业管理水平提高而实施的。

第二节　基于相互关系的非营利组织多元化经营

相互关系分析是对非营利组织现有业务与即将进入的业务之间的关系进行分析。迈克尔·波特将业务之间的相互关系分为三种类型:有形的相互关系、无形的相互关系和竞争者之间的相互关系。与多元化经营密切相关的是有形的相互关系和无形的相互关系。理解非营利组织经营单位之间的相互关系对非营利组织的多元化经营至关重要。

一、相互关系的类型

(一)有形的相互关系

"由于存在着共同的买主、渠道、技术和其他因素,有形的相互关系来自有机会共同参与有关联的经营单位间价值链中的各种活动,如果共同参与降低的成本或者促进产品别具一格后,足以超过共同使用的费用,有形的相互关系会导致竞争优势。"[1]由此可见,有形的相互关系的存在是因为经营单位之间共享了价值链的某个环节,具体包括市场的相互关系、生产的相互关系、采购的相互关系、技术的相互关系及基本设施的相互关系。

经营单位间市场的相互关系源于经营单位产品之间共同的顾客、共同的渠道及共同的地理市场。生产的相互关系可能源自于共同的内部后勤系统、共用的部件、共用的部件生产设备、共用的装配设施、共用的检验和质量控制及共同的间接活动。"采购的相互关系包括对共同的购置性的资本投入量的共同采购。"[2]技术的相互关系包括共同参与技术开发,对具有技术相交处的产品进行共用相交处设计。基础设施的相互关系则是因为企业的财务、法律、会计和人力资源管理等方面的共用。

(二)无形的相互关系

无形的相互关系源自经营单位中的各种同类属性:同样的通用战略、同类型的买主、相同的价值链的结构及同等重要的价值活动。无形的相互关系意味着经营单位之间并不能共享价值链的某个环节,但因为经营单位共同属性的存在,使得在某个经营单位行之有效的技术可以转让给另一个经营单位,转让的过程通过经营单位管理人员或其他人员之间的交换而实现。

(三)竞争者的相互关系

当企业与竞争者在数个产业中相遇时,竞争者的相互关系就不可避免地产生,企业的多元化经营将会使企业面对多点竞争和竞争者的相互关系问题。考虑竞争者的相互关系使企业能够认清自身在竞争中的位置,从而使其寻求一种相对均衡或相对优势成为可能。

二、基于相互关系的非营利组织多元化经营

根据非营利组织实行多元化经营战略进入的不同产业之间相互关系的类型,可将其多元化经营的方式分为相关多元化和无关多元化。结合上文有关相互关系的理论,可对非营利组织建立在相互关系之上的多元化经营进行分析。

---

① 迈克尔·波特.竞争优势[M].北京:中国财政经济出版社,1988.
② 迈克尔·波特.竞争优势[M].北京:中国财政经济出版社,1988.

（一）相关多元化

"建立在相互关系基础上的多样化是最有可能提高现有产业竞争优势或导致新的产业持续的竞争优势的多样化形成。"[①]由此可见,多元化经营应建立在相互关系的基础上。

相关多元化是指建立在有形的相互关系的基础上的多元化。相关多元化应该作为非营利组织实施多元化经营的首要选择,它要求非营利组织在多元化经营中以现有战略性资产为基础,在新的业务中创立、积累新的战略性资源,并对原有战略性资源进行重组,赢得优势。一般地讲,非营利组织通过相关多元化能获得以下四种优势:资产共享、资产改善、资产创立、资产裂变。资产共享主要是指非营利组织通过相关多元化使"公共物品"[②](品牌)得到共享,从而取得范围经济和规模经济;资产改善是指非营利组织现在战略性资产可以改善的业务资产的质量;资产创立主要源于现有战略性资产产生的核心竞争力,有利于新业务的新的战略性资产的创立;资产裂变则表现在非营利组织在相关多元化过程中获得的新的战略性资产可进一步增强核心竞争力。

相关多元化之所以得到推崇,主要是因为相关多元化通过共享非营利组织现有战略性资产可以获得竞争优势,迅速形成核心竞争力,增加多元化成功的概率。但相关多元化并不等于成功,多元化经营的成功需要非营利组织拥有所有必需的战略性资产,而不是战略性资产的一部分。在非营利组织中具备多元化经营所必需的部分战略性资产的情况下,可考虑通过其他途径获取其余的战略性资产,如收购和内部积累。

收购是指非营利组织通过购买或接管其他具有它所需要的战略性资产的经营单位。收购为非营利组织取得所有战略性资产提供了一条便利的途径,但是涉及非营利组织原有战略性资产和新购战略性资产的协调和匹配问题,还有可能出现其他在收购前无法预测的情况等因素,使非营利组织多元化经营成功的概率大打折扣。

内部积累,顾名思义,是通过非营利组织内部的长期有意识的积累取得战略性资产。内部积累具有众多优势,但是需要一个较长的过程。另外,战略性资产的内部积累还要受到时间压力下的资产非经济性、经济资产规模、资产内部相关性、原因叙述性模糊等因素的影响。

具体来讲,相互关系的类型为非营利组织多元化经营提供了切入的方式。首先考虑市场的相互关系,非营利组织利用现有业务与潜在业务之间的市场的相互关系而实现业务的横向扩张。以湖南大学为例,该校在提供多种专业的大学教育的同时,还提供

---

① 迈克尔·波特.竞争优势[M].北京:中国财政经济出版社,1988.
② 李品媛.企业核心竞争力研究[M].北京:经济科学出版社,2003.

一系列的职业教育和教育和培训,在提供传统的面对面的传授知识的方式同时,也提供网络教育。这些都使用了"湖南大学"这一共同标识,向消费传达的信息是"千年学府",因而这些业务具有共同的"商标名称"和共同的"广告"。从生产的相互关系看,大学教育、职业教育和培训可使用共同的教室、图书馆等"生产设施";从基础设施的相互关系看,这些价值活动可以使用共同的人力资源,进行相同的财力、法律、会计等活动;从技术的相互关系看,这些教育活动可以共享同样的信息;采购的相互关系则体现在共同投入的联合采购,如固定设施。

非营利组织选择相关多元化,可享受因此而带来的以下利益。

相关多元化有利于非营利组织将原有的生产、技术、销售、辅助等活动上的竞争优势扩展到新的产业中去,从而使非营利组织的新业务能够在新产业中立稳脚跟,并逐渐成长壮大。选择不同的多元化经营模式,对非营利组织经营绩效的影响是不同的,采用相关多元化经营战略的非营利组织投资收益率最高。优化资源配置常被视为相关多元化经营的一大优点,相关多元化经营可以使非营利组织尽可能把握住一切有利的市场机会。

但是相关多元化也会给非营利组织带来一系列问题,其中最主要的是成本问题。迈克尔·波特将相关多元化的成本划分为三种类型:协调成本、妥协成本、无弹性成本。协调成本产生于相关多元化要求新业务与现有业务共享价值链的某个环节,如联合采购要求协调新业务与现有业务之间的资金分配,人力资源在业务之间的配置等。"妥协成本不仅包括共同参与的活动成本,也包括其他有关联的价值活动。"[①]妥协活动之所以会产生,主要是因为新业务与现有业务共用一项活动,而建立在现有业务基础之上的活动并不一定能不做任何改变就接纳新业务,必须对此项活动进行改变以适应两项业务的需要。无弹性成本主要包括两种形式:①在对竞争行动做出反应方面存在潜在困难和退出障碍。相关多元化是建立在业务之间的有形相关关系的基础之上的,当某项业务的竞争形势发生变化时,非营利组织很难就此业务做出快速反应,因为还涉及与之存在有形相关关系的业务。②"共用也可能增加退出障碍。一个没有竞争优势的经营单位的退出,也许会挫伤与之共用一项活动的其他经营单位。"[②]

(二) 无关多元化

无关多元是建立在无形的相关关系基础之上的多元化经营,一般情况下与非营利组织现有业务之间具有的无形相互关系的产业要多于有形相互关系的产业。非营利组

---

① 迈克尔·波特.竞争优势[M].北京:中国财政经济出版社,1988.
② 林善浪,吴肇光.核心竞争力与未来中国[M].北京:中国社会科学出版社,2003.

织应以无形的相互关系为基础进入新产业,作为一个"滩头堡",并以此为基础培育以有形的相互关系为基础的多元化经营的机会。

非营利组织选择无关多元化战略的动机包括两个:新的业务具有很好的收益、社会需求。否则,非营利组织不会轻易选择这种多元化战略。一般地讲,非营利组织实施无关的多元化战略时,必须考虑以下几点:

新业务的收益是否可以达到非营利组织提供这项业务所需收益的底线,尽管非营利组织不以营利为目的,但是非营利组织的生存也需要一定的收入,因此业务的收益不得不成为非营利组织是否提供这项业务的因素。如果其他业务无法为这项新业务提供资金援助,并且非营利组织又无法从其他途径获取资金或有足够的资金弥补提供新业务需要的成本时,那么新业务的收益至少要能弥补这个差额,这样非营利组织才能在保持正常运转的同时提供此项新业务。

社会对新业务的需要是非营利组织提供该项业务的主要动因,如果现有业务与新业务之间并不存有形相互关系时,那么,非营利组织只能选择无关多元化经营提供新业务。

新业务是否需要注入资金以购入固定资产和提供流动资金。这是从成本的角度考虑无关多元化是否可能。如果新业务的启动需要大量的资金购置固定资产和提供流动资金,那么非营利组织则不得不考虑是否有能力提供新业务。

非营利组织的宗旨也是影响其无关多元化战略选择的一个重要因素,特别是那些依靠捐赠和志愿者才能正常运转的非营利组织。捐赠者在捐款时,都希望自己的捐款能用于自己关心的方面,志愿者也是出于对某个方面的同情才提供无偿劳动,如果无关多元经营有可能使非营利组织违背他们的意愿,那么非营利组织管理者在做出此决策时会非常慎重。因为这样的无关多元化将会使非营利组织失去部分捐赠者的捐款和志愿者的无偿服务,使其经营陷入困境。

无关多元化战略之所以成为非营利组织横向扩张的选择,除上述原因之外,以下几方面也存在吸引力。

无关多元化使非营利组织经营风险在一系列不同的业务之间得到分散,与相关多元化相比,这是更好的分散财务风险的方法,因为非营利组织的投资可以分散在完全不同的技术、市场和顾客群的业务之中。

从财务的角度讲,无关多元化通过投资于有着很好利润前景的行业可以使非营利组织的财务资源发挥更大的作用。尤其是来自于低增长和低利润前景业务的现金流量可以转向新业务和具有高增长、高利润潜力的业务。

理论上,无关多元化为非营利组织提供了在经营周期的过程中销售和利润更加稳定的潜力,非营利组织某些业务的周期性下降可以通过多元化进入的其他业务的周期性上升取得平衡。

第三节　非营利组织多元化经营的实施

多元化经营的实施具体包括多元化决策、多元化需求分析与实施方式及多元化经营风险,每一个过程都关乎非营利组织多元化经营的成功。下文将详述多元化经营实施的具体过程。

一、多元化决策

并不是每个非营利组织都具有实施多元化经营的必要和条件,因此,非营利组织在决定是否多元化之前,应该仔细分析自身的条件和生存环境。

1. 在当前市场上,非营利组织在哪些方面比其他竞争对手做得更好

非营利组织在将自身唯一的、无懈可击的竞争力应用于新业务之前,确认这种竞争力是至关重要的,而这种竞争力的实质就是战略性资产。非营利组织的管理者在面对多元化决策时,不应该只考虑他们是做什么的,而应该考虑他们在哪些方面比竞争者做得更好。换句话讲,非营利组织不应该将其多元化的决策建立在一个广义的模糊的业务范围定义上,而应该建立在现实的战略资产辨认的基础上。

战略性资产是指那些拥有能带来竞争优势资产的非营利组织将获得的租金收入,长期的竞争优势的维持需要战略性资产支撑,而这种战略性资产往往是无法通过交易、收购等方式在规定期内取得的,因而内部积累成为战略性资产的主要来源。

2. 为了在新的业务中取胜,非营利组织需要具备什么样战略性资产

非营利组织在回答完第一个问题之后,可以开始考虑第二个问题。尽管第二个问题似乎已经清晰明白,但是,非营利组织还是有可能犯错误,他们也许会认为,只要具备某些必要的战略性资产,他们就可以实施多元化,进入新的业务。然而事实并非如此,多元化的成功需要非营利组织具备新业务需要的所有的战略性资产。

此外,非营利组织通过分析新业务,找出所有可以保证新业务成功的战略性资产并非易事。因此,非营利组织的多元化决策应该是一个比较长的过程,而且是相当复杂但极其重要的过程。

3. 进入新业务后,非营利组织是否可以赶上或超过竞争对手

这个问题是建立在前面两个问题证明多元化可行的基础上的。它要求非营利组织对新业务的市场环境进行分析,并将自身条件和竞争对手对比,得出自己是否可以和竞争对手抗衡的结论,从而为多元化决策提供进一步的参考。

4. 多元化经营会给非营利组织带来怎样的风险

非营利组织实施多元化会给其经营带来一系列的风险,如非营利组织资源有限,实施多元化经营可能会导致原业务竞争丧失;多元化经营要求对战略性资产进行重组,从而导致核心竞争力弱化;市场整体不景气而导致的市场整体风险,以及退出、内部整合、协调风险。非营利组织只有对这一系列风险作出合理分析之后,才能对是否多元化作出科学的决策。

5. 是否有利于实施新的多元化

非营利组织进入新业务之后,是否有利于积累新的战略性资产,为进入其他新业务提供基础,也成为多元化决策的影响因素。从长远的角度看,非营利组织不会在一次多元化经营之后便停止,因此,新业务之间的相关性是至关重要的。

综合前文所述,可形成多元化决策流程,如图 9-2 所示。

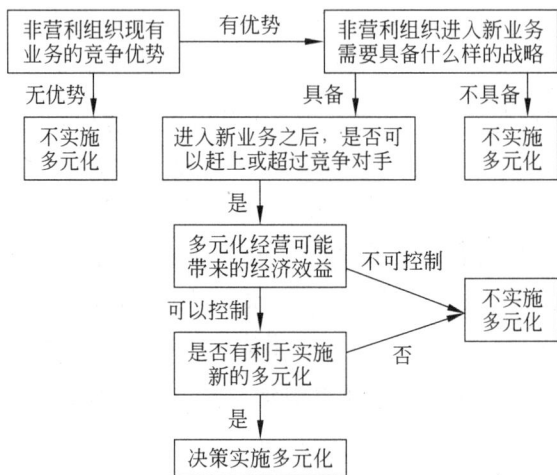

图 9-2 多元化决策流程图

二、多元化需求分析与实施方式

在决定实施多元化之后,非营利组织面临的另一个问题是对自己的多元化需求进行分析,不同的需求决定多元化经营的方向或新业务的选择。

(一)需求导向型多元化

非营利组织现有业务不能满足市场需求时,就有必要实施多元化经营,提供新业务,满足市场的需求。然而,并非每个非营利组织都有能力提供新业务。因此,非营利组织将面临另一种决策,即确定自己是否适合提供新业务满足市场需求。决策过程如图 9-3 所示。

图 9-3　需求导向型多元化决策流程图
决策流程见图 9-2

多元化决策委员会一般由非营利组织的高层管理者组成,他们将负责多元化经营的全过程。因为需求导向型多元化的特点是市场提供新业务选择范围,所以非营利组织无须重新确立多元化经营的业务选择范围,就可以进入多元化经营决策程序。

(二)市场拓展型多元化

市场拓展型多元化缘起于非营利组织现有业务无法满足其经营战略的需要。随非营利组织规模的扩大,如果继续在原有业务范围内经营,将会导致产品服务成本提高,而无法取得规模经济,范围经济也无从谈起。在这种情况下,市场拓展型多元化成为一种必然的选择,决策过程如图 9-4 所示。

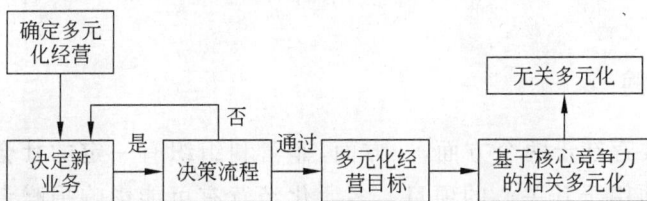

图 9-4　市场拓展型多元化决策流程图
决策流程见图 9-2

(三)产品提升型多元化

产品提升型多元化旨在提升准公共产品的生命周期曲线。同其他产品一样,准公共产品也存在生命周期曲线,有导入、成长、成熟、衰退期四个时期,非营利组织为了延缓准公共产品进入衰退期而对产品进行改造与创新,或者放弃已经没有市场的部分,以剩余部分为基础,实施多元化经营。决策过程如图 9-5 所示。

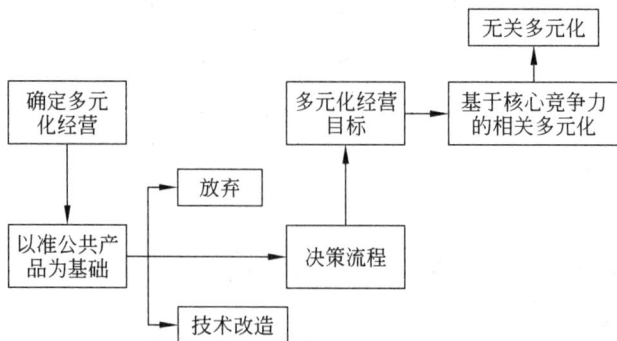

图 9-5　产品提升型多元化决策流程图
决策流程见图 9-2

三、多元化经营过程中的风险与问题

（一）丧失竞争优势的风险

非营利组织多元化经营是建立在资源一定的基础上,新业务的增加将不可避免地导致资源在业务之间的重新分配,如果资源不充分,势必会影响原业务的竞争优势,新业务的竞争优势也无法建立,非营利组织有可能因此丧失竞争优势。从核心竞争力角度讲,增加新业务要非营利组织对战略性资产进行重新组合,而重新组合同样存在核心竞争力消失的风险。

（二）融资风险

融资风险主要存在于两个方面,一方面,非营利组织有一定的社会使命,捐赠者都希望将其所捐款项用于其关心的项目。多元化经营有可能影响捐赠者的积极,因为他们担心非营利组织将款项移作他用,担心非营利组织通过业务之间的相互补贴达到挪用的目的。另一方面,业务范围的扩大需要更多的流动资金和固定资金,如果没有稳定的资金来源或一定的资金积累作保障,非营利组织将面临资金缺口。

（三）协调风险

多元化经营将使非营利组织面对多种业务和多个市场,非营利组织的经营与管理也因此变得更加复杂而难以协调。正如彼得·德鲁克所说,一个企业的多元化经营范围越广,协调活动和可能造成的决策延误就越多。同时,多元化经营还会使非营利组织面临多重目标和有限资源之间的冲突,以及人力资源协调等诸多风险。

（四）市场整体风险

正常情况下，实施多元化经营可分散非营利组织经营风险，其依据是不同业务的周期不同，多元化经营可以实现业务之间的相互补充，从而降低经营风险。但是，当整体宏观经济不景气时，非营利组织将会发现各个业务的市场都不景气，从而不得不面对由此产生的市场整体风险。

（五）忽视相互关系

忽视相互关系意味着非营利组织多元化经营并不是战略资源共享，核心竞争力的延伸，也不是专门技术在价值链之间的转移，而是一种"随行就市"的行为。市场产生了对某种服务的需求，且这种服务需要由非营利组织提供，忽视相互关系使一些并不具备客观条件的非营利组织也提供这种服务，结果使资源的利用缺乏效率，造成资源浪费。WTO的加入产生对国际贸易人才更多现期和预期需求，为满足这种需要，许多学校都纷纷设立国际贸易专业，特别是部分工科学校，文科类和经济类专业并不具有优势和竞争力，也设立了国际贸易专业，结果整个专业只有一个副教授，其他都是讲师甚至是助教，图书馆、资料室有关国际贸易专业的资料甚少，培养出来的毕业生并不能满足社会需求，更不可能具有竞争优势。

忽视相互关系的第二种形式表现为忽视现有业务与新业务之间的相互关系，从而使多元化经营本身应有的效益难以达到。非营利组织基于此而做出的决策可能会削弱业务之间的相互关系，影响其竞争优势。

（六）夸大相互关系

夸大相互关系包括两个形式，一种是将业务之间比较小的相互关系夸大，另一种是将业务之间不存在相互关系夸大。非营利组织为实施多元化经营而去追求虽然存在但却无法增加竞争优势的相互关系。这种类型的多元化经营最大限度只能保证非营利组织成为一个新业务的提供者，而不能成为一个赢家。因为非营利组织并不具有新业务所需的战略性资产，从而无法具有核心竞争力的持续竞争优势。

夸大业务间并不存在的相互关系进行多元化经营，会导致多元化经营的失败。一般地讲，业务之间存在许多表面相似之处，但这些相似之处并不都能成为潜在的相互关系。因此，在进行多元化经营时，对这些表面的相似之处进行详尽的研究是非常必要的。

（七）核心竞争力弱化

核竞争力弱化是非营利组织多元化经营过程中存在的一种风险。一定时期内,非营利组织所拥有的资源有限,如果非营利组织经营的范围过大,造成资源过分地分散,核心产业投入减少,就会影响原有业务的核心竞争力,而多元化经营又是现有核心竞争力的延展,核心竞争力的弱化会使非营利组织多元化经营面临危机。

第十章 非营利组织经营的 财务支持

没有财务支持,非营利组织的经营管理就会陷入困境。非营利组织评价当前经营成果与计划未来经营工作,需要准确及时的财务信息,非营利组织的经营过程需要合理的财务策略以及成本核算与分析,非营利组织的经营还需获取政府的财务支持。

第一节　非营利组织经营的财务特征及信息提供

非营利组织当前经营成果的评价以及未来经营工作的规划都应当有财务信息作为其基础。会计是对影响组织财务状况变动的交易的确认、计量、记录和报告。它是一种提供财务信息的机制。会计工作是提供财务信息整个过程中的相关工作,它是一个连续的、以月为单位的循环。

一、财务特征分析

非营利组织的财务包括财务活动与财务关系,是指非营利组织的资金收支活动以及进行财务活动过程中与各方面的经济关系。前者是筹集、运用和分配组织的公共财务资源,为实现组织的社会公益目标提供物质基础;后者主要指与财政部门、政府其他职能部门、捐赠者、会员、企业等方面的经济关系①。所以政府对非营利组织的财务监督范畴主要涉及非营利组织财务活动和财务关系的监督,而在此之前,需要理清非营利组织的财务特征。

(一)财产的公益产权属性是非营利组织的本质特征

非营利组织的资金来源既不像企业来自市场运作,也不像政府来自税收,而是来源

---

① 黄少安.产权经济学导论[M].济南:山东人民出版社,1994:231-232.

于政府或者社会的捐助,而资金的用途则是用于公益事业。所以,非营利组织从事的公益活动的利益相关者包括捐赠者、受赠者和受益人。捐赠者在自愿的情况下将资金捐出用于公益事业,因此,这笔资金因为公共税收因素的加入而不再具有私有财产的性质,即捐赠者失去资金的所有权。作为受赠者的非营利组织在接受捐款后,虽然对资金具有使用、管理和经营等方面的权力,但却不具备资金的收益权,所以非营利组织只是具有对于资金的支配权,或者是支配意义上的所有权,但无论如何都算不上真正意义上的所有权①。受益人是资金使用的受益者,也是资金经营收益的分享者。但是,受益人仅仅是被动地享有资金的收益权,并且受益人主体是由社会上所有可能的受益群体构成的虚拟主体,因此受益人的不确定性也导致非营利组织的产权并不归组织本身所有。所以,为更好地研究非营利组织的产权属性,王名和贾西津提出"公益产权"概念,即捐赠者、受赠者和受益人都分别享有一定的权利,但又都不享有完整的产权②。

综上所述,非营利组织与营利组织的最大区别在于它没有明确的所有者,即产权关系不明确,也就是说非营利组织实际上处于一种所有者"缺位"的状态。营利组织中的那种所有者进行的财务监督在非营利组织中并不存在,所以很大程度上需要靠大量分散的利益相关者进行共同监督。但是就像营利组织中那样,大量的小股东存在"搭便车"的心理,而不愿支付成本进行实质性的监督,或是由于监督成本太高而导致监督流于形式。非营利组织的监督同样存在这样的情况,这就为政府对非营利组织进行财务监督提供了依据。

(二)非营利组织的财务活动具有外部效应特点

外部效应可解释为某个经济主体的活动所产生的影响不表现在他自身的成本和收益上,而是会给其他的经济主体带来好处或者坏处。外部效应是由产权界定模糊所引起的,企业的财产资源相对清晰,出资者与受益者相对统一和明确,因此,企业的财务活动一般不会对其余企业的信誉度产生外部效应。而非营利组织存在公益产权属性,这就导致非营利组织的财务活动对整个公益事业的公信度具有外部效应。也就是说,一个非营利组织的信用度会直接影响公众对整个公益事业的态度,一件关于非营利组织的财务丑闻不仅有可能使该组织的公信力完全丧失,同时还会殃及公众对其他非营利组织的评价,严重影响公共事业的健康发展。因此,为了保证非营利组织有健康发展的环境和公众基础,加强对非营利组织的财务监督是刻不容缓的。

---

① 陈林.非营利组织法人治理研究[J].中国科学技术大学管理学院学报,2002,(1):52-54.
② 陈晓春.非营利组织营销学[M].长沙:湖南人民出版社,2003:15-21.

（三）非营利组织的财务管理目标没有利润指标

非营利组织是不以获取利润为目的的为社会公益服务的组织。在营利性组织中，股东出资建立企业，企业就必须为股东创造财富，而利润则代表了企业新创造的财富，利润越多说明企业为股东所创造的财富越多。因此利润成为衡量企业绩效标准的一个重要指标，为企业提供了量化分析的方法，便于企业进行分权管理，同时也便于不同企业之间进行业绩比较。而非营利组织中不存在这种利润指标，组织存在的目的是为了完成某一社会使命，非营利组织为了完成这一使命而存在，不是为了自身的生存而存在。所以，非营利组织的财务管理目标自始至终都必须服从和服务于组织的整体目标。也就是说，对非营利组织进行财务管理只是为实现组织的使命而采取的一种手段，当财务管理目标与组织使命矛盾时，应当以组织使命为重，不能为实现财务目标而舍弃组织使命。另外，因为非营利组织是为了追求某一社会使命而存在，那么其财务管理的合理性受到损害，因为其管理人员经常难以就各种目标的相对重要程度达成一致，对于一定的资金投入能在多大程度上帮助组织实现其自身的目标也难以确定①。因此，非营利组织的资金使用效率也需要政府部门进行监督，为其制订合理的资金使用方案。

（四）非营利组织的财务责任机制先天缺失

由于缺乏个人利益的内在驱动力，非营利组织的财务责任机制先天缺失。一方面，由于非营利组织的公益产权属性决定了非营利组织中的任何人均不具备资金的产权，所以也就不具备资金经营的收益权，所以，非营利组织中的管理者在缺乏个人利益激励的基础上很难追求资金的保值或者升值；另一方面，由于非营利组织中并不存在利润指标，当然也就不具有以利润指标为核心的成本约束机制。非营利组织中没有营利组织中那样的成算意识，而且非营利组织提供的产品和服务的产出效果难以量化，所以某一产出效果究竟付出多少成本较为合理也无法量化，这也导致非营利组织的成本责任机制的先天缺失。所有这些都是非营利组织财务责任机制缺失的表现。因此，需要政府制定强制性的财务运作规范，保证非营利组织资金的高效利用。

二、会计方法

在会计工作中，需要运用一系列的会计方法，主要包括设置会计科目和账户、复式记账、填制和审核凭证、登记账簿、成本计算、财产清查以及编制财务会计报告等。

---

① 颜克高，陈晓春.非营利组织管理者的报酬与激励[J].商业研究，2006，(9)：6-9.

（一）设置会计科目和账户

设置会计科目和账户是对会计核算对象的具体内容进行分类核算的一种专门方法。会计核算对象的具体内容通常称为会计要素，非营利组织会计要素通常包括资产、负债、净资产、收入、费用。会计核算对象的具体内容十分复杂，为了对会计对象的具体内容进行系统核算，需要对它们进行科学的分类。会计科目就是根据会计对象的具体内容，即会计要素进行分类核算的项目。会计科目是在账簿中开设账户的依据，也是账户的名称。通过账户，可以分类连续记录各项引起财务状况变动的交易，为经营管理提供各种不同性质的财务信息。

（二）复式记账

复式记账是记录引起财务状况变动的交易的一种方法。复式记账对于任何一笔交易，都必须在两个或两个以上的账户中相互联系地进行登记。采用这种记账方法，可以相互联系地反映交易的全貌，也便于核对账簿记录是否正确。非营利组织常用的复式记账方法是借贷记账法。借贷记账法是以"借"、"贷"二字作为记账符号的一种复式记账方法，它是历史上第一种复式记账方法，也是当今世界各国普遍采用的一种记账方法。

（三）填制和审核凭证

会计凭证是记录交易、明确责任、作为记账依据的书面证明。填制和审核会计凭证是会计的一项专门方法。对于已经发生或已经完成的引起财务状况变动的交易，都要由经办人员或有关单位填制凭证并签名盖章。所有凭证都要经过审核并认为正确无误，才能作为记账的依据。通过凭证的填制和审核，可以提供既真实可靠又合理合法的入账依据。这是保证核算质量的必要手段。

（四）登记账簿

登记账簿是在账簿上连续、完整、科学地记录和反映引起财务状况变动的交易的一种方法。账簿是用来全面、系统、连续、综合地记录各项交易的簿籍，是保存财务信息的信息库。登记账簿必须以凭证为依据，利用所设置的账户和复式记账的方法，把引起财务状况变动的交易分门别类而又相互联系地加以反映，以便为经营管理提供全面、系统而又连续、综合的财务信息。账簿所提供的数据资料是编制财务会计报告的主要依据。

（五）成本计算

成本计算是对生产经营过程中发生的各种费用，按照一定的对象和标准进行成本归集和分配,以计算确定各该对象的总成本和单位成本的一种专门方法。这一专门方法不仅在企业会计中采用,在非营利组织会计中同样需要采用。非营利组织在生产和提供准公共产品过程中会发生各种各样的耗费,为了核算所发生的各项费用,必须正确地进行成本计算。通过成本计算,可以核算非营利组织准公共产品生产和提供过程中所发生的各项费用是否节约或超支,从而衡量经营管理的效果。

(六)财产清查

财产清查是通过盘点实物,查核应收、应付款项,并与账面核对以查明财产物资实有数额的一种专门方法。在财产清查中,如果发现财产物资的实有数额同账面数额不一致,应查明原因,通过一定审批手续后,进行必要的处理,并及时调整账簿记录,使账面数额同实际数额保持一致。通过财产清查,一方面可以保证财务信息的真实性;另一方面还可以发现财产物资保管和债权债务管理中的问题,及时采取措施加强对财产的管理,从而保证财产物资的安全完整,挖掘财产物资的潜力,进一步提高资金的使用效果。

(七)编制财务会计报告

编制财务会计报告是以书面文件的形式,定期总括地反映经营活动和财务收支情况,考核计划、预算执行结果的一种专门方法。编制财务会计报告是对日常核算的总结,它是将账簿记录加以分类整理和汇总,通过一定的表格形式和文字说明提供经营管理所需要的财务信息。非营利组织财务会计报告是反映非营利组织财务状况、业务活动情况和现金流量等的书面文件,由会计报表、会计报表附注和财务情况说明书组成。

三、关于会计基础的选择

会计核算有两种不同会计基础选择,一种是以权责发生制为基础,一种是以收付实现制为基础。非营利组织的经营应当符合可持续发展要求,因此,非营利组织会计基础应向权责发生制倾斜,以恰当反映可持续发展的要求。我国《民间非营利组织会计制度》已确立权责发生制基础,而作为公立非营利组织的事业单位,其会计基础有待转换[①]。尽管《事业单位会计准则(试行)》第 16 条对事业单位的会计基础作了双重规定,我国事业单位的会计基础在总体上还是呈现出向收付实现制倾斜的特征。事业单位会计基础的这样一种倾向,所依据的是这样一条"一般规则":营利组织采用权责发生制,非营利组织采用收付实现制,这样才能准确地反映这两类性质不同单位的收入、费用、盈亏和

---

① 张彪,张士建.可持续发展与非营利组织会计改革[J].财经理论与实践.2004,(5):66-69.

结余状况①。对于以服务预算管理为目标的预算会计来说,收付实现制便于反映预算收支执行情况,便于上下级单位的结算和对账,还可以加快会计报告的编制。然而,这种侧重于财政资金收支核算的收付实现制会计存在的问题也是明显的。一方面,它对各单位占用的大量长期资产关注不够,固定资产即使入账,因不计提折旧而被虚增,难以为预算管理改革中使用零基法编制部门预算提供清楚的"家底";另一方面,它不能全面、完整地反映债务②。

我国事业单位会计改革中会计基础选择的历程表明,非营利组织会计基础的抉择不能建立在对组织及其业务性质的分析之上。会计目标、会计环境、邻近会计领域相关改革及其研究的启示等,是重新审视非营利组织会计基础至少应考虑的三个方面。

首先,之所以要从会计目标角度审视非营利组织会计基础的选择问题,是因为现代财务会计是在以会计目标为起点构筑的一个非常严密的概念体系的指导下进行运转的,现代财务会计概念体系强调会计目标导向下各个会计概念之间的内在一致性。这里的一致性是就会计基础和会计目标这二者来说的。保持会计基础与会计目标之间的一致性,就要求会计基础的选取应以会计目标为基础,按有利于实现会计目标的原则进行。据此,我们认为,非营利组织的会计基础应向权责发生制倾斜,因为权责发生制按权利和责任是否发生处理交易和事项,它比收付实现制更有利于受托责任这一会计目标的实现。表现在:①权责发生制反映的受托责任更全面。一方面,权责发生制注重资源及其使用以提高效率和效果,而不只关注现金的收支;另一方面,权责发生制能全面反映组织的负债情况,不仅包括过去和现在的决策形成的债务,还可推算隐性负债。很明显,权责发生制在这里是用于资产和负债要素的确认,并非只是经营性收支业务才需要用权责发生制。②权责发生制下在配比基础上确定产品或服务的真实完全成本,增强了受托责任。

其次,非营利组织会计基础的权责发生制取向也是考虑可持续发展战略下的会计环境的产物。一方面,实施可持续发展战略这一具体会计环境要求对会计目标的受托责任观中的受托责任结构进行改进,如加入当代人对后代人的受托责任,结果是受托责任、权责发生制原则因可持续发展要求而得到强化,因为从可持续发展的整体性特征来看,组织对人类整体的责任,尤其是对后代人的责任,是无处不在和无时不在的。实际上,布氏的可持续发展定义本身即因明确阻止那种当代人获益却把费用强加给后代人的行为,体现了权责发生制原则的要求。另一方面,也只有权发生制才能更好地满足可持续发展的要求。因为可持续发展观下的全面受托责任包含当代对后代的责任,权责

---

① 荆新,阎达五. 对事业单位会计改革等问题的意见[J]. 预算管理与会计,1998,(10):28-33.
② 刘光忠. 改进我国预算会计制度的思考[J]. 会计研究,2002,(1):25-30.

发生制能较好地反映这种责任：权责发生制可以从更长期的角度更可靠地计量组织的长期偿付能力，并强制披露没有资金来源的负债数额，可以引起对代际公平问题的思考；权责发生制下的净资产体现了组织的净财富，净财富数额及其变动支持组织的长期决策，为组织关注后代人的福利提供了可靠的基础。

再次，非营利组织会计基础的权责发生制取向，也是受到政府会计基础变迁及其研究的启示后所作的选择。作为一种（广义）非营利组织的政府，其会计目标已从行政管理转为向公众报告受托责任，其会计基础也随之出现由收付实现制向权责发生制的转变，因为权责发生制更加适应新公共管理环境下拓展了的公众受托责任要求。政府会计基础改革经验中，有如下两点非营利组织会计基础改革可资借鉴：①考虑会计目标；②因应环境变化下的受托责任的全面化①。

可见，会计环境以及在其影响下的会计目标，才是决定非营利组织会计基础取向最终的和主要的因素，而单位及业务的性质并不能决定会计基础的取向。其实，根据会计目标决定会计基础这一做法，已存在于美国财务会计准则委员会（FASB）的财务会计概念框架的构建工作中，具体来说，FASB在其阐述企业财务报告目标的第1号公告和阐述非营利组织财务报告目标的第4号公告中，均从目标实现的角度提出对相关会计基础的要求。

四、重视净资产保全

作为不以获取利润为目的，为社会公益服务的独立组织，非营利组织的经营应当符合可持续发展的要求，推进人类世世代代的同等富足。因此，非营利组织会计应当重视净资产保全，以体现人类世世代代同等富足的要求②。

关于非营利组织净资产（或权益，下同）保全问题，FASB在其第6号概念公告中做了阐述。在我国，无论1997年颁发的《事业单位会计准则（试行）》，还是2005年开始实施的《民间非营利组织会计制度》，都没有提及净资产保全问题。国内学术界讨论非营利组织净资产保全问题的也不多。净资产保全问题在理论研究中极少被关注，在规范性文件中也忽略这一现象的存在，总体来讲是由会计环境决定的。会计环境直接决定对某项会计政策的需要，会计环境内部矛盾的暴露和展开程度制约人们对会计环境本身的认识。而可持续发展战略下的会计环境为讨论净资产保全问题提供了一个极好的平台，可持续发展凸显了净资产保全的必要性。

关于净资产保全的必要性，FASB是参照资本保全分析的：净资产保全是非营利组

---

① 陈胜群，等.政府会计基础的比较研究[J].会计研究，2002，(5)：34-39.

② 张士建，张彪.可持续发展与非营利组织净资产保全[J].财会月刊，2004，(10)：16-17.

织反映报告期内流入资产和流出资产之间关系的需要，亦即计量收支结余的需要。但FASB还进一步认为，净资产保全是组织自身存续发展的需要，组织存续发展的基础乃是组织具备持续(continue)提供劳务的能力，否则，要么将来的资产供给人必须弥补这一缺额，要么将来受益人所得服务将会下降。虽然 FASB 在这里用的是"continue"一词，我们还是可以看出，FASB 在这里的分析折射出一种朴素的可持续发展思想，因为存续、未来等是可持续发展思想的基本构成要素。但当 1985 年第 6 号概念公告发布时，可持续发展还不是一个广受关注的、战略性的议题，人们对非营利组织有关问题的分析是站在个体的角度进行的，因此，也就难以对"非营利组织为何要存续发展"这样一类问题做出较满意的回答。今天，当我们站在可持续发展所要求的整体角度看待非营利组织，特别是面对我国建设全面小康社会这一会计环境，非营利组织自身存续发展的问题就能获得比较合理的解释。

其实，可持续发展本身已包含"保全"的思想。"保全"一词，英文为 maintenance(名)、maintain(动)，含有维持、持续之义，而 maintainable 与 sustainable 则是同义词，在辞典中前者是被用来诠释后者的。可持续发展定义中"既满足当代人的需要，又不对后代人满足其需要的能力构成危害"，实际上是"后代人与当代人同等富足"这一含义的另一种表述。而"保持同等富足"正是会计学资本保全概念的要点。

当然，净资产保全体现在可持续发展之中还需要一些视角的转换。首先，应将人类的发展概念转换为类似于组织的收益(结余)这么一个性质的概念，这在形式上是可以的，因为发展可从增量的角度来理解，而收益也是一个增量概念。其次，实现资源管理从人类到组织的转换，这可借助委托代理链完成。第三，从人类的世代到组织期末期初的转换，这实际上是长期与短期的衔接关系。这种转换是有依据的。会计学上的资本保全来自约翰·希克斯的收益概念。在希克斯那里，收益是在一个人一周的视界上说的。此后，这种一个人一周的视界被从两个方面加以放宽：从一个人放宽到一个公司，从一周放宽到任意的一个会计期间，比如说一年。现在，不过是循与此相反的路径进行视角转换。经过视角转换后可发现，可持续发展与净资产保全具有天然的联系，净资产(权益)保全是实现可持续发展战略的内在要求。

净资产保全也是实现可持续发展战略会计环境下的会计目标的要求。可持续发展含义中存在一个"限制"的概念。"限制"实质上对于组织的管理方面赋予了责任，这种责任是包含在受托责任之中的。由于环境能力的有限性，为了让人类的世世代代同等富足，组织尤其要对受托的环境资本进行永久保全，不能耗用、支用或通过其他途径致使耗竭。

第二节　非营利组织经营的财务策略

在现代市场经济条件下,非营利组织的经营时常面临来自财务方面的困扰,许多非营利组织因财务方面的问题而延缓了发展的步伐,甚至许多非营利组织因此而难以为继。这里试图从财务策略的角度对非营利组织的经营做些探讨。

一、扩大自创收入

许多人认为非营利组织不应该有经营收入,其资金应全部来自于外部援助,民间捐赠应当是非营利组织的主要收入来源。这是社会观念对非营利组织的误解。美国萨拉蒙(Salamon)教授主持的约翰·霍普金斯非营利部门比较项目研究表明,没有一个国家的非营利部门主要是由私人慈善支持的[①]。根据《世界银行发展报告(1992)》及国际劳工组织《社会保险成本(1993)》,国外非营利组织的资金来源中,民间捐赠所占比重为10%,公共部门支持所占比重为43%,私人收费所占比重为47%[②]。民间捐赠不仅取决于社会经济发展水平,还取决于公民的志愿性。在经济发达的美国,2000年民间捐赠(包括个人、公司和基金)只占非营利组织总收入的19%。

实践表明,非营利组织收入可来源于接受民间捐赠和公共部门支持,但其主要来源还是自创收入。然而,在我国非营利组织的收入来源中,自创收入的比重还相当低。根据邓国胜《中国NGO问卷调查的初步分析》,政府补贴占53%,服务收费占31%,民间捐赠占10%,外国援助占2%,还有其他收入占4%[③]。扩大自创收入是我国非营利组织经营的必然要求。自创收入的基本形式是业务收入,即非营利组织为实现其社会使命而开展业务活动取得的服务收费,这主要是顾客支持型非营利组织对其顾客提供服务时收取一定的费用所形成的收入,如学校向学生收取学费,医院向病人收取医疗费和药费。除慈善组织外,公众支持型非营利组织同样可以向其服务对象收取一定的费用形成业务收入,以扩大收入来源,从而更好地提供服务。比如,我国的公共图书馆一直是免费对读者开放的,为了创造更好的条件为读者服务,每年向读者收取一定的费用完全是可行的。需要注意的是,非营利组织是为实现其社会使命而运作,因此,对于为实现其社会使命所提供的服务,其收费应当是低水平,甚至是免费的,而不能按照市场经济价值规律来收费。

---

① [美]萨拉蒙等.全球公民社会——非营利部门视界[M].贾西津,等,译.北京:社会科学文献出版社,2002:30.
② 郭国庆,李先国.国外非营利机构筹资模式及启示[J].经济理论与经济管理,2001,(12):22-27.
③ 吴风珍,刘德建.非营利组织的资金来源及分析[J].法制与社会,2006,(12):204-205.

自创收入也包括投资收入。非营利组织所获取的资金,在运用于实现其社会使命的具体项目之前,可以通过资本运作方式进行投资,获取投资收益,以实现资金的保值与增值。然而,投资是有风险的。非营利组织进行投资时,必须认真研究投资项目的收益及其风险,优化投资组合,在不增加风险的条件下使收益最高,或者在一定的收益条件下使风险降至最低。

为了实现非营利组织的可持续发展,非营利组织还应当在其实现社会使命的业务活动之外开展经营活动,取得经营收入,支持其非营利性的活动。对许多国家的非营利组织而言,从事经济活动的获利是一个极重要的资金来源。非营利组织从事合法经营支持其非营利性活动需要符合下列条件:①利润或收入不可分配给其创立人、会员、干部、董事或员工;②其主要目的并非单纯从经济活动,而是实现其非营利宗旨。

二、合理安排支出结构

非营利组织的支出分为项目及活动支出与行政支出。非营利组织是为了完成某一具体社会使命而存在,而不是为了自身的生存而存在。因此,非营利组织的支出占主要比重的无疑应当是项目及活动支出。行政支出所占比重过高,说明没有足够的资金实现组织的社会使命,非营利组织难以持续发展。有关调查显示,我国某些非营利组织的行政支出高达90%以上,获得的资金只够维持自身的生存。这样的组织无法实现任何社会使命,其生存已失去意义,更谈不上持续发展。

行政支出所占比重过低同样不利于非营利组织的持续发展。例如,为了控制基金会行政支出所占比重,我国以前的《基金会管理办法》规定,所筹捐款全部用于资助项目,机构行政管理经费和项目管理的业务费全部从基金增值中列支。而中国青少年发展基金会(以下简称"青基会")的运作实践证明,这将严重阻碍基金会的生存与发展。以青基会保护母亲河项目"5元钱捐植一棵树"为例,青基会仅为捐款人开具发票及邮寄发票的信封、邮票的实际费用就需1.3元,此外还要支付项目宣传、工程管理、评估监督等业务费,以及机构的行政管理费,这些费用要从捐款的增值中解决是不可能也是不合理的。2000年青基会的基金增值率为3.55%,当年费用收支相抵,经费支出大于增值收入,赤字为6 364 199.90元。这种"筹募捐款越多,经费赤字越大"的严重结果,意味着对社会贡献越大,组织的经济负担越重,有可能最终导致组织难以生存。2004年6月起实施的新《基金会管理条例》,对基金会的行政管理经费做出了新的规定,允许基金会工作人员工资福利和行政办公支出在所接受捐款当年总支出的10%范围内列支,这才解决了以往"零成本运作"出现的问题。

非营利组织的持续发展要求合理安排支出结构。合理的支出结构应当在绝大部分资金用于项目及活动支出的基础上保证必要的行政支出。任何一个组织开展活动都会有一定的行政开支,并且非营利组织也应当注重自身的能力建设,包括对员工的培训。只有非营利组织的能力得到提高,资金才能被更为有效地使用,组织才能得以持续发展。

三、恰当分配盈利

非营利组织不是非盈利组织的观念已经得到社会的认同。非营利组织的非营利性是指组织的运营目的不是为了获取利润,而是为了实现一定的社会使命。非营利组织的收入大于支出而形成盈利,有利于其社会使命的更好实现,是促进非营利组织发展的重要因素。对于非营利组织的盈利,学术界与实务界的一致观点是,不可分配给其管理者和"所有者",只能全部用于组织的非营利事业。例如,美国税法 501(C)(3)明文规定,非营利组织的净收入不能用于使私人受惠。我国《民间非营利组织会计制度》描述非营利组织特征时规定,资源提供者向民间非营利组织投入资源不得取得经济回报。

毫无疑问,不向管理者或"所有者"提供利润,能充分体现非营利组织的非营利性,确保非营利组织真正的运营目的是实现其社会使命。然而,我们认为,在保证大部分盈利用于非营利事业的基础上,将适量的盈利分配给管理者与"所有者"作为一种激励,有益于非营利组织的可持续发展。吸引高素质专业人才作为管理者是非营利组织可持续发展的一个重要条件。尽管社会使命是非营利组织的凝聚力所在,但管理者总得有一定的经济待遇,将适量的盈利分配给管理者作为一种激励,可以增加对高素质专业人才的吸引力,从而提高非营利组织的管理能力,促进非营利组织的可持续发展。将适量的盈利分配给"所有者"作为一种激励,有利于筹集更多的资金实现非营利组织的社会使命,促进非营利组织的可持续发展。

四、适度进行负债经营

人们通常认为,负债经营只能运用于企业而不能运用于非营利组织。在我国,各种事业单位是非营利组织的主体。我国《事业单位财务规则》第八条规定:"事业单位预算应当自求收支平衡,不得编制赤字预算。"可以说,我国的有关法规不允许非营利组织进行负债经营。然而,我们认为,除了慈善组织以外的非营利组织,为了实现组织的社会使命,在需要扩大服务规模,加强基础设施建设,改善服务条件时,完全可以通过负债筹集发展所需要的资金。近年来,许多高等院校通过负债筹集资金扩建教学楼与学生宿舍,从而适应了扩大招生规模的需要,这一实践证明非营利组织负债经营的必要性与可能性。

应当注意的是,负债带来资金支持的同时,也因固定的利息支付与本金偿还而带来财务风险。过度负债并不利于非营利组织的发展,许多负债过多的民办学校的倒闭就是证明。企业界的实践已经证明,过度负债的公司不可能成为长寿公司。因此,只有适度负债经营,才会有非营利组织的可持续发展。

五、谨慎运用权益筹资

权益筹资的普遍形式是股份制。股份制是以投资入股的方式把分散的、属于不同所有者的资金(资本)集中起来,统一经营使用,实行所有权同经营权相分离,并按投资入股额参与企业管理和股利分配的一种资本组方式和企业组织形式。在人类经济发展史上,股份制是最重要的制度创新。股份经济的发展,促进了社会生产力水平的提高。其作为一种灵活有效的集资手段,加速了资本的集中,有利于生产要素和社会资源的合理组合和配置,有利于科技转化为现实生产力,它使以证券资本为对象的资本市场得以产生和发展,同时,它还能使产权实体扩展:入股资产从资金或物力资本扩大到无形的技术管理、人才等人力资本。

股份制作为一种灵活有效的筹资手段,在企业界得到了广泛的运用。股份制能否运用于非营利组织呢?通常认为非营利组织不向他们的经营者或"所有者"提供利润,因而非营利组织与股份制无关。我们认为,为了发展教育、医疗卫生、科学技术、社会福利等事业,为解决资金瓶颈问题,可以大胆地将营利组织的股份制引进非营利组织中,促进非营利组织的发展[①]。

通常认为非营利组织以服务于公益事业为目的,以社会使命作为组织的宗旨。从分配上看,非营利活动过程中所得到的净收入,不能作为利润分配给投资人。但是,股份经济的特点是资本的寻利性,如果非营利组织不给予投资人以任何回报,不给予其经济激励,则难以达到集中资金,用于扩展非营利组织的目标。非营利组织的公益性与资本的寻利性是一对矛盾,只有妥善解决这一矛盾,才能使股份制的引进不改变非营利组织的性质而又能促进非营利组织的发展。郴州市体育竞猜俱乐部的运作实践为我们提供了一个反面证明。湖南省郴州市体育局为筹集体育事业经费,经过近两年筹划,作为非营利组织而成立的郴州市体育竞猜俱乐部,在获得批准2个多月,正式营业不到2个月时,就因涉嫌构成赌博罪而被公安部门查封,其原因之一是没有处理好公益性与作为启动资金投入的民营资本的寻利性之间的矛盾[②]。浙江省台州市椒江区的"教育股份制"以及欧洲一些非营利组织的实践已经证明把股份制引入非营利组织的可能性。因此,我们认为,应当谨慎运用权益筹资以促进非营利组织的可持续发展。非营利组织的公益性与资本的寻利性矛盾的缓和可以借鉴欧洲一些非营利组织的做法,在保证组织公

---

①　陈晓春.市场经济与非营利组织研究[M].长沙:湖南人民出版社,2001:129-133.

②　张彪.郴州市体育竞猜俱乐部财务运作剖析[J].时代财会,2002,(12):40-43.

益性的前提下,在留足组织正常运转所需经费之后,再将适量的盈利分配给投资人。

六、提高财务收支透明度

非营利组织的可持续发展以社会的支持为基础。非营利组织要得到社会的支持,尽可能多地筹集资金实现其社会使命,从而实现自身的可持续发展,一定要有很高的社会公信度。而非营利组织的社会公信度主要决定于其财务收支的透明度。如果没有严格的财务制度,不做到财务收支透明,那么非营利组织的廉洁无法得到保证,资金不可能得到有效使用,必将导致非营利组织无法树立应有的社会公信度。

良好的财务收支透明度要求非营利组织应当每年定期编制财务报告,按期接受财务审计,公布财务报告与审计结果,并接受公众质询。然而,有关调查表明,非营利组织财务管理在我国没有得到应有的重视,财务制度不尽完善,相当多的非营利组织如果没有特殊情况不作年度财务报告,或者虽作年度财务报告但无严格审计,一些非营利组织的财务报告只是应付检查的一种形式。这一状况阻碍着非营利组织的发展。因此,为了实现非营利组织的可持续发展,应当规范财务管理,充分发挥资金使用的社会效益,建立严格的财务制度,确保财务收支透明度的提高,从而树立非营利组织良好的社会公信度。

第三节　非营利组织经营中的准公共产品成本

非营利组织通过生产与提供准公共产品为社会提供公益、服务,因此,关注非营利组织准公共产品的成本对非营利组织的经营管理是非常关键的。

一、准公共产品及其成本补偿

准公共产品是非营利组织为社会公益提供的各种服务,是非营利组织生产的产品。准公共产品是非营利组织的员工通过有目的、有效的劳动投入而创造出来的产物,它是通过效用满足顾客需要。尽管它不像有形产品那样具有化学性能、物理性能,然而它的生产同样包含了人类劳动,所以它同样具有价值与使用价值。一种准公共产品能满足人们一种消费需要。

准公共产品是介于公共产品与私人产品之间的物品,它既有公共产品的特征,又有私人产品的特征。纯粹的公共产品与纯粹的私人产品的区别在于:公共产品在消费者之间是不能分割的,即对于公共产品,任何一位消费者为了消费而实际可支配的公共产品的数量就是该公共产品的总量。私人产品是能在消费者之间分割的,即对于私人产品,某一商品的总量等于每一位消费者所拥有或消费的该商品数量的总和。对于准公共产品,它所提供的利益的一部分由其消费者享有,是可分的,从而具有私人产品的特征;但其利益的另一部分可由消费者以外的人享有,是不可分的,所以又具有公共产品的特征①。

非营利组织在生产和提供准公共产品的过程中会发生各种各样的资源消耗,包括物化劳动和活劳动的消耗。准公共产品成本是非营利组织生产和提供一定种类和数量的准公共产品所消耗的以货币表现的全部实有资源的总和。准公共产品成本是准公共产品价值的组成部分,包括生产和提供准公共产品时所消耗的生产资料的转移价值和所付出劳动的报酬等。

成本既是生产中资源消耗的反映,又是生产补偿的尺度,它是消耗与补偿的统一体。也就是说,成本是已经消耗而又必须在价值或实物上予以补偿的付出。这表明,作为成本的资源消耗应该予以补偿,否则再生产将难以为继②。准公共产品的生产也不例外,只有准公共产品的成本得到及时与足额的补偿,准公共产品的再生产才能得以进行。例如,高等学校特困学生享受减免学费优惠。为了在遵循能力原则补偿准公共产品成本的同时,保证准公共产品再生产的顺利进行,非营利组织应当获取社会捐赠,使准公共产品成本得到足额补偿。综上所述,准公共产品成本补偿的资金来源主要包括三个方面:消费者付费、政府支持以及社会捐赠。

二、核算准公共产品成本的必要性

长期以来人们把非营利事业当作纯消费性事业,在这种观念指导下,非营利组织只是核算收支金额,不提成本与效益。这一现实极大地妨碍了非营利组织的发展。实践表明,非营利事业是生产和提供准公共产品的事业,准公共产品的生产与消费极大地促进了社会经济的发展和人们物资文化生活水平的提高。全面建设小康社会需要非营利组织提供丰富的高质量的准公共产品,准公共产品成本核算也就成为必要。

核算准公共产品成本也是非营利组织加强经营管理的需要。财务管理是非营利组织经营管理的重要内容,成本核算与分析是财务管理的重要基础。非营利组织的经营管理应当在核算与分析准公共产品成本的基础上,控制与降低准公共产品的成本,充分发挥资金的经济与社会效益,生产与提供更丰富的高质量的符合社会需要的准公共产品,从而获得组织自身的持续发展。

核算准公共产品成本也是满足消费者知情权的需要。准公共产品的公益性决定了

---

① 陈晓春.非营利组织营销学[M].长沙:湖南人民出版社,2003:59.
② 万宇洵.成本会计学[M].长沙:湖南人民出版社,2000:3.

消费者对准公共产品生产的知情权。通过付费补偿成本的准公共产品消费者对确定收费所依据的准公共产品成本自然非常关心。

据 1998 年 7 月 3 日《南方周末》报道，海南大学 1998 年的自费毕业生提出，学校应对他们两年来的各项费用进行结算，对不合理及超出部分予以退还。他们认为，既然是自费，学生就有权知道自己的钱用在哪里。非营利组织的经营必须满足消费者的知情权，因此，应当核算准公共产品的成本。

核算准公共产品成本是合理配置社会资源的需要。随着经济的发展，居民收入的增加，消费力的提高，对准公共产品的消费需求越来越大，这就要求发展非营利组织，扩大准公共产品的生产与提供。补偿准公共产品成本耗费的付费消费者、政府以及社会捐赠者等社会资源提供者，力求社会资源得到合理配置，希望非营利组织重视成本管理，使资源得到充分有效的利用。

核算准公共产品成本是规范非营利组织经营的需要。非营利组织的发展需要国家相应的政策支持，国家在给予非营利组织政策支持的同时应当规范非营利组织的行为，政府有关部门应当根据各类准公共产品的社会平均成本，限制各类准公共产品的价格，防止某些组织打着非营利招牌利用国家对非营利组织的优惠政策非法营利。

三、推进准公共产品成本的核算

正因为准公共产品的成本核算已成为必要，因而应当从以下方面着手大力推进准公共产品成本的核算。

（一）学术界应当加强准公共产品成本核算的理论研究

准公共产品成本核算需要有理论的指导，然而我国关于准公共产品成本及其核算的理论研究才刚刚起步。在较长一段时期内，我国学术界认为，只有物资生产部门才是生产部门，其余部门则是消费部门，当然也就没有准公共产品及其成本问题。随着改革开放的深入，广义生产理论得到我国学术界的认可，对于非营利组织的研究近几年才得到重视。近年来，我国对准公共产品成本的研究主要是一些学者对教育成本与医疗成本所作的初步研究，并且有些研究是立足于市场经济，将教育与医疗作为普通产品而不是作为非营利组织所提供的准公共产品。当前，学术界尤其是会计学界，应当立足于非营利组织加深对准公共产品成本及其核算的研究，为准公共产品成本核算提供理论指导。

（二）政府有关部门应当尽快制定准公共产品成本核算规则

准公共产品成本核算应当遵循一定的规则，然而我国有关政府部门制定的会计核算规则中还没有这类规则。事业单位被认为是我国主要的非营利组织,而在我国的《事业单位会计准则》中只规范了支出的核算而未规范成本的计算。高等学校是典型的非营利组织,在我国《高等学校会计制度》中同样只是规范了支出的核算而未规范成本的计算。2005 年起实施的《民间非营利组织会计制度》只对费用进行了规定:"费用是指民间非营利组织为开展业务活动所发生的、导致本期净资产减少的经济利益或者服务潜力的流出,包括业务活动成本、管理费用、筹资费用和其他费用等。"政府有关部门应当尽快制定与完善准公共产品成本核算规则,使准公共产品成本核算有规可循。

(三) 非营利组织应当进行准公共产品成本的内部核算

理论来源于实践,非营利组织对准公共产品成本的内部核算,不仅有利于组织控制成本,加强自身管理,而且有利于准公共产品成本及其核算的理论研究的深入,有利于制定与完善成本核算规则,从而推进准公共产品成本的核算。然而,我国现阶段非营利组织普遍成本意识淡薄。非营利组织应当进行准公共产品成本内部核算,以加强自身管理并推进准公共产品成本核算。

第四节　政府对非营利组织经营的财务支持

非营利组织的经营应当获取政府的财务支持。政府对非营利组织经营的财务支持,包括对非营利组织的财务监督,对非营利组织的税收优惠,对非营利组织的资金支持,以及制定有关非营利组织的财务规范。

一、政府对非营利组织的财务监督

(一) 健全非营利组织的法律监督体系

针对非营利组织出现的财务问题,需要完善相关的法律体系,为非营利组织的健康发展营造一个制度环境。同时,针对我国政府对非营利组织进行财务监督时存在的问题,迫切需要一个完善的法律体系保证政府监督部门的权威、明确部门的职责和权力等。

1. 提高法律监督的权威性

在现有法律框架下,非营利组织的管理系统复杂,监督系统薄弱,如果捐赠财务的流转和使用缺乏一个较为明确的监督体系,就会导致捐赠者和受赠者的利益得不到有效保障。因此,要提高立法的权威性,就应建立与宪法中关于与公民结社原则相衔接的、用来规范非营利组织的单行法——《非营利组织法》,以此全面规范非营利组织的性质、法律地位、管理体制、运行机制、监督机制等,将各类非营利组织及其相关事业纳入法制化轨道。

2. 完善法律监督的范围

虽然目前税法和审计法等法律都包含对非营利组织的财务监督,但是从目前现状看,很多法律对政府部门的财政支出监督流于形式,对非营利组织的财务监督形同虚设,所以,要完善相关税法、审计法和会计准则,以完善非营利组织法律监督的范围,真正形成一个全面而完整的法律监督体系。

3. 保证法律监督的可操作性

我国非营利组织的立法不但存在结构上的空白,需要加快立法进程,同时,现有的法律法规也存在内容上的缺陷,需要对其完善,以加强其可操作性。在缺乏上位法的情况下,我国目前对非营利组织的监督和管理主要依据四个条例:《基金会管理条例》、《社会团体登记管理条例》、《民办非企业单位登记管理暂行条例》、《事业单位登记管理暂行条例实施细则》。这四个条例对非营利组织的行政管理涉及内容较多,对非营利组织的财务监督内容则不是很多,主要是对非营利组织盈余分配的约束、支出比例规定、行政开支比重规制、账目公开规制等。而且这些规定有些很笼统,有些很僵硬,其操作性并不是很强。

4. 加强法律监督的执行力度

目前,我国政府部门对非营利组织的财务监督存在问题,除法律制度不完善外,还有一个重要原因是监督部门没有监督的意识,并且相互之间缺乏合作,导致法律监督的执行大打折扣。出台一部《非营利组织财务监督法》调整政府监督主体部门的法律关系是很有必要的,通过此法律,将政府财务监督部门的工作范围、程序、义务、法律责任等以法律或行政性法规的形式系统地予以明确并且固定下来,从法律上确定政府财务监督的地位。使政府财务监督部门的监督工作法律依据更加充分,将有利于解决政府财务监督主体存在的"主体缺位、越位、错位"等问题。在该法中还应规定对政府部门监督失职的责任追究,一旦非营利组织出现财务问题,就要追查在哪个监督环节上存在失职。如果这种失职确实导致财务问题出现,就要追究该环节监督部门的失职,以此提高政府监督部门的监督意识,保证政府部门对非营利组织财务监督的执行力度[①]。

(二)改革非营利组织的政府财务监督体制

法律制度的完善是对非营利组织进行财务监督的基础和前提,除此之外,还需要有一个良好的政府对非营利组织的财务监督体制。该体制的构建是要改革现有体制中的

---

① 侯江红.公益组织财务监督机制研究[J].事业财会,2007,(5):2-5.

不合理因素,理顺各监督部门的职责,构建部门间的协调和联动机制,以充分发挥政府部门对非营利组织的财务监督作用。

1. 改革"双重管理体制"

我国的非营利组织实行的是登记管理部门和业务主管部门负责的"双重管理体制",该体制注重非营利组织的登记管理环节,但登记之后的控制较为松散。有的学者认为这种两个部门对同一组织进行重复管理没有必要,严重不适应非营利组织的发展,应该取消这种体制。有的学者认为我国的非营利事业发展刚起步,需要加强对其管理,"双重管理体制"是适合中国国情的。现实情况是非营利组织的登记管理部门和业务主管单位的监督工作只有"初审"和"终审"先后程序上的区别。也就是说,同一事项,必须经过两个机关分别审查一次,并无监督内容上的具体分工,而这才是该体制的弊端所在。所以,改革"双重管理体制"关键是明确两个部门的职责。具体而言,可以做如下设想:登记管理机关只负责非营利组织的登记、变更和注销时的相关财务审核工作,因为非营利组织种类繁多,民政部只应对共性问题进行管理,如果对众多的非营利组织进行日常监督管理,势必会因为业务上的不熟悉和精力有限而降低监督效率。登记之后的日常财务监督和年终财务审核工作应交给业务主管部门负责,因为该部门一般只需要管理一个非营利组织,而且对该组织的业务也比较熟悉,所以监督效率会更高。当然,这会涉及业务主管部门的监督积极性问题,因为对非营利组织的监督管理是其"分外之事",是他们履行正常职能以外的一种工作,这种职能在他们各自的单位或部门并不是主要业务。因此,业务主管单位的上级部门需要将该单位管理非营利组织的好坏列入其绩效考核,以增强其积极性。

2. 建立政府监督部门间的协调机制

除了登记管理部门和业务主管部门以外,法律授予税务部门、审计部门、财政部门对非营利组织行使财务监督权力,监督主体的多元化必然导致各部门监督职权划分不合理,其后果是各部门在开展监督工作时常常出现交叉或重叠,影响政府对非营利组织进行财务监督的效能。建立各政府监管部门之间的监督协调系统有利于创造政府财务监督发展的环境,可从如下几方面入手:

(1)在对非营利组织财务案件进行跟踪调查时,各监督部门应该定期召开联席会议,对正在调查的财务案件互相交换意见,共同研究调查执法事宜,以明确下一阶段的任务分工。这种方式有利于发挥政府财务监督的整合力,还能及时发现各自的监督盲点。

(2)这些部门要共同制定一些对非营利组织进行财务监督的规范,重点解决各部门在监督过程中存在的冲突和矛盾,实现各部门在监督过程中的有机结合,减少监督过程中的盲目性[①]。

（3）政府各部门之间应该建立信息共享机制，每个部门所掌握的信息各有偏重但都不是最完整的，因此将各部门的信息整合共享可以最大限度地降低信息不对称带来的不便。所以政府各部门的执法人员在对共同案件进行调查时，应该相互交换信息，而各部门也应积极利用政府信息平台或者其他网络系统，在各部门之间建立计算机联网系统，以实现对非营利组织的有效管理和监督。

（三）完善非营利组织财务信息的强制性披露制度

非营利组织财务信息的披露包括组织对公众的自愿性披露和组织向政府的强制性披露[②]。向公众的自愿性披露的目的是为了让公众更了解该组织，提升该组织的公信力，以得到更多的募捐。但是在我国，很多非营利组织资金的主要来源并不是公众的捐款，而是政府的财政拨款，因此其对公众的自愿性披露存在动力不足，而且也只会披露对组织有利得信息，对组织不利的信息予以回避。因此，需要加强政府对非营利组织财务信息的强制性披露[③]。

1. 财务信息披露的内容

关于非营利组织信息披露的规定，在我国的相关法规中都有所体现。例如，《社会团体登记管理条例》《民办非企业单位登记管理条例》都规定非营利组织应该向业务主管部门报告接受、使用捐赠的有关情况，并应当将有关情况以适当方式向社会公布。《民间非营利组织会计制度》也规定，非营利组织的财务信息披露是财务会计报告的形式，财务会计报告由会计报表、会计报表附注和财务情况说明书组成。会计报表是财务会计报告的主体部分，反映的是经过确认和量化的财务信息，包括资产负债表、业务活动表和现金流量表。会计报表的内容基本可以反映非营利组织的财务活动情况，但如果增加一些信息披露指标，将更能好地保证披露信息的有效性。目前，非营利组织的财务报表中包括一些量化的指标，如公益支出率、工作人员工资福利支出和行政办公支出比率。建议增加考察非营利组织公信力的指标，如政府资助项目及募款增长率和净资产增长率等。通过对这些指标的考核，可以促使非营利组织加强内部财务管理、提高资金利用率。

2. 财务信息披露的路径设定

由于非营利组织自愿性财务信息披露动力往往不足，所以，需要通过政府对非营利

①　程昔武.非营利组织治理机制研究[M].北京：中国人民大学出版社,2008,34-54.
②　钱玮亭.论强制性信息披露的度.决策与信息J·财经观察,2005,(7)：50-51.
③　赵明,王霞.从经济学的角度看强制性信息披露[J].新疆财经学院学报,2006,(2)：78-81.

组织的财务信息进行强制性披露。基本路径应该是：非营利组织要无条件地向登记管理机关和税务部门提交有关财务报告。政府部门对财务信息进行审核后，以各种方式向社会公众公开非营利组织的财务信息。对于定期不递交财务报告或者递交的财务报告存在作假行为的非营利组织，政府部门应给予相应的处罚，以保证信息披露制度的行之有效。

（1）向登记管理机关提交财务报告。已登记注册的非营利组织应向登记管理机关提交内容合理的详细的年度财务报告，若该组织经常举办对公共利益有重大影响的活动，管理机关可要求更频繁的报告次数。当然也要考虑非营利组织的规模，为了避免施加无意义或繁重的报告要求，对小型非营利组织要求不同的报告责任是合理的。

（2）向税务机关提交税务报告。除了向登记管理机关提交年度财务报告外，非营利组织向税务机关提交税务报告是信息披露的另一途径。通常税务机关不适宜检查与赋税没有直接关系的财务信息，所以，税务报告反映的应该是组织接受捐赠额、从事营利活动收入所得额等信息。

（3）政府部门将非营利组织的财务报告向社会公布。由于非营利组织的自愿性披露动力不足，一方面，需要政府督促非营利组织向社会公布财务信息；另一方面，政府将非营利组织提交的财务报告通过政府部门的网站向社会公布，以弥补非营利组织动力不足问题。

3. 加强财务信息真实性审核

无论非营利组织财务信息强制性披露制度设计得多么合理，如果没有一套有效的外部监督措施保证非营利组织披露的财务信息的真实性，制度设计无疑是纸上谈兵。因此，需要政府部门加强对财务信息真实性的审核。

（1）需要建立一种对财务信息的真实性进行评估的机制。目前，我国对非营利组织的系统性的评估机制尚未建立，但是，对非营利组织的某一方面进行评估是可行的。在独立的第三方评估机制没有建立起来的情况下，可以建立一个由政府部门授权的、相对独立的评估部门，该部门对政府负责，评估结果直接交给上级政府部门。还可以在非营利组织的登记管理机关即民政部门内设置一个下属事业单位——专门性的非营利组织财务评估管理机构，该机构主要负责评估非营利组织的财务报表是否真实、财务支出是否合理以及对资金使用效率进行评估，并将评估结果呈报给民政部门，为民政部门对非营利组织进行年检提供依据。如果这种评估机制能够切实发挥作用，可以对非营利组织形成一种约束力，促使非营利组织真实地披露财务信息。政府应积极引导这种评估机制的建立。

（2）发挥审计部门对财务信息披露的审计监督作用。对非营利组织的财务信息披露离不开审计部门的审计和监督。为确保非营利组织的健康发展，必须强化对非营利组织的审计和监督,进一步完善政府对非营利组织的强制性信息披露制度。审计部门对非营利组织财务信息披露的审计监督主要是在非营利资金的完整和安全使用方面,要检查其是否按国家有关规定将资金用于社会公益事业,是否实行收支两条线管理,是否专款专用,年度决算和有关的会计账簿、凭证是否真实合法以及是否有违规使用资金的情况①。这就对审计部门的监督能力提出了要求,审计部门工作人员不仅要具备会计方面的专业知识,还要熟知相关法律政策和非营利组织的运作特点。此外,审计部门还要和登记管理部门配合,有必要的话可以与登记管理部门进行交流,掌握非营利组织有关信息,并及时将审计结果反馈给登记管理部门,向社会公众公布审计结果。

（3）为了进一步保证披露信息的真实性,应该建立非营利组织财务信息披露失真的惩罚制度。当审计部门审查出存在虚假财务信息,可对该组织进行罚款,并要求其重新上交财务报表。建立由民政部门代表受益人的整体利益提起诉讼的慈善公诉制度,对信息披露存在严重问题的非营利组织提起诉讼,以法律的威慑力对非营利组织进行有效约束。

二、非营利组织财务规范的制定

非营利组织是为社会公益服务的机构,政府制定非营利组织财务规范是对非营利组织经营的有力的财务支持。财务规范是引导非营利组织财务行为的手段,它使非营利组织的财务有规可循。非营利组织的经营应当遵循政府制定的相关财务规范,确保为社会公益服务目标的实现。同时财务规范也为社会衡量非营利组织的财务行为是否合规提供了客观标准。非营利组织合乎规范的透明的财务收支行为能大大提高非营利组织的社会公信度,从而更有利于非营利组织获取更多的财务资源,更好地服务于社会。

我国政府制定的各行各业的财务规范中,有许多关于非营利组织的财务规范,诸如《预算法》、《事业单位财务规则》、《文化事业单位财务制度》、《科学事业单位财务制度》、《高等学校财务制度》、《中小学校财务制度》、《文物事业单位财务制度》、《广播电视事业单位财务制度》、《体育事业单位财务制度》、《农业事业单位财务制度》、《测绘事业单位财务制度》、《计划生育事业单位财务制度》、《医院财务制度》。这些财务规范无疑为我国非营利组织的经营提供了有力的财务支持。

我国关于非营利组织的财务规范还有待完善。一方面,这些非营利组织的财务规范都是有关公立非营利组织的财务规范,民间非营利组织的财务规范有待制定。我国《民间非营利组织会计制度》在经过两年的征求意见与修订后,2004 年颁布,2005 年 1 月 1 日起实施,不过这一制度只是对民间非营利组织会计核算的规范,不是对民间非营利

---

①　侯江红.公益组织财务监督机制研究[J].事业财会,2007,(5):2-5.

组织财务行为的规范。另一方面,上述财务规范都是 20 世纪 90 年代制定的,其中很多规范已经不适应事业单位改革的新形势。为了促进事业单位的改革,使事业单位改造成为真正的非营利组织,很有必要对上述财务规范进行修改。

三、政府对非营利组织的税收优惠

(一)对非营利组织的税收优惠政策

世界各国基本上都制定相应的税收优惠政策,以促进非营利组织发展。对非营利组织的税收优惠政策主要包括两个方面,一是关于非营利组织本身的税收优惠政策,二是关于向非营利组织捐赠的单位与个人的税收优惠政策。非营利组织的税收优惠范围与程度在不同的国家存在较大的差别。在有些国家,组织的非营利宗旨是确定享受税收优惠待遇的主要依据。例如,美国税法 501(C)(3)规定,符合下述三个条件的组织可以享受免税待遇:①该组织的运作完全是为了从事慈善性、教育性、宗教性和科学性的事业,或者是为了达到该税法明文规定的其他目的;②该组织的净收入不能用于使私人受惠;③该组织所从事的主要活动不是为了影响立法,也不干预公开选举。在有些国家,只有某些类型的非营利组织才能享受税收优惠待遇。例如,英联邦国家中只有纯粹从事慈善活动的组织才有资格享受税收优惠待遇。通常,以公共利益为目的组织或者对全民健康和社会福利至关重要的组织,在各个国家都享受最优惠的税收待遇。

我国的法规政策中,也有一些对非营利组织的税收优惠政策。例如,1999 年颁布实施的《中华人民共和国公益事业捐赠法》规定,公司和其他企业及个人依照该法规定捐赠财产用于公益事业,依照法律、行政法规规定享受所得税方面的优惠。国家税务总局 1999 年 4 月印发的《事业单位、社会团体、民办非企业单位企业所得税征收管理办法》规定,对事业单位、社会团体、民办非企业单位的一些收入项目免征所得税。财政部和国家税务总局 2000 年 7 月发布的《关于医疗卫生机构有关税收政策的通知》、2001 年 2 月发布的《关于非营利性科研机构税收政策的通知》,分别对非营利性医疗机构和非营利性科研机构的税收优惠政策作了相应规定。

(二)完善我国非营利组织税收政策的思考

尽管我国已经有了一些与非营利组织税收有关的政策,为了促进非营利组织的发展,我们认为,应当从以下方面着手,进一步完善有关非营利组织的税收政策。

1. 从税法的角度界定作为税收优惠主体的非营利组织

非营利组织一词当前并无明确的内涵与外延。有人建议,国家应以法律的形式规范非营利组织,这无疑是一个有益的建议。我们认为,给予非营利组织以税收优惠,至少应当从税法的角度对作为税收优惠主体的非营利组织进行界定。

作为税收优惠主体的非营利组织必须具备两个特征，一是非营利性，二是公益性。非营利性特征是指非营利组织不以获取利润为目的，不向他们的经营者或"所有者"提供利润。公益性特征是指非营利组织是为社会公益服务的组织，他们提供服务是服从于某些公共目的和为公众奉献。

作为税收优惠主体的非营利组织的设立必须符合一定的条件，以保证组织的非营利性与公益性。其设立条件至少应当包括：符合非营利性与公益性的组织章程，并在章程中明确规定权力机构的设置和结构以及执行决策的程序；一定数量的运转资金；一定数量的工作人员。

作为税收优惠主体的非营利组织的设立必须经过有关机关的审批。审批机关必须对批准成立的非营利组织进行定期的检查审核，以确认非营利组织的非营利性与公益性，对于不符合非营利性与公益性的应当坚决撤销，防止一些单位假借非营利组织名义从事营利活动。

2. 对作为税收优惠主体的非营利组织免征所得税、营业税与增值税

对符合税收优惠条件、运行规范的非营利组织，为促进其持续发展，应当给予免征所得税、营业税与增值税的税收优惠。

为了使非营利组织获取更多的资金服务于社会公益事业，应当允许非营利组织在一定的范围内从事与非营利事业并不相关的经营活动，只要这些经营活动的所得不是组织的主要收入来源，并且这些经营活动所得将用于拓展非营利事业。因此，免征所得税的优惠不仅仅包括对非营利组织的非营利活动所得免税，也应当包括对非营利组织的其他所得免税；免征营业税与增值税的优惠不仅仅包括对非营利组织从事非营利业务免税，也应当包括对非营利组织从事其他经营活动的免税。

3. 对作为税收优惠主体的非营利组织的非公益性支出征收支出税

非营利组织的支出分为公益性支出与非公益性支出。公益性支出是指为开展业务活动以实现其社会公益使命而发生的各种资金耗费。非公益性支出是其他方面发生的各种资金耗费。公益性支出应当在非营利组织支出中占绝对大比例，非公益性支出则应当限制在一定范围内。

为了促进非营利组织最大限度地实现其为公益服务的社会使命，将收入与所得尽可能多地用于为公益服务，应当对非营利组织的非公益性支出征收支出税。当然，这需要制定政策以正确划分公益性支出与非公益性支出。

4. 对向非营利组织捐赠的单位与个人给予所得税优惠

为了鼓励社会各界支持非营利组织的发展，促进非营利组织更好地实现为公益服务的社会使命,任何单位和个人在向作为税收优惠主体的非营利组织捐赠时,应当给予其所得税优惠,即允许捐赠人在交纳所得税时按照一定标准将捐赠款从应纳税所得额中扣除。

只要接受捐赠的非营利组织符合税收优惠条件且运行规范,即非营利组织经过审批具有税收优惠主体资格,就应当对捐赠人的捐赠给予所得税优惠。如果接受捐赠的组织不是具有税收优惠主体资格的非营利组织,则不能对捐赠人的捐赠给予所得税优惠。

四、政府对非营利组织的资金支持

政府的资金支持,是世界多数国家的非营利组织获取收入从而得以不断发展的根本原因。美国霍普金斯大学非营利部门比较项目涉及总数 42 个国家的调查研究发现,作为世界上一支超乎人们预料的非常重要的经济力量,非营利部门近些年来在大多数国家都取得了长足的发展。在这种发展的背后,政府的资金支持具有十分重要的作用。在 1995 年22 个国家非营利部门所获得的收入中,有 40% 来自政府支持。除西班牙和芬兰以外的西欧国家,非营利组织的收入以政府的赠款和合同拨款为主。尽管不同国家存在差异,但政府对非营利组织在资金上予以较大的支持是项目所涉国家的一般模式。

政府对非营利组织的资金支持,建立在一种"伙伴关系"的理念上。按此理念,高度合作而非冲突、相互支持而非替代是政府和非营利组织关系中最主要的内容。如政府和非营利部门共同分担社会福利责任,通过由政府提供资助而由非营利组织具体负责各种服务的提供这样一种模式,有效地管理社会福利事业。此时,政府不是作为非营利组织的替代者出现,而是作为支持非营利性活动并使之得以扩展的最重要的"慈善家"存在。非营利组织也没有替代政府,而是有力地推动政府资助下的社会福利事业的发展。政府和非营利组织合作带来的效果是:在政府资助的社会福利事业不断扩展的同时,政府规模不必扩大,从而提高了政府效率和资源利用率。

在我国,政府同样对非营利组织给予极大的资金支持。事业单位被普遍认为是我国的公立非营利组织。然而,我国的事业单位是计划经济体制下的产物,它们与国有企业一样,是国家兴办并由国家管理的,按照国家计划运行的机构。传统的事业单位管理体制割裂了非营利组织与市场的必然联系,政府作为公办非营利组织的唯一投资者,又限制了这些组织的服务质量和办事效率,减弱了它们的外部竞争压力。我国的社会主义性质要求政府负起发展科教文卫等公益性事业的责任,然而,对于一个发展中的大国,完全由政府包揽所有公益事业,不仅面临财力方面的压力,还会带来质量、效率等方面的问题,这已为目前的改革事实所证明。我国现阶段的国情决定了事业单位的改革应当是将事业单位改造成真正的非营利组织,政府对非营利组织的资金支持只能是建立在"伙伴关系"基础之上的适当资助,而不能再对非营利组织全部供养。

第十章 非营利组织经营的信息化与网络营销

信息化不单是计算机系统和网络的建设,也不单是信息资源的开发利用,而是管理体制、组织结构、业务模式与这两者的结合。简单地说,就是技术、信息、管理的相互融合。组成社会的三个部门(企业、政府、非营利组织)的信息化发展是相互补充、紧密联系的。当今,电子政务、电子商务已经被广泛应用于政府和企业之中,作为为社会提供准公共产品的第三部门——非营利组织的信息化进程也逐渐受到社会的广泛关注。

第一节 非营利组织信息化的概念

一、信息化的概念

对于信息化的概念理解众说纷纭。有学者认为,信息化是指由工业社会和工业经济在电子信息技术的驱动下,向信息社会和信息经济发展和演变的过程。也有学者认为信息化是培养、发展以计算机为主的智能化工具为代表的新生产力,并使之造福于社会的历史过程。已经形成的共识的是,信息化是由以下四个方面的基本要素构成的:一是信息化的基础设施,即包含信息资源、信息网络以及信息政策与行业标准等顶层设计;二是信息技术和信息产业,技术必须依附于产业的发展才有可持续力,信息技术越发展,信息产业越兴旺,信息化的程度则越高;三是信息技术的应用,包括计算机技术在各行业的运用,如办公自动化、远程教学等;四是信息化所需人才。

总而言之,信息化是指使用先进的信息设备和装置以及信息技术,大力开发和利用信息资源,建立信息网络,使信息化应用于社会生活的各个层面、各个部门,如经济、科技、医疗、教育、政务、军事,从而促进社会发展,改善人们的生活,拓展活动的时空。

二、非营利组织信息化

任何企业和部门的信息化都是一种是集先进管理理念和现代科学技术融为一体的

系统工程。而从以上信息化概念推断,我们不难得出非营利组织信息化的含义:通过广泛利用计算机技术、网络技术等一系列现代电子信息技术,有效地开发和利用信息资源,使准公共产品的研究、开发、设计、制造、销售、服务,以及非营利组织的经营、管理、决策实现自动化,从而提高组织的社会效益和经济效益,并增强市场竞争力。[①]

非营利组织信息化的核心内容是运用先进的计算机技术,结合系统工程等管理理论,将非营利性组织各项组织行为纳入信息化管理,通过即时将信息对内、外的分享与传递,达到为社会各界提供信息服务和社会管理服务的目的,也为提升组织内部的行政效率、规范办事行为,实现办公现代化奠定基础。同时,随着科技的进步,支撑信息处理的硬件环境不断更新换代改善,支撑信息处理的操作系统和应用软件等软环境也日益完善,随着与非营利性组织运行情况相关的数据库越来越受到重视和应用,也随着我国信息立法和非营利性组织管理条例制定进程的加快,非营利性组织信息化的内涵也将不断丰富。

非营利组织信息化战略是将计算机专业技术知识与高层管理的愿景相结合,并在组织战略管理中起到极大的作用。因此,我们不能把信息技术简单地看成一种管理工具,它是一种战略力量,不充分利用信息技术的组织,就要冒被时代抛弃的风险。[②]

三、非营利组织信息化的特征

非营利组织与营利组织以及政府部门相比具有组织性、民间性、非营利性、自治性、志愿性以及公益性,它的这些特性决定了其信息化的特点。

(一)信息化建设资金供应不足

非营利组织提供的非营利性、公益性服务决定了非营利组织难以根据市场来定价,其定价水平受国家政策、伦理道德、社会风俗习惯等限制,往往比市场的正常价格要低,从而压缩了非营利组织的利润空间,使得非营利组织经营性纯收入往往很难支撑整个组织的信息化建设。

(二)信息化建设规模普遍较小

非营利组织具有民间性、自治性和志愿性,很多非营利组织是民间自发形成的,规模小,经营收入不稳定,主要依靠政府拨款与捐赠运营。对这些组织来说,大规模的信息化建设是不可能也是不合理的,一般来说普通的办公设备以及信息网络便可支撑该组

---

①　侯炳辉.企业信息化领导手册[M].北京:北京大学出版社,1999.
②　甘利人.企业信息化建设与管理[M].北京:北京大学出版社,2001.

织的运行。

（三）要求高度的信息资源共享

中小规模的非营利组织普遍存在于社会的各个领域，其规模虽小，起到的作用却是不可小觑的。但这些组织难以依靠自身的资金完成高度共享的信息系统的建设，难以依靠自身的力量搜集各种数据。因此要求各组织能从全社会的角度考虑自身在信息化建设中的地位、任务，将整个社会非营利组织信息化建设的任务化整为零，渗透到各个组织自身的建设，同时又要能够集零为整，从整个社会的角度看具有一定的规模效应，这样才能够充分利用社会资源推动自身发展，从而也解决了"搭便车"的问题。

（四）不同领域信息化深入程度不同

非营利组织提供的公共服务涉及社会生活的方方面面，如"就业培训、抚养贫困儿童、针对低收入者的房屋中介、医疗保健、照看老幼、培育邻里关系、保护生态环境、提供文化娱乐设施、关注精神需求、引导研究焦点问题、发表各种观点、整合社区力量，从事有价值的事业，代表众多团体利益，更代表市民组织的几百万支援者的利益"。[①]

不同的领域对人员与资金、人员与技术装备的配备要求是不一样的，人与信息技术的可替代程度也不尽相同，意味着各行业、各领域的信息化建设的深入程度可以根据各自的需要进行有针对性的规划、投资与建设。如学术性社团，主要以学术交流为基础，行业性社团主要为本行业的发展服务，促进本行业的信息共享与利用，专业性社团注重其本专业的信息交流与专业发展。

四、我国非营利组织信息化发展现状

（一）教育信息化

教育信息化不是简单的"教育＋信息化"，而应该是由"全新的教育理念 XIT 产品"构成，只有将教育理念、IT 产品和教育资源融合起来，才能实现真正的教育信息化。教育信息化的主要特点是以多媒体和网络通信为基础，在教学过程中广泛应用现代化信息技术，促进现代教育的全面改革，满足信息化社会对于教育发展的新要求。它主要表现在：教育观念的现代化，教育空间的网络化，教材的多媒体化；教学资源的全球化和共享化；教学方式的交互性、开放性和协作性；教学技术的智能化；教学个性化、学习自主化、活动合作化、管理自动化、环境虚拟化；等等。

---

① 何振华. 非营利性组织在公民社会建设中的地位和作用[J]. 赤子. 2008(09)

近年来,我国教育信息化建设取得了很大成绩,尤其在高校教育信息化基础设施建设方面,截至 2008 年年底,我国现代远程教育试点高校网络教育学生达 612 万,在读学生约 255.9 万人。这些信息技术的出现及普及,为更多人圆了大学梦,也为促进国民素质的普遍提高创造了良好的条件。据 2009 年 5 月由清华大学计算机中心主办,高教学会教育信息化分为协办的"第五届高校信息化可持续发展研究会"数据,目前,我国教育信息化的基础设施建设有了较快的发展,CERNET 已经连接全国 2 000 多所高校,天地合一的现代远程教育网络建成。目前,CERNET 主干网传输速率达到 2.5Gbps～10Gbps,地区网传输速率达到 155Mbps～2.5Gbps,覆盖全国 31 个省、市、自治区的 200 多座城市,联网的大学、教育机构和科研单位超过 1 800 个,用户超过 2 000 万人,成为世界上最大的国家级公益性计算机互联网。我国第一个下一代互联网 CERNET 2 已经开通,并服务于 100 多所高校,CHINAGRID 取得重大进展,聚合计算机能力和存储能力超过 16 万亿次和 180TB。52.7%的高等学校建成校园网络,高校多媒体教室达到 43.65%,学生与计算机的数量比例达到 19∶1,教师与计算机的数量比例达到 2∶1。高校有 53%的课程采用多媒体教学,教育电子政务也得到进一步的普及,与信息技术相关的人才培养长足发展,标准建设与关键技术取得明显进展。高等教育文献保障体系 CADLIS、高等学校仪器设备和优质资源共享系统 CERS,以及中国教育科研网格(China-grid)等公共服务支撑项目均取得了长足的进展①。

(二) 医疗信息化

医院是医疗行业 IT 应用市场的主体,各种大、中、小型医院基础信息网络和相关信息系统的新建与改造项目带动了 IT 产品的广泛应用,提高了医疗信息化整体水平,促进了医院加快信息化建设步伐,改善了管理和业务效率,提高了医院的综合竞争力。由于受 SARS 疫情的影响,国家对公共卫生信息系统建设的关注度陡然上升,并对该系统进行了重新规划和整体设计,资金投入也较往年有极大增长。例,江苏省人民医院(南京医科大学第一附属医院)是江苏省规模最大的综合性医院,担负着全省医疗、教学和科研三项中心任务,多年以来,一直重视医院信息化的建设,不断的完善医院的应用系统。2006 年该院充分考虑了信息化的需求,红帆 OA 医疗版为省级综合医院实现了医院行政管理与知识管理信息化,方便不同部门、岗位间进行协同工作,为医院管理者提供决策所需的全面即时信。该院启动 ioffice. net 系统的功能模块有:信息传递、通知公告、论坛、收发文管理、流程管理、表单管理、会议管理、文档管

① 朱小荣.学生视角下的高校教育信息化发展现状调查——基于五所高校的问卷调查研究[D].扬州:扬州大学硕士学位论文,2010.

理、手机短信、档案管理等。借助 iOffice. net,医院建立了完善的管理制度,强化对专用功能模块管理员的操作培训和管理培训,对系统建设后的上岗职工进行严格考核,规范了院内行政事务管理。自此,该院逐渐成为一家信息资源高度共享,服务于临床、注重科研的高水平的数字化医院。

中国医疗(卫生)行业信息化建设进展迅速,投资金额加大,但多偏向于硬件投资。经初步测算,2009—2011 年各级政府需要投入 8 500 亿元,其中中央政府投入 3 318 亿元。而根据 IDC 的分析预测,2010 年我国医疗整体 IT 硬件、软件与服务市场投资规模将达到 120 亿元,2007—2011 年,我国医疗行业信息化投资规模的年复合增长率有望达到 17%。另据卫生部统计信息中心主任饶克勤表示,新医改 8 500 亿元的投资中,信息化建设投资的比例"肯定不止 100 亿"。所有数据指向,超百亿规模的医疗信息化市场吸引着无论是国外还是本土,无论是经验丰富还是初涉医疗卫生信息化领域的各个企业。[①] 但医院信息系统的建设地区分布不均衡,华东地区医院信息系统的建设比例很高,而西北地区的建设比例相对偏低。

此外,卫生部也在近期已完成了"十二五"卫生信息化建设工程规划编制工作,初步确定了我国卫生信息化建设路线图,简称"3521 工程",即建设国家级、省级和地市级三级卫生信息平台,加强公共卫生、医疗服务、新农合、基本药物制度、综合管理 5 项业务应用,建设健康档案和电子病历 2 个基础数据库和 1 个专用网络建设。

(三)电子政务

电子政务是指政府机构运用现代计算机和网络技术,来实现管理和服务功能,是面向政府机关内部,政府机构之间、政府与企业以及政府与社会公众的基于信息技术的综合信息系统。因此电子政务相应的由三个部分组成:一是政府部门内部的办公自动化;二是政府部门通过计算机网络实现信息共享和实时通信;三是政府与社会企业、公众之间信息交流的网络化的以及电子互动化。

从政策方面看,早在 1992 年,我国国务院办公厅就提出建设全国行政首脑机关办公决策服务系统的目标和具体实施方案,并在全国政府系统推行办公自动化,著名的"三金工程"也开始于此。截止与"十一五"的最后一年——2010 年,我国已基本建成覆盖全国的统一的电子政务网络,初步建立信息资源公开和共享机制。"两网一站四库十二金"[②]项目也进展顺利,大部分省份、地区的各级政府门户网站系统、协同办公 OA 系统、网上审批系统、企业信用信息系统、电子印章系统、应用安全管理系统、电子监察系统也

---

① 中国报告大厅市场研究报告网. 2010 国内医疗信息化趋势报告. 2010.
② "两网一站四库十二金","一站",是政府门户网站;"两网",是指政务内网和政务外网;"四库",即建立人口、法人单位、空间地理和自然资源、宏观经济等四个基础数据库。

已经陆续建成,或正在调试当中。

宏观上分析,借鉴国外电子政务发展历史经验,结合我国电子政务发展特点,我国电子政务发展进程将呈现以下四个阶段:第一阶段是办公自动化与政务信息上网阶段。第二阶段是业务信息化与网上政务阶段。第三阶段是流程优化与全面普及阶段。第四阶段是深化提升和政务创新阶段。第四阶段是以政务处理系统集约化整合形成施政基础设施和为高效落实党和政府的治国方略而不断产生的政务创新为显著特征,是电子政务的成熟阶段,本阶段目标是借助虚拟政府形态支持政府体制机制改革和持续的政务创新。就当前我国电子政务的发展状况而言,我国正处于"流程优化与全面普及阶段"的第三阶段,要像早日步入更高的阶段,我们任重而道远。

第二节　IT 与非营利组织经营

非营利组织信息系统是一个集成的概念,它包含了基础设施建设、组织的体制和规划、人们的文化和观念以及组织信息系统在组织其他战略中的应用和体现。本章从非营利组织信息系统框架,组织信息系统规划、建设与维护几个方面阐述什么是非营利组织信息系统以及如何建立非营利组织信息系统。

一、非营利组织信息系统框架

(一) 组织信息系统框架

简单地说,组织信息系统框架就是以管理为核心,以信息技术为物质基础,在此基础上采集、加工、处理信息资源,从而为整个组织的运作提供先进的设备和技术以及有效的信息。整个框架分成三层:

内层:是组织运作/管理层,是组织信息化系统的中心环节,即决策层、管理层和相

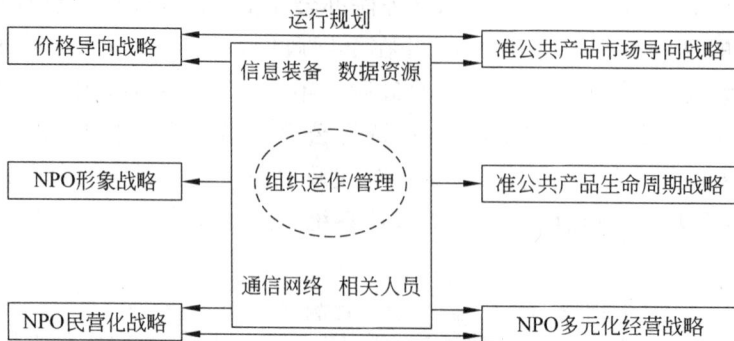

图 11-1　非营利组织信息系统框架图

关人员如何利用信息技术和网络,实现更高效、更高质量的经营活动,这是组织信息化的最终目的。

中层:是基础设施层,它围绕中心环节进行基础设施(包括信息装备、通信网络、数据资源和人力资源)等方面的建设,这是推动信息化经营的基本发力点。

外层:是运行规划层,基础设施建设、信息系统的开发和利用必须通过系统有效的规划管理(包括民族文化、组织文化、思想观念、信息化投资、运行规则等)保证。这些因素会在很大程度上作用于信息化战略制定、实施和评价的过程。

信息流(箭头所示)。信息系统在一定运行规则下产生组织特有的信息流,这些信息流为组织进行其他战略制定、实施和评价提供有效的依据,同时信息流产生的物质基础(信息化基础设施)同样成为其他战略有效实施的物质基础。例如:从生命周期看,很多民营院校、医院通过互联网以及物联网营销,以吸引更多的顾客,利用信息化装备和技术为顾客提供高质量服务,树立组织的良好形象,从而可以加速该组织的成长、成熟并延缓衰老。从多元化经营的方面思考,信息化基础设施以及信息资源的共享,简化了组织结构,提高了信息资源利用效率,大大节省了机构重置和管理的费用,降低了信息传递失灵的概率,为组织多元化经营提供了便捷的途径。

组织信息系统的开发是一项长期的、复杂的、困难且昂贵的工程,不能一蹴而就。因此,对信息化的规划管理具有非常重要的意义。对组织信息系统的规划包括两个层次:①宏观层面,即国家或地区层次上的宏观规划,是国家和地区结合其组织发展需要,考虑各种条件以及相关法律法规而制定的规划;②非营利组织个体层次上的微观规划,主要是根据国家和地方政府的整体规划以及本组织的发展目标、具体条件和需求,制订本组织信息化目标和实施方案,并对信息化的进程进行管理监控。本章从主要微观层面考察。

(二) 组织信息系统的基础设施

信息系统的构成要素一般包括:通信网络、信息装备、应用信息系统、数据资源以及相关人员。

(1) 通信网络。通信网络包括组织内部和外部的信息网,可以传递数据、语音、图像、视频信息,从而实现资源共享。如局域网(LAN)、广域网(WAN)、因特网(Internet),以及内部网(Intranet)和外部网(Extranet)、万维网(World Wide Web)。

(2) 信息装备。信息装备包括计算机硬件、软件和各种终端设备。硬件通常包括中央处理器、视频显示器、键盘、网络接口插件、起连接作用的电线,以及打印机、扫描仪、操纵杆、绘图仪、扬声器等。软件通常包括文字处理程序、电子表格软件、图形和图像处理软件等。

（3）应用信息系统。应用信息系统是为组织生产、经营、管理服务的各类信息系统。根据不同的标准有不同分类方式，例如从企业生产过程角度看，有计算机辅助设计（CAD）、计算机辅助生产（CAP）、计算机辅助制造（CAM）、集散控制系统（DCS）；从组织管理过程看，有事务处理系统（TPS），管理信息系统（MIS），决策与支持系统（DSS），主管信息系统（EIS），智能支持系统（如 ES）；从职能部门角度看，有会计信息系统、财务信息系统、生产信息系统、销售信息系统、人力资源信息系统；从办公自动化角度看，有文字处理系统、桌面出版系统、电子邮件系统、图形图像处理系统、电子日程管理、语音信箱、视像会议等；从集成一体化角度看，有物料需求计划（MPR）、制造资源计划系统（MPRⅡ）、企业资源计划系统（EPR）、计算机集中制造系统（CIMS）、计算机集成生产系统（CIPS）。[①]

（4）数据资源：数据资源是信息系统的核心与灵魂，没有数据资源的信息系统就如同没有血液流动的躯体。

（5）相关人员：相关人员包括从事信息系统运用、提供信息技术服务的人员以及使用信息系统进行或协助自己工作的工作人员。

（三）信息系统的运行规则

王众托教授认为，运行规则就是信息系统有效运行并充分发挥其功效所必须遵守的原则，一般包括面向应用的原则（强调在实践中的作用），人机协调工作的原则（要充分实现机器的价值就要保证人机"合作愉快"），信息资源综合管理的原则（指从整个组织信息管理入手，使信息丰富、全面而又不多余无用），广义信息网络原则（强调网络的全球概念），与人认识事物、处理问题的规律相符合的原则（信息系统的设计、运用应"以人为本"），兼容并蓄的原则（强调"机机"协同运作），有利于统一规划和分布开发的原则（强调信息开发的全局性和长期性），适应变化和相对稳定相结合的原则[②]。只有遵循这些原则，组织信息系统规划、开发、建设、应用才能顺利进行，不至于功亏一篑。

（四）组织信息系统的规划

信息系统的开发就是要使潜在的信息从不可得状态转变为可得状态，亦可称为可用状态，以及使信息资源的利用从低水平向高水平演变。那么开发出来的信息系统怎么才算有效呢？有效的信息系统应起到以下作用：提高对业务的理解能力、增进沟通、加强决策、细致的问题分析以及更有效的控制，或者说是提高管理决策的质量，达到提

---

① 侯炳辉.企业信息化领导手册[M].北京：北京出版社,1999.
② 王众托.企业信息化与管理变革[M].北京：中国人民大学出版社,2001.

高组织业绩的目的。

1. 组织信息系统规划[①]

组织信息系统的规划关系到信息化开发的成败,因此,规划的制定小组应该是一个学习型组织,由信息技术人员、来自企业各个领域的业务专家以及领导人员共同组成,必要时还可以聘请外面的专家参与或咨询。广义的信息系统的规划,不是指一个具体的信息系统,而是指全组织规模的各类信息系统的整体,规划工作不仅限于技术方面,而且涉及管理模式和方法、组织结构、组织和个人行为;不仅涉及企业内部,而且涉及外部环境。信息系统的开发是一项耗费时间长、投资金额巨大、技术复杂且内外交叉的系统工程。规划是组织信息系统开发的第一阶段,它是以整个组织为分析对象,确定系统的总目标、总要求、主要功能、系统开发的纲领,是筹措资金的依据,是开发项目确立的依据,是有效开发的前提。要进行组织信息系统开发与建设,必须先明确总体规划的目标和任务。

(1)总体规划的目标

明确总体规划的目标是确保系统开发成功实施的重要前提。组织信息系统的总体规划不仅是关于信息系统的长远发展计划,更是系统研制实现的前提、非营利组织战略规划的一个重要组成部分。目标的制订应该具有总体战略性、长期性、科学性、适应性。根据组织的经营特点,目标还可具有多重性。

常见的问题如下:

1)系统的目标制定得不明确。如筹划系统时,用户缺乏系统开发常识、缺少与开发者沟通。开发者也没做到协助用户明确目标并提供可行的意见、建议,没有明确规定系统总的功能和结构、各部分之间的联系,在一些直接问题上双方没有达成共识,以至于开发出来的系统总是不全面,在实际运行时,发现并不具备应有的功能。

2)系统目标制订得不恰当。有的组织好大喜功,盲目追求"高、新、尖",缺乏具体实现计划、财政支持、技术援助,系统建成后没有达到预期的效果。有的组织太过保守,把目标定得过低,最后发现系统所起的作用并不大,或缺乏可持续开发的价值以及可能性,造成设备落伍,白白耗费了人力物力与财力。

(2)总体规划的任务

总体规划阶段的主要任务有:现行系统的初步调查、分析与评价;分析与确定新系统的目标、规模、拟解决的主要问题、功能结构等;拟定系统的初步实现方案,进行可行性分析;编制可行性报告。

1)对现行系统初步调查、分析与评价,找出经营管理的问题,发现管理变革的需要。

---

① John E. Pynes,王孙禹、达飞译. 公共和非营利组织的人力资源管理[M]. 北京:清华大学出版社,2004.

调查是在现行系统基础上进行的。调查可以分成两个阶段进行,第一个阶段的初步调查是在系统规划阶段进行的;第二阶段是详细调查,在系统分析阶段进行。调查的主要目的是对现行系统做初步的了解、分析和评价,为下一步收集原始资料,找出经营管理的问题并发现管理变革需要。

调查对象和目的。初步调查的对象是组织中各主要部门的领导或业务负责人。主要目的是调查各部门的业务流程、管理流程、数据流程及各部门之间的信息联系等。

调查内容。包括组织概况(组织发展的历史、目前规模、组织机构、组织目标、经营状况、管理体制、管理水平)、现行信息系统概况(现行信息系统的地位、目标、功能、技术条件、技术水平、工作效率、人员等)、组织与内部情况、外部环境(各方人员对现行系统以及新系统的态度、要求,开发新系统的资源状况和约束条件)。

例如,很多医院在信息化建设之前存在一系列的问题:病人常常要跑好几个地方才能完成挂号、交款等事项,排队时间长,且医疗费用不透明;医嘱生成时间长,病区护士进行手工转抄时容易发生"写多或错多"等情况,治疗计划、护理计划及各类护理文件缺乏规范化管理,使住院部医疗差错时有发生;药品物资部门的"人情处方"、"人情检查"难以控制;财务部门对收费部门监控不及时。在这种情况下进行信息化建设,实现医院信息化管理以及办公自动化是非常必要的。

2) 确定与管理变革相结合的信息系统需求,确定新系统的目标。

需要注意的是系统目标的确定不是一次就可以完成的,而是在提出—实现—再提出—再实现这样的循环中不断向前发展的。

因此,大多数非营利组织受到经济等方面的影响,实现办公信息化需要分步骤去完成。例如,基本的行政办公 OA 信息系统建设就需要在第一阶段的工作目标实现后提出第二阶段的任务:购置两台高档服务器,升级中心服务系统,升级和增购部分网络设备,为即将实施的二期系统建设提供更好的硬件平台。

3) 拟订并评选计算机系统初步实现方案。

硬件系统及系统软件的需求分析。硬件系统和系统软件设计的基础是信息系统对计算机系统及数据通信系统网络的基本要求。这些基本要求的确定主要包括:计算机处理速度、处理能力、内存容量、外存容量、外部设备、数据通信量、通信速率、传输距离、系统的安全性和可靠性等。要确定这些要求可以从以下几方面考虑:岗位计算机需求数、各岗位对计算机的要求、各岗位间的数据交换与共享、各岗位间的数据通信要求、打印机数量、其他外部设备、服务器或主机的要求、系统软件。案例中山东某医院在硬件方面主要考虑目前和后续发展的应用需求,以确保系统在物联网时期开放性和长远发展的可扩充性。在设备档次选择上,不超前、不落后,高效实用,量力而行。软件方面着重考虑是否符合地方综合性大医院的体系结构和管理模式,对于招投标系统性质的特殊性和安全的重要性有充分的考虑。此外还考虑了二次开发的可行性。

总体结构初步方案确定。总体结构确定是物理系统设计工作,主要包括四个方面:确定物理系统的处理结构;确定物理系统的通信结构;确定物理系统的设备构成;确定系统软件。物理系统的处理结构一般有集中式、分布式、集中—分布式等。物理系统的通信结构主要有近距离多机结构、中距离局域网、长距离远程网。系统的物理设备主要包括信息处理设备和信息存储设备、人机接口设备、通信设备等。

4) 编制方案,进行可行性分析以及编写可行性报告。

可行性分析是在项目正式投入人、财、物之前进行的一项工作,它包括对系统开发的可能性和必要性两个方面的分析。

必要性分析是对开发新系统的客观需求的考察。例如,随着组织的发展和规模的扩张,现行的系统不能有效地提供信息支持,满足决策需要,或只有利用先进的信息技术才能解决,在这种情况下,组织有必要考虑开发新系统。

可能性分析主要考察是否具备开发新系统的条件。通常从经济、技术、运行三方面考虑。从经济方面看,要合理估算项目的成本(初始成本和维护成本)和收益(直接收益和间接收益),考察资金来源(筹资渠道)的可靠性。从技术方面看,主要考察技术资源的可用性,即是否具备实现新系统目标的技术条件,这些技术通常包括系统硬件、系统软件、应用工具、技术人员等。从运行方面看,就是评价新系统运行的可能性。新系统的运行会带来组织结构、管理机制、工作环境等方面的改变,会对现有的运行基础、思维观念产生冲击,因此新系统在相关人员中的可接受性也是影响新系统开发的重要因素。

对可行性进行分析之后,要把考察的情况以及结论用书面报告的形式记录下来。报告一般包含以下内容:概述、系统的名称、用户开发者,系统建立的背景、意义,现行系统的概略描述,新系统的目标、规模、主要功能,新系统的初步实现方案,可行性分析,结论。如果可行性分析结论是可行的,则写出系统开发计划。

常见问题有:

关于经费预算的问题。据有关文献披露,绝大部分系统开发项目预算都超过原来的计划。经费超支的原因很多,例如通货膨胀因素、在开发过程中用户对系统的要求提高。有时候开发者采用"钓鱼"的办法去争取项目,故意压低预算,中途追加经费。但要注意,管理团队在花费大量时间考虑如何降低信息系统成本的同时,更应考虑如何从信息系统中获得更多的价值,以及如何将信息系统与组织的战略目标联系起来。

选用的计算机硬件和系统软件、工具软件不适当。在选择服务器方面,常常由于缺乏预见性,使硬件性能不符合要求,如内存储器容量不够、外存储器容量不够、输入输出速度不够。在显示、打印、网络、通信方面也常出现估计不足的情况。在软件方面，无论是操作系统、数据库管理系统，还是文字、表格、图形处理系统等，选择不当或者不配套的情况时常发生，其结果是影响开发与使用。

此外，计算机技术发展快，经常出现软件、硬件不搭配、不协调的问题，开发者应重视配套集成工作，否则会造成返工、浪费，以致系统失败。

来自工作人员的阻力。"开发新的用户系统总是在保留旧系统的认识下被搁置"。我们时常会从系统开发人员嘴中听到这样的话语。长期的工作习惯会使直接使用系统的人因循守旧，对新事物产生抗拒，特别是当新系统的应用会威胁个人就业的情况下，很多工作人员会产生对立情绪，一旦系统工作不正常，就会借题发挥，历数系统的缺点，使系统难以逃脱被冷落、被搁置的命运。此时，领导应亲自挂帅，参与新系统的建设和使用，并为员工提供良好的学习培训机会，端正认识，增强动手操作能力。

（五）信息系统的建设与维护

组织信息系统的建设与维护是实现组织信息化并充分发挥信息系统功效的关键步骤。在以往的信息系统建设与维护中，组织领导习惯于在组织内部挑选具有相关知识的人员担任此项工作，但这些员工往往只是在一定程度上对系统有所了解，并不具备全面的专业知识以及丰富的实践经验，在处理问题时往往会显得心有余而力不足。在这种情况下，组织往往花费了大量经费却不能取得相应的效果。

随着现代服务业的充分发展，人们个性化需求的提高，专业化服务公司个性化配套服务的出现在很大程度上解决了组织信息系统建设与维护的各种难题。通过服务外包不但可以解决用户缺资金、少技术、维护难的问题，还能免除 IT 厂商和经销商的后顾之忧，同时给 IT 业带来了新的市场机会。如建立一个比较完善的校园网，大约需要 5 人维护。以每人每月 3000 元的薪金计算，学校每月在校园网系统维护上支出的费用是 1.5 万，一年就是 18 万，这还不包括人员福利等隐性支出，以及工具、配件等支出所产生的费用。但也许学校只要拿出 10 万元就能将这些工作外包出去。

目前，在国内外包服务在营利组织中的应用已不少见，但是在非营利组织中的应用还非常少。但在国外，外包服务不论在营利组织还是非营利组织都已经盛行。例如，美国联邦通信委员会主席 Julius Genachowski 于 2011 年 8 月在印第安纳州南部的杰斐逊维尔镇对外宣布未来两年大部分呼叫中心公司联合策划在美国聘请 10 万名新员工。服务外包的方式为组织如何充分利用外部资源、节约内部资源，从而更好地为本组织的经营管理服务提供了一个很好的思路，值得深思和拓展。

以下，我们将从山东某医院药品招投标信息系统建设的案例开始，来讨论组织信息系统规划与建设的步骤以及应该注意的事项。

案例 11-1

山东某医院药品招投标信息系统建设

山东某医院始建于 1890 年,其前身是美国长老会创办的教会医院。现为当地规模最大的综合性医疗保健中心、三级甲等医院、研究生培养基地。

近年来,该院以打造国内一流的数字化医院为目标,建立了以财务管理为基础、以临床应用为主线、以质量控制为核心的信息系统,开发应用了医护工作站、电子病历、移动医护、LIS、PACS、手术麻醉、物流管理、全成本核算、办公自动化、数字图书馆等 80 余个子系统。各系统之间高度集成,信息共享,覆盖了医疗、护理、行政、后勤的所有科室。信息系统的先进性、适宜性、可拓展性,以及应用的广度、深度等均居国内前列。2008 年,该院率先医院引进了最新的招投标信息系统,在业界内引起了较大的反响。

一、规划

1. 主要目标:

(1) 投标企业的基本信息透明化:对参与我医院药品、器材等项目的招投标活动和合同履行的从业单位和个人,实现透明化管理。由医院委托的第三方机构进行审核、统一发放信息卡,并实现信息共享。即社会各界均可通过该信息管理系统了解投标人的基本信息,及有关业绩信誉信息,提高招标工作效率和透明度。

(2) 招标过程透明化网上招标公告发布、网上投标报名:即实现招标信息全部网上公开发布,招、投标的过程全程在网上进行。简化报名审核手续,节省招标工作时间,减少投标人编制资格预审申请文件和投标文件的工作量。

(3) 项目统计系统化:即实现招标人对招标项目按季度进行统计,并及时通过系统向上级主管部门填报备案、审计。

(4) 履约考核公开化:实现招标人根据项目特点对在建项目履约情况按季度进行考核,并通过系统进行填报备案。

(5) 信用档案:实现系统履约考核和信用(等级)档案功能的连通,并及时向上级部门汇总、备案,供其他医院招标时通过系统查询有关单位信用档案。

(6) 专家抽签、考核:医院在考核引进药品或器材种类时需要请相关专家考评、论证,系统建成后可以由系统进行资格预审和评标专家的随机抽签和专家考核功能,既保证了选择专家几率的均等化,也杜绝了遗漏通知专家的现象。

(7) 政务公开:实现相关法律法规和管理制度规定通过系统公开,建立沟通平台,便于接受咨询和监督。

(8) 中标公示:中标结果、未中标或未通过资格预审的主要因素通过系统进行公示。

2. 指导思想

系统要服务于同一的战略目标——提高招投标中心的业务水平和决策水平、提高采购效率、降低采购成本,实现采购业务管理的科学化、规范化、法制化和现代化。总体设计要做到面向全局、面向整个系统、面向未来,用系统工程的思想方案把握全局。系统总体设计以需求为牵引,注重科学性、实用性、先进性、可拓展性和安全性,做到系统的一体化设计和信息资源的集成化管理,在遵循"总体规划,分步实施,分阶段建设"的过程中,不仅能支持现阶段的建设目标,还必须能在此基础上不断扩充完善,使之与后阶段的坚守共同形成一个统一的整体,实现系统的总体战略目标,并最终逐步实现医院采购全流程电子化。

现阶段的系统设计是以全局为出发点,"以业务为导向,以数据位核心,以集成为重点,以应用为目的"作为总的指导思想,统筹规划,严格管理,并采用面向对象、面向服务、UML、j2ee、组件化和结构化等先进技术和方法,做到技术先进,系统完整,架构统一,结构开发,可扩展性强、跨平台应用和网络安全。

3. 设计思路

根据本项目的建设目标,在系统总的指导思想和建设原则的基础上,我们认为本项目的系统建设可以从以下几个方面入手。

(1) 以数据为核心,对数据进行统一管理。

业务数据包括整个采购系统涉及的所有数据,例如人员机构、商品库、项目数据、标书模板库等等。OA 数据包含日常办公,资产管理等数据。管理数据包含系统日志数据,系统权限状态数据等等。

业务数据之间通过属性字段与其他业务数据建立关系:管理数据也可以通过属性字段、存储过程、触发器等数据库方式建立起相互关系。我们仅注意这些数据本身和数据内部的关系是远远不够的,我们还应该通过数据模型建立起 OA 数据、业务数据和管理数据中任两者,或三者间的关联关系,这样使得 OA 数据和业务数据紧密结合,随业务管理的规则,达到标前、标中、标后的数据标准、流程统一,实现内部办公和外部业务处理的完全整合,实现所有数据和流程一体化。例如:采购验收完成的协议供货商品自动入库。这样既可以帮助划清不同业务之间的边界,又可以方便业务之间的数据共享与系统集成。另外,一体化的数据管理还有助于数据的维护与更新,分发与共享。

(2) 框架跨操作系统平台,应用与设计无关,表现与业务分离。

根据系统的特点,系统将采用以 B/S 为主的方式为客户提供服务,同时提供 C/S 方式的综合客户端,完成例如:即时通讯、离线投标、标书上传、相关控件安装、邮件收发、待办任务提醒、短信平台接口、文件传输、自动更新等能。为此,系统核心框架采用 J2ee 实现的 SOA 提醒架构,分层、模块化设计。SOA 架构确定了系统的框架,使得各种不同的组件能够有序地组织,并以此为纽带,按照 EAI 框架提供的系统集成的基本规范,将不同的产品进行整合,并通过业务总线和数据总线实现系统数据和业务的集成。J2ee 语言本身具有良好的跨平台性,EAI 又具有很强的产品整合能力,这样的框架是长期的稳定和优良的可拓展性的保证。满足招标文件建设目标的"技术上完成开源、跨平台。实现自主创新"的要求。

系统框架跨平台,还表现在框架与产品的绑定是松散的,不受具体产品的限制。系统必须考虑到集成环境的复杂性,框架应该建立在众多可选产品所必须具有的基本功能的基础上,是多个产品的共性。因此,在数据库的选择上我们可以采用开源数据库产品 MySq1,这样系统框架就既能在开源的 Apache web 应用服务器上运行,也可以在性能更好的 httpd web 应用服务器上运行。

(3) 组件化的结构,促进多种技术集成。

系统建设需要将多种技术融为一体,共同完成系统的建设目标。系统设计不仅要考虑不同业务不同功能间的集成之外,还应该考虑不同技术间的集成。例如系统业务设计商品信息、采购及竞标流程和资源管理等方面,要完整地实现这些业务功能就必须实现 OA 和采购业务的集成。我们在医院药品采购系统中按此用"微内核"＋"插件"的结构,将绝对必要的功能封装为系统的内核,其他功能则依据借口核规则,通过插件的方式提供,降低组件间的耦合度,在更高的层次上实现软件复用,有助于提高系统的兼容性、拓展性、灵活性、可靠性和网络支持,实现软件的无缝集成。

此外,采用这种"微内核"＋"插件"的结构,也有助于实现系统的分阶段实施,在第一阶段开发出来框架和接口机制,后续阶段需要对功能进行完善或增加新的功能,只需要通过对插件的局部修改和开发新的插件就可以实现,而且插件提供的标准化接口,也有助于帮助用户进行二次开发。

二、建设

医院将信息系统建设的第一阶段主要解决人财物的管理问题,主要包括两个方面内容:人、财、物的管理以及招投标信息服务和办公自动化。在一期 OA 系统建设当中选取了红帆 OA 信息系统。一期系统运行了 110 个子系统,包括:供应商管理系统、投标系统、组织管理与权限管理系统、信息门户系统业务办理系统、电子辅助招标系统。每一个子系统又有很多模块和插件。例如,供应商管理系统就被具体划分为了供应商寻源、供应商档案资料、供应商考核、供应商产品信息采集、履约评审和统计分析六个部分。

为了支持以上目标的实现,该院建设了一个大型系统硬件平台,主要包括综合布线系统、招标系统、数据库服务器、WEB 服务器、存储设备(磁盘阵列)。

1. 建设原则

在建设系统时遵循以下原则。

(1) 经济性原则。系统的建设必须坚持在现有软硬件设施的基础上进行,充分利用现有网络资源、软件、人力资源和数据资源,切实考虑经济与成本的关系,选择高性价比的系统。尽量采用成熟产品,实现非营利性组织和公众利益最大化。

(2) 实用性原则。坚持以需求为导向,充分了解用户需求,系统设计人性化、专业化,符合用户日常习惯,易于操作、使用,所有用户不需培训或只需少量的培训即可使用。

系统有相应的防呆措施,帮助用户避免操作上的失误。系统上所使用的所有词汇、语言要求简单明了、无歧义。语言表述和术语表达符合相应规范。此外,系统还必须预留灵活、方便的配置方式,可按照具体的需求快速地定制新的应用或修改现有应用。

(3) 易用易管理性原则。界面友好统一,充分考虑操作人员的特点,使数据处理工作简单、方便、快捷。业务流程清晰,符合常规业务处理习惯。系统面向掌握不同计算机知识层次的人员,特定设计,以便容易操作使用。无须编程,业务人员就能进行采购业务及办公业务可视化定制的要求。

(4) 易维护性原则。系统必须提供良好的接口和完善的技术文档支持二次开发,系统开发高度模块化,方便项目交接。同时提供方便的技术支持,包括在线帮助、用户手册、管理员手册等。

(5) 安全性可靠性原则。安全性是医院药品采购系统建设的一个重要原则,在整个设计和系统有机集成的同时,对安全性和可靠性要有统一完整的考虑,要有完善、周密的安全体系,具有安全可靠的加密手段和加密方法,要能够支持基于证书和 SSL、基于 PLI 平台、采用电子印章技术等多层次的安全解决方案,利用严密的身份认证、访问控制、数字证书、数字签名、多层次的保密手段等措施可以有效地同现有 CA 系统集成,从物理、传输、网络、应用等多方面多层次保障系统和系统中传输的数据的安全和防篡改。同时,作为医院药品采购系统,必须保证信息流转和发布的严肃性、准确性和安全性。

2. 硬件选择

硬件,尤其是网络硬件是整个信息系统共享和交流的平台,具有实时性和不间断性,因此需要采用先进、成熟的技术以降低系统风险,并使网络信息流量合理,不产生瓶颈,而且还需要有良好的扩展性,能够满足目前和今后一段时期内应用需求。因此,用以下标准作为药品招投标系统的硬件选择标准。

设备名称	项　　目	配　置　描　述	数量	品牌
数据库服务器	设备类型	4U 机架式服务器	1 台	曙　光/INSPUR/IBM/HP
	CPU 类型	64 位八核 Intel 处理器		
	物理 CPU 当前个数	配置 4 颗 Intel CPU,主频≥2.0GHz;		
	三级缓存	≥18M		
	CPU 最大支持个数	≥4;		
	内存当前配置	当前配置总内存≥32GB DDR3 内存;		
	硬盘当前配置	≥3×300GB　10 000rpm 以上　SAS 热插拔硬盘;		
	RAID 卡	配置 SAS RAID 卡,支持 RAID0 RAID1 RAID5 等;		
	网络接口	支持 4 个千兆以太网口,支持网卡冗余、网卡绑定功能;		
	风扇	冗余(满配)		
	电源	冗余电源;		
	HBA 卡	双端口 8GB 光纤通道卡;		
WEB 服务器	设备类型	机架式服务器	1 台	曙　光/INSPUR/IBM/HP
	CPU 类型	64 位六核 Intel 处理器		
	物理 CPU 当前个数	配置 2 颗 Intel CPU,主频≥2.4GHz		
	三级缓存	≥12M		
	CPU 最大支持个数	≥2;		
	内存当前配置	当前配置总内存≥16GB DDR3 内存;		
	硬盘当前配置	≥3×300GB　10 000rpm 以上　SAS 热插拔硬盘;		
	RAID 卡	配置 RAID5,支持 RAID0 RAID1 RAID5 等;		
	网络接口	支持双口千兆以太网卡,支持网卡冗余、网卡绑定功能;		
	风扇	冗余(满配)		
	电源	服务器专用冗余电源;		

续表

设备名称	项　目	配 置 描 述	数量	品牌
存储设备（磁盘阵列）	类型	机架式，与服务器同一个品牌；支持光纤架构 SAN 磁盘阵列，厂家自主研发，拥有完整知识产权，非 OEM 产品。	1套	曙　光/INSPUR/IBM/HP
	控制器	配备双控制器；要求采用 64 位 RISC 架构专用存储处理器，专用操作系统。		
	主机接口数量	≥4 个 8GB 光纤主机接口；		
	阵列高速缓存	≥8GB 高速缓存（带断电保护功能）；		
	掉电写保护功能	控制器写缓存镜像；支持 BBU＋FLASH 缓存数据保护，提供缓存掉电数据永久保护		
	支持硬盘槽位	单机最少支持 16 块硬盘，最大可支持 112 块硬盘；		
	硬盘容量	配置 16 块 300G 热插拔硬盘 SAS 硬盘，10 000rpm 以上；		
	兼容性	支持 SAS 硬盘、SATA 硬盘或 FATA 硬盘，支持 SSD 硬盘。支持不同类型硬盘在同一个磁盘笼中混合安装		
	RAID 支持类型	支持 RAID0、1、5、6 或更先进的虚拟 RAID 技术		
	最大 RAID 集	可实现存储系统内的大规模硬盘（＞30 块）统一条带化 RAID5 操作，提高系统吞吐率。支持在线增加 RAID 组中的磁盘数，支持在线扩展逻辑盘容量		
	电源及风扇	热插拔冗余电源及冗余风扇；		
	存储管理软件	配置基于 WEB 界面、易于管理的存储管理软件； 1. 图形化管理软件； 2. 卷组划分和管理软件； 3. 卷组安全控制器软件； 4. 链路负载均衡和自动切换软件；		
	支持操作系统	Windows Server、IBM AIX、Linux、HP-UX、Solaris 等		
	数据复制、镜像软件	支持数据远程容灾技术，通过同步或异步的数据镜像策略，实现存储故障时的快速数据恢复和业务接管		
	高级功能	支持基于阵列的数据快照和克隆技术，支持快照方式的克隆技术（克隆卷不需要等待克隆完成就立刻可用）。为提高磁盘利用率，数据快照无需预留空间，如所投设备需预留空间则增加 20% 的磁盘容量。支持快照数量不小于 1 024 个，本地卷复制不小于 64 对		
其他	品牌	以上设备要求同一品牌		
	服务	提供原厂五年 7×24 小时免费质保服务		

二、非营利组织经营信息系统

要了解经营信息系统,首先要了解什么是经营,什么是非营利组织的经营。

(一) 企业的经营

对于企业来说,狭义的经营是指企业生产活动以外的活动(供销活动),这种经营就是我们常说的营销。广义的经营,法约尔在《工业管理和一般管理》中认为,企业的经营活动包括:技术活动(生产、制造、加工)、商业活动(购买、销售、交换),财务活动(筹集和利用资本),安全活动(保护财产和人员),会计活动(清理财产、成本、收益、统计等),管理活动(计划、组织、指挥、协调、控制)。所以经营就是指个人或团体为了实现某些特定的目的,运用经营权使某些物质(有形和无形的)发生运动从而获得某种结果的人类最基本的活动。[①] 所有的这些经营活动都渗透在企业的整个生命周期(即创立期、成长期、成熟期、衰退期)之中。

(二) 非营利组织的经营

非营利组织与企业、政府最大的不同在于产品性质不同。非营利组织生产"劳务"这种准公共产品,它不同于企业生产的有形的产品,也不同于政府生产的公共产品,但同时具有两者的特点,因此非营利组织的经营与另外两个部门相比具有自身的特点。

(1) 在一定程度上可以弥补"政府失灵"、"市场失灵"和"契约失灵"的缺陷,并解决了政府部门生产"内部不经济"问题和营利组织生产的"外部不经济"问题。准公共产品由政府生产易导致资源配置效率低下问题,由营利组织生产易导致"搭便车"的问题以及道德问题(如欺诈),由非营利组织生产,既能提高生产和管理效率又能极大地满足社会各层次的需要。

(2) 经营目标的多重性(盈利性、公益性)以及服务对象的多样性(顾客与捐赠者)。非营利组织的经营要能够满足其生存发展的需求,具有营利性,又要满足社会持续发展的需要,具有公益性;既要服务于出钱购买产品的顾客,又要对捐赠者负责,接受公众的监督。

准公共产品的性质和非营利组织经营的特点决定非营利组织经营活动的内容,主要包括:生产活动(产品设计、制造、服务),营销活动(购买、销售、交换、市场竞争),财务活动(需求资助、筹集并利用资金)、会计活动(清理财产、成本收益统计)、管理活动(计划、组织、协调、控制、人才)、科技活动(科研开发、学术交流)。

---

① 陈晓春.市场经济与非营利组织研究[M].长沙:湖南人民出版社,2001.

（三）非营利组织经营信息化系统

经营信息化是非营利组织信息化战略的一个重要组成部分,经营信息系统可以用来测量组织现在和将来的经营成效、组织与内部和外部环境的关系,以及内部运转的效率,并指导日常经营活动。经营信息系统通过使用先进的信息技术、网络技术,渗透于经营活动的各个环节,极大地改善了产品质量,加速了组织成长,延缓了组织衰老,加剧市场渗透。

借鉴企业经营信息系统的划分方式,非营利组织信息系统从经营管理过程看,可以划分为:事务处理系统(TPS)、管理信息系统(MIS)、决策与支持系统(DSS)、主管信息系统(EIS)、智能支持系统(如 ES);从应用职能部门角度看,可以划分为:会计信息系统、财务信息系统、生产信息系统、销售信息系统、人力资源信息系统;从办公自动化(OA)角度看,可以划分为:文字处理系统、桌面出版系统、电子邮递系统、图形图像处理系统、日程管理、语音信箱、语言会议、视像会议。在这里,我们将简要介绍以下几种系统。

1. 财务会计信息系统

财务管理是指对财务活动所进行的计划、组织、协调、控制等工作的总称。非营利组织的财务管理包括:预算管理、收入管理、支出管理、定员定额管理、结余及其分配管理、专用资金管理、资产管理、负债管理、财务分析和监督,最重要的财务活动是有关资金的筹集、分配和使用。财务会计信息系统利用现代化技术设备、网络以及各种财务软件,将组织日常的各种财务活动进行系统的、有组织的和规范的记录、分类、汇总、核算、分配、整理,并将结果及时提供给组织有关职能部门和各级管理者。[①]

财务会计信息系统包括财务处理、会计核算、财务计划编制、查询和财务报表生成等职能,能进一步完善会计核算方法,提高核算信息的可靠性和有效性,提高核算工作的效率。它的特点是具有非常复杂的外部信息联系。构建支持财务会计信息系统所需要的数据有:组织环境数据、内部经营计划和控制数据,预测数据和总体数据。

会计电算化的目标是通过建立电子计算机会计信息系统,实现会计工作的现代化。即"用计算机代替手工完成计算、整理、核对、分类、登记、制表等工作,实现分析、计划、控制、决策之类的财务管理工作,借以对经济活动的全过程进行完整、连续、系统、综合的核算和控制,提供经济管理上所需的各种信息,以考核过去,控制目前和预测未来的各项经济活动。它主要应用在财务分析、责任部门业绩评价、建立标准成本系统、进行成本核

---

① 杨学山.企业信息化建设与管理[M].北京:北京出版社,2001.

算与差异分析。"①因此,会计电算化实现了对组织会计业务流程的调整以及对会计业务功能的调整。

其中会计业务流程的调整主要表现在会计数据的采集上。在电算化会计信息系统中,数据源形式更复杂,对实时性要求也更高。一般认为以电子数据作为数据源优于以相关纸介质传票作为数据源。但出于安全性与普及性考虑,建议存以电子数据作为即时数据源的同时,辅以纸介质传票验证数据源,重组会计业务流程。其次,从功能方面看,电算化会计信息系统的实施方案既要求会计软件提供可以预见的各项公用功能,又同时设立会计数据分析员岗位,进行必要的会计数据人工析取处理工作。②

2. 办公自动化

办公自动化的功能模块一般分成五个部分:③

(1) 个人办公功能模块包括:电子邮件、联系人、便笺、日程、任务、线下留言。

(2) 公文办理功能模块包括:公文草拟、文档工作流、公文归档、公文查询/督办、授权/委托、特殊步骤、公文登记。

(3) 档案管理功能模块包括:档案查询、浏览分类、借阅流程、收发文登记。

(4) 后勤管理功能模块包括:办公用品、车辆、会议室、固定资产等。

(5) 团队办公功能模块包括:公告、新闻、各类 BBS、公用联系人。

3. 人力资源信息系统

非营利组织的人力资源是一种战略性资源。非营利组织的人力资源管理是非营利组织管理的重要组成部分,它的任务是:营造良好的环境,招聘优秀人才、合理使用人才、形成成长型人才梯队、留住人才。非营利组织是劳动密集型组织,人力资源是决定组织产品质量的关键因素。因此,人力资源管理在组织中占据十分重要的位置。

人力资源信息系统是对组织员工及其岗位、工作、绩效等方面信息进行有效收集、保存、分析并报告的信息系统。一个有效的人力资源信息系统对于做出正确的人事决策非常重要。

人力资源信息系统包括工作分析、职位管理、人力需求计划制订、人员招募、人员甄选,沟通、培训与开发、个人职业生涯设计,薪资福利管理、岗位描述、绩效管理以及培养雇员的献身精神等,因此它涉及人和人事方面的管理活动。

人力资源信息系统可以分为三个子系统:保健系统(福利、薪资);激励系统(绩效、薪资、培训)和发展系统(招聘、绩效、培训)。

---

① 张兰澜.我国企业实施会计电算化存在的问题与对策研究[J].决策与信息.2011(08)
② 侯炳辉.企业信息化领导手册[M].北京:北京出版社,1999.
③ 杨学山.企业信息化建设与管理[M].北京:北京出版社,2001

信息技术使人力资源管理的功能、范围从单一的工资核算、人事管理,发展到可为组织的决策提供帮助,包括人力资源规划、员工考核、劳动力安排、时间管理、招聘管理、员工薪资核算、培训计划、差旅管理等,并且要同 ERP 中的财务、生产系统组成高效的、具有高度集成性的组织资源系统。

第三节　非营利组织的网络营销

随着信息时代的到来,网络逐步成为一个新兴的信息传播工具与讨论平台。根据中国互联网络信息中心 2012 年 1 月发布的中国互联网络发展状况统计报告,截至 2011 年 11 月份,我国网民总数已经达到 5.05 亿,普及率达到 37.7%,较 2010 年年底提高了 3.4 个百分点,其中互联网的宽带用户达到 1.5 亿,比上一年净增 18.6%,手机网民数量达到了 3.4 个亿,手机用户普及率达到 65.5%。[1] 伴随着这股网络热潮的兴起,网络营销作为营销学的新手段在营销领域发挥越来越大的作用。非营利组织由于其组织上的特殊性,对信息发布系统与人才的投入预算不能像企业那样充裕,因此,一种低操作门槛、低成本而且又高效的信息传播工具对非营利组织非常重要。互联网时代出现的网络营销正好符合非营利组织的这种需求,非营利组织可以通过网络进行宣传、销售以及募款等活动。对非营利组织的网络营销进行深入研究是具有现实意义的。

一、非营利组织网络营销概述

(一)网络营销与传统营销的比较

网络营销与传统营销方式的区别是显而易见的,营销的手段、工具、渠道以及营销策略都有本质的区别,但营销目的都是为了销售、宣传商品及服务、加强与消费者的沟通与交流等。网络营销不是简单的营销网络化,它并没有脱离传统营销范畴,4P 和 4C 原则仍在很大程度上适用于网络营销理论。网络营销是借助于互联网完成一系列营销环节以达到营销目标的过程。它是企业营销战略的重要组成部分,是对传统营销方式的整合与创新。从这个意义上说,网络营销与传统营销有着千丝万缕的联系。它们都是以加强和顾客沟通与交流、宣传与销售商品及服务等为目的,都包含产品、价格、分销与促销等策略问题。同时它们之间又存在明显的区别,主要表现在以下几个方面。

1. 市场的虚拟性

这是网络营销给人最直观的印象。在网络营销的过程中,信息的发送与接收等大

---

[1]　中国互联网信息中心(CNNIC)的数据.2011.

部分流程都是在虚拟的网络环境下进行。

2. 市场的全球性

只要有互联网的地方就可以进行网络营销。网络就好比一个信息的海洋,可以真正意义上地集中所有的生产者和消费者。因此,网络营销所面对的市场顾客是全球性的,这是传统营销模式很难达到的。

3. 市场细分更加彻底

传统的营销中,不管是无差异策略还是差异化策略,其目标市场的选择都是针对某一特定的消费群。但从理论上来讲,没有任何两个消费者是完全一样的。因此,每一个消费者都是一个目标市场。网络营销的出现,使大规模目标市场向个人目标市场转化成为可能。通过网络,企业可以收集大量信息来了解消费者的不同需求,从而使企业的产品更能满足顾客的个性化需求。另一方面,在网络上,人们会选择自己感兴趣内容进行浏览,不会被动地接收对自己而言没有价值的信息。这样,网络营销中的信息受众准确性和针对性就会大大提高。例如百度的竞价排名广告这种按效果付费的网络推广方式,用少量的投入就可以给企业带来大量潜在客户,有效提升企业销售额和品牌知名度。每天有数亿人次在百度查找信息,企业在百度注册与产品相关的关键词后,企业就会被查找这些产品的客户找到。竞价排名按照给企业带来的潜在客户的访问数量计费,企业可以灵活控制网络推广投入规模,获得最大回报。像百度竞价排名这种搜索引擎广告近年来越来越受到人们关注。

4. 实时性

网络营销可以在全球范围内提供 365 天、24 小时跨时间、跨地域的服务。网络营销比传统营销更能满足消费者对购物方便的需求。网络营销消除了传统营销中的时空限制,网络上的电子空间距离使"时差"几乎不存在。消费者可随时查询所需商品或企业的信息并在网上进行购物。查询和购物程序简便快捷,所需时间极短。这种优势在某些特殊商品的购买过程中体现得尤为突出,如图书购买。网上书店的出现,使得广大消费者不必再为一本书跑遍大小书店,只需上网进行查询就可以得到该书的详尽信息,通过网上订购即可得到所需图书。

5. 交互性

网络营销在沟通方式、信息传输等方面都发生了很大的变化。传统的促销手段一般只能提供单向的信息传输。互联网的出现使传统的单向信息沟通模式转变为交互式沟通模式。在互联网上,网络营销是直接针对消费者的。企业以交互式营销宣传沟通方式,一方面把信息及时地、源源不断地传递给消费者;另一方面在网络上可以最大限度地搜集市场反映,从而最大限度地促进与购买者和潜在购买者之间的信息沟通。通过互联网,企业可以为用户提供丰富翔实的产品信息,同时,用户也可以通过网络向企业反馈信息。这是网络营销与传统的市场营销差别最大的一点。

(二)非营利组织网络营销的概念

非营利组织与网络营销在组织性质上具有共通性,首先,两者都具备市民的自发性;其次,两者都具有不局限于国家的全球性。虽然国内外的非营利组织近些年来已经开始运用互联网开展网络宣传、网络募款等活动,但对这方面的理论研究较少,还没有关于非营利组织网络营销的明确定义。结合网络营销的概念,我们认为,非营利组织网络营销是非营利组织整体营销战略的一个组成部分,是指为了达到非营利组织组织理念而运用互联网开展的宣传推广以及网络应用等活动的总和。它包括非营利组织网站、博客的构建,互联网上的推广,以及网络管理、网络募款等一系列活动。

(三)非营利组织网络营销的研究综述

1. 国外研究进展

非营利组织营销思想诞生自于 1969—1973 年科特勒和利维、科特勒和萨尔特曼以及夏皮罗等撰写的一系列文章。这些文章认为营销是一种非常普遍的社会活动,不仅是营利组织的活动,也是非营利组织的行为。20 世纪 80 年代,非营利组织营销思想达到其生命周期的成熟阶段。这是由于私有化增强、志愿精神增强、非营利部门的传统支持减弱这几种力量加快了非营利组织营销的应用速度。到了 20 世纪 90 年代,非营利组织营销领域出现了四种新的变化趋势,它们是社会营销、国际维度、事业关联营销、伦理关怀。现代营销学之父菲利普·科特勒及艾伦·R.安德里亚森所著的著作——《非营利组织战略营销》开创了非营利组织战略营销领域,他们在充分融通营销学精髓的基础上,根据非营利组织的特点,结合大量案例,详细地阐述了非营利组织的营销理念、战略规划、资源开发、战略控制及其在实践中的运用等问题。至此,非营利组织营销开始发生里程碑式的变化。全球许多非营利组织都运用市场营销原理指导其管理活动,以便更好地实现组织宗旨。例如,美国伊利诺依州的伊文斯顿医院聘请营销副总裁,负责医院的宣传和品牌创立等工作。著名的休斯敦大学运用市场营销原理分析自己所处的环境,所面对的市场和所服务的顾客特征,根据分析结果优化课程结构,更好地满足顾客的需求,并获得了大量优秀的生源。今天,用营销战略和战术开展非营利组织的活动是非营利组织成功的主要因素。管理大师彼得·德鲁克曾在《哈佛商业评论》中指出:"特别是在战略领域及有效发挥董事会作用的领域,非营利管理者实践着大多数美国商人所鼓吹的事情。20 年前,非营利组织营销是一个肮脏的字眼。而现在,他们大都认识到非营利组织需要营销管理,甚至超过了商业的需要,因为他们没有底线原则。当然,非营利组织仍然致力于做善事。但是他们意识到好的意图不能代替管理与领导,不能代替责任,绩效和成果。"

　　由于非营利组织网络营销算是一个比较新的领域,实践上的应用要优先于理论层面的探讨。Johnson(1998)指出,非营利组织在面对传统捐款日益骤减的影响下,为了生存与适应环境,必定要产生变革。不管在国内、国外,非营利组织均受外在环境变迁的影响,正面临着资源匮乏的冲击,为了维持生存及适应环境,除了传统营销外,网络营销成了新兴的营销方式。Kay Partney Lautman 在《Direct marketing for nonprofits》(非营利组织直效行销)中提出了邮寄信件营销、电话营销以及运用网际网络进行募款,并指出了国际网络的运用策略以及如何发展网站及其他注意事项。Cockbrun and Wilson (1996)指出了非营利组织网络募款的两个重点:一是发展安全的网站,包括安全的付款系统与更快的连接时间;二是朝向增加与使用者的互动性,以及多媒体的大量运用。Gary M. Grobman 在《The nonprofit organization's guide to e—commerce》(非营利组织电子商务指南)一书介绍了电子商务和非营利组织之间的关系并就非营利组织线上拍卖、网站宣传、网络募款等方面进行了探讨。Michael Johnston 在《The Nonprofit Guide to the Internet—how to survive and thrive》(导引 NPO 连上网际网路)一书中热切的呼吁"所有的 NPO 都应谨慎且明智地使用 Internet 这个新的媒介"。Lee atal.(2001)也同意因特网能加强非营利组织的竞争优势;将电子商务纳入非营利组织的经营管理也逐渐形成共识。Saxton and Game(2000)曾调查英国 150 家非营利组织运用因特网的情形,研究发现应用率最高的为信息提供(94％),接着为新闻(86％)与 E-mail 询问服务(83％)。Gilbert(2001)则利用问卷方式调查美国 900 家非营利组织与其支持者对因特网的应用,报告指出支持者对因特网的使用较非营利组织积极,且发现非营利组织并没有系统地应用 E-mail。

2. 国内研究进展

　　随着非营利组织营销的兴起,其营销手段也在不断发展完善。国内学者陈晓春教授在《非营利组织营销学》一书中指出,非营利组织营销是指达成组织目标,满足消费者需要的交换过程。非营利组织营销是一个社会管理过程,在这个过程中第三部门通过创造、提供及与他人交换有价值的准公共产品而满足自身的需求与欲望。他将非营利组织的营销分为形象营销、绿色营销、质量营销等。在互联网时代,作为营销的新手段——网络营销在营销领域发挥越来越大的作用。台湾在非营利组织网络营销方面的研究先于大陆,有很多学者发表学术论文探讨关于非营利组织的网络营销问题。例如沈彦良在《以网络作为非营利组织的群众对话平台与讯息传播工具》一文中提出:"一个以网络为基础的资讯传播模式,将网络视为一种媒体,利用网络的各种特性,达到传统资讯传播工具所无法达到的效益,进而帮助非营利组织在资讯化社会中,建立有效发声的管道,达到非营利组织传播其理念的目的。"而大陆关于非营利组织网络营销这方面的系统研究还很少,大部分是非营利组织管理者或者互联网行业人士撰写的短篇文章,而且主要集中在实践性较强的网络募捐方面。例如倪燕的《当慈善遇上网络》、张书明的《关于网络募捐的监管问题》。

从实际应用层面看,网络与信息技术运用于非营利组织已经有一段发展历史了。最开始应用于非营利组织的日常运作中,虽充斥着各种数据,例如财务报表、捐款名单、个案管理、行政事务、会议记录、服务对象的人口数据、研究报告、营销方案,但原始的数据若未能善加处理和储存,其可供运用的范围仍相当有限。若能有效率地将各种原始数据转化为信息,将可为非营利组织的管理带来许多便利,也可创造有利于发展的资源。信息化最主要的意义是将数据转化为信息。将数据转化成为信息,常需要借助于网络与信息科技。互联网的优势是能让信息以更低廉的成本、更快的速度传送到更远的地方。网络与信息科技已逐渐取代传统的媒体,成为最重要的沟通工具。非营利组织可以充分利用网络的优越性,面向国内外访客在网上 7×24 小时宣传本组织的宗旨与职责。随着因特网日趋普及,非营利组织对于网络与信息技术的运用也有许多新的发展。例如促进沟通和服务,包括内部的沟通和外部的沟通,以唤起大众意识。较常见的有在网上发布求才信息、招募会员或志愿者等。通过网络更容易获取信息,因特网上有各种信息可供工作人员参考运用,使他们工作更有效率,他们还可以获得进修的机会,有益于专业的发展。另外,基金会等慈善组织还可以通过网络宣传开展网络募捐。

从现有的互联网报道来看,虽然关于非营利组织网络营销运用的相关话题已经不少,但对其真正进行系统理论研究还很少。这可能是受学者知识结构和实践经验的影响。非营利组织网络营销理论研究要求学者在非营利组织、营销学、计算机科学等领域都有相当程度的了解,由于具有这种多学科知识背景并有实践经验的人较少,因此在很大程度上影响了非营利组织网络营销的理论研究。实践中的问题需要上升到理论层面,找到理论答案、政策依据,再由理论来指导实践。只有这样,我国的非营利组织网络营销才能走上可持续发展的道路。

二、非营利组织网络营销的应用及存在问题

(一)非营利组织网络营销的应用

非营利组织基金会的设立并非以营利为主要目的,按照正常的发展形态来看,它的运作经费大部分应该来自社会捐款。组织用其所募得到的捐款实现组织理想,其执行成果又可以吸引更多的大众支持该组织的发展。非营利组织的人力资源主要部分——志愿者是来自社会大众,人们对该非营利组织的理念认同,进而投身于志愿者行列。从

图 11-2 我们可以看出非营利组织推广理念、实现理想与募款三者之间的关系。

募款一直是基金会经营中的一个重要课题。基金会募款所得款项是推动组织发展最重要的经济支柱。成功的募款可以让组织有足够的经费去实现理想,而有成效的执行又可以说服社会大众持续捐款。

影响捐款的最大因素在于基金会自身的宣传。如果能够成功地把组织理念传达给公众并能引起共鸣,就可以为组织带来足够的捐款与

图 11-2　非营利组织推广理念、实现理想与募款之间的关系[①]

人力支持。与此相反,失败的宣传不但不能募集到捐款,还有可能在社会大众中造成负面影响。在这里,我们从基金会募款的几个阶段出发,介绍如何利用互联网开展基金会的网络营销。基金会募款主要包括以下几个阶段。

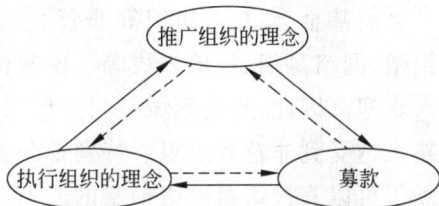

1. 教化与寻找阶段

Edles 曾经说过:"捐款不是与生俱来便有的观念,而是需要加以学习。募款人员通过调整人们的想法来教导人们提供捐助的观念,以持续地提升他们对慈善的看法。"这种培养教化的过程,主要是为了让潜在的捐款人对组织产生兴趣,让他们意识到组织是多么需要他的捐款。让潜在的捐款者了解基金会的渠道有很多,比如个人接触、发行刊物、新闻事件、媒体报道、互联网传播等等。而对于资金紧张的基金会来说,一种低成本又高效的传播工具是再合适不过了。无疑,互联网是最佳选择。有研究指出,成功的企业都展现出某种程度的明确目的、有效的界面、有效的资讯分享以及一致的领导态度。这当然也适用于非营利组织。在竞争日益激烈的世界,一个组织清楚地沟通他的使命、计划和资金分配非常重要。由于会有越来越多的人上网了解朋友告诉他们的基金会,因此基金会的网站成为很重要的沟通工具。

2. 募款请求阶段

基金会与捐款人充分沟通交流,然后拟定完善的计划书,将捐款人的目标、捐款的运用等事项加以明确细化,并积极提供过去的成功案例让捐款人消除疑虑,与组织保持密切良好的关系。这样,捐款人的捐款意愿会大大提高。这期间组织可以借助于不受时间空间限制的网络,而且通过网络的展示,捐款人可以方便快捷地了解组织自身运行情况以及募款使用情况,加大捐款者的信心。

---

① 沈彦良. 以网络作为非营利组织的群众对话平台与讯息传播工具. 2006

3. 募捐阶段

目前基金会、慈善组织等非营利组织的捐赠方式主要包括邮局方式、银行方式、现场捐赠、网络募捐、短信方式等。比起传统的捐赠方式,便捷的捐款形式是越来越受到现代人欢迎。因此,不受地域空间人群限制、能广泛开发慈善资源、快捷便利的网络募捐现在越来越受到非营利组织。特别是公益组织的重视。目前中国国内已有多家慈善组织建立了可以直接通过网络捐赠的网站。例如:2008 年 10 月,上海李连杰壹基金公益基金会以私募基金会的形式注册成立。作为"中国红十字会李连杰壹基金计划"的执行机构,上海李连杰壹基金公益基金会严格按照《基金会管理条例》开展各项业务活动,向"中国红十字会李连杰壹基金计划"进行专项的汇报与结算,并接受年度审计。壹基金提出:1 人＋1 元＋每 1 个月＝1 个大家庭的概念,即每人每月最少捐一元,集合每个人的力量让小捐款变成大善款,随时帮助大家庭中需要帮助的人。通过其自身网站与关联公益网站的成功宣传,截止到 2011 年 12 月 31 日,壹基金通过网络、手机短信等方式共筹得善款总金额为 297,162,292.24 元。[①]

4. 回馈阶段

捐款到账后,非营利组织给捐款人发 E-mail 确认,并给捐款人寄送收据,同时及时更新网站数据,让捐款人在网上可以及时查询到捐款确认信息。除此之外,还应该马上对捐款人表示感谢。感谢的方式可以是较为正式当面感谢或电话感激,也可以互联网、手机等方式感谢。之后还有财务公开与捐款使用情况公开。如果非营利组织能做到信息公开透明、及时,就能在让捐款人感到满意,为下一次募款奠定了良好的基础。

(二)我国非营利组织网络营销面临的主要问题

尽管非营利组织的网络营销有着自己独特的优势,并且已经发挥作用,但由于当前我国非营利组织的网络营销尚处于起步阶段,还有许多问题需要我们进行思考。

1. 互联网安全存在隐患

随着互联网的普及,上网人数增加,网络环境一直处在不断改善中,但很多不规范的现象仍然存在。一方面,如今的互联网如同现实世界一样,面临巨大的生存环境危机。网络充斥着垃圾邮件、垃圾留言(论坛、贴吧、博客等版块"灌水"情况严重,不断出现色情贴、广告贴、欺诈贴等)和大量的 SEO(搜索引擎优化)内容。网络内容不再像过去那样为用户而建,更多的是用来取悦搜索引擎和排序算法的内容。另一方面,互联网的安全隐患也是很重要的一个问题。这里的网络安全性主要是指网站信息的安全以及在线捐

---

① 数据来源于李连杰壹基金计划与上海李连杰壹基金公益基金会成立至清算财务管理报.2011.

款的安全性问题。由于募捐网站的数据库中含有大量捐款人在捐款时所录入的个人信息(姓名、银行卡号、E-mail、联系方式等),为了防止这些信息被不法分子获取,网站的个人隐私保护措施就显得尤为重要。在线捐款的安全性问题主要是指网上捐助欺诈。网上捐助欺诈通常以垃圾邮件和在网上论坛中张贴内容的形式出现,同时以有名的合法慈善机构的名义索取捐款。邮件中包含看似慈善机构网站的链接,但实际上这些网站是"欺骗"网站,旨在盗取捐款人的钱财。全世界范围内的网络营销都存在网络安全隐患,包括电脑病毒、网站欺骗、个人账号信息被盗等。由于因特网本身具有开放性,金钱、隐私等安全问题成为网络营销发展过程中不得不面对的严肃问题,它在一定程度上影响了人们对网络的信任,制约了网络营销的发展。

2. 网络基础设施落后且地区发展不均衡

网络营销要想快速发展,畅通,快速的网络传输是必不可少的。调查研究发现,人们对一个网站的打开速度最大可以忍耐的时间是 8 秒钟,过了这个时间会有很多用户放弃该网站。网络带宽不够会导致很多网站要花很长时间才能打开。有在日本生活多年的朋友从日本回到国内,上网时觉得中国和日本的网速差异实在太大,开玩笑似的问笔者,在中国上网,网站还没打开前的那段时间大家都会做什么。网络营销地区间发展不平衡。我国不同地区互联网普及程度不同,网络营销发展存在着比较大的差异。沿海等经济发达地区网络基础设施建设较好,网络营销的应用水平以及认知度要好过其他地区。

3. 网络募捐法律缺失

(1)网络募捐缺少专门法律法规的制约。网络募捐已经渐渐在基金会等慈善组织中得到广泛应用,得到了多数网民的认可和接受,但目前网络募捐的运作缺少法律支持。从事社会公共募捐,一定要有政府、社会等方面的监督,但对于网上盛行的救助、募捐活动,尽管我国已先后制定《基金会管理办法》、《公益事业捐赠法》等一系列关于规范慈善公益事业的法律法规和有关规章制度,但迄今为止还没有出台关于网络募捐的专门的法律法规,这就使网络募捐成为管理的真空地带。

(2)网络募捐主体的合法性。网络募捐主体,即应由谁来组织网络募捐。网络募捐属于典型的民间救助行为,如何把网络募捐行为引向规范,我国尚未有相应的非营利组织行为去以实施。随着社会的发展,非营利组织的社会价值越来越受到全社会的普遍关注。在国外,这样的非营利组织机构相对较多,比如绿色和平组织等,他们所发起的活动、所产生的作用和取得的效果,并不亚于官方的力量,国家对非营利组织的公共事务管理也已经形成一套行之有效的机制。我国的公共事业管理处于起步阶段,民间慈善机构的力量非常弱小,尤其是网络募捐大多是由困难者本人、其亲属或热心于慈善救助的人发起和组织的,往往不具备发起募捐的法律资质。因此,通过立法对网络募捐主体予以确认是非常必要的。

4. 网络募捐的诚信问题

网络作为新的慈善平台,由于其本身的隐蔽性和不确定性,导致它的公信力会大打折扣。由于网络缺乏应有的识别机制,加之网络管理缺乏制度化和规范化,较难核实求助事件的真实性。一方面,如果求助者的求助动机不纯,或者夸大事实真相,就有可能导致救助失灵,造成爱心被滥用、甚至导致社会诚信危机。另一方面,伪善救助会给受助者造成伤害。施救者若以施救为条件,向求助者牟取非分利益,会给求助方造成新的伤害。

5. 网络募捐救助评估难

由于当前我国慈善事业缺少专业的评估机制,没有建立规范公开的财务管理制度,网络募捐所得物资和资金的使用情况及对受助客体困难的解决程度不好把握。特别是网络募捐大多由民间发起,其所得款项的使用情况透明度不高,民众和社会无法进行有效监督。有的受助者得到的捐助超出了所需,而有的人却得不到足够的救济。在捐助者和受助者之间,没有一个中介组织起到蓄水池的作用,因此不能有效地调节捐款,以使捐赠到达最需要的人手里。

由此可见,网络募捐存在的问题是多方面的。究其根本原因,主要是由于难以判断网络信息真假所造成的。由于网络募捐是基于网络技术自发产生的一种慈善救助模式,所以,在根本上缺乏一个有序规范的秩序。成功的网络募捐行为多是募捐者确认对方真的处于困境,出于同情心给予帮助。夭折的网络募捐行为则主要是由于人们质疑网络的真实性没把握、持"观望态度"造成的。一些虚假网络募捐行为,大大降低了人们对网络募捐的信任。这些都表明,唯有通过对网络募捐实施有效的监管,建立网络募捐监管机制,方能预防或者减少网络募捐存在的问题,保证这一新生事物良性健康发展。

三、完善我国非营利组织网络营销的对策

(一)利用互联网培养社会大众的慈善理念

网络募捐的发展是民众慈善意识加强的体现,同时促进了个体慈善行为的发展。慈善行为的主体主要有两类:一类是个体行为,指参与慈善活动的公民个人;另一类是组织行为,包括政府、宗教和社会其他团体支持的各种慈善组织以及志愿服务组织。个体行为是慈善事业发展壮大的基础。长期以来,由于民政部门直接承担慈善募捐工作,对民间慈善组织的管理也沿袭了计划经济体制下单位或部门的做法,许多民间慈善组织行政色彩浓厚,对政府的依赖性较强,缺乏发展的生机与活力。在这种状态下,很多人认为慈善事业是政府的义务和责任,慈善捐赠是富人的事情,慈善意识未成为社会主流

意识。人们对慈善事业的认识还停留在感性和传统的层面,没有树立起慈善事业是社会公共产品、参与慈善事业是公民的义务等现代慈善理念。为此,应弘扬现代慈善文化,优化网络募捐环境。首先,努力形成正确的舆论导向。大力宣传慈善事业,弘扬慈善行为,通过税收优惠和精神上的褒奖肯定和鼓励捐赠行为,构建一种良好的公众心态和舆论环境,使整个社会形成慈善光荣的舆论氛围。其次,培育公民的慈善意识。慈善行为发生的基础既包括客观的外在基础,如社会条件、经济基础、文化传统、环境影响,也包括主观的内在基础,如道德层次、价值观念、心理需求。近几年兴起的网络募捐均由普通民众发起,吸引众多的民众参与慈善事业,是完全民间的慈善组织形式,充分体现了民众慈善意识的加强。

(二)加强网络监管以保障网络信息的真实性

传统媒体发布的新闻会经过采用、编辑、审核等一系列步骤才会发表。互联网是一个相对宽松的信息交流平台,只要不触及法律和相关政策,人人都可以是信息的传播者。在网络上,文章不需要严格审核就可以公开发表,因此,网络上发表的文章其可信度在一定程度上会受到置疑。相对于个人而言,非营利组织在这方面具有一定的优势,因为它是以实名的方式对公众发表言论,其信息的可信度要相对高很多。不过不能低估网上大量充斥的虚假、诈骗信息产生的负面影响。关于这一点,我们认为应在以下几个方面加强控制:①是国家对互联网环境应给予更多的关注,除目前已有的法律法规外,还应该根据时事的变化,进一步制定有关法律法规,通过依法监管和提倡互联网行业自律,防止以募捐为名进行欺诈活动。美国、法国等发达国家建立了严格的体系,通过监管可保障网络募捐过程的透明度。网民上网发布信息必须遵守国家法律和政策,遵守社会公德,严格自律。募捐信息应充分透明,捐款应及时在网上公布。互联网网站应承担监管责任,及时拦截过滤虚假信息,对广大网民负责。②根据《互联网信息服务管理办法》第四条,国家对经营性互联网信息服务实行许可制度,对非经营性互联网信息服务实行备案制度。未经许可或未履行备案手续的,不得从事互联网信息服务。③非营利组织本身也要积极进行 ICP 备案,规范建立其官方网站、官方博客,并且要加强网上宣传力度,让社会大众熟知,这样虚假信息将无法得逞。

(三)完善非营利组织职能

1. 互联网公益

互联网公益的主要形式包括网站、论坛、即时通信、博客、播客等几种。其中,网站是正式的互联网形态,根据中国互联网络信息中心(简称 CNNIC)发布的《第 28 次中国互联网络发展状况统计报告》,截至 2011 年 6 月 30 日,我国域名总数为 786 万个。其中,

COM 域名数量 370 万，.CN 域名总数 350 万，以 ORG 为域名的有 120479 个。仅此可见，网上非营利组织总数至少达到 12 万左右。

另外，还有很多网民通过 BBS 论坛等松散形式参与互联网公益活动。以时下流行的博客为例。在博客方面，中国博客作者数量已达 31768 万人。通过博客开展救助活动是近两年互联网公益的一个新亮点。比如，2007 年 11 月，北京理工大学就为急需"熊猫血"救命的肝脏移植患者王彤开通了救助博客，即时发布王彤的病情进展、救助活动动态等，很多网友通过博客上公布的账号参与了捐助。根据 CNNIC 在 2011 年 6 月发布的网民数量调查，我国网民总人数达到 4.85 亿，42％的网民表示对互联网信任。北京大学光华管理学院讲师蔡剑的研究表明，有 43.2％的中国网民经常使用 BBS、博客、校友录、个人空间或社会网络。根据这两组数字，可以推算在网上关注过公益的人不少于6000 万。

2. 分享信息和创造知识

在知识经济时代，知识就是资源、知识也是生产力。其实慈善公益可以是多种形式的，非营利组织不能一味地强调捐款，这样有时难免会让人觉得太过于商业化。除了捐钱捐物以外，公益还可以发展更多方式。比如 2008 年 1 月 21 日思科"网助学堂"的正式启动就开创了一种公益新模式。思科"网助学堂"是由思科公司联手新浪和中国企业社会责任同盟共同发起的活动，作为一个提供平等参与和知识分享的平台，它实现了传统以物易物网络捐助公益模式在 Web2.0 时代从形式和内容上的创新和超越。参与者只需根据孩子们的需求将自己的知识视频或图片上传到指定网络平台即可完成捐助过程。在这个过程中，参与者在贡献出孩子们所需知识的同时，也可以享受孩子们独特知识带来的乐趣。在这一知识互换中，基于人本网络实现充分交流的 Web2.0 平台特性得以充分体现，同时也让公益捐助更为高效和平等。"网助学堂"搭建网络平台实现公益的模式秉承以人为本网络理念，通过利用新网络平台的便利性以及知识的无界性，将互联网和教育有效地融合在一起，将更多的"我们"作为公益活动的主角，让人们足不出户即可为公益事业奉献自己的力量。它让公益通过网络更加简单有效，降低了慈善事业的参与门槛，让每个人，即使以前由于经济原因不能捐款给慈善事业的人都能方便参与、奉献爱心。另外，像"农民工的网上家园"一类专门为农民工设置的资源网站论坛发挥了很好的作用，农民工通过网络获取所需的服务信息，可以在线维权、职业咨询、阅读创业故事等，可以促进农民工之间的互动。通过网站将经验丰富的一线工作人员汇集在一起，将农民工的工作经验以及相关研究报告汇总，使之能持续地被参考引用。

3. 利用网络的互动性减轻弱视群体的痛苦

除了物质层面的捐助，精神层面的及时帮助也是一种很重要的公益。物质层面的捐助很多人可以做得到,而精神层面的及时帮助却不尽然。随着经济的增长、收入的增加,捐款给慈善组织已不是只有企业家、有钱人才能做到的事情,很多需要帮助的人们通过慈善组织获得物质支持也不是什么难事。但精神层面的帮助我们之前做了多少这方面的工作呢?留守儿童需要的不仅仅是物,他们还需要人们的关爱。农民工们需要的不仅仅是工资与福利保障,他们还需要社会的理解和支持。依赖传统媒体及时有效地沟通交流确实比较难,但互联网这个新兴媒体给我们提供了这样的机会。这里有个这样的例子:1995 年,美国有一个名为 StarBright 的网站,链接了 Mount Sinai、Lucille Packard、UCLA、Pittsburgh、Dallas 五家儿童医院,进行医疗服务资源整合。到 1999 年,此网站已有 43 家医院链接上线,可让全美住院儿童通过网络及精心设计的互动软件,相互沟通,表达自我,获得所需的医疗信息以及社会支持。这就是一个通过网络减轻儿童的病痛和焦虑的成功案例。

(四) 强化非营利组织的人力资源管理

长久以来,非营利组织一直在志愿者招聘、员工培训、激励等方面存在人力资源管理的难题。通过互联网的应用,非营利组织的人力资源管理能够在以下几个方面取得比较好的效果。

1. 网上志愿者招募

网上志愿者是志愿者的一种新的发展形态。虽然网上志愿者并不是完全不需要亲自参与非营利组织的活动,但其服务形态却产生了很大的变化。网上志愿者可以通过互联网完成志愿服务,不受时间空间的限制,这样就可以大大提高志愿服务的效率。同时,由于互联网不存在空间的概念,可以大大扩大非营利组织招募志愿者的范围。以前志愿者的招募局限于非营利组织所在地,现在非营利组织则可以在全国乃至全世界招募其网络志愿者。这不仅可以扩大志愿者数量,还增加了志愿者的人才类别,让非营利组织可以锁定具有特定专长的人士,增加了组织可以运用的知识储量。与此同时,网上志愿者还可以减少对非营利组织办公室空间以及办公设备的要求。

2. 网上培训

以往,许多非营利组织因财力和人力不足,难以为员工或志愿者提供适当的培训课程。现在借助于互联网,这些令非营利组织苦恼的问题已经可以迎刃而解,不仅成效令人满意,而且成本低廉。互联网不受时空限制的特性,成为网上学习、员工训练的最佳工具。

3. 内部营销

内部营销是指将传统上用在组织外部的营销思想、营销方法用于组织内部,通过满足员工的各种需求吸引、发展、刺激、保留能够胜任的员工,最大限度地调动员工的积极性和能动性,使组织的每位员工、每个部门、每个层次形成以顾客导向的内部最大合力满足顾客的需求,以求得组织长期发展。相比其他营利组织而言,非营利组织更是需要组织内部营销。通过互联网工具可以让员工和志愿者与非营利组织有更好的双向了解与沟通,这样既有利于组织的管理,同时又可以激发员工的积极性。这种公开讨论形式减少了电子邮件的往复,既可以激发新点子,让非营利组织更有活力,也让员工获得充分的授权,使非营利组织的人员变得更快乐、更有动力和更有效率。

(五)扩大非营利组织的社会影响力

1. 网站链接服务资源

以前要想查询非营利组织信息大多要通过传统的手册。现在人们可以通过网络浏览非营利组织的信息。在我国台湾省,网民除了可浏览已建设网站的 200 多家福利机构,还可以通过喜马拉雅基金会的公益信息中心网站,输入关键字即可轻易查找到 1000 多家福利机构,或 3000 多笔基金会的数据。在大陆,近几年很多大型公益组织已经建立自己的网站、博客等,并提供相互链接服务。除了在网站请求链接支持以外,还有很多非营利组织通过论坛发帖、博客宣传等方式扩大链接资源。

2. 运用博客

从目前我国已有的非营利组织网站来看,网站的互动交流版块做得并不到位。大部分的网站没有相关功能,有该项功能的小部分网站也仅仅是、停留在留言板阶段。和留言板比较,建立互动的论坛或者博客可以提供更好的交流环境。通过博客,非营利组织可以与公众更好地沟通。由于传统的网站只是组织单方信息输出,因此难以形成公众与组织的互动,即使有互动,也无法形成围绕组织的公众之间的互动。有了博客这种新的网络传播方式,公众可以在组织的博客上围绕某一话题实现互动。

博客在运行成本方面非常适合预算有限的非营利组织,在实际操作层面上也不需要具备很高的计算机技术,只需要最基本的打字能力。在信息传播的效率方面,通过博客的几项主要技术,信息的传播可以产生巨大的影响力。如果能够对博客善加利用,非营利组织的宣传将不再是走上街头。随着互联网的普及,网络使用人数的增长,博客作为一种社会大众对话的平台与信息传播工具将越来越适合非营利组织。非营利组织的博客是一个窗口型博客,它里面介绍非营利组织最近的现状,让外界可以透视该组织内部的运作,同时也有对员工、志愿者以及受助对象的专访,提供一个让大家分享经验的平台。

虽然博客在互联网络中发展迅速,但目前我国使用博客宣传自己的非营利组织还很少。一方面,虽然很多非营利组织已经有了自己的网站,但他们不了解博客和网站的区别,也就觉得没有必要再去建立博客。另一方面,非营利组织本身人力资源匮乏,事务繁杂,没有时间精力建立以及维护博客。其实除非自己开发技术建立博客,否则建立一个博客是不需要一分钱的,而且连 3 分钟的时间可能都不用。但是借助于这个新兴的平民传媒工具却能产生巨大的影响力。这可能比任何一种花费成本的传统营销方法都有效。此外,博客的维护除了依靠非营利组织的员工外,还有大量的对非营利组织感兴趣的人、受助于非营利组织的人,这和网站由专业人员维护相比要经济且效果好得多。非营利组织可以尝试建立自己的博客或者与博客相似的网站,利用博客建立自己的传播基地。志愿者博客、受捐助者博客等都是可以尝试的选择。

(六)完善非营利组织自身网站建设

1. 设计

非营利组织网站的设计应该强调人文、感性、真情、打动人心的一面,避免让人感觉到具有商业化的气息。可以考虑网站整体采用令人舒适的暖色调,并多用展示性的Flash、视频广告、海报等。

2. 信息更新及完整

纵览目前非营利组织的网站,大部分处于刚建成或改版不久,很多功能还没有及时添加内容进去;还有一部分网站久未更新、内容陈旧。这些都是在网站维护中应该尽量避免的事情。在建站初期,要注重网站知识、信息的积累,当具有一定规模的信息量时,只要定期更新维护就可以了。

3. 对网站进行编码重构

编码重构是指采用国际先进网站编码标准,对网站进行重新构建,提高网站易用性。重新构建的网站主要有以下优点:①文件下载与页面显示速度更快;②内容能被更多的用户访问(包括失明、视弱、色盲等残障人士);③更少的代码和组件,容易维护;④更容易被搜寻引擎搜索到:⑤改版方便,不需要变动页面内容。经过重构的非营利组织网站不仅使用和更新更加便利,还可以更好地满足网站的国际标准要求,促进网站的国际化。

4. 个人隐私保护

国外有很多非营利组织采取数据库共享机制,即如果捐款人在一家慈善机构捐过款,他的联系方式就有可能被其他的慈善机构了解,以后就有可能有募款邮件或者募款电话打来。为了尊重个人隐私权,可以在需要捐款人填写的页面上加一个选项,如您是否愿意让您的联系方式被其他慈善组织共享。然后根据捐款人选择在数据库中加以分类,进行不同的处理。另外,为了不给被救助人带来困扰,也要注重其个人隐私,不能随意透漏给他人。国外很多国家都很注重网站的个人隐私保护。随着中国互联网的发展和人们保护个人隐私意识的加强,在中国非营利组织网站的建设中,要充分重视并采取有效措施保护个人隐私。

5. 加强网站安全性

由于非营利组织的募捐网站的数据库中含有大量捐款人在捐款时录入的个人信息(姓名、银行卡号、E-mail、联系方式等),为了防止这些信息被不法分子获取,网站的安全性就显得尤为重要。非营利组织网络设备的设计应该全面考虑通信安全,采用防火墙、数字加密、先进的安全和验证等功能以实现具有保密性、完整性和可用性,这样才能保护所有的信息,避免运行过程遭受黑客攻击其他在线威胁。

6. 建立多语言版本网站

互联网较传统媒体相比,具有信息跨地域、跨国界、跨时区的特征。我们可以利用这些优势建立多语言版本网站,向全世界宣传中国慈善事业。慈善事业也是需要宣传推广的,随着中国经济的崛起,世界很多慈善组织的目光已经渐渐转向非洲等更贫困地区。中国需要更有力的宣传渠道让世界知道中国的慈善事业也是需要世界人民的帮助的。因此,对于非营利组织多语言版本网站建设应该予以足够的重视,这是中国慈善事业迈向国际舞台的第一步。

(七) 完善基金会网络募捐监管环境

由于互联网具有匿名性、隐蔽性以及传播快、影响范围广等特性,使得网络募捐这种行为比较复杂,给监管带来很大难度。我们认为应从以下几方面加强对网络募捐的监管。

1. 加快立法进程

当前网络募捐仅停留在社会合法性阶段,尚未进入法律合法性阶段,存在社会合法性与法律合法性的矛盾。网络募捐属于民间的自发慈善行为,虽然这种自发的慈善行为并不具有明确的法律地位,但因其大量存在于当今社会,具有很强的社会基础和社会合法性。然而,我国目前关于慈善事业的法制建设却相对滞后、不完善。我国现行的有关慈善捐赠的法律法规主要是《基金会管理条例》(2004年出台)、《公益事业捐赠法》(1999年制定、2005年修订)、《红十字法》,此外,还有《社会团体登记管理条例》、《民办非企业单位暂行登记管理条例》以及财税部门的有关规定,还缺少诸如《非营利组织基本法》、《捐赠免税条例》等相关法律法规。缺少一部完备的,包括规范网络募捐在内的《慈善事业法》。已有的法律法规,对慈善捐赠事业,尤其是来自民间的慈善机构也是限制多、鼓励少。仅有的优惠政策多授予政府举办的机构而非民间机构。特别是我国目前尚无有关慈善募捐的专门法律法规,无法对网络募捐这个新生事物做出法律意义上的判断,直接的后果是无法可依、难以监管。只有加强立法,做到有法可依,才能有效规范网络募捐行为。而且,由于网络募捐这种慈善活动利用互联网这个平台,影响面很大,如果没有法律法规规范,特别容易导致网络募捐的无序和混乱。只有尽快制定相应的慈善法律法规,才可以引导、促进和规范网络捐赠行为。

2. 加强对网络募捐的审批和管理

由于过去我国在审批非营利组织中存在的手续繁杂、门槛偏高、管理僵化等问题,使得一些民间慈善组织无法注册,成为草根性的慈善组织,或注册为工商类组织,或干脆不注册。网络募捐由于没有相关规定,大都采取不注册的方式,因而也不接受民政部门的监督,这对网络募捐的良性发展极为不利。要使网络募捐健康发展,必须加强对它的审批和管理。

首先,要通过立法明确网络募捐等民间自发慈善活动的合法地位。我国法律没有规定自然人具有组织和发起募捐的主体资格,根据《公益事业捐赠法》规定,只有"公益性社会团体"才能接受捐赠。而网络慈善活动由网民自发组织开展,与传统的慈善机构等组织不同,它们没有注册登记,不接受民政部门的业务指导和管理。因此要通过立法确定民间自发慈善活动的合法性地位。其次,通过加快慈善事业立法对网络募捐活动加以规范。运用法律对网络募捐信息的真实性、募捐物资和资金的使用调配管理作出明确规定,对募捐主体资格也要做出相应的法律规定。有了法律规范,网民、网站、政府职能部门就能有法可依,网络募捐才能有序发展。在法律出台前,各地根据实际情况制定地方性法规政策也是可行的。第三,要做到违法必究。对于那些以募捐为名进行诈骗钱财的行为应及时制止,依法惩处。另一方面,可以考虑建立网络社区审核员制度,官方对网络社区进行整顿,采取措施严厉打击灌水、色情、广告、欺诈等,并公布黑名单,黑名单用户在所有的版块都不能发帖回帖留言等。另外,非营利组织尤其要注意其网站形象,对于网络广告能避免就避免。

3. 建立网络募捐的监督与评估机制

随着网络募捐的规模日益扩大,其暴露出的问题也越来越突出,必须建立并完善监督与评估机制,以保证其健康发展。由于目前国家对民间慈善机构的监督约束机制还没有建立起来,没有明确主管机构,致使很多人钻空子。即使民间慈善主管机构成立了,如何规范它们的募捐行为、如何监督善款的流向与使用也是民众最担忧的问题。为此,首先,国家应成立专门的网络募捐机构,对民间个人捐款进行监管,加强财务管理,定期公布账目,最大程度地实现网络募捐的透明化和公开化。这不仅会保障网络募捐的真实性和合法性,还能有效减少不法分子进行网络诈骗。中华慈善总会、中国扶贫基金会、红十字会等慈善机构在发动网络募捐方面应该发挥积极作用。这些慈善组织的分支机构遍布各地,在核实情况、确定救助对象、发起救助等方面有优势,可以发挥监督和管理的作用。其次,建立有效的评估机制。为了弥补政府监督的不足,可以借鉴美国等发达国家对非营利组织的监督管理办法,建立独立的第三方评估制度,定期或不定期地对网络组织进行评估,淘汰不良网络慈善组织,促进健康的网络募捐更好地发展。第三,加强网络募捐组织内部自律。通过加强内部管理,建立明确具体的工作行为规范和职业准则,提升网络募捐组织者素质,促使组织成员实现自律。第四,加强群众监督。在网上公开资金使用账目,接受社会公众审查账目,向捐赠人通报资金或物资的最后使用情况,以便接受群众监督。

总之,完善我国非营利组织网络营销理论研究是一个长期过程,它必将随着非营利组织网络推广的实践而丰富。由实践出真知,发展成理论,再由理论指导实践。笔者相信,借助于中国2亿网民的推动,在不久的将来,中国非营利组织在网络营销上的成功必将引起全球瞩目。

第十二章 非营利组织的绩效管理
——平衡计分卡及信息技术的应用

非营利组织的蓬勃发展使政府、企业、公众对非营利组织的依赖性前所未有,非营利组织在我国的社会经济生活中承担着越来越多的社会责任,对非营利组织的管理绩效评价与治理机制的研究不仅可以建立符合非营利组织特征的管理绩效评价指标体系和方法,调整非营利组织的治理机制,而且有利于提高社会公益资源的使用效益,促进其合理配置,提高非营利组织效率,实现经济文化一体化良性互动,促进社会经济、生态可持续健康、协调发展。

第一节 非营利组织绩效管理概述

绩效管理(performance management)是人力资源管理的一个核心内容,它对于提高组织管理水平,完善激励机制,树立组织价值观,实现战略目标至关重要。同时它也是一种注重结果的管理,将个人的绩效和组织绩效整合在一起,使整个组织处于高激励状态。绩效管理首先兴起于企业,企业组织在认识到绩效对效益的增长的重要性后,就开始发展和运用一整套的实践手段、技术手段、工具和管理体系的设置对个人绩效和组织绩效进行管理。到了 20 世纪后期,绩效管理已成为相当流行的理论观点。因为绩效管理能够通过协议,达成组织目标、标准和所需能力的统一框架,然后通过互相理解的方式,使组织、群体、个人取得较好的结果,并且为雇员提供有关其工作的反馈,使得组织的期望更加清晰,同时,对雇员的能力和努力也产生更加有效的引导。因此,绩效管理被普遍应用于各种类型的组织之中。随着我国非营利组织管理理论的不断进步,绩效管理也被越来越多地运用于非营利组织的管理之中。非营利组织绩效管理是对非营利组织管理过程中的投入、产出、中期成果以及最终反映进行考核、评估的一种手段。有效的非营利组织绩效管理必须建立科学、合理、操作性强的绩效管理机制。

一、非营利组织绩效管理的特点

不同学者对非营利组织多种多样的定义可以体现出一点：非营利组织在各方面表现是千差万别的。绩效管理是企业或政府难以有效解决而又不得不解决的核心管理问题，当然也是非营利组织经营管理中无法逃避的重点和难点之一。与企业相比，非营利组织缺乏追逐利润的先天条件和根本动力；与政府相比，非营利组织承担更小的公众期待和社会压力。非营利组织因"义"而生，更有效地利用组织资源达成组织使命，理应是非营利组织的自觉追求。营利不是非营利组织的目标，而应该可以看做是非营利组织更好地实现组织目标的一种手段。非营利组织要想运用这一手段为达成组织目标服务，就需要追求组织绩效，即对组织进行绩效管理。

从众学者对非营利组织的定义和非营利组织与另两大社会部门的比较可以看出，非营利组织的绩效管理区别于企业和政府有以下三个主要特点：①多元性。营利组织的绩效测定比较简单、明确而且相对成熟。非营利组织种类繁多，承担的职能也相当复杂，它涵盖了政府组织和企业组织之间的广大领域，涉及教育、卫生、商会、社区服务、文化娱乐等方面。由于很多非营利组织服务是无形的且难以界定，这就给非营利组织测量自身是否已成功实现目标带来很大的困难。此外，非营利组织绩效的直接表现各异，具有高度的复杂性。②模糊性。一方面，捐赠是非营利组织奖金的主要来源，这使得"净产出"之类单独客观的绩效指标并不适合于大多数非营利组织，从而导致绩效管理体系难以测量非营利组织的产出。另一方面，非营利组织的非营利性使得非营利组织提供的产品和服务具有非物质性、受益对象的非特定性以及获益效果的滞后性等特点，这就导致非营利组织绩效无法也不可能像营利组织那样可以通过市场交易中的价格信息衡量。③缺乏独立性。这一特点应该是我国非营利组织所特有的。依据我国《社团登记管理条例》规定，一个机构要想在民政部门登记注册为一个社会团体，就必须找一个业务主管单位。这里所指的业务主管单位属于政府部门。这就使得我国的非营利组织法律地位很低，附属于其业务主管部门。那么，对非营利组织绩效管理的主体外延往往就是对其主管部门的评估。

二、相关文献回顾

Neely 等人认为，绩效测量体系是用于确定行为效率和有效性的一系列指标、数据的获得，包括实际指标、基本规则和测量程序。体系可分为三个层面，即个别的测量指标、一系列的测量指标、测量体系与测量环境的关系体现。vanGigch 等人把绩效测量体系视为一个变化的过程，认为测量体系是通过体系变换状态下的因素所赋予的变换程序有组织的体系转换。Lynch 和 cross 提出一个层次模型,其目标层是企业形象。该指标通过市场指标和财务指标描述,而且这些指标又被细分为顾客满意、柔性和生产率。Bourne 和 Mills 等人认为,绩效评价系统是一个动态系统,推动该系统演进和变化的因素主要来自四个方面:内部影响因素、外部影响因素、过程因素和转换因素。Robert 等人发明了一种"平衡计分测评法",平衡计分法包括财务指标和顾客满意度、内部程序、组织学习提高等指标。在具体测算时,评价者可先计算每一份指标的分数,然后将分指标的分数加权汇总,求得评价对象的最终绩效的评价结果。王孟钧认为科学的评价指标体系应包括经营效益指标、发展能力指标、市场与信誉指标、社会贡献能力指标,而管理绩效的评价方法可采用综合评价法。杨兰昆等在比较分析 EVA 方法优缺点的基础上,对 EVA 方法提出了一些改进措施,以此对管理绩效进行评价。

对非营利组织的管理绩效评价与治理机制进行研究的相关文献比较少见,但还是可以找到部分与之相联系的文献,Regina E. Heralinger 的研究表明,非营利组织需要一定的规则对其加以监督,以帮助它高效益、高效率和负责任地完成自己的社会使命,同时她还特别强调增加披露量化的非财务性信息,以有助于衡量学校、医院等组织的效率。在她后来的研究中,还指出非营利组织必须有一个强有力和积极进取的理事会进行监管,理事会应该扮演营利企业中业主和市场的角色,确保组织高效率地完成使命,并且制定本组织的评估和管理方案。Barbara E. Taylor 等认为,如果担任非营利组织理事会成员职务的人愿意发现并担负起新的职责,状况将有所改观,一旦非营利组织的理事会开展新的工作,该组织的业务将得以拓宽,其前景也在极大程度上得到保证。Edward L. Glaeser、Andrei Shleifer 的文章表明,非营利组织可以保护捐赠者、志愿者、消费者、员工的利益不受企业家过度侵害,即使在税收优惠政策缺失的情况下,社会捐赠也会流向非营利组织而不是营利组织,因为那些捐赠可以对非营利组织的决策产生更大的影响。Richard Arnould、Marianne Bertrand 和 Mark Duggan 对非营利医疗机构的行为、市场结构、管理者对使命的关注程度进行了实证。Edward L. Glaeser 就非营利组织如何治理进行了详细的研究。西奥多·H.波伊斯特所著《公共与非营利组织绩效考评方法与应用》中系统地介绍了如何设计和实施公共与非营利组织的绩效考评,告诉读者怎样把绩效指标与组织的管理目标联系起来,怎样分析、加工、报告和利用绩效考评数据,以及怎样让绩效考评系统适应并支持我们的战略和决策过程,包括战略计划与管理、预算、绩效管理,程序改进和标杆比较等管理活动。安德烈·德瓦尔在所著《成功实施绩效管理》一书中通过非营利组织、营利组织和由非营利向营利转变的组织三个案例,探讨了基于关键成功因素、关键绩效指标和平衡计分卡的绩效管理的开始、开发、应用这三个阶段的关键成功因素,以及如何将绩效管理系统与人、管理行为、管理风格有机地结合起来,从而最大限度地发挥绩效管理的作用。国内研究非营利组织绩效管理有代表性的著作是邓国胜所著的《非营利组织评估》。在书中，他使用了归纳、演绎和"以用户为中心"相结合的方法构建非营利组织的评估框架和评估指标。书中首先针对中国非营利组织面临的实际问题构建了系统的评估框架：非营利性评估、使命与战略规划评估、项目评估和组织能力评估。以定性为主的如成志刚、周批改所著《非营利组织管理研究》；也有尝试引入具体管理指标和管理程序的，如吴东明、董西明主编的《非营利组织管理》。随时企业和政府绩效管理理论研究的深入，许多理论也被引入非营利组织领域。在国内众多学术刊物上陆续出现相关的介绍和应用。

三、我国非营利组织绩效管理现状及问题

我国非营利组织绩效管理在取得长足进步的同时，也显示出一些不足之处。就非营利组织的绩效管理而言，对组织进行绩效管理进而促进其自身的发展已经成为各界共识。我国非营利组织经营管理理论经过几十年的发展，绩效管理的标准已经日趋成熟。而且，非营利组织本身多样性的特点也使绩效管理标准、方法、理论呈现出日益多样化的趋势。但是，非营利性组织的绩效管理呈现出缺乏个人利益的存在、缺乏提高效率的竞争机制、缺乏显示组织业绩的最重要指标等弊端。

（一）我国非营利组织绩效管理的主要方法

目前，非营利组织的绩效管理方法皆来源于企业和政府的绩效管理方法。根据侧重点的不同，可以把绩效管理分为控制导向、发展导向、经营导向三个导向的绩效管理。控制导向的绩效管理方法主要有排序法、硬性分布法、尺度评价表法等；发展导向的绩效管理方法有目标管理、360度绩效考核体系等；经营导向的绩效管理体系有KPI、经济增加值等方法。

目前我国非营利组织绩效管理的方法主要有三种：①对非营利组织绩效之相关要素的定性描述，例如国家或地区经济发达程度、社会文明程度、政治开放程度、法律完善程度的测定，这些影响非营利组织的外部的政策规制、生长环境、组织职能、组织规模和数量等，影响非营利组织对其自身使命认同度、组织宗旨清晰度的因素都可以作为定性描述的相关要素。②对非营利组织运作效率、效益与成本的定量测度与评估。这方面可以有数量的计算，但这种计算只有相对意义。如前所言，非营利组织的获益效果存在滞后性，所以人们很难对此做出关于效益的评估。而且量化方法也并非像某些人所声称的那样，具有价值中立、没有意识形态的倾向。如果一味追求定量分析，只会把非营利组织绩效管理研究引入庸俗化境地。③对非营利组织绩效的认同性的定性定量综合评价。这是非营利组织绩效管理的特殊之处、亮点所在。因为非营利组织的绩效如何，并不是组织自身的主观认定和判断，而是社会相关公众对其所作的各种客观评价的总和。

因此非营利组织绩效最为关键的是要得到公众的认可,包括组织本身在公众心目中的知名度、美誉度如何,其产品或服务的社会反响如何,有多少产品或服务得到权威机构的认定等。

(二) 我国非营利组织绩效管理存在的问题

1. 观念滞后

我国非营利组织活动早在新中国成立初期就已开展,但并未引起政府部门、学术界的高度重视。非营利组织理论研究尚处于起步阶段,学术界对非营利组织研究产生兴趣也只是最近几年的事情,且多从社会学、政治学、国际问题等角度进行研究,从经济学、管理学角度进行研究的少,并且缺乏绩效管理研究项目。非营利组织研究成果多为介绍性内容,缺乏对非营利组织人力资源、市场营销、战略管理、经济学原理等的深层次的研究。至于绩效管理,在企业和政府管理中成熟的研究成果付诸实施的并不多见,更不用说在非营利组织了。作为绩效管理的核心环节,非营利组织绩效管理因为其自身的特殊性,在推行过程中更是困难重重,甚至被有意无意地避而不谈。

2. 手段落后

由于非营利组织面临的市场环境的动态性,传统的理性逻辑与规范化分析囿于技术工具局限而很难准确预测非营利组织的未来发展态势及其绩效演变路径,非营利组织绩效管理中的"有限理性"色彩浓重。美国早在 1980 年人口统计中就对有非营利组织性质的 23 个服务业提供数据表,但当时仍没有直接的非营利组织统计数据。反观我国的统计数据则极为缺乏。教育部一直到 2002 年才发布民办教育的一些主要数据,民政部到 1999 年才发布民办非企业单位的统计数据,卫生部自 2002 年起开始对非营利医疗机构数据进行统计。这些统计数据都没有细化的定量数据描述,如投入资源总量及类别、消耗资源总量、员工数量、服务质量、利益相关者的满意度、接受服务者人数,不能涵盖收入(income)、投入(input)、过程(process)、产出(output)、结果(out-come)等全方位全过程。管理实践中对非营利组织的界定和出台的政策措施仍不完全一致。

3. 偏重个案

从现有的一些研究成果来看,我国对非营利组织的研究包括绩效研究,主要是一些理论推断加个案分析。这并不是说个案分析不重要或者没有意义。解剖一只"麻雀"固然重要,但这并不是全部的研究内容。当然,之所以造成这种状况,客观上与缺乏相关统计资料有很大关系,以致定量分析举步维艰。我国绝大部分非营利组织资料都难以公开。迄今为止,笔者在网上只搜索到中国青少年发展基金会的财务资料(还只是 2002、2003 年的),这就极大地限制了许多研究者的研究深度,迫使他们只能从理论到理论,只能做一些个案分析。但如果只有个案分析而缺乏全面的系统的整体把握,那么不管是非营利组织绩效管理还是关于非营利组织的其他研究,都终将缺乏普遍适用性,非营利组织研究就难以在更新、更高、更深的层面上展开。

4. 能力低下

不可否认,我国有些非营利组织存在使命定位不当、发展目标模糊、员工整体素质低下、经理人寻租行为、职责不明、服务效率低下等问题,直接危及组织绩效和组织可持续发展。但这是与我国宏观社会经济文化背景相吻合、一致的,也是非营利组织发展初期尚待规范的必然现象。从经验角度看,这些因素都与非营利组织绩效管理有很大的正相关性。例如,就非营利组织员工而言,一方面是缺乏高素质员工,另一方面又不重视优秀员工的培养与引进,这对组织绩效降低的影响是多维、全面的。又如,现实生活中经理人把捐助或赞助与回扣行为联系在一起,在获得组织资源的同时实现个人利益的最大化,而这种个人利益的最大化是以损害或降低非营利组织整体绩效为前提的。董事会对高层管理者的监督存在事实上的"缺位"、"虚位"等现象,高层管理者的薪酬低下、职务浪费、腐败行为或不作为行为,整体产出水平不足等,都影响非营利组织的整体绩效及其可持续发展程度。

第二节　平衡计分卡在非营利组织绩效管理中的应用

一、平衡计分卡的产生与发展

BSC(balanced scorcard)考核体系由美国学者 Kaplan 和 Norton 在 1992 年提出。该体系被西方大公司广泛使用并取得很好的效果。该体系在保留传统财务指标的基础上,又增加了客户、内部运作过程、学习与成长三方面的非财务指标。从这四个角度把企业战略目标分解为具体的目标和考核指标。从而达到全面考核企业绩效的目的。平衡计分卡被认为是迄今为止最全面的考核体系。引发了企业业绩评价的重大革命。平衡计分卡从其诞生至今已经经历了十几年的发展历程,我们大致可以把它分为萌芽、理论研究与推广应用三个时期。

(一) 平衡计分卡的萌芽时期(1987—1989 年)

在 Robert s. Kaplan 和 David P. Norton 研究平衡计分卡之前,Analog Device(ADI)公司最早于 1987 年进行了平衡计分卡的实践尝试。ADI 是一家半导体公司,主要生产模拟、数字及数模混合信号处理装置,其产品广泛应用于通信、计算机、工业自动化领域。同其他大多数公司一样,ADI 每 5 年进行一次战略方案调整,在制定新的战略方案的同时检讨原方案的执行情况。但是,如同管理者们经常遇到的战略问题一样,"制定战略方案"被当作一项"任务"完成后,形成的文件便被束之高阁,并不能在公司的日常生产经营工作中得以执行。1987 年,ADI 公司又开始公司战略方案的调整。与以前所不同的是,这次的战略方案制定,公司决策层意识到战略不仅仅要注重制定过程本身,还要更加注意战略实施。他们希望通过面对面地与公司员工的交流与沟通,使他们充分理解并认同公司战略。同时,公司高层还希望将战略落实到日常管理中,推动战略的执行。此次 ADI 公司的战略文件在形式上发生了重大变化,他们摒弃了以往那种长达几十甚至几百页的战略文件,将全部的战略文档资料精简到几页纸的长度。在制定战略的过程中,ADI 公司首先确定了公司的重要利益相关者为股东、员工、客户、供应商和社区,然后AD 公司在公司使命、价值观与愿景指导下,根据上述利益相关者的"利益"分别设定战略目标,并明晰了 3 个战略重点目标。为了确保战略目标特别是 3 个战略重点目标的实现,ADI 推行了一个名为"质量提高"的子项目,简称 QIP(Quality Improvement Process)。在该项目进行的同时,ADI 公司继续将战略目标实现的关键成功要素转化为年度经营绩效计划,由此衍生出世界上第一张平衡计分卡。

(二) 平衡计分卡的理论研究时期(1990 — 1993 年)

Robert S. Kaplan 教授发现 ADI 公司的第一张平衡计分卡后,他与复兴全球战略集团(No1an-Norton)总裁 David P. Norton 开始平衡计分卡的理论研究。平衡计分卡的研究课题首先是从公司绩效考核开始的。1990 年,美国的复兴全球战略集团 No1an-Norton 专门设立了一个为期 1 年的新的公司绩效考核模式开发项目,Nolan-Norton 的执行总裁 David P. Norton 任该项目的项目经理,Roberts. Kaplan 担任学术顾问,参加此次项目开发的还有通用电气公司、杜邦、惠普等 12 家著名公司。项目小组重点对 ADI公司的计分卡进行了深入地研究,并将其在公司绩效考核方面扩展、深化,将研究出的成果命名为"平衡计分卡(Balanced Scorecard)"。该小组的最终研究报告详细地阐述了平衡计分卡对公司绩效考核的重大的贡献意义,并建立了平衡计分卡的四个考核维度:财务、顾客、内部运营与学习发展。1992 年初,Kaplan 和 Norton 将平衡计分卡的研究结果在《哈佛商业评论》上进行了总结,这是他们公开发表的第一篇关于平衡计分卡的论文。论文的名称为《平衡计分卡——驱动绩效指标》。在论文中,Kaplan 和 Norton 详细地阐述了 1990 年参加最初研究项目采用平衡计分卡进行公司绩效考核所获得的益处。平衡计分卡理论研究的第二个重要里程碑是 1993 年 Kaplan 和 Norton 将平衡计分卡延伸到企业的战略管理中。在最初的企业平衡计分卡实践中,Kaplan 和 Norton 发现平衡计分卡能够传递公司的战略。他们认为平衡计分卡不仅仅是公司绩效考核的工具,更为重要的是它还是一个公司战略管理的工具。

（三）平衡计分卡的推广应用时期（1994 年至今）

1993 年 Kaplan 和 Norton 将平衡计分卡延伸到企业的战略管理系统之后,平衡计分卡开始广泛得到全球企业界的接受与认同,越来越多的企业在平衡计分卡的实践项目中受益,同时平衡计分卡还延伸到非盈利性的组织机构中。有关统计数字显示,到 1997 年,美国财富 500 强企业已有 60％左右实施了绩效管理,而在银行、保险公司等所谓财务服务行业,这一比例则更高,这与美国企业在 20 世纪 90 年代整体的优秀表现不能说毫无关系。再看一看政府方面,BSC 在 20 世纪 90 年代初提出,到 1993 年美国政府就通过了《政府绩效与结果法案》(*The Government Performance and Result Act*)。今天,美国联邦政府几乎所有部门及大部分州政府都已建立和实施了绩效管理,目前的重心已转入在城市及县一级的政府推行绩效管理。平衡计分卡首先在美国的众多企业得到实施,现今已经推广到全球很多国家的企业。今天当我们实施过平衡计分卡项目的中国企业的高级经理们在一起沟通谈及战略与绩效管理时,他们都非常称赞平衡计分卡对其实践所作出的巨大贡献。平衡计分卡几乎涉足各个行业,全球各个行业的企业(甚至包括一些非盈利性机构)对平衡计分卡需求每年也以成倍的速度增长。2003 年有关调查统计显示:在全世界范围内有 73％的受访企业正在或计划在不久的将来实施平衡计分卡,有 21％的企业对平衡计分卡保持观望态度,只有 6％的企业不打算实施平衡计分卡;平衡计分卡在美国乃至全球的企业得到广泛认同,标志着平衡计分卡已经进入推广与应用时代!

二、平衡计分卡的基本内容

平衡计分卡打破了传统的只注重财务指标的业绩管理方法,认为传统的财务会计模式只能衡量过去发生的事情。组织必须通过在客户、供应商、员工、组织流程、技术和革新等方面的投资,获得持续发展的动力。基于这种认识,平衡计分卡方法认为,组织应从四个角度审视自身业绩:客户、业务流程,学习与成长、财务。平衡计分卡中的目标和评估指标来源于组织战略,它把组织的使命和战略转化为有形的目标和衡量指标。

1. 客户

管理者们确认了客户和组织将要参与竞争的市场部分,并将目标转换成一组指标,如市场份额、客户留住率,客户获得率、顾客满意度、获利水平。

2. 业务流程

为吸引和留住目标市场上的客户,满足股东对财务回报的要求,管理者需关注对客户满意度和实现组织财务目标影响最大的那些内部过程,并为此设立衡量指标。在这一方面,平衡计分卡重视的不是单纯的现有经营过程的改善,而是以确认客户和股东的要求为起点、满足客户和股东要求为重点的全新的内部经营过程。

3. 学习和成长

确认了组织为了实现长期的业绩必须进行的对未来的投资,包括对雇员的能力、组织的信息系统等方面的衡量。组织在上述各方面的成功必须转化为财务上的最终成功。产品质量、完成订单时间、生产率、新产品开发和客户满意度方面的改进只有转化为销售额的增加、经营费用的减少和资产周转率的提高,才能为组织带来利益。

4. 财务

列出了组织的财务目标,并衡量战略的实施和执行是否在为最终的经营成果的改善作出贡献。平衡计分卡中的目标和衡量指标是相互联系的,这种联系不仅包括因果关系,而且包括结果的衡量和引起结果的过程的衡量相结合,最终反映组织战略。

平衡计分卡不仅是一种管理手段,也体现了一种管理思想:①只有量化的指标才是可以考核的,必须将要考核的指标进行量化;②组织愿景的达成需要考核多方面的指标,不仅是财务要素,还应包括客户、业务流程、学习与成长。自平衡计分卡方法提出以后,其对企业全方位的考核及关注企业长远发展的观念受到学术界与企业界的充分重视,许多企业尝试引入平衡计分卡作为企业管理的工具。实施平衡计分卡的管理方法主要有以下优点:

(1) 克服财务评估方法的短期行为;

(2) 使整个组织行动一致,服务于战略目标;

(3) 能有效地将组织的战略转化为组织各层的绩效指标和行动;

(4) 有利于各级员工对组织目标和战略的沟通和理解;

(5) 有利于组织和员工的学习成长和核心能力的培养;

(6) 实现组织长远发展;

(7) 通过实施 BSC,提高组织整体管理水平。

三、非营利组织平衡计分卡维度分析

(一) 调整平衡计分卡

平衡计分卡主要为应对私营部门绩效管理挑战而产生,但它同样能够很好地适应非营利组织发生的巨大变化。为区别于企业和政府机构,适应非营利组织,Paul R. Niven 提出平衡计分卡对非营利组织的改进模型,如图 12-1 所示。

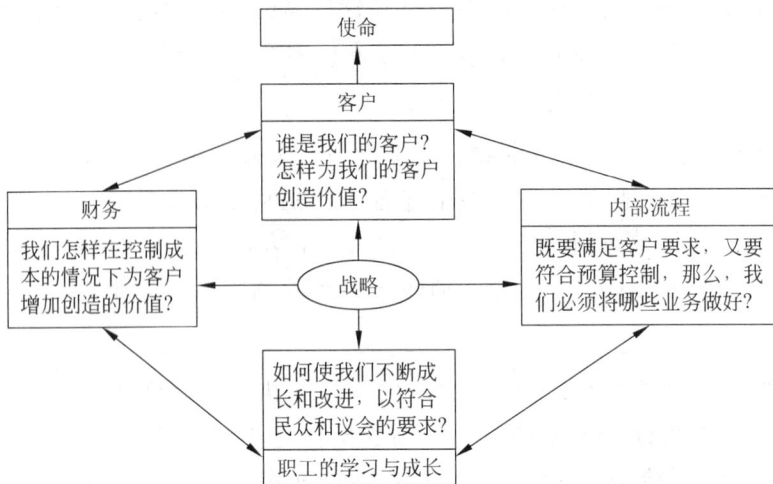

图 12-1　非营利组织平衡计分卡

资料来源：Niven P R. Balanced scorecard step－by－step：maximizing performance and maintaining results. New York. John Wiley&Sons. Inc. 2002：297.

（二）使命

在营利组织的平衡计分卡模型当中，所有评价指标都应该导致最终绩效的改善。追逐利润、提高股东价值是营利组织的最终目标，这是由它们对其财务利益相关者的责任所驱使它们必须这么做的。而非营利组织则不然，非营利组织不能以追逐利润作为它们的组织目标——这是一个由服务条款支配的世界。尽管非营利组织有高效地配置组织资源的责任，但此项工作并不是非营利组织的最终目标。组织的最高目标服从于组织的责任和使命。例如环境保护、人道主义救援、慈善募捐。非营利组织存在的根本原因和推动其发展的最终动力源于它的组织使命。对顾客、内部业务流程、员工学习成长、财务四个维度的绩效控制和从结果中获取的学习可以提供中短期的信息，但这一切的最终归宿和落脚点都将汇集于组织的使命。对此四个维度的评估起到帮助组织更好地实现使命。非营利组织成员的目的和满足并非来自于工资，而是来自于奉献和做了有益的事情，组织提供给他们最好的机会就是通过工作实现人生的真正价值和满足感。战略或目标伴随时间的推进会逐步实现，而使命却没人可以完全实现。在组织处于不确定性状态下，有效的使命可以作为组织的向导。使命是指引组织的永恒原则，它反映了组织深层的信仰，并在全体组织成员日复一日的行动中体现出来。

（三）战略

无论是营利组织或是非营利组织。战略都是其平衡计分卡系统的核心。对于战略的定义,战略专家亨利·明茨伯格(Henry Mintzberg)有这样一段话:"我和许多人的研究表明,制定战略是一个非常复杂的过程,涉及人类思维中最高级、最精妙、有时还是最潜在的要素。"奎因对战略的定义是:"战略是将一个组织的使命、政策和行动计划整合为一个有机的模式和计划。"战略的含义因人而异,也因组织而异。对于非营利组织而言,战略更多的代表组织在认识其经营环境和实现使命过程中的显著优先权。显著优先权意味着组织力争实现使命的总体方向。战略在平衡计分卡中起的作用至关重要,人们也越来越多地把平衡计分卡当作一种战略管理工具,而非绩效管理的方法。一方面用平衡计分卡可以形象地表达公司的战略,另一方面还可以把它用于战略控制过程中的信息沟通。非营利组织借助平衡计分卡这个战略管理工具,不仅可以把自己的战略清晰而形象地表达出来,而且还可以进行战略改进与发展。组织通过平衡计分卡可以构建战略讨论框架和体系,还可以从组织的整体战略中分解出各个业务单位的经营战略。组织通过平衡计分卡可以把自身的战备和奋斗目标联系起来,实现整个组织的战备意图。

(四) 顾客

顾客有许多不同的称呼方法,代表许多不同的团体。法律和人权组织为"当事人"服务,环保组织为"自然环境"服务,救助组织为"受难者"服务。关键不在于他们的称呼,而在于他们在实现上对不同需求的渴求。如果非营利组织想要成功,就要关注这些渴求。要确定非营利组织的顾客是困难的。非营利组织提供的很多准公共产品一方面边际成本低,另一方面很难将非服务对象排除在服务范围之外。这一点跟公共产品相似。以公共产品国防为例,国防机构运作起来以后,多一个公民享受此公共产品带来的服务不会带来更多的开支,而要将其排除在此服务之外,则十分困难,除非将其驱逐出境或者将其移民。非营利组织的服务是由不同群体设计的,也是由不同群体付费并从中受益。基于这一特点,在设计非营利组织平衡计分卡的顾客维度时,流行采用的方法是将所有顾客都纳入其中。

非营利组织顾客维度绩效一般需要考虑两个指标:顾客满意度和顾客价值定位。

1. 顾客满意度

顾客满意度多用于公共部门和企业当中。在非营利组织中应用顾客满意度调查有先天的优势:没有利益的干扰,顾客更能公平客观并冷静地反应其真实的意愿。盖洛普(Gallup)经过对数量巨大的人群进行调查之后,指出研究顾客满意度应具备以下四个要素:准确性、可取得性、合作关系、建议。

2. 顾客价值定位

价值定位在20世纪90年代中后期成为主流,很快为平衡计分卡设计组织所采用。

非营利组织为了更好地实现组织使命和目标必须加强与顾客的联系。确定价值定位和适当的评价指标正好与顾客维度的要求相符合。很多企业和公共部门在设计自身的平衡计分卡,构思顾客维度和内部流程维度的内容时,都利用了价值定位模型。问题在于价值定位能否适用于非营利组织,事实表明是适用的。

(五) 财务

关于非营利组织的财务特点,以下两个定义体现得很明显。美国财务会计准则委员会在《财务会计概念公告》第四号《非营利组织财务报告的目标》中,将非营利组织的主要特征归纳为:①大部分资源来源于资产的供给者,他们不期望收回或攫取经济上的利益;②业务运营的目的主要不是为了获取利润或利润同等物而是为了提供产品或劳务;③没有明确界定的所有者权益及其出售、转让或赎回,以及凭借所有权在组织清算解散时分享一定份额的剩余资产。我国台湾会计界将非营利组织称为"非营利事业",他们认为,非营利事业具有三个重要特点:①该事业不以营利为目的,事业的一切资产和权益均为事业所有;②对于任何特定的个人不能以任何方式给予特殊利益;③不进行损益计算和利润的分配。企业主要的资金来源是通过销售产品和服务从顾客那里获取的收入,如果产品不适销,不能满足市场需要,那么企业会出现入不敷出的状况,严重的将导致企业破产。而非营利组织则不完全依靠从顾客那里获取的服务收入来维持生存和发展。有些非营利组织资金的主要来源是服务收入,如民办学校的主要收入是学生交纳的学费,医院通过向病人收取医疗费和药费维持经营。在非营利组织财务中"天生"就缺少利润这一指标。非营利组织平衡计分卡财务维度的绩效指标用来说明如何以平衡效率、效益和成本的方式提供服务。区别于企业的财务目标,非营利组织财务目标只是支撑组织使命的必要条件。前面已经分析,非营利组织不以营利为目的,并非意味着非营利组织不能营利。任何形式的组织,高效率的资源配置都会给组织的发展带来更为轻松的环境。这一点对于资金来源不固定且无法追逐利润的非营利组织显得更加重要和尤为迫切。非营利组织的财务维度绩效指标一般包括以下几个方面:产品或服务的价格、增加的收入和财务系统。

(六) 内部流程

在内部流程层面,组织的管理者要确定对实现组织目标和实现客户要求都至关重要的环节。组织通常在设定了财务和顾客层面的目标和指标后,就开始为内部流程设计目标和指标。在非营利组织平衡计分卡中,内部流程的目标和指标源自于满足使命和目标客户期望的战略思想,内部流程维度的指标应该直接产生于顾客维度的选择。这个井然有序的自上而下的过程通常揭示了一整套组织必须表现卓越而全新的内部流程。非营利组织要持续地为顾客创造价值并最终完成使命,就必须考虑其核心业务流程。一般而言,质量、创新、合作关系、营销、筹集资金等流程是非营利组织必须加以重点考虑的。

(七) 学习与成长

作为使命导向型组织,非营利组织要实现重要的社会目标,很大程度上取决于员工的技能、奉献及合作。流程改进、高效运营、满足顾客需求在很大程度上都依赖于员工的能力和他们用于支持使命的工具。大卫·诺顿(David Norton)在《人力资源计分卡》中写道:"最低分应当打给对人力资本开发战略的认识。对这个问题缺乏一致意见,缺乏创造力,也没有真正对其进行思考。这个最为重要的资产却是最少为人所理解,最少被评价,而且也因此最少得到管理。"可惜的是,人们普遍未能认识到这个事实并做出正确的反应。非营利组织平衡计分卡的第四个也是最后一个层面是为驱动组织学习与成长而设计的目标和指标。财务、客户和内部业务流程层面的目标确定了组织为完成使命必须在哪些方面表现突出。学习与成长层面的目标为其他三个层面的宏大目标的实现提供了基础框架,是前面三个计分卡层面获得卓越成果的驱动因素。这一层面包括三个主要领域:人力资本、信息资本和积极行动的氛围。

1. 人力资本

非营利组织的人员流失是不可忽视的巨大问题。在非营利组织里,许多人是因为热切的信仰而被吸引到组织中来,但很快就由于工作压力巨大且自身毫无收获而感到厌倦,最终退出。真正能留下来的成员也会随着时间推移,在组织没有更多新成员加入的局面下使组织面临人员老化的问题。这些原因促使非营利组织在尽可能留住成员的同时,积极吸收和培养新的成员维持组织的正常运作。

2. 信息资本

信息并不仅仅只是跟上最新的信息技术的能力,信息的过滤和选择也相当重要。组织成员必须能取得与主要顾客、捐赠者和其他利益相关方的信息,并做出相应的决策。

3. 积极行动的氛围

创造积极行动的氛围需要众多忠于职守的组织成员,所以必须进行大量的工作场所调查,听取基层的意见,了解组织成员的想法,尽可能多地与组织成员沟通。组织成员往往带着不同的愿望来到非营利组织,如果不告诉组织成员组织的目标、如何适应组织,以及组织对他们进步的期望等他们必须知道的问题,就会打击他们对组织的热忱和信心。

第三节　非营利组织平衡计分卡中信息技术的应用

对于非营利组织的平衡计分卡项目来说,最为重要的问题就是如何设计一套可以在组织成员和管理层中收集、沟通信息程序的系统。无论非营利组织是选择一个简单易懂的程序,还是选择一个专业化的软件,项目成功的关键在于能够应用恰当的工具把适当层次的信息传递给适当层次的人员。在平衡计分卡项目发展初期,应用软件市场并没有形成。当时,许多用于支持项目实施的软件主要是一些现存的应用软件,如Excel 或者 Visual Basic,应用范围主要在高层管理领域,功能也只是提供平衡计分卡四个角度的数据信息。但是当平衡计分卡理论在管理界中得到更加广泛的认同时,就需要更加先进的解决方案支持项目的实施,于是,在市场上就出现了大量专业化的平衡计分卡应用软件。非营利组织在评价和选择软件解决方案时,首先必须确定本组织为什么需要一个信息技术解决方案,然后再根据自己的具体需求比较各种不同的软件方案。本章将讨论在平衡计分卡项目中如何应用信息技术,并提出非营利组织如何选择软件方案的建议。

一、信息技术在平衡计分卡各阶段的作用

正常情况下,平衡计分卡软件被用来从非营利组织内广泛的信息交换系统中获取与平衡计分卡有关的数据信息,并对这些信息进行处理,然后再把它们呈现在非营利组织的绩效报告之中,可以把这个应用软件比喻为平衡计分卡四个角度绩效进展速度的测速计。当然,任何一个平衡计分卡软件都具有这些重要的特征。不过,我们认为信息技术在平衡计分卡项目的其他各个阶段同样可以发挥重要作用。从开始发展形成非营利组织的愿景和绘制战略图到日常计划的执行,直至纷繁复杂的绩效考核报告,信息技术除了数据处理功能外,还应包括绘制和检验战略图,把非营利组织规划、战略目标、关键成功因素、绩效考核指标和行动计划联系起来,以及为了提高非营利组织经营水平,为非营利组织组织成员参加各种知识和经验交流会提供信息技术手段的支持。也就是说,信息技术可以用于整个平衡计分卡项目的各个阶段,并在各个阶段(平衡计分卡项目初始阶段、平衡计分卡分解和联系阶段、目标值设定和绩效监控阶段、战略活动管理阶段)中起到支持作用。

(一)信息技术在平衡计分卡项目初始阶段的支持作用

人们经常把平衡计分卡软件理解成一个收集、处理并将有用信息呈现于平衡计分

卡四个角度的数据处理软件。当然,在平衡计分卡项目早期阶段还需要其他管理工具的支持。无论是否使用专业化的项目管理解决方案,也不论平衡计分卡应用软件中是否提供了这些功能,重要的还是保证在项目初期阶段形成的资料文件在以后还能够查询和加以利用。这些资料文件之所以重要,在于这些文件资料和数据库中包含了有关非营利组织的市场、竞争者、发展趋势、内部优势和劣势等重要信息。虽然,在平衡计分卡项目事先的解决方案中并不一定包括一个项目管理应用软件。但是,项目管理软件的应用是与平衡计分卡在未来发展过程中对已形成知识的再利用联系在一起的。在所有的非营利组织中大都经常存在这种现象,客户分析报告和竞争者评价资料不断地形成,又不断地丢失和忘记。在平衡计分卡项目初期,较为困难的事情是为设计战略图找到一个恰当的软件工具。现在,大多数非营利组织都在使用微软的 PowerPoint(Microsoft Power Point)软件。这个应用软件提供了一种简单易懂的图形制作方法。然而,使用微软的 PowerPoint 设计战略图存在一些缺陷。其中一个问题就是用这种软件很难把战略图和平衡计分卡的关键成功因素、绩效考核指标连接起来。这也就意味着由绩效考核指标向回追溯,经过关键成功因素直至战略图是一件非常困难的事情,同时寻找出使用某个绩效考核指标的具体原因以及解释清楚这个绩效考核指标在战略图中究竟代表哪些内容也变得非常困难。在这个画面极其简单的幻灯片中,还有一项重要功能无法实现,就是在这种图片中无法实现动态功能。用微软的 PowerPoint 画出的这些联系在某种意义上是"哑巴",它们并没能包含战略图所代表的生动的经营思想。因此,战略图中的系统动力学特点就只能由观看者自己去想象了。相反,如果用来描绘战略图的软件具有模拟仿真功能,那么就可以检验这些联系之间的逻辑关系是否正确。除了可以形象地表示出各个实体要素之间的联系关系外,借助于这种模拟仿真功能,人们通过观察变化过程中流量的增减,就能够有效地确认战略图中各种关系的联系强度和效应。人们还可以应用这种模拟仿真工具检测,假如模型中一些关键的假设发生变化将会出现怎样的结果。这样,当非营利组织的经营模型还只是处于在画板上的阶段时,它的有效性就可以得到逻辑上的检验。

(二) 信息技术在平衡计分卡分解和联系阶段的支持作用

在绘制清楚非营利组织的愿景和战略图之后,非营利组织的平衡计分卡通常会分解到各个独立的业务单位甚至更小的业务实体层次。在有些非营利组织,甚至已经把平衡计分卡一直分解到组织成员个人层次。同这些平衡计分卡相互之间的联系关系相类似,平衡计分卡的各个角度之间以及领先指标和滞后指标之间也都存在某些联系关系。同时,在把高层次平衡计分卡分解成低层次平衡计分卡的过程中,还应该体现出各个下属单位对实现非营利组织整体目标所应作出的贡献。平衡计分卡软件应该能够让低层次的用户充分理解他的平衡计分卡的前因后果,能够让他明白自己的平衡计分卡与整个组织成功之间的联系关系。这种联系基于这样一种普遍的思考,就是每一个低层次的平衡计分卡都一定会和上一层次的平衡计分卡具有联系关系,这种联系关系不仅表现在逻辑层面,而且表明了一种理论观点,就是平衡计分卡必须说明非营利组织存在的理由,非营利组织的整体绩效一定要大于各部分绩效之和。

(三) 信息技术在目标值设定和绩效监控阶段的支持作用

最近几年,平衡计分卡系统的设计者都对目标值的设定工作和持续的绩效监控工作十分感兴趣。大多数平衡计分卡应用软件都是按照管理控制(经常是财务控制)原理设计的,只是在总体设计框架的顶层和信息系统中增加了非财务指标。因此,大多数平衡计分卡应用软件在从非营利组织不同的财务信息系统中收集、加工和表达与财务有关的信息时都表现得非常精彩。但是,平衡计分卡的功能不仅仅是数据的编辑和处理,它还要满足用户更高层次的要求。目标值的设定是一个比通常人们想象(不同于官僚化的预算编制流程)更加具有创造性的流程,同时还具有非线性和直觉性的特点。除了要满足这些安全要求以外,这个信息系统还要能够推动非营利组织之间不同层次的对话和信息沟通。例如,组织主管个人(或其他任何一个设定目标值的人)可以通过对这个系统的浏览,学习其他单位在这方面的知识和经验。

有一个非常普遍的现象,非营利组织往往都希望用更加直观的形式表达绩效结果,例如在绩效报告中除了包括图形和表格以外,还有测速计、红灯或温度计等表达形式。用红灯这种形式表达绩效的长处就在于这种表达形式非常易于沟通:如果灯的颜色是红色,那么组织成员就明白绩效低于预期水平。然而,在这种表达形式中,有一个挑战就是要为绩效设定最低分类标准。绩效结果同目标值偏离到多大程度时才需要标注为红色呢?偏离到多大程度又将标注为黄色,是位于目标值,还是低于目标值?这个系统还必须能够处理这样一些绩效指标,对于有些绩效考核指标绩效结果低于目标值更可取(例如交货期),反之亦然(如利润)。同时,有些目标值的设定还可能是一个区间范围,例如绩效结果为"好"这一等级时,绩效结果就可能被限定在一个有限的区间之内。平衡计分卡信息系统所需要的绩效数据应该能够采用两种不同的方式(手工方式和自动方式)进行编辑处理。即使大多数平衡计分卡应用软件似乎都在暗示可以自动地从其他的计算机系统中获取所需要的绩效数据,但是,现实情况是这种完善的功能非常少见。除了以现存信息系统中的数据为基础进行绩效分析和绩效管理以外,这些软件包还必须把最终结果以引人注目的方式表达出来。一个最新式的平衡计分卡始终能够呈现在非营利组织的内部网上,这样,非营利组织的任何一名组织成员无论何时、何地都可以对它进行访问。

我们不可能期望让非营利组织所有的组织成员随时都可以访问内部非营利组织的网络或浏览平衡计分卡信息,所以管理层必须刻意地对平衡计分卡加以利用,并把它当作一种沟通工具,讨论非营利组织是否有可能实现自身的战略。除了定期自动把平衡计分卡公布在内部网上外,非营利组织还必须制作一些实物形态的绩效报告。因此,有些解决方案会提供一些"报表生成器"功能,自动地生成有关平衡计分卡的最新资料。非营利组织既可以在月度会议上使用这些资料,也可以把它们用在非营利组织的月度新闻报道中。

(四)信息技术在战略活动管理阶段的支持作用

大量有关平衡计分卡项目实施的著作都非常关注组织战略发展与绩效监控之间的联系,目的是想说明组织如何对目前的绩效行为实施有效的监控才能及时明白组织的未来发展战略是否有实现的可能。有时,人们把平衡计分卡实施流程的最后一个环节理解为是对绩效的考核与评价。但是,在卡普兰和诺顿最早的文章中,平衡计分卡模型的最后一个环节是行动计划清单,并不是绩效考核指标。这个不同之处具有非常重要的意义,对于平衡计分卡解决方案来说,能够认识这一点同样很重要。对于非营利组织战略发展来说,只对绩效实施监控是远远不够的。即使对绩效实施了监控,并把绩效结果与事先设定的目标值进行了比较,也还是远远不够的。平衡计分卡的目的在于能够在非营利组织中激发出一种新的行为方式,这样才有助于实现非营利组织的预期战略目标。

因此,现在市场上的一些平衡计分卡软件包括一个活动管理模块,不过通常这个模块的功能都还不够完善。虽然管理战略活动本身并不需要一个信息技术支持系统,但是如果有信息技术支持,就更加可以确保战略活动能够按照预定的计划进行。活动管理系统是工作流管理软件包的一种,它的作用是帮助组织成员确保活动能够按照预期的设想正常地进行。

在平衡计分卡解决方案中,最简单的活动管理方式就是把活动项目和组织成员个人的绩效考核指标联系起来。假如非营利组织决定采取某种行动扭转某个绩效考核指标的不利发展趋势,那么就可以把这个行动的信息输入系统之中——把它与这个考核指标联系起来。然后,再把这个行动分配给某个组织成员,让他负责这个行动的具体执行。当他完成这项任务之后,就把这个行动标注为已经完成。可以把工作流管理的一些功能扩展到这个活动管理系统之中,允许组织成员为达到同一目的可以采取不同的方式。系统还可以保留行动清单的执行轨迹,当一项活动的期限临近终止时,系统可以改变这个活动负责人的责任,让这个人对另外的活动负责。这样,系统就可以保留与某一特定问题有关的一系列活动的轨迹,也就可以查询关于这个问题哪些人采取了怎样的行动。

最后,系统就建立了战略活动的反馈环,用户可以通过系统明白活动是否产生了预期的效果。在活动完成以后不长的时间里,系统就可以总结出绩效考核指标是否沿着预期的方向发展变化。

二、非营利组织平衡计分卡软件选择

在进行平衡计分卡软件选择时,首先需要决定的是从市场上购买软件产品,还是由非营利组织内部自行设计。有一种非常普遍的现象,许多非营利组织在应用标准化的软件包之前大都使用过非常简单的 Excel 或 Access 解决方案。现在,平衡计分卡理论已经基本成熟,市场上也出现了大量的标准化解决方案。即使它们都宣称自己能够支持平衡计分卡的运行,但它们之间还是存在非常大的差别,这主要是由于它们最初的形成背景不同。有些解决方案由传统的财务软件包发展而来,其他一些则是从无到有的基于网络的解决方案(这些软件甚至可以从互联网上一些独立的服务提供商那里租用)。如果非营利组织决定购买一个标准化的平衡计分卡应用软件,最为关键的是要查明这些产品的出身,考虑这个系统所包含的逻辑思想(来自它的出身)是否适合于非营利组织的经营环境和实施平衡计分卡的目的。

三、内部发展的解决方案(适宜的解决方案)

较有代表性的、最简单的解决方案是非营利组织自己设计并发展起来的、适合本组织使用的解决方案(适宜解决方案),例如用微软的办公软件包设计出的各种应用软件。现在,基于 Excel 的解决方案可能是使用最广泛的解决方案,它们通常由非营利组织内部的信息技术部门或业务主管设计并发展起来,包括由一系列表格组成的电子表格程序,可以用这些程序生成图表和绩效报告。这个解决方案所使用的数据可能是用手工方式输入的,也可能取自其他的信息系统。有些数据还可能是自动从其他应用软件中导入的,并且在导入过程中,还可以把其他格式转换成电子表格格式。这种解决方案的一种优势在于初期投入的成本低而且见效快。非营利组织可以直接把自己平衡计分卡的管理思想设计到系统里,而且当平衡计分卡发生变化时,自己就可以相应地对系统进行调整。这种解决方案的另一个优势就是对环境的要求低,大部分计算机都装备支持这些系统的软件,很容易实现解决方案的共享,同时运行这些系统也不需要额外增加软件投资和额外支付软件许可费,所以,这种解决方案可以广泛推广和使用。这种解决方案的一个缺点就是发展空间受到限制。随着平衡计分卡复杂性的不断增加,再用这种解决方案支持平衡计分卡的运行就非常困难。而且,这种解决方案既不能处理大规模的数据信息,也不能与非营利组织其他的信息系统进行无缝式的交互作用。这种应用软件还有一个最大的缺点,就是无法保证数据信息的准确性。当一种新的类型或格式的数据进入系统后,系统可能无法正确识别,把它们错误地保存下来,并且在以后数据更新过程中不断地固化在里面。这样就可能造成第二次错误的发生,要发现这种错误更加困难,最终结果是绩效考核指标在计算上出现错误。一旦用户发现这种错误,就会对这种应用软件失去信任。

四、独立的平衡计分卡解决方案

在平衡计分卡接下来的发展过程中,许多非营利组织似乎会很自然地把电子表格解决方案中的管理思想移植到一个基于网络的内部平衡计分卡的解决方案之中。这类系统的一个优势是它们从一开始就是专门为支持平衡计分卡的实施而设计的。由于这类系统是按照非营利组织的明确要求租用来的,所以在大多数情况下使用起来非常方便。而且运行这类系统也不需要非营利组织购买或安置另外的应用软件,用户所需要的设备只是一台计算机和一个网页界面。同所有应用标准化的软件一样,应用这类软件还有一个优势,就是不只依赖内部资源发展平衡计分卡项目,还可以利用外部客户在平衡计分卡设计方面的专业化经验。近年来,社会上还专门成立了一些公司,它们的业务就是专门提供基于网络动态服务协议(ASP)的平衡计分卡系统。这类系统与上面适宜的解决方案相比有一个缺点,就是独立的平衡计分卡软件是根据平衡计分卡的结构和流程设计的,因此改动起来比较困难,而 Excel 解决方案调整和变动非常容易,对环境具有很强的适应能力。与其他数据处理式的解决方案相比,大多数独立的平衡计分卡应用软件都具有很强大的沟通与交流功能,同时也有可能把战略图更加形象地表达出来,达到很好的视觉效果。

五、附加于非营利组织资源计划的解决方案

许多非营利组织资源计划的供应商已经开始着手设计平衡计分卡软件,它们的方式是把这样的软件作为一个模块融合到非营利组织现存的非营利组织资源计划系统之中。在 20 世纪 90 年代,这种趋势越来越明显。许多非营利组织资源计划系统涉及的范围非常广泛,而不仅仅限于财务领域。这类系统配备的各种软件模块所具有的功能通常可以涵盖任何一个非营利组织所有的经营管理领域,例如包括人力资源管理、生产计划、投资管理、采购和销售等。因此,一个完整的非营利组织资源计划系统存储着非营利组织绝大部分信息资料。这样的信息系统可以成为平衡计分卡的一个信息资源。应用附加于非营利组织资源计划的解决方案的一个优点是它可以与非营利组织其他的功能

性软件有机地结合在一起,成为非营利组织资源计划的一个有机组成部分,从而可以非常容易地从这个信息系统中获取"已经存在的信息"。附加于非营利组织资源计划系统的解决方式通常是比较安全的,原因在于大多数非营利组织资源计划供应商的财务基础都非常稳固,而且各个模块间的集成度也能够得到保证。然而,这种方案的风险在于只有当绩效信息都存在于非营利组织资源计划的各个模块时,这类方案才是一种最好的方案。相反,如果所需的绩效信息存在于另外的信息系统之中,甚至还只是存在于纸面上,那么这类解决方案可能从成本和效率角度讲就不是最佳方案了。

六、附加于流程管理系统的解决方案

最后一类解决方案来自专门用来模拟和分析流程效率的软件系统。这些系统的主要用途是描述和模拟流程以及流程中的各种活动。在这类系统中,对于流程中的每一项活动都进行了全面完整的定义,并且在会计系统还为每一项活动建立了对应的账户,这些活动的成本构成要素都在相对的账户中进行了详细的列示。安装这类软件系统后,非营利组织的财务人员就可以按照作业成本法进行成本动因分析。因此,这种类型的流程管理系统,如 QPR 和 ProDacapo,可以帮助非营利组织发现自己的流程和产品"真正"的成本。近来,许多流程管理系统涉及的范围也在不断地扩大,有的已经具有某些平衡计分卡功能。这类应用软件的长处在于它们可以模拟非营利组织中的各种流程,并且可以把流程中的活动与其他系统(最典型的是会计系统)的信息资源联系起来。

七、建议和提示

我们论证了非营利组织在平衡计分卡项目的各个阶段应该如何应用信息技术。然而需要强调的是,我们并不认为运行平衡计分卡必须要有一个信息技术解决方案。但是,如果非营利组织决定要评价各种可供选择的平衡计分卡方案,在我们看来,重要的是要清楚地说明应用这个系统的目的。因此,我们认为:

(1) 在决定应用信息技术解决方案时,重要的是明确为什么要应用这个系统。非营利组织主要用它来支持项目初期阶段的实施,还是处理数据信息?

(2) 在最初的一年里,诸多平衡计分卡项目都可以从稳健的信息技术投资中获益。非营利组织在实施先进的解决方案之前,在项目初期阶段通常只要用一个简单的 Excel 或 Access 解决方案就足够了。

(3) 非营利组织要让平衡计分卡的未来用户领导这个信息技术项目和确定各种解决方案之间的优先选择顺序。

（4）对系统信息的输入和输出同时进行彻底的管理和控制相当重要。假如非营利组织能够选择和实施一种恰当的信息技术解决方案，将有助于平衡计分卡项目的成功实施，所以这项决策对非营利组织预期经营战略的实现有着非常重大的影响作用。

（5）信息技术解决方案可以向平衡计分卡提供有关非营利组织目前绩效成果和未来奋斗方向的最新信息。

（6）信息技术解决方案可以以很低的边际成本实现对现存信息的再利用，并实现信息的增值。

（7）信息技术投资一定会取得成功。

如果非营利组织决定要评价各种可供选择的平衡计分卡方案，在我们看来，重要的是要清楚地说明应用这个系统的目的。如果非营利组织把平衡计分卡当作管理控制工具，那么就需要强大的信息技术支持和保障。虽然非营利组织可能已经进行了大量的努力，但是，人们对于平衡计分卡的理解可能还存在较大的差异，因此非营利组织必须制订一个如上面所描述的文件，明确规定这个系统必须具有的各种功能。现在，大多数解决方案都来自管理控制领域，因此，它们特别擅长于对数据信息的获取、处理和表达。如果非营利组织在挑选软件的过程中对这些功能特别感兴趣，那么在市场上找到一个能够满足这些功能要求的解决方案可能并不困难。相反，如果非营利组织感兴趣的是对战略图的绘制和模拟仿真，那么项目可能就必须在信息技术产业的其他专业化领域寻找适合的软件供应商。

如果要想确保信息技术投资成功，我们认为，非营利组织将会面临信息技术输入和输出两种不同类型的挑战。前者是指非营利组织应该鼓励组织成员花费时间把信息技术输入系统之中。后者即输出挑战主要是指系统中信息的利用程度。有关非营利组织客户或者以前项目的经验资料可以在信息系统中找到，但是这并不意味着组织成员将会到系统中寻找并且还能找到这些信息。因此，非营利组织要想从特定的信息系统投资中实现预期的收益，就要系统化地组织输入和输出这两方面的活动。非营利组织在运行任何一种平衡计分卡应用软件时，同样会面临这两种挑战。除非"非营利组织"把有关奋斗目标、战略计划和绩效表现等方面的信息存储到信息系统中，否则非营利组织就不可能通过信息的获取、分析和处理激发组织成员对自己行为方式的纠正和提高。

非营利组织要像重视信息技术本身那样重视非营利组织信息技术的实际应用（例如技术投资）。这意味着任何有关平衡计分卡应用软件投资方案（内部发展，附加于总体的非营利组织资源计划，或者独立的平衡计分卡解决方案）的评价都应该重视如何应对输入和输出这两类挑战。为了实现对这些信息技术的利用，可能还需要增加一些投资，例如需要设计一些流程鼓励组织成员既要向系统中输入信息，又要从系统中获取信息，并对它们加以有效的利用。像这样的流程不仅包括培训组织成员如何应用这个系统，而且包括向组织成员解释为什么要应用这个系统，并且要建立可以确保管理层确实是在应用这个系统中的信息的流程。虽然这样的一些流程活动几乎都需要成本投入，但它们对实现系统利用度的贡献要远远大于对它们的成本投入。因此，要想发挥信息技术对平衡计分卡的支持和推动作用，就必须在鼓励组织成员进行信息输入和输出的流程活动中进行投资。由此可见，在信息技术投资预算中，非营利组织把握好技术发展和技术利用之间的平衡关系是相当重要的。

第三章

非营利组织的管理创新

CHAPTER 13

社会管理是人类社会必不可少的一项管理活动,加强和创新社会管理是构建社会主义和谐社会的必然要求。随着经济社会的快速发展,社会管理的任务日趋艰巨繁杂。当前我国正处于全面发展的重要战略期和社会矛盾的凸显期,社会管理中还存在诸多的问题,影响我国社会主义和谐社会的构建,迫切需要加强和创新社会管理,全面提高社会管理科学化水平。非营利组织作为弥补政府失灵和市场失灵的社会组织,作为国家权力和社会权力互动的产物,在社会管理中参与形成与政府和市场之间的信任与合作互补的关系,共同形成国家社会管理的网络。因此,加强和创新社会管理,构建充满活力而又和谐稳定的社会,必须正确引导非营利组织加强自身建设,充分发挥其在社会和谐建设中的推动作用。

第一节　非营利组织管理创新的概述

一、社会管理创新的相关概念

2004 年 6 月党的十六届四中全会提出:"要加强社会建设和管理,推进社会管理创新。"2007 年党的十七大报告中提出:"要建立健全党委领导、政府负责、社会协同、公众参与的社会管理格局。"2009 年底全国政法工作电视电话会议中强调"社会矛盾化解、社会管理创新、公正廉洁执法"三项重点工作,社会管理创新成为其重要组成部分,社会管理被纳入完备的体系性框架之中。2011 年 2 月,胡锦涛在省部级主要领导干部社会管理及其创新专题研讨班开班式上发表重要讲话,他强调,加强和创新社会管理,要牢牢把握最大限度激发社会活力。最大限度增加和谐因素、最大限度减少不和谐因素的总要求,以解决影响社会和谐稳定突出问题为突破口,提高社会管理科学化水平,确保社会既充满活力又和谐稳定。谈到当前要重点抓好的工作时,他指出,要引导各类社会组织加强自身建设、增强服务社会能力,支持人民团体参与社会管理和公共服务。显然,非营利组织的管理创新也成为社会管理创新的重要内容之一,必须正确引导非营利组织健康有序地发展。

(一) 社会管理

关于社会管理的概念,陆文荣(2011)根据学者们从不同角度进行的界定,总结出以下几种有代表性的观点。

第一种观点认为,社会管理是政府职能的重要组成部分,可以分为广义的社会管理和狭义的社会管理。广义的社会管理是指对于整个社会的管理,不限于政府的社会管理职能,包括政治子系统、经济子系统、思想文化子系统和社会生活子系统在内的整个社会大系统的管理。这里的社会与自然社会相对应,和民族国家的范围重合,包括政治、经济、思想文化和社会生活多个子系统在内的广义的社会。作为政府职能之一的社会管理,是指国家通过制定一系列社会政策和法律法规,对社会组织和社会事务进行规范和引导,培育和健全社会结构,调整各类社会利益关系,回应社会诉求,化解社会矛盾,维护社会公正、社会秩序和社会稳定,维护和健全社会内外部环境,促进政治、社会、经济、文化和自然协调发展。广义上的社会管理就是多元主体以多样化形式进行的上述活动以及这些活动的过程①。狭义的社会管理则侧重于政治、经济、思想文化并列的社会子系统的管理。这里的社会指的是作为整个社会这个大系统中一个子系统的狭义的社会。社会学通常用"社会生活"或"社会生活子系统"来表示②。这种观点只是相应广义和狭义的社会的概念对社会管理概念进行的阐释,没有指出社会管理的主体、手段、目的以及具体内容。

第二种观点认为,社会管理主要是政府和社会组织为促进社会系统协调运转,对社会系统的组成部分、社会生活的不同领域以及社会发展的各个环节进行组织、协调、服务、监督和控制的过程。社会管理是社会建设的重要内容③。这里把社会管理和社会建设结合起来看,并且指出社会管理的主体不仅包括政府,而且包括社会组织,还指出社会管理是一个过程。

第三种观点认为,社会管理是指在一定共同价值基础上,人们处理社会事务和提供社会公共服务的过程。社会管理的目标是实现社会公平、公正以及社会效率,社会管理的对象是社会事业、社会事务和社会价值,社会管理的主体是社会组织和政府,他们通

---

① 陆文荣.社会管理:概念界定和中国经验.2011-03-02.中国社会学网.
② 李程伟.社会管理体制创新:公共管理学视角的解读[J].中国行政管理,2005,(5).
③ 郑杭生.中国人民大学中国社会发展研究报告2006——走向更讲治理的社会:社会建设与社会管理[M].北京:中国人民大学出版社,2006.

过综合决策建立社会管理模式①。这是比较完整的社会管理的定义,并且着重指出社会管理是建立在一定的共同价值的基础上的。

在本书中,我们认为社会管理是政府、市场和社会组织为了满足人类的各种需求,维持社会秩序,促进社会进步,以公共利益最大化为价值取向,通力合作,对社会生活系统的组成部分进行组织和协调的过程。

(二) 社会管理创新

管理创新是以管理者为主体,从管理的基本职能出发,为适应并促进社会和经济的发展,对管理工作所作的改革、变化、重组,使管理工作处于动态协调之中的活动总称。管理创新包括管理思想、管理理论、管理知识、管理方法、管理工具等的创新。将"创新"概念引入管理领域的美国著名经济学家德鲁克认为,创新是赋予资源以新的财富能力的行为。他认为创新有两种,一种是技术创新,它是自然界为某种自然物找到新的应用,并赋予新的经济价值;另一种是社会创新,它在经济与社会中创造一种新的管理机构、管理方式或管理手段,从而在资源配置中取得很大的经济价值与社会价值。社会创新的难度比技术创新的难度更大,但发挥的作用和影响比技术创新大得多②。显然,这里我们所说的创新应该取社会创新的含义。

社会管理创新,是指在现有社会管理条件下,运用现有的资源和经验,依据政治、经济和社会的发展态势,尤其是依据社会自身运行规律乃至社会管理的相关理论和规范,在经济与社会中创造一种新的管理机构、管理方式或管理手段,研究并运用新的社会管理理念、知识、技能、方法和机制等,对传统管理模式及相应的管理方式和方法进行改造、改进和改革,构建新的社会管理机制和制度,在资源配置中取得很大的经济价值与社会价值,以实现社会管理新目标。社会管理创新既是活动,也是活动的过程,是以社会管理存在为前提,其目的在于使社会能够形成更良好的秩序,产生更理想的政治、经济和社会效益③。

二、非营利组织管理创新的文献回顾

随着"市场失灵"和"政府失灵"给社会管理带来越来越多的困境,使得人们开始重新反思政府对经济社会发展的进行全面干预的有效性,同时人们也看到社会组织的力量。治理理论于是成为一种新兴的社会管理理论。这种理论强调,应该充分重视社会自身

---

① 丁元竹.中国社会管理的理论建构[J].学术月刊,2008,(2).
② 宋燕.管理创新的内涵及应注意的问题[J].现代商业,2009,(26):133.
③ 参见社会管理创新简介.http://wenku.baidu.com/view/ebc28a2a915f804d2b16c106.html.

的力量,所以社会组织作为一种新兴的力量进入了人们的视野。社会管理的主体由单一走向多元,由自上而下的控制走向自上而下与自下而上的双重互动。

关于非营利组织的管理创新,很多学者都进行过研究。罗西瑙(1995)在其代表作《没有政府的治理》中指出:"与统治不同,治理指的是一种有共同的目标支持的活动,这些管理活动的主体未必是政府,也无须依靠国家的强制力量来实现。"①罗伯特·罗茨(1996)认为,公共治理是将市场的激励机制和私人部门的管理手段列入政府的公共服务,是建立在信任与互利基础上的社会协调网络,强调效率、法治、责任,形成政府与民间、公共部门与私人部门之间的良性合作互动[2]。奥斯特罗姆等(2000)指出,非营利组织以其自身的特质和优势承担了社会治理主体的角色,并在社会治理中发挥着重要作用[3]。陈福今(2005)认为,推进社会管理创新关键是要建立健全与构建和谐社会相适应的社会管理体制,充分发挥各类社会组织的作用,加强政府与社会组织之间的协作。培育发展各类协会和民间组织,保证民间组织的健康发展[4]。文正邦(2006)指出,促进非营利组织的有序化发展,对于我们建设社会主义和谐社会有着十分重要的意义,是建设社会主义和谐社会系统工程中的基础性工程。薛寒冰(2007)认为,推进社会管理创新是构建社会主义和谐社会的主要途径,构建社会主义和谐社会必须建立健全创新社会管理体系,其中有一点就是大力培育和发展各种社会组织,充分发挥它们提供服务、反应诉求、规范行为及调节利益、化解矛盾、排忧解难的作用,促进社会的和谐、稳定和发展[5]。陈志勇(2007)认为,要纠正社会管理创新的制度视角和基点偏差,重视社会自我管理及非正式制度约束,才能使和谐社会建设更加健康有序地发展[6]。杨立新,侯琦(2010)认为,非营利组织作为替代政府和企业调控与管理不足的第三大力量,对经济社会发展和促进社会和谐稳定的重要作用已经越来越凸显[7]。

显然,非营利组织作为政府与社会、政府与市场、政府与公民之间的中介或桥梁,在促使社会向均衡状态发展中起着至关重要的作用。社会管理创新为我国非营利组织的和谐治理带来了良好的机遇,同时非营利组织的和谐治理也为社会管理创新创设了一个重要途径。

第二节　非营利组织管理创新的路径选择

马凯(2011)在《努力加强和创新社会管理》中指出,各类社会组织都要深化自身改革,完善内部治理结构,规范行为,增强活力。完善法制监督、政府监督、社会监督、自我监督相结合的制度体系,促进社会组织健康发展。胡锦涛在当前要重点抓好的工作中

---

① 詹姆斯·N.罗西瑙.没有政府的治理[M].南昌:江西人民出版社,2001.

也指出,要引导各类社会组织加强自身建设,增强服务社会能力。鉴于此,我们将从以下几个方面探讨社会管理创新中非营利组织和谐治理的路径。

一、完善非营利组织的内部制度,提高协同能力

要提高非营利组织在社会管理中的协同能力,必须要深化其自身改革,完善内部治理结构。

(一)构建明晰的产权制度

产权是非营利组织内部管理制度的重要内容,建立产权明晰,权责明确,管理规范的非营利组织内部管理机制,不仅可以避免非营利组织出现内部的贪污腐化,而且能提高其社会责任感。同时通过建立合理、公平的评估激励体系,设定合理的薪酬体系,提高管理者的预期报酬和现期报酬,使管理者获得最大的效用,可以激励管理层的高效、廉洁运作,达到明晰产权的目的。

(二)建立现代法人治理结构

非营利组织良好的内部治理首先要有明确的组织目标和坚定的组织使命,非营利组织的精神是"仁爱的、利他的、为公共利益着想的"[①],其使命就是非营利组织的社会理想和社会责任,是要全身心地投入创造价位、视野、观念、设想和服务点化人类,改善环境与社会。为未来的发展定位,应当从非营利性和公益性出发,结合组织的工作特点设计,应当是有益于社会的、纯洁善意的[②]。在明确组织使命的基础上建立现代法人治理结构。非营利组织要保持持久的动力和活力,有效地开展活动,需要有热衷于公益事业、具有理想和奉献精神的成员参与理事会的治理。只有建立民主开放、权力制衡、充满活力的现代法人治理结构,非营利组织才能更好地参与到社会治理。

(三)实现民主管理,推行科学管理

完善非营利组织的内部管理制度,就要改进非营利组织自身的管理方式,实现民主管理,推行科学管理;要建立完善的人才制度,使人才的引进、配置、培训、激励形成一整套完整的制度;要重视财务管理制度,提高财务人员的专业性,建立适合非营利组织特点的财务管理制度。

改进组织自身的管理方式。非营利组织内部的有效治理需要建立民主的管理机

---

① 徐珊.非营利的激情.载于彼得·德鲁克.非营利组织的经营之道[M].台湾:远流出版事业股份有限公司,1994.

② 李珍刚.当代中国政府与非政府组织互动关系研究[M].北京:中国社会科学出版社,2004:145.

制。非营利组织的管理方式与其职能分工和管理规则有关。非营利组织的管理要适应现代社会信息化、民主化发展的基本趋势,不能拘泥于以职能、职位分工和管理规则为中心的科层制,应注意根据情况创设富有弹性和灵活性管理机制,形成民主的管理风格和充满活力的工作团队。

建立完善的人才制度。建立科学的人才进入机制。非营利组织需要引入这样一种人力进入机制,即要从组织发展与目标、人力资源规划目标、现有人员状况、近期和长期需求的状况等方面出发制订人才需求计划。科学地配置人力资源,做到人事相宜。

完善财务管理制度。完善非营利组织的财务管理制度,就要从思想认识上高度重视,认真贯彻执行会计制度,完善会计内部控制体系,完善财务管理结构,健全组织的财务责任体系。因此,非营利组织内部必须对不同角色成员明确分工,尤其是在领导决策层,必须明确决策的程序和责任,加强对财务的监督和管理。①

二、建立健全非营利组织的有效监督机制,促进健康发展

从我国目前有关非营利组织的监管实践看,无论是法制监督、政府监督、社会监督,还是非营利组织的自我监督都相对滞后。非营利组织作为社会管理创新的重要主体之一,要在构建和谐社会中充分发挥其推动作用,把有限的资源用于完成自己的使命,必须为其营造良好的治理环境。

(一) 要完善非营利组织立法,强化法制监督

为了促进非营利组织健康发展,保证非营利组织把有限的资源用于自己的使命,建立健全有效的政府监管机制是必不可少的。建立一套完善的、科学的法律体系,不仅可以优化非营利组织发展的制度环境,为其合法存在提供宽松的法律空间,也可以为政府的监管提供法律依据,现有法律的修改充实已迫在眉睫。借鉴国外的经验,结合我国的国情可以制定一部统一的非营利组织法,主要内容涉及监管体制、财产关系和内部治理结构,并据以完善相关法律体系。非营利组织法一旦制定,将从制度上保障宪法规定的公民结社权利,为非营利组织的合法存在提供宽松的法律空间。同时将监管的重心转移到规范非营利组织的行为上。

(二) 改革政府监管模式,强化政府监督

政府拥有强制权力,能有效地监督和制约非营利组织。但事实上,政府除了对非营利组织进行"年检"之外,没有任何日常性的评估和监督管理,而且监督重权力轻责任,缺

---

① 陈晓春,张喜辉,赵珊.非政府组织可持续发展的制度构建探析[J].湖湘论坛,2010,(3).

乏义务感和责任意识,具有消极性、被动性和随意性。应加强政府对非营利组织的监督职能。

1. 引入评估和诚信制度,形成间接管理机制

在美国,负责监督免税机构的政府部门是国税局、国税局每年会进行抽查,或对一些重点的免税机构进行审计,对严重违反规定的免税机构将取消他们的免税资格①。英国成立"慈善委员会"对非营利组织进行监督和评估。慈善委员会对非营利组织内部的治理结构、投资行为、财务管理和审计制度等提出了许多具体的要求和标准。同时英国政府还制定了一系列监督和评估制度。我国目前没有专门的政府评估机构和制度,可以考虑在民政部门设立一个专门进行非营利组织评估的机构,开展评估工作。与此同时,建立非营利组织的诚信档案,定期评定其诚信等级。对诚信记录较差或者评估得分较低的非营利组织实行重点监管,可以大大提高政府监管的效率,并增强非营利组织进行自我完善的内在动力。

2. 加强对非营利组织的财务监督

非营利组织的非营利性和民间性决定了它们不能像企业一样开展经营活动,也不能像政府通过财政收入维持运转。它们只能依赖社会捐赠、政府财政拨款、税收减免、服务性收费、志愿活动等形成的公益资产维持最基本的生存与发展需要,因此对非营利组织的财务监管也应区别于企业和政府。保证捐赠者所捐赠的钱物能善款善用,专款专用,关系非营利组织能否顺利发展,因此,政府必须加强对非营利组织财务管理,针对非营利组织的性质,建立更具科学性和合理性的独立的财务和审计制度。

3. 加大对失信非营利组织的惩处力度

虽然在《社会团体登记管理条例》和《民办非企业单位登记管理暂行条例》中对非营利组织承担公共责任的自律和他律有一定的要求,但是并没有对违规者采取相应惩罚的措施,这就使得条例缺乏强制性,对违法人员缺乏应有的约束力。因此,政府应对违规的、失信的、违法的非营利组织制定惩罚措施,对长期守信的非营利组织应予以表彰和奖励,并授予荣誉称号,给予更多的财政拨款和资源支持。对失信的非营利组织要公开曝光,采取相应的惩罚措施,将其作为今后监督和管理的重点。对从事危害社会安全和稳定的非营利组织要依法打击取缔。这样可以使非营利组织优胜劣汰,能引导政府和社会进行正确的拨款和捐赠②。

---

① 邓国胜.非营利组织评估.北京:社会科学文献出版社,2001:85.

② Weisbrod Burton. Toward a Theory of the Voluntary Nonprofit Sector in Three-Sector Economy. //E. Phelps. eds. Altruism Morality and Economic Theory. New York: Russel Sage,1974:54-55.

（三）培养公众的社会参与意识，加强社会监督

非营利组织是公民社会的核心部分，社会活动接受社会监督是合理且必要的。社会监督是"无处不在的眼睛"，与其他监督形式相比更广泛、更透明、更贴近公众①。强化非营利组织的社会监督，是建设非营利组织外部监督机制的关键，也是非营利组织公信力建设的必要配合。

1. 健全公众监督途径

我国几千年封建统治造成的一个重大影响就是公众权利意识和社会监督意识薄弱，所以唤醒公众的社会监督意识是我们的首要任务。公民社会监督意识的调动，需要以健全公民监督途径为前提。中国可借鉴国外经验，设立公众举报信箱和举报电话，利用网络资源，为公众提供更方便的监督途径。非营利组织要对公众的监督主动给予配合，建立相应的举报信息处理机制，对公众意见做出及时的反应。

2. 强化舆论监督

由于现实中各种条件的限制，公众更希望将监督权力主动委托或让渡给具有广泛影响力的新闻媒体。媒体的普及范围广、影响大，因此对非营利组织具有很强的威慑作用。舆论监督的作用主要应体现在两个方面：①媒体对各种事件的报道成为政府和司法机构的主要信息来源；②以媒体曝光影响公众态度和行为，对非营利组织形成巨大压力。现阶段我国媒体的监督应广泛运用报刊、广播、电视等，通过采访、调查、民意测验、发表评论等方式反映公众意见和要求，监督非营利组织的各项活动，充分发挥其迅速及时、效果显著等独特的社会功能。同时，政府应避免对舆论的行政干预，并在法律上对舆论自由给予保护。

3. 建构资助者监督机制

资助者的效益意识和监督作用既是非营利组织运营的客观环境，又是非营利组织公共责任和监督机制的重要组成部分。一般来讲，资助者的效益意识不断增强，更倾向于把资源捐献给管理良好且活动效益明显的非营利组织。在捐款者效益意识增强和行为取向的双重约束下，非营利组织只有强化公信力才能获得资源。资助者的监督可以通过制度化的渠道实现，建立和完善由政府部门、评估机构和非营利组织设立的投诉热线以及互联网等监督途径，是当前非营利组织监督约束环境建设的重要内容。

---

① 褚宏丽.提升非政府组织公信力的难点与对策[J].中国商界,2009,(11)：242.

三、形成与政府的合力，解决社会公正问题

社会公正是构建社会主义和谐社会的必要条件，是社会管理创新的价值体现。社会公正是社会成员对社会是否"合意"的一种价值评判，其实质是要求经济、政治、文化等各种权利在社会成员之间合理分配，每个人都能得到其所应得的；各种义务由社会成员合理承担，每个人都应承担其所应承担的①。随着我国经济的快速发展和改革开放的不断深化，不可避免地会积聚一些矛盾，产生一些社会公正问题。如果不能妥善解决这些问题，经济社会发展将受到阻碍，甚至引起社会动荡。社会公正的实现是一个复杂的系统工程，不仅需要政府公共权力的保证和完善制度的保障，也需要非营利组织等社会组织积极发挥协同作用。

（一）要形成政府与非营利组织之间的共生文化

政府和非营利组织之间存在文化冲突，但基本上属于人民内部矛盾的范畴，是属于可调和的矛盾。解决政府和非营利组织文化冲突的基础是在构建共生文化的理念下，宽容文化的多样性，给予各种不危害社会安全和民族团结的文化以合法的地位，调动各种文化的积极性和主动性，促进多元文化之间的交流、合作与发展，培养文化创新的因子。管理文化冲突，构建共生文化应做好以下三个方面的工作。

1. 充分认识、理解、重视政府与非营利组织的文化差异

缓解文化冲突首先需要了解双方各自的文化精髓。政府以及非营利组织领导人要认识、理解、关注双方的文化差异，而不是对对方的文化视而不见，通过"文化移情"设身处地地理解和认识对方的文化，摒弃文化偏见和歧视。非营利组织与政府相互信任，由于发展阶段的原因，处于发展初期的非营利组织缺乏组织经验，有必要虚心接受政府的决策与指导，在配合政府工作的过程中成长，助推政府工作更好地开展，为社会文明的进步建言献策。非营利组织在执行决策的过程中，要强调组织的使命、宗旨，并使非营利组织活动限定在组织的宗旨之内。为了避免其偏离轨道而行之，非营利组织应接受来自政府的考核、评估。

2. 努力构建跨文化的双向沟通渠道

在充分认识、理解和重视双方文化差异的基础上，要善于发现不同文化交流和合作的基点，构建政府与非营利组织之间跨文化的双向沟通渠道，在双方之间加强文化的交

① 任理轩.理性看待当前的社会公正问题　加强和创新社会管理：党员干部学习参考[M].北京：人民日报出版社，2011：2-11.

流与接触,通过长时间的交流、接触减少冲突发生的概率,促进两种文化的融合。政府要集中更多的财力、人力和物力拓宽非营利组织的表达渠道,积极化解存在的矛盾,共同探讨努力的方向,形成社会文明的核心价值观,为经济、文化、社会建设提供一个稳定有序的环境,推动社会和谐进步。非营利组织要不断加强自身的组织建设,积极防范和抵御境外敌对势力的渗透,与政府保持密切联系和有效沟通,积极向政府汇报组织建设与工作开展状况,坚决维护党和国家的利益,坚决维护国家的政治安全和社会稳定。

3. 推动文化的整合与重塑

在政府组织与非营利组织文化冲突和沟通过程中往往伴随着文化的交融,通过两种文化之间沟通对双方文化中的合理成分进行吸纳,对现行文化资源进行整合,根据求同存异的原则,建立集多种文化内涵和理念的新型组织文化,以此达到政府与非营利组织之间文化的共生。

(二)要形成政府与非营利组织之间的互动关系

作为非营利组织发展和参与的主导因素,政府改革的力度,所提供的自主性空间的大小,直接影响非营利组织的发展。因此,实现由政府单一主体、单中心的危机治理向多中心的危机治理转变的关键在于认识到政府与非营利组织的优势互补,致力于构建两者的互动关系模式。

1. 政府树立危机治理理念,培育非营利组织的发展和壮大

政府部门的治理观念,是决定政府与非营利组织互动程度的最直接、最重要的主体条件。政府要充分认识非营利组织在应对公共危机中具有不可替代的作用,要把非营利组织视为公共危机治理的一支重要力量,与其建立合作互助关系,积极培育非营利组织的发展和壮大。具体来说:①培育危机治理文化,夯实互动基础。政府在加强自身危机意识的同时应注重传播社会危机治理文化,强化社会公众的危机意识,增强公众参与社会管理的主体意识。通过制度变迁形成有利于非营利组织的成长环境,努力营造社会管理的良好氛围;通过加强国民素质教育,努力培养公众的志愿精神和互助品质,为我国非营利组织的发展提供良好的社会土壤。②创新危机管理体制。政府要打破条块分割的危机管理体制,转变政府应急管理思路、增强主动保障能力,组建开放的、有机合理的、协同运作的创新型危机应急管理组织,以便尽可能地吸纳各种社会资源参与危机管理,扩大危机管理体系的组织和资源吸纳能力,实现系统化、有序化、规范化和可操作化。③在政府制订的危机事件应急预案中明确非营利组织的责任。为增强非营利组织的责任感和使命感,使其有效地发挥作用,在危机事件应急预案中,应把非营利组织置于总体公共资源的范围之内,界定非营利组织参与危机管理的途径和分工。

2. 非营利组织要增强危机治理能力，争取政府的信任和授权

非营利组织的"代表"意识和运作能力，是非营利组织争取与政府合作时底气、胆识和效果的"内"、"外"两个互为补充的主体能力。非营利组织"争取"能力和自律能力的大小，与政府部门对非营利组织的信任程度及授权尺度的松紧相互关联，即同样背景下，那些主动联络、积极反映、自我推销、自我约束能力比较强的非营利组织，往往容易受到政府部门的重视、信任，能争取到更多资源。

（1）完善制度，提高运作能力。非营利组织必须制订危机事件应急预案，规定危机处理的基本程序，明确相关人员的责权范围，实现管理的科学化、合理化和制度化，能够高效应对危机，同时也防止在运行中出现差错，如资金挪用、互相推诿等问题。

（2）吸引人才，提高专业化服务能力。非营利组织不论是为政府提供咨询，还是为公众提供帮助，都需要有一批专业人士提供专业化服务。

（3）加强交流，提高资源动员能力。非营利组织要保持和拓展其基本优势，应加强与政府和社会各领域的信息交流，培养交流技巧，建立互惠规范，培育信任和合作，从而不断生成并积累社会资本。[1]

四、明确非营利组织的社会责任，塑造社会公信力

非营利组织以实现社会责任为目的，公信力是其得以生存和发展的关键，是其充分发挥其社会职能的基础。加强和创新社会管理，要明确非营利组织管理和服务大众的社会责任，推动社会组织健康有序发展。非营利组织作为处于政府和市场之间的一种特殊组织，越来越广泛地参与社会治理活动，然而由于非营利组织成长环境的先天不足和制度安排的不完善，导致其社会责任的界定不明确，使得"仁爱善意、纯洁利他"，且具有公益性特点的非营利组织在社会实践中并没有能很好的履行其社会职责，严重影响了其社会公信力的建设。因此，要明确界定非营利组织的社会责任，提高其社会公信力。非营利组织的特殊性决定了依法登记的非营利组织都是社会公共责任的承担者，其社会责任的核心是保障和实现社会公共利益。具体来讲，包括：使命承诺的责任；对公益性资源进行有效管理、运作的责任；动员并充分发挥志愿者作用的责任；提供公益性或互益性社会服务的责任；帮助弱势群体的责任；推进社会公益和社会进步的责任[2]。非营利组织有了明确的社会责任，就可以规范其公共权力和成员的行为，以保证其公益使命的最终实现。

---

① 陈晓春,刘青雅.公共危机治理中政府与非政府组织的互动关系研究[J].湘潭大学学报.2009,(7).

② 王名.关于 NGO 问责的思考[EB/OL].(2006-11-23)http://www.douban.com/group/topic/1297442/.

（一）建立非营利组织问责机制

所谓问责是指公共组织作为一个整体对其使用资源的流向及其效用的社会交代[①]。非营利组织问责机制的建立是为了让社会、公众更好地发挥监督作用。这种问责机制不是被动地接受社会、公众的问责监督，而是主动地坚持公开透明的管理原则，既讲自律，也讲他律。

1. 确立和制定非营利组织廉洁奉公、全心全意为公共利益服务的道德标准，强化公共责任理念，实现非营利组织的自律制度化

通过加强非营利组织自身的道德诚信建设，保证非营利组织及其工作人员的敬业精神，在非营利组织中树立"信用是最重要的无形资本"的意识。这是提高非营利组织公信力的有效途径。同时，非营利组织的自律机制不能仅仅依靠组织自身的信念使命，也要依靠组织内部设立的各种规章制度以及合理的组织结构，通过采取多种形式的自律形式，保证非营利组织的办事程序、资金筹措、内部管理人员的行为等都在法律范围内活动，并坚持公益目标的价值取向。

2. 建立以政府为主导的多元化监督体系

政府对非营利组织的监督最具权威性，我国非营利组织的成长环境要求其必须在一定程度上接受政府监管。政府一般会通过制定相关的法律法规和采取规制两种方式对非营利组织进行监督。前者通过法律的权威性对非营利组织的活动进行系统约束，保证非营利组织目标的实现；后者则从微观层面上对非营利组织主体资格进行审查，对其财务运作、税收优惠以及其他活动进行规制。同时，非营利组织享有独特的税收优惠政策。为此，政府对非营利组织的税收规制就是实行监督的有效手段。非营利组织应在政府督导下发挥社会监督、第三方评估机构等多元监督主体的作用。加强社会监督，包括新闻媒体、捐赠者与公众的监督力度，这可以使非营利组织的工作效益更符合广大民众的意愿。第三方评估机构作用的发挥则是一大创新。这种监督方式更具专业性与技术性，它可以避免问责交代流于形式的弊端，有效弥补政府监督方式的不足，从整体上促进非营利组织的健康发展。另外，要充分发挥多元化监督体系的作用，采取有效手段对组织绩效进行评估。针对什么样的非营利组织才算真正对社会有贡献、社会公信度高的非营利组织应具有怎样的绩效等问题，邓国胜提出 APC 评估理论，即对非营利组织的问责（accountability）、绩效（performance）和组织能力（capacity）等进行综合性评估。这种评估理论更具有针对性和综合性，更有利于促进多元化监督体系作用的发挥，进而

---

① 邓国胜. 构建我国非营利组织的问责机制[J]. 中国行政管理,2003,(3)：38.

推动非营利组织的健康和可持续发展。

3. 坚持信息公开,与社会形成互信关系

与政府信息需要公开相同,非营利组织也需要以公开透明的方式履行社会职责。比如家政护理、养老托幼、再就业服务等就需要不断调整服务提供者与服务对象之间的双向互动关系。而这种关系形成的最基本途径就是非营利组织在社区服务中坚持信息公开,包括在募捐过程中向捐赠者提供关于募捐的一切信息,并保证信息的真实准确,使社区居民确信非营利组织提供的服务就是最有价值、最让人放心的服务。

(二)非营利组织的自身能力建设

组织运作的好坏直接取决于合理的组织结构和科学的决策机制,因此,民主化程度具有至关重要的作用。无论是在非营利组织内部机构组成选举程序,还是具体决策方案的制定,都应充分调动工作人员的积极性,形成民主的管理氛围,以实现决策的民主化、规范化,保证公开化和透明化的资金运作,从根本上杜绝贪污腐败的发生,树立良好的公共形象,从而最大限度地利用好公共资源。非营利组织提供的是情感性服务,因此,其工作人员必须树立以人为本的思想,用严谨认真的工作态度提高服务质量。非营利组织在吸纳新成员时,必须以其是否具有奉献精神为考核指标,以对组织使命的认同为基本价值取向,同时要建立一套合理有效的激励机制,吸引更多的高素质人才投身于非营利组织事业。非营利组织内部的激励不应以物质利益为主,而应坚持精神激励取向,以实现工作人员的自我价值为重心,从改善具体的工作环境、创造培训机会入手,促使工作人员在工作中获取更大的满足感。

(三)引入"顾客导向"的营销理念,树立非营利组织的公益形象

非营利组织与政府和企业都不相同。它既不像政府那样拥有强制性行政权力以获得广泛的公共资源,也不像企业那样存在利润指标的动力。非营利组织要实现可持续发展就不能只靠政府的财政拨款、免税以及社会捐赠。要实现组织目标,必须最大限度地利用自身优势,扩大社会影响,通过树立公平正义的形象争取社会的理解、信任和支持,这就要求非营利组织必须坚持顾客导向的营销理念。非营利组织要始终以完成其社会使命为导向。非营利组织的社会使命可以使内部工作人员明确具体的奋斗目标,增强组织凝聚力,进而挖掘组织潜力,提高组织整体效率,实现"以最少的投入获得最大的产出",从利益关系人的满足中实现非营利组织自身需要的满足。非营利组织需重视与社会公众的契合,注重从公众的需求角度出发,而不是仅仅依靠政府指派的任务;要坚持平等、互惠、诚信、合作的理念,建立与社会其他组织、公众的和谐关系;避免营销外部不经济现象的产生,在社会上树立良好形象,这也是非营利组织发挥作用功能的一大

优势资源。例如,在"非典"时期我国非营利组织就发挥了重要的积极作用,真正做到了应社会之急而急。

(四) 正确处理非营利组织与其他社会组织的关系

在保证非营利组织独立性的基础上,加强政府对非营利组织的规制与管理。非营利组织不是政府实现其目的的政策工具,也不需要事事看政府的脸色。政府的责任是制定和健全法律法规,而不是插手非营利组织的具体事务。对于非营利组织完全有能力办到的事情,政府就应放松管制,让非营利组织独立行使其职权;对于政府授权管理的事务,政府则应在宏观层面上加以把握,而不宜干预微观层面的管理。同时,非营利组织应该作为独立的法人实体存在。无论是在登记管理方面的干预限制,还是人事、资金、活动等方面的约束,政府都应逐步放开,实现非营利组织的独立自主。特别是在财政预算制度上,应建立独立的核算体系,促其独立承担经济责任,不必依附于政府。非营利组织还要与企业建立合作关系,如此才能实现"义利共生"。从企业方面看,企业参与非营利组织的各类公益活动,一方面,有利于增强企业内部的凝聚力,培养企业成员的奉献精神;另一方面,企业采取这种有形或无形的公益投资活动,可以树立企业在社会中的新形象,增强企业的社会认同感。

第十四章

基金会管理

第一节　基金会概述

一、基金会的概念

基金会的概念非常古老,华伦·维夫在《美国慈善基金会:他们的历史、结构、管理和记录》一书中,认为基金会的概念可以追溯到西方文化中柏拉图学院的时代,即公元前 378 年。柏拉图把学院及学院的农场土地(实际上就是一种捐赠)遗赠给了他的外甥,同时规定它们应该为柏拉图的追随者们的利益服务。

关于基金会的概念,东西方国家的理解不尽相同。在西方国家,基金会的含义并没有进行严格的定义,其应用的范围比较广。以美国为例,其基金会包括社区基金会、私营基金会、公司基金会、家庭基金会和经营性基金会。基金会可以是公共利益捐赠,也可以是为了管理自己的项目或机构的实体。奥罗兹(2002)将基金会定义为时间期限没有固定限制的捐赠基金,其收入应被用于慈善的目的。为公共利益而存在的基金会在西方又称为慈善基金会。美国慈善机构"基金会中心"的前董事艾默生·安德鲁斯在《慈善基金会》一书中,将美国的慈善基金会定义为:"非政府的、非营利性的组织,它们拥有自己的基金,由自己的托管人或是董事负责管理,它们的宗旨是为维护或资助服务于公共福利的社会、教育、宗教的慈善性行为。"

在我国,基金会被定义为是不以营利为目的、独立享有民事权利和承担民事义务的法人组织。可见,我国对基金会的理解大体相当于美国的慈善基金会。鉴于本书主题是讨论非营利组织,以下对基金会的讨论以我国的理解(即美国的慈善基金会)为准。

因此,基金会就是对国内外社会团体和其他组织以及个人自愿捐赠资金进行管理的民间非营利性组织,旨在通过资金资助推进科学研究、文化教育、社会福利和其他公益事业的发展。

二、基金会的特征

（一）非营利性

非营利性是基金会的基本特征。非营利,是指基金会不以营利为目的。基金会可以为了使基金保值、增值而开展经营活动,也可以为了募集资金而开展义演、义卖等活动。这些活动的收益都要用在公益事业上,不能在内部分配。当基金会终止时,基金会的财产也不能归还捐赠人,而要转让给其他公益组织。因此,基金会虽然可以有经营行为,但是仍然以公益事业为目的,是一种非营利性的组织。

（二）公益性

公益性是基金会的本质特征。无论是在西方国家还是在我国,基金会都是特指以从事公益为目的的基金管理组织,是非营利的、从事公益事业的组织。奥罗兹对基金会如何实现其公益性使命作了很好诠释:①基金会应当首先关注仁慈事业(解决根本问题),而不是慈善事业(满足时下需要);②基金会应当首先关注对创新事业,而不是对现存项目的支持;③基金会应当首先关注集资,而不是做唯一的资金提供者;④基金会应当首先关注并帮助好的想法起步,而不是为已经通过检验和证明的项目提供资金。

三、基金会的分类

（一）基金来源角度

根据基金来源可分为公募基金会和非公募基金会公募基金会可以向公众募集资金。非公募基金会的基金来源于特定个人或组织的捐赠,不得向公众募集资金。

我国现有的基金会主要是公募基金会,即面向社会、面向老百姓广泛募捐的基金会。在国外基金会发展历史中,涌现了大批个人和企业捐资,以自己名义设立的基金会。这种基金会即非公募基金会,是基金会中的重要类型。由于资金来源充裕、稳定,运作情况关系到捐赠人的声誉,因此这类基金会往往运转良好,对公益事业贡献很大。

我国《基金会管理条例》对基金会进行分类管理,明确允许设立非公募基金会。这样可以达到两个目的:一方面,严格管理面向公众开展的募捐活动,维护募捐秩序,控制募捐市场上的竞争,减轻公众负担,维护社会稳定:另一方面,放开政策,允许富裕的个人、企业等设立非公募基金会,使他们能更自主地实现捐赠意愿,使他们在为社会公益作贡献的同时,也可以为自身带来良好的社会效益。总之,鼓励资助公益事业,更多的是依靠富裕的个人或企业。

（二）从资金来源、管理体制和运作模式三者综合角度

基金会可以分为官办的国家基金会和民办的民间基金会。由于基金的来源不同、管理体制不同及运作和工作模式不同，其在社会上所起的作用和所处的地位也有所不同。

国家科学基金会。从 1981 年由中科院 89 位学部委员倡议设立国家科学基金会以来的 20 年间，国家自然科学基金会、地方科学与技术发展基金会、行业或部门科技基金会等形成在科学技术领域中的科学基金资助体系和一整套管理模式，为推动我国科技发展发挥了重要作用。

民间基金会是按国务院《基金会管理办法》规范的一类社会团体，是对社会捐赠资产进行管理的非营利性民间公益机构。根据其不同的组织性质可以分为官办民助型基金会、民办官助型基金会、（纯）民办基金会、公司型基金会、名人基金会五类。民间基金会在我国可以说是舶来品，在新中国成立后的卅年间几乎处于空白阶段。改革开放为官方基金会也为民间基金会的发展开启了大门。从 1981 年中国儿童少年基金会成立到 1999 年底已有 1801 个民间基金会（其中 95％以上在地方），形成了一个分布在中央和地方以及各个社会领域的社会公益组织。民间基金会的发展为中国的改革开放、市场经济体制建立、政府体制改革以及社会发展作出了自己的贡献。

其实，所谓"官办"和"民办"只是两种极端情况，官民之间有时是相互渗透、融合和补充的。特别是在我国的社会转型和改革时期，官民之间的严格界线有时很难划分，而且还存在官民之间的相互转换，特别是由官办向民办的转换过程。

第二节　公益基金会的筹资管理

资金对于从事公益事业的基金会来说，如同人体中的血液，是需要持续更新和流转的。良好的造血、供血功能是以健康地造血、供血器官为基础的，筹资管理就是要保护并加强基金会的"造血"、"供血"功能，维持其"器官"的正常运行。

一、公益基金会筹资管理的内容

在基金会中，筹资又可称为"资金募集"、"财务开发"或"非会费收入"等，"资金募集既是一门艺术，也是一门科学。艺术是指建立和培育与人的关系；科学隐含在为完成组织的收入目标而进行的资料运用、研究和检验资金募集模式中。"

筹资管理是企业财务管理的一项最基本的、最原始的内容，它也被广泛运用于非营

利组织的财务管理中,成为伴随基金会事业发展进程的长期任务和基本职能。它涉及内容广泛,包括如何建立关系、树立信用,如何进行筹资预算,如何选择筹资运作的渠道与方式并确定筹资组合,如何使用筹资专家、义工等人力资源。研究涉及公共关系学、营销学、新闻学、广告学、心理学、社会学、法律等多学科领域。

本书把筹资管理分成三个部分:外部关系(信用)管理、筹资程序管理、筹资人员管理。

(一) 外部关系(信用)管理

这里的关系主要是指基金会与捐助人的关系,捐助人一般包括个人、企业、董事会成员、前董事会成员、政府机构以及商业组织等。建立与捐赠人的良好关系,有三个步骤:

1. 形象管理

"形象"对于非营利组织的意义在前面的章节已做详述,在此不再赘述。良好"形象"是博得公众偏爱的第一步。

2. 目标管理

"基金募集成功的关键是表明个人和慈善机构为组织捐助的理由","成功的基金募集必须从和组织拥有相同目标的个人开始"。[1] "花为悦己者容,士为知己者死",有了相同的目标,产生了共鸣,才能获得资金的支持。相同目标是获取公众支持的第一步。

3. 关系管理

"培育和个人的关系,应永远是募集资金首要关注的问题。"在基金募集的过程中,"从内到外、自上而下的求助"即指募集资金是从与组织关系最密切的人开始,然后是最有可能的人,接下来是不太可能的人[2]。做好筹资和资助的登记、追踪、评估工作,把捐助人作为朋友和上宾对待,保持密切的关系,是获得持续支持的关键。

树立良好的形象、形成共同的目标、保持密切的关系是建立信用的重要步骤,是获得、维持并扩大稳定收入来源的重要的保证。

(二) 筹资程序管理

1. 确定筹资目的

公益基金会筹资的目的可以分为五类:用以资助各类事项的筹资(如自然灾害、文

---

① 史密斯—巴克林协会.非营利管理[M].北京:中信出版社,2004.
② 史密斯—巴克林协会.非营利管理[M].北京:中信出版社,2004.

艺、医疗、科技、环保、国际交流)、用以资助特殊群体的筹资(老人、儿童、贫困家庭、消费者、见义勇为者等)、用以人员培训的筹资(如下岗职工、农业技术人员)、用以资助社区的筹资(如街道、边远贫困山区、农村矿山)以及用以资助某项活动的筹资(如科技战乱、游园会、博览会)。另外,筹资的目的与经济和科技的发展密切相关。目前,科学技术发展、医疗保健、环境保护、社会正义、法律援助、国际交流等已经受到社会各界人士的关注,因此资助重点有了新的发展。

2. 预算筹资金额

基金会在明确筹资目的之后,进行筹资活动之前,应该首先明确资金需求量,并考察需求的合理性,力求筹资数量和需求达到平衡,避免筹资不足或筹资闲置等资源浪费现象。

3. 选择筹资模式

筹资渠道是客观存在的,它揭示了资金来源的方向和通道。基金会的资金主要来源于政府拨款、企业和个人的捐助。

筹资的方法有很多:义卖、义演、义拍(卖)、广告劝募、传媒报道劝募、电视劝募、上街劝募(爱心标志、募捐箱劝募)、开大会劝募、写信劝募,还有专业筹资,分成筹资等。

常见的筹资方式有:一助一,联合筹资(如"一日捐"、"万里行"和"联合劝募会")、协同筹资(如青基会资助希望小学,上海慈善基金会与电台、报刊成立"解忧基金")[1]。

筹资模式的选择要以筹资活动涉及的地区的文化传统为背景,经济发展状况为前提,将筹资渠道、筹资方法和方式进行合理组合搭配,使资金结构最优、筹资效率最佳。筹资模式不是一成不变的,要因时因地制宜。

值得关注的一个问题是如何对待在利益机制驱动下的筹资。我们认为,以利益驱动的捐赠行为日益涌现,这是市场经济发展、人们观念转变的必然结果,难以改变。因此,在这种环境下,我们不能一味地排斥这种行为和心理,正确地运用利益驱动机制,也能为社会筹资服务。李朝全列举了几种利用利益机制筹集资金的方式:给予捐赠者"名"、出让冠名权、与捐赠者"好处"(物质奖励式、以物易财式)、品牌合作、友情补偿或精神抚慰等。他认为要筹集更多的资金,就要从捐赠者的利益出发,想其所想、急其所急,本着平等互助、给予奉献的宗旨和原则办事。如1994年中华文学基金会利用其品牌效应,与某私营企业合作,在实际投入资金几乎为零的情况下,获得较大数额的创收就是一个典范。

① 朱传一.慈善机构与基金会筹资方略[N].华夏时报,2001-02-09.

4. 评价筹资绩效

通过不同的渠道、采取不同的方式筹集的资金成本高低、财务风险大小是不同的。格林菲尔德在《基金募集管理：基金开发工作的评估和管理》一书中认为,不同的募集活动,支出相对收入所占的比例各有不同。进行筹资效率管理也可以用成本—收益法进行衡量。但衡量时不仅要关注经济效益,更要关注社会效益。

（三）筹资人员管理

筹资的方案制订好以后还要有人实施,因此,对筹资人员的管理是筹资成功的必要条件。按照人员的稳定性,可以分为会员和义工。

会员一般包括董事会成员、管理层成员以及主要捐助者,他们既是资金的主要来源,也是筹资工作的主要策划者。义工一般具有临时性,是筹资工作的主力军,尤其是大型公益活动中,由于基金会的正式员工非常有限,在开展筹资活动,特别是大型公益活动时,大部分依靠的是临时义工的参与,同时这些志愿者也可能是主要捐助人。

此外,筹资专家也是非常重要的。筹资专家是具有丰富的筹资经验,能够为筹资策略的制定提供可行性意见和建议的专业人士。他们可以是基金会的内部人员,也可以是外部热心于公益事业的人士。

二、我国公益基金会筹资的现状及存在的问题

近 20 年来,公益基金会发展迅猛,出现了一批著名的公益工程,如"希望工程"、"春蕾计划"、"幸福工程"、"银发工程"、"烛光工程",这些工程为国家作出的卓越贡献是有目共睹的,但是鲜为人知的是这些驰名全国的公益项目居然大多是没有基金的基金会,其机构自身的资产居然是"负数"[①]。有些学者将这种现象称为"长不大"。那么这些机构为何会"长不大"呢?

（1）公民积习难改,公益意识薄弱。"肥水不外流"、"敛则"、"守财"等是中国人积习,公民对于公益事业不甚了解,导致公益意识薄弱,捐赠、捐助有限。

（2）公众缺乏热情,义工难觅。基金会正式会员很少,而劝募活动是劳动密集型工作,因此通常出现义工不足的现象。

（3）过度依赖政府,政会不分。目前我国基金会有三类:纯官办基金会(如国家自然科学基金会)、官办民助型基金会(如宋庆龄基金会、中国绿化基金会、中国戒毒基金会)和民办基金会(如中国青少年发展基金会、中华慈善总会、中国妇女发展基金会),这

---

① 顾晓今. 中国青基会财务工作报告[N]. 中国青基会通讯,2001-04-05.

三类基金会都在体制、人员配备以及资金筹集和运作上具有不同程度的官方特征。对政府的依赖直接导致竞争意识丧失,竞争能力低下[①]。

(4)政策规制有余,扶持不足。对于属于社会性质的公益基金会,政府通常采取管理为主、扶持为辅态度;在扶持方面虽有一些减税、拨款、限制舆论等措施,但措施不到位,宣传不力,规制过多,筹资渠道不透明、不畅通,使得热心公益者有心无力[②]。

(5)管理缺乏透明,监督乏力。长期以来,中国现有的《社团登记管理条例》以及1988年出台的《基金会管理办法》、1999年出台的《中华人民共和国公益事业捐赠法》对于基金会管理透明化规制粗疏,缺乏行业性自律机制,公众难以观察并监督资金的筹集、管理和使用情况,再加上一些公益机构财务违规、腐败现象等报道,如中华体育基金会、宋庆龄基金会巨款丢失事件,使得公益活动缺乏公民的信任,导致"陪捐"现象严重。

三、筹资发展新趋势[③]

(一)市场化趋势

筹资市场化主要表现在:市场筹资可能性增加;将竞争机制引入基金会的运作中,优胜劣汰;成立公司基金会并建立基金管理公司或互助基金,联合解决基金的保值增值问题;与国外联合筹资,互利或分成;原政府投入为主的社区服务组织将逐步转变为社会投入为主、政府投入为辅,并将社区服务产业的赢利用在非营利服务方面;筹资与项目运作机构分离。

值得注意的是,市场化的筹资方式并不能完全取代传统的筹资方式,经济效益也不是唯一的衡量标准。在美国,自愿奉献式的筹资办法、项目筹资、联合筹资依旧发挥重大功效。

(二)社区化趋势

在中国,社区基金会发展较晚,发展余地很大,加上改革开放的成果以及邻里互助的传统,社区服务和社区建设发展非常快,社区筹资是社区基金会资金的主要来源。目前,我国社区基金会办得较好的地区有广东顺德的区、街道基金,天津红桥区区、街道、胡同慈善会等。但社区基金会的发展还面临一些障碍,如登记注册基金会批准难,社区募捐很容易被认为是"非法募捐";缺乏运营经验,管理员少。

---

①　谢宝富.当代中国公益基金会与政府的关系分析[J].中国社会科学院研究生院报,2003,(4).
②　谢宝富.当代中国公益基金会的若干问题分析[J].北京航空航天大学学报:社会科学版,2003,16 增刊(3).
③　朱传一.慈善机构与基金会筹资方略[N].华夏时报,2001-02-09.

（三）"结成伙伴关系"趋势

在市场化和社区化趋势情况下，政府、企业、非营利机构与个人有结成伙伴关系的趋势。政府提供政策支持和资金援助、企业主动拨款、非营利机构解决医疗、教育、治安等问题，保证社会安定，人身心健康发展，在一定程度上弥补国家政策和市场经济的不足。可见，筹资不仅仅是基金会的事情，更是全社会的各个经济主体以及自然人的共同责任。

四、以人为本、以物为辅的筹资管理攻略

中华慈善总会研究与发展委员会主任朱传一在《慈善机构与基金会筹资方略》中总结了以人为本的八条筹资原则：[①]

（1）对人而不是对物的原则和战略，指的是要启发人的善心、良知以及对不幸人群的责任感，使之乐于捐助，做这方面的工作要有败而不馁的精神。

（2）需要"人性化"的表达过程。资金募集是一门艺术，是建立和培育与人的关系、启发人的心智和道德新的艺术，同时作为筹资者，不仅应该"参与"，而更应该学会"投入"。

（3）要依靠广大"拥护群"。拥护群包括基金会的理事、董事、赞助者、愿者、受惠者、专家学者、媒体组织和政府中的支持者等，将这些人汇聚成一股力量，就成为筹资的坚强后盾。他们可以提供资金、人力资源以及关系网。

（4）尽可能与捐助人的切身经历与利益关联。类似的经历和相关的利益更能够引起捐助人的共鸣。

（5）要掌握人们乐于捐助的时机。一般节假日时人们的捐助动机影响相对较强，此时要把握时机，与传媒密切合作，即可成功。

（6）动员捐过款的人募集捐款。这要求在平时做好筹资和资助的登记、追踪、评估工作，把捐助人作为朋友和上宾对待。人性化的交往与关怀，会使得捐助人以同样的热情和数额相助。

（7）使捐助者尽可能方便，无论捐献数额大小。捐助行为本身是有成本的，因此，要尽可能方便捐助者，让他们在捐助意愿最强烈时能以最小的代价付诸行动。

（8）对捐助者讲不接受捐赠的条件和原则。声誉是基金会的生命，因此要保证捐赠的钱来自合法的渠道。

从以上我们可以看出，筹资的八项原则同时也是筹资的方法，是以人为本的筹资攻

---

① 朱传一.慈善机构与基金会筹资方略[N].华夏时报,2001-02-09.

略。除了以人为本外,还需以物为辅,实现科学的筹资管理。

第三节　公益基金会项目资助管理

一、项目资助的原则

(一) 基金会资助项目应符合基金会的宗旨

　　基金会章程中的宗旨决定了基金会的活动范围,因而也约束基金会可资助项目的范围,这既是对基金会发起人意愿的尊重,也是社会其他捐赠人的要求。不管是发起人,还是捐赠人,他们希望他们所关注的慈善事业(如教育,预防疾病)在得到他们的资助之后有所改善。显然,如果基金会所资助的项目背离其宗旨,基金会的信誉将会受影响,从而影响基金会的筹资。如中国青年基金会的宗旨是争取海内外关心中国青少年事业的团体、人士的支持和赞助,促进中国青少年教育、科技、文化、体育、卫生、社会福利事业和环境保护事业的发展,推动现代化建设和祖国统一,促进国际青少年间的友好关系,维护世界和平。宗旨限定业务范围,中国青年基金会自成立之后,一直致力于中国青少年教育、科技、文化、体育、卫生、社会福利事业和环境保护事业的发展,具体内容包括:根据社会发展和青少年成长的需要,创办教育、科技、文化、体育、卫生、社会福利和环境保护事业;组织开展和资助开展有益于青少年身心健康的各项活动;支持、推动并组织实施青少年问题的研究工作;奖励青少年优秀人才及为青少年事业作出杰出贡献的团体和个人;开展与港澳台同胞、海外侨胞、国外友好团体和人士,以及国际青少年组织、基金组织的友好往来,增进相互了解,加强相互合作。中国青年基金会在以上活动中表现的言行一致得到社会的广泛认可,在社会公众中也树立了良好的声誉,为其进一步发展打下很好的基础。

(二) 基金会资助的项目应该关注问题产生的原因,而不是解决问题的手段

　　基金会同其他任何组织一样,都面临资源约束,特别是资金约束,如果资金使用不当,不仅可能会导致资金枯竭,而且可能会于事无补或者使情况更糟。我们可以想象,如果基金会将资金用于为穷人提供食品、衣物、住所,或者为治疗疾病提供资金(当然我们不能完全排除这种现象的存在,事实上,在我们的生活中也确实存在,但毕竟是极少数),那么,不论多巨大的资金都会有消耗尽的一天,而且,这种方法也不能根治贫穷和疾病,甚至会使受捐者产生依赖。如果基金会将其资金用来为穷人提供教育或用于研究某种疾病预防的项目,其作用将会更大,因为穷人教育水平和穷人的贫困、疾病的预防与发生率都存在因果关系,提高穷人的教育水平有利他们自力更生,疾病的预防远比疾病的

治疗重要。如中国医学基金会与南京恒骨医药科技发展有限公司设立的"中国医学基金会股骨头坏死防治基金",就是旨在用于组织开展股骨头坏死领域的科学研究、学术活动及表彰对在股骨头坏死医学领域有突出贡献的单位及个人,扶持部分特困股骨头坏死的患者。福特基金会的目的之一是为适龄儿童,尤其是边远及贫困地区的少数民族和女童能够享有平等的受教育的权利提供机会,以及致力于促进高等教育形式多样化,从而拓宽接受高等教育的渠道。

(三) 基金会资助的项目应该可以吸引其他资金进入

同样的道理,单靠基金会有限的资金无法解决太多的问题。但是如果基金会能够通过扩大其影响,吸引社会其他资金为其宗旨服务,情形就另当别论了。事实上,基金会的这种筹资能力将会产生两种有利的影响;一是进一步扩大基金会的影响力;另一个是基金会在不增加开支的情况下可以将项目做得更好。如中国青年基金会的"兰渭模式"、"三位体模式"和"手拉手"活动,通过吸引社会其他资金进入,不但扩大了中国青年基金会在中国的影响,而且大大推动了"希望工程"的进程。

(四) 基金会资助的项目应该是创新型项目

一个项目的持续经营往往需要大量的投入,如为穷人提供教育,基金会在筹资创办学校之后,如果学校的经营费用仍由基金会负担,那么基金会的资金将很快耗尽。与此同时,社会中还存在其他同样值得关注的问题,如其他区域的穷人同样需要学校、需要教育。因此,基金会应该逐渐从已获得资助、得到成长的项目中退出,鼓励实施这些项目的非营利组织自谋财路,减少它们对基金会的依赖。

二、项目的论证

(一) 项目论证的概念及内容

项目论证是指对拟实施项目经济上的合理性,实施上的可能性、风险性等诸多方面进行全面科学的综合分析,为项目决策提供客观依据的活动。基金会项目论证包括以下几个方面的内容。

1. 为什么要实施该项目,该项目与基金会的宗旨是否一致

对这个问题的回答主要是阐述该项目的意义及该项目与基金会的宗旨的关系,如福特基金会以寻求推进民主,减少贫困和不公,促进社会所有成员平等的实现,关注弱势人群的需要和福利为宗旨,因此,福特基金会在考虑项目申请书时,更多地关注旨在帮助贫困农村人口或小企业开发金融资产,使其得以生存和发展,包括小额信贷和农村

助项目管理的依据主要是其自己制订的项目资助管理办法和意向书,在项目实施过程中,基金会不断调整实际实施情况与现实之间的偏差,从而在动态中实现项目的顺利实施。

(2)弹性原理。事情并不会总是按所计划进行,受资项目在实施过程可能会遇到以前无法预测的事情,或者事先预测的小概率事件发生了等都会影响受资项目的进度。因而,基金会对项目进度管理应该依据弹性原理,为每个阶段性的计划留有余地。

(3)信息原理。事实上,受资项目进度管理的过程也是一个信息传递的过程。为实现对项目进度的有效管理,基金会和非营利组织之间必须不断地进行信息的传递和反馈,从而对项目的实施进行有必要的调整。

2. 项目进度管理的方法

项目进度管理的方法主要包括甘特图法和里程碑法。

(1)甘特图法。甘特图的主要作用之一是通过条形图在坐标系中的位置和长度直观地反映各有关的时间参数。条形图的不同特征反映了工作的不同状态,箭线主要反映工作之间的逻辑关系,因而,利用甘特图能够很好地进行进度管理,其原理是通过比较项目实际进度和计划进度的条形图,从而得出差异,并做出调整。

(2)里程碑法。里程碑法是在编制项目进度计划之后,将项目中某些重要事件的完成或开始时间作为基准,通过对这一系列重要事件的进度控制和管理实现对整个项目进度的管理。运用里程碑法,首先是确定项目中的里程碑条件并对此进行确认,然后再确定里程事件之间的逻辑关系,最后实现对里程碑事件的具体管理。

(二)费用管理

基金会对受资项目的费用管理主要是指在项目启动之后,对资金的使用状况进行控制,以保证费用在预算范围内或符合意向书的标准。为实现对受资项目费用的有效管理,基金会可借助里贾纳·E.赫茨琳杰提出的 DADS 法,即透明度(disclosure)、分析(analysis)、发布(dissemination)和惩罚(sanction)①。

1. 透明度

透明度是信息的披露度,基金会为了弄明白受资项目的资金使用情况,可要求申请者(非营利组织)提供年度(季度)财务报表及必要的附件,从而使申请者得到必要的监督。

---

① 里贾纳·E.赫茨琳杰,等.非营利组织管理[M].北京:中国人民大学出版社,哈佛商学院出版社,2000.

2. 分析

基金会在获得受资项目的财务报表和附件之后,组织专业人员对其进行分析,得出必要的结论,从而达到考察受资项目的资金使用状况是否符合预先的规定。

3. 发布

对发布可作两种理解,一是要求申请者向社会发布其项目资金使用情况;另外是基金会向社会发布其对财务报表分析结果,使社会公众捐赠者得到必要的信息。

4. 惩罚

在以下情况发生时,基金会可对申请者进行惩罚:申请者没有提供必要的报表和附件,申请者没有发布信息或发布假信息;基金会在分析报告之后,发现申请者没有按规定使用资金;等等。惩罚的方法可包括警告,撤资,甚至上诉。

(三) 质量管理

质量管理是对确定和达到质量要求所必需的职能和活动的管理。基金会的目标是在既定的资源约束情况下,尽可能地提高项目的质量。具体来说,质量管理包含项目质量策划、质量控制、质量保证和质量改进等一系列相互联系的活动。

1. 质量策划

基金会对受资项目的质量策划就是对项目的质量目标进行明确,同时,对达到质量目标的措施及申请者的质量责任予以明确。质量策划的方法和技术主要包括流程图、系统流程图、原因结果图、质量成本分析等。

2. 质量控制

基金会对受资项目的质量控制是通过对影响项目质量的各因素的控制实现的,影响因素不仅包括人、物因素,而且还包括环境、方法等因素。基金会在项目质量管理过程中,可采用 PDCA 循环法,即计划(plan)、实施(do)、检查(check)和处理(action),具体步骤包括选择控制对象,为控制对象确定标准和目标、制订实施计划、确定保证措施、按计划执行、跟踪观测、检查、发现分析偏差、根据偏差采取对策[1]。

3. 质量保证和质量改进

质量保证是基金会要求项目责任人(非营利组织)提供"信任",以使其确信项目正在按事先的标准进行,或者诚实地说出项目实施中存在的障碍,通过双方努力排除障碍,改进项目质量。

---

[1]　白思俊.现代项目管理[M].机械工业出版社,2001.

四、完成项目

基金会在资助年限结束或项目结束时,会对受资项目进行验收(当然,基金会也有可能在项目的中期对项目进行阶段性验收,这只意味着项目的阶段性完成),这标志着基金会已经退出项目资助。在项目完成时,基金会一般要求受捐者报告项目的完成情况,提供终期财政报告和终期述职报告,同时,基金会和受捐者会邀请独立的第三者对项目进行评估,并得到终期评估报告,当所有的报告完成时,基金会也从项目中淡出。

第四节　公益基金会的激励和监督机制

近几年来,公益基金会在现代慈善事业中扮演的角色越来越受到重视,但是各种以慈善名义私吞、诈骗和贪污捐赠人钱物的事件却大大伤害了那些真正为慈善事业作出贡献的人们的感情。许多普通的捐赠者,本身的经济实力有限,如果他们的爱心再被伤害,他们就很难与慈善机构形成信任关系,慈善机构的运行也必然因此受到极大的制约。因此,如何对公益基金会进行有效的激励和督管理越来越受到全社会的关注。本节在对公益基金会的激励与监督管理的环境因素进行分析的基础之上,重点讨论如何建立和完善慈善资金的激励机制与监督机制。

一、建立和完善公益基金会激励与监督机制的环境

激发捐赠热情、进行严格的监督,其关键在于有一个良好的法律、政策、社会环境和制度保障。当前,这些环境因素的不健全,正是影响我国公益基金会的激励与监督机制正常运行和发挥作用的主要原因。因此,要建立并完善公益基金会的激励和监督机制,并使其能发挥应有的作用,必须首先营造良好的环境。

(一)法制环境

慈善事业是一项志愿的事业,没有健全的法制环境,是很难有很大发展的。我国近几年来在各界的推动下,已经颁布过相关的法律,但很不完善。法制滞后事实上已经构成制约中国慈善事业发展的主要障碍。一方面,对于慈善事业发展所需要的法律环境而言,现有法律法规根本不能很好地规范和保护慈善事业的发展,目前我国还没有专门的规范慈善组织实体内容的法律法规。另一方面,已颁布的有关法律法规因缺乏具体的、可供操作的配套政策而难以落实。比如 2001 年 3 月 8 日财政部、国家税务总局根据国务院《关于完善城镇社会保障体系的试点方案》联合下发财税[2001]9 号文件,对向慈

善机构、基金会等非营利机构的公益、救济性捐赠的减免税收政策做出了规定,但到底如何操作却没有更加具体的依据。所以,突破传统思维定式,建立法制化、制度化、规范化的完善的慈善组织法规体系迫在眉睫。比如,通过制定慈善事业或慈善团体组织法规规范和约束慈善组织行为,并使慈善机构在运行中有可供操作的法律依据;对已经颁布的相关法规做出具体的操作规定,使已达成共识的政策真正能够得到落实;在有关全国性法规政策出台条件不太成熟的情形下,各地可以根据自己的实际,帮助政府早日出台地方性的慈善法规;等等。另外,慈善事业环境的改善,还需要慈善组织充分发挥自己的主动性,促进法规政策不断改进和完善。

(二) 政策环境

发展公益基金会的政策环境主要是指各种优惠政策,其中又以税收优惠政策为主,因为,慈善资金的主要来源之一是以各种税收优惠形式获得。因此,营造更加和谐的政策环境,首先就应尽快完善社会捐赠税收优惠政策,对企业和个人向公益慈善事业捐赠,实行统一的所得税税前全额扣除政策。我国目前还没有一套系统、可行的针对慈善事业的税收政策。在对捐赠方的优惠方面,1999 年国务院颁布的《公益事业捐赠法》规定,自然人、法人或者其他组织对慈善事业的捐赠享受相应的税收优惠,这是涉及捐赠方税收优惠的重要法律。但我国对非营利组织的税收政策仍然不明确、不具体、不系统。在国际上,给予非营利性慈善公益组织一些特殊的优惠政策,由募捐收入或资本收益解决行政运作开支,是慈善公益事业的惯例。2003 年,自我国政府发布"非典疫情每日公报"后的 1 个月里,北京市政府共收到 7 000 万元的捐助。随后,在国家税务总局发布紧急减税措施后,社会捐赠出现爆发性增长,3 天捐资额达 1.66 亿元。这说明,如果这些优惠政策能够得到落实,将大大增强社会捐助活动乃至整个公益事业的活力。

(三) 管理体制

以前我国对建立基金会的规定基本上决定了基金会的主办只能由政府垄断。现在,虽然国家已经开始鼓励私人建立基金会,但仍然给基金会设立了较高的门槛。《基金会管理办法》规定,建立基金会,由其归口管理的部门报经人民银行审查批准,民政部门登记注册发给许可证,即基金会实际上需要接受归口管理部门、人民银行和民政部门的三重监督管理。1999 年,中国人民银行、民政部联合发文,按照监管职责分工、上下分别对口交接的方法,中国人民银行将基金会的审批和监管职责全部移交民政部,从而形成目前由归口管理部门和民政部门对基金会进行双重管理的模式。也就是说,一位企业家要设立一个基金会,他必须在去民政部门登记之前先找到一个主管单位,找不到主管单位的,只能将基金会登记为企业,这样就必须按照企业的税收规定纳税。这样虽然有利于民政部门的管理,但却阻碍了民间慈善力量的发展。而在美国,慈善机构每年填写一份表格,表明该机构是为公众利益做善举的组织,其所接受的捐款来自范围广大的民众和企业,而不是仅仅接受某一企业或是某一个人的捐款。慈善机构在公布他们的财政收入情况、主要负责人所得工资报酬并填写上缴国家税务局的有关表格后,就可以享受相应的免税优惠。

(四) 社会环境

现阶段,我国的慈善宣传多是以具体项目为主,比如"希望工程"、"春蕾计划"。今后应多注重通过慈善文化的宣扬唤起人们内心的共鸣,营造一种良好的社会风气。要把关心公益事业、倡导爱心捐助纳入社会主义精神文明和公民道德建设,通过各种新闻、社会媒介,以丰富多样的形式,努力营造关心困难群众、支持公益事业的社会氛围。

二、建立公益基金会的激励机制的具体措施

(一) 实施相关的税收优惠政策

在美国,鼓励公益事业捐赠的主要激励机制是捐赠人可以享受免扣所得税的优惠待遇。个人向公益事业捐赠可以免扣个人所得税,免扣的比例最多可达当年应纳税收入的50%。捐赠遗产可以免扣遗产税。企业向公益事业捐赠可以免扣企业所得税,免扣的比例最多可达当年应纳税收入的10%。在我国,基金会成立之初就遇到企业捐赠不能免税的问题。很多企业想捐钱,但如果捐10万元,不免税还要交33%的税,实际上要捐13万多。美国的法律规定,如果一个企业向社会捐出善款的数额超过其应缴税收的10%,那么应该减免10%的税款;如果不到10%,可以从税收里扣除已经捐出的善款。在中国,无论企业向社会捐赠多少善款,都只能得到3%的减免税款,就是这3%,在实际操作过程中还没有得到落实。此外,西方国家的遗产税数额非常高,比如美国达到50%,所以,许多美国富豪宁愿把自己的财产拿出来做公益事业。而中国由于不存在遗产税,所以许多富豪都愿意积累财富,留给自己的子孙后代。当前,实施捐赠税收优惠政策将是鼓励我国慈善事业捐赠的很好的激励机制。具体的优惠税种和优惠幅度我们可以借鉴美国的经验,并结合我国的实际情况制定。

(二) 建立与捐款人的信任关系

对任何一位捐款人来说,最重要的是能够知道他们的捐款被用于何处,以及这些捐款会对需要帮助的人们起到什么样的作用。同时,捐款者对慈善团体的信任(trust)与信心(confidence)也是影响他们捐款行为的主要因素。如果慈善团体能够积极发展与捐

款人的互信关系,便可以让这些捐款人更乐于捐款。有很多慈善团体因为缺乏掌握现有捐款人的能力,只好不断地寻找新的支持对象,然而开发新捐款人的成本却远远高于留住既有捐款人成本,因此对于慈善团体来说,如何发展与既有捐款人之间的长期关系,便成为极为重要的课题。

在英国社会改革机构(Directory of Social Change,DSC)年度捐募研讨会上,亨利管理学院(Hehley Management College)发表其最新的一份研究报告,其内容显示许多公益慈善团体在募款的过程中,没有适时地与潜在的捐款者建立长期信赖的沟通机制,错失了与这些捐款人保持良好互动关系的机会。报告还显示,有69%的人决定是否捐款给公益慈善团体的主要因素为:能获得满足感、对募款主题的认同以及个人对慈善事业的态度。然而这份报告也检测了英国前十大慈善组织与其捐款者的关系,有许多捐款者表示并不满意他们与所支持的慈善团体之间的关系,同时他们也抱怨缺乏适当的管道让他们能够更进一步参与这些慈善团体所举办的公益活动。根据这份报告,我们可以发现公益慈善团体应不断修正捐募策略的发展方向以迎合捐赠民众的需求,并且给予捐款人适时的回馈与更多参与慈善团体活动的机会。另外,慈善机构应向社会提供一份透明的"信誉账户",建立起一套诚信机制,接受社会的监督,随时接受捐赠者和各界人士审查账目,并于年底通过媒体公布慈善款物收支情况。

(三) 大力弘扬慈善公益价值观

随着社会文明的不断提高,企业、个人将会越来越注重其善款、善举的方向,重视其慈善行为的价值取向。在美国,人们把志愿服务看做是应尽的义务,把回报社会看做是最主要的信念之一,是生活中的重要部分。志愿服务精神的养成和传承,靠家庭、学校、团体和全社会的共同努力。人们注重身体力行、不图名利、以做好事为荣。他们认为做志愿者是第二天性,能了解社会,获得其他地方不容易取得的知识、技能和经验,得到的好处甚至比自己付出的还多。而在中国,由于价值观上的差异,我们只有争取多方努力,弘扬慈善公益价值观,营造全社会都来关心、参与慈善事业的社会氛围,中国慈善事业才能健康发展。

慈善事业是社会事业,中国慈善组织作为当代社会领域的一个新的组织形式,只有动员社会成员和社会各界广泛参与,才能取得成功。因此,应当加大对慈善事业宣传的力度,激发社会各界对慈善事业的热情。同时,还应努力争取政府及领导同志给予慈善活动道义上的支持,在中国现阶段,由于国力所限,要求政府每年拨付大量资金给慈善机构用于慈善公益事业,是不现实的。但是,受中国历史、文化传统的影响,政界的推动力量却是无穷的。例如,上海市公益基金会自1994年成立以来,之所以发展迅速,得益于上海市高层领导的重视和参与,这种参与不仅大大提升了上海市民参与慈善活动的热情,而且培育了市民的慈善价值观。浙江省余姚市(县级)慈善会开展的"慈善一日捐"活动取得了显著成效,关键也是市政府给予了道义上的大力支持。同时,我们也要看到中国发展慈善事业的道路还非常漫长,只有当人们真正树立起高度的社会责任感,将关爱他人、回报社会变成自己内在的道德要求时,中国的慈善事业才能茁壮成长。

(四) 满足捐赠人的社会荣誉感

对于捐赠人来说,他们实施捐赠行为,首先说明他们有高度的社会责任感,同时也说明他们具有很强的社会荣誉感,如果他们的社会荣誉感能够通过恰当的方式体现出来,他们将在很大程度上获得满足感,这样就可以激发他们继续捐赠。通常情况下,独家捐助的专项基金可拥有基金的冠名权;对捐款额较大的项目予以署名立传;允许以个人、家族名义冠名,如"逸夫楼"之类,授予"荣誉市民"、"慈善大使"等称号;独家捐助的项目可以印制该企业的广告或公益性文告。对有突出贡献的个人和组织,当地人民政府可以予以表彰,满足捐赠人的社会荣誉感。

三、建立公益基金会的监督机制

慈善事业是道德事业,建立健全资金的监督反馈机制是慈善事业健康发展的重要前提。卡耐基基金会主席曾经说过,慈善事业要有"玻璃做的口袋"。所谓"玻璃做的口袋",就是指口袋里有多少钱,做什么事情,透明得像玻璃一样,人人都可以看见。国务院法制办官员朱卫国认为,基金会不良状态的存在和恶化,会导致基金会公信力下降,进而动摇公众对公益性民间组织的信任,由此产生的消极影响对社会生态是有害的,对基金会本身则是致命的。

慈善机构是借助私有资源实现公众利益的,捐赠者是以自己的部分收入资助处境困难的社会群体。因而,慈善机构理应接受政府及社会各方面的严格监督和审计。它们除了要遵守政府颁布的法令规定外,还需要不断强化机构的透明度,将自律、他律与互律的机制建立和健全起来。

(一) 基金会监督机制的形式

1. 行政监督

行政监督主要是指当地政府、税务等有关部门对基金会的业务、财务、人事等实行监督。有时还包括法院的监督。比如在台湾,法院负有对财团法人的设立、变更、董事解散、解散法人时清算财产等方面的监督责任。

2. 董事会监督

董事会是基金会治理结构中的重要组成部分,对防止组织欺诈和滥用优惠政策负有第一责任。董事会的组成通常包括委托人、相关人员和社会公众,是基金会的决策机构,可以看做对受益人的剩余索取权要求的代言人。

3. 信托监察人制度

虚拟受益权人本身无法对自己的权益做出要求或者实行监督,监察人为维护受益人的权益对基金会实行监督,是虚拟受益人权利的代言人。

4. 社会公众监督

由于基金会是一种特殊的产权形式,即"公益产权",仅凭行政监督、董事会监督和信托监察人代理实行监督是不够的。社会公众监督是实现基金会社会责任的重要保障机制。其机制是社会公众均享有监督权,使每一个对该组织关心或有疑问的人都可以对它进行检查、监督。慈善组织一旦被发现有问题,则会受到严格的处罚,这相当于给慈善组织一种强烈的自律激励。由于其操作成本低,实行有效,社会效益好,起到了正式监督机制所不能替代的作用。基金会有责任通过年报向社会公众说明其宗旨、项目、董事会成员和主要工作人员、主要财务信息等。另外它们每年向政府机构申报的报表,对财务情况、高级管理人员薪资情况等的说明,公众均可索要,并要求予以说明。

5. 新闻媒体监督

新闻媒体也是一种对慈善组织进行监督的重要方式。由于新闻媒体的影响力大,一旦慈善组织的不良行为被披露,就会带来非常严重的后果,甚至是毁灭性的打击。因此,新闻媒体对慈善组织的监督作用是不可忽视的。

6. 民间评估和监督组织

民间评估和监督组织主要是为捐款人提供服务,帮助他们监督基金会的运作,保证资金的使用不要偏离捐款人的意愿。如在美国有许多监督机构本身即非营利组织,像慈善信息局(NICB)和公益咨询服务部(PAS)等。这些独立的监督评估机构对基金会的监督起到重要作用。

(二) 建立公益基金会监督机制的具体措施

1. 建立外部监督机制

公益基金会的资金来源的特殊性决定了其产权的特殊性,即"公益产权",这就使得对慈善组织的外部监督尤为重要。如何保证非营利组织的公益性,是各国普遍面临的问题。依据我国相关管理条例,社会团体和民办非企业单位接受登记管理机关和业务主管单位的双重监督管理,财务等情况要通过年检上报,资产来源属于国家资助或者社会捐赠、资助的要接受审计机关的监督。但事实上,尽管年检工作消耗大量的时间和精力,面对成千上万个各式各样的非营利组织,有限的几名管理人员很难通过年检真正达到对非营利组织的有效监督,操作成本很高,而假借公益名义谋取私利的组织往往并不能被发现。各国有不同的监督管理制度,但社会监督均是一种不可替代的机制。我国在对非营利组织尤其是对公益基金会的监督管理也必须引入社会监督机制。同时,还要建立起专门提供公益基金会相关资讯的机构或管道,定期或不定期地公布公益基金会的经营管理、募款实务、以及财务方面等相关信息。由美国优良企业局智慧捐赠联盟(BBB Wise Giving Alliance)所赞助的一项调查研究中,可以明显地看出美国民众在决定捐赠对象时所遭遇到的许多问题。其中,大部分民众都表示他们很难辨别向他们募款的慈善机构是否合法,也很难辨别许多家类似性质的慈善机构的好坏。大多数美国民众必须依赖这些慈善机构主动提出的相关资料帮助他们在捐赠时作出决定,然而也有将近一半的民众认为这些慈善机构并没有公开足够多的活动资料,使得他们无法作出正确的判断。根据美国的这项调查的分析结果,我们可以看出,人们在决定是否捐赠时,需要对慈善组织的信息进行全面了解,以判断其好坏。因此,只有建立起专门提供公益基金会相关资讯的机构或管道,才能加强社会公众监督的力度。

2. 建立内部监督机制

内部监督是在慈善机构内部设立专门的资金管理机构和监事机构。资金管理机构主要是对慈善资金进行运营和核算,专项基金可独立核算,但不具独立法人性质,不得从事投资经营活动。监督机构由专业人士、捐赠人和社会知名人士民主选举组成,理事会成员的主要职责是对资金的募集、管理、使用、增值等活动进行全方位的监督;向捐赠人说明捐款的用途和监督办法;协助审计部进行年度审计和专项审计。慈善机构要想得到社会公众的信任,除了需要外部的监督(他律),同时很大程度上也取决于组织的自律。要建立一个有效的内部激励机制,还必须有政府和社会的广泛参与和监督。这就要求慈善机构加强与政府和媒体之间的沟通,形成互动的监督机制。

3. 建立监督反馈机制

慈善资金的管理应公开、透明,使用须公正、公平,程序应规范,具有民主性、开放性。建立健全资金的监督反馈机制,是慈善事业健康发展的重要前提。慈善组织要注重信息采集和反馈,提高公益项目的透明度。如果捐赠者不能及时得到捐赠财物使用情况的信息反馈,就会引起捐赠者的质疑,我们完全有必要在捐赠人和受赠人之间建立起一套信息采集和反馈制度。国外的慈善组织比较重视反馈情况,这一点是我国慈善事业发展需要借鉴的地方。目前我国许多大型慈善组织也都采用了监督反馈机制。慈善组织除了把捐款的收条寄给捐赠人,一些捐赠项目完成后的一个月内,慈善机构都应向捐赠人反馈有关情况,反馈的方式可以采取文字、图片、音像等。据悉,中国儿童少年基金会对每位捐助人都开捐款发票。基金会将捐款拨到当地学校后,学校要把基金的运用写报告反馈上来。对于"一对一"捐助的学生,每个孩子每学期都要给捐助人写一封信汇报学习情况。中华慈善总会聘请世界知名的毕马威会计公司做年度审计,每一笔捐款的发票都要寄给捐款人,指定的项目资金都有专项账号。对相对零散捐助人,无论钱物多少,在捐款人同意的情况下基金会都会在网站上公布名单鼓励义举。

第五节 公益基金的保值增值管理

公益基金的保值增值管理是基金会资金管理的一项非常重要的活动,根据最新的《基金会管理条例》规定,基金会应当按照合法、安全、有效的原则实现基金的保值增值。因此,基金会必须选择一系列的投资方式,实现对基金的保值增值。在国外,信托和资本市场的多元化投资是其保值增值的主要方式。专项基金管理大多由信托机构运作,如日本的年金信托和公益信托。另外,公益基金同样是机构投资者的重要组成部分,不少基金会的增值结构中,股票增值占有较大比重,甚至超过50%。如国际著名的福特基金会,最初始于亨利和爱德瑟尔福特作为赠与和遗产而提供的福特汽车公司股票,现在它通过经营多种投资组合支持基金会的资金来源。在选择投资方式时,基金会必须充分考虑各种投资方式的优缺点,进行有效组合。

一、投资的安全性、效益性、流动性

任何一位管理者在作一项关于投资的决策时,他都会考虑投资的安全性、效益性、流动性,基金会的投资也不例外。安全性是指基金会在投资之后,是否能够安全地收回本息;流动性意味着这种投资必须具有一定的流动性,基金会需要使用资金时能够变现;效益性则表示资金的投资应该具有一定的报酬。投资的安全性、效益性、流动性并不总是令人满意,事实上,它们之间存在一种相互约束的关系。风险和收益总是呈一定相关性,高风险一般意味着高收益。一项安全性高的投资,其效益一般比较低,因为不确定的因素比较少,投资者可以稳定地得到某种预期的收益,其收益是比较低的。

基金会的投资与逐利性的投资有所不同的,基金会的投资应更多地关注投资的安全性,而逐利性的投资对安全性的关注随经济环境的变化而变化。这主要是源于基金会的性质。基金会是热衷于社会公益的非营利组织,追逐利润不是其本性。同时,基金会的资金都源自于募捐,社会公众都希望他们的募捐能够帮助弱势群体,或用于解决他们所关注的问题,如果基金会将他们的资金投资于高风险项目,他们会认为基金会的决策是凭个人偏好用他们的钱冒险,从而影响基金会的形象,导致筹资困难,这对基金会将是致命的。对效益性和流动性的考察居于其次,基金会的募捐所得都将用于社会公益。然而,基金会需要一定的开支维持其正常运营,所以,对效益性的考虑也是基金会投资决策的影响因素之一。基金会的投资必须具有一定的流动性,以应付正常的资金需求和不时之需。

二、基金会可选择的投资方式

(一) 银行存款

银行存款可以得到稳定的存款利息,同时,也具有良好的安全性和流动性,这是一种较为保守的投资方式。事实上,银行存款对于基金的增值意义不大,主要源于以下几个方面的原因:一是银行存款利率比较低;二是易受通货膨胀的影响。因此,银行存款只能作为一种存放资金的方式,其目的不在于增值。如上海市慈善基金会保值、增值基金的投资,过去是以 4∶3∶2∶1 的比例进行分配,即 40%积淀在固定资产上,30%用于委托理财,20%存银行,10%作为流动资金。

(二) 政府债券

政府债券是由中央和地方政府发行的债券,被称为"金边债券"或零风险债券,这种投资方式同样具有良好的安全性和流动性,同时,其收益也高于银行利率。其流动性依赖于流通市场,收益率虽高于银行利率,但不会高许多。

(三) 企业债券

企业债券是企业为募集资金而发行的一种债券。与银行存款和政府债券相比,企业债券的风险较高,其收益率也比较高,但是具体的收益率水平与企业在社会中的信誉相关,良好信誉的企业一般只要支付较高的利率就可以筹到资金,信誉较差的企业则需要提供更高的利率水平才有可能吸引投资。

(四) 公司股票

公司股票是一种高收益和高风险并存的投资方式,具有很大的不确定性。就我国而言,基金会不适宜采取此种投资方式,因为基金会缺乏股票市场操作的丰富经验。由于我国股票市场不完善、不规范,许多专业投资者也会身陷其中。因此,基金会应在我国股票市场发展较为成熟时,再能考虑选择这种投资方式。但也不是绝对如此,如深圳市归侨侨眷福利基金会成立于 1989 年,启动资金是为数不多的捐款。基金会最初以每股

3.56 元购买的 10 万股深发展定向法人股,为基金会发展成深圳市运作规范的基金会奠定了良好基础。经过多次的分红和股本扩张,深圳市归侨侨眷福利基金会持有的深发展股数已翻了好几倍①。上海市拥军优属基金会 1999 年以 1 600 万元购得 1 000 万股参股中信证券,3 年收回 800 万元。2002 年又参股海通证券,目前海通证券已是国内券商的龙头。据该基金会负责人许俊文介绍,该基金会在最初两年里就增值 1 000 多万元。他们共有 5 000 多万元投资于证券及债券市场②。

(五) 可转换债券

可转换债券也是一种可供选择的投资方式,与银行存款和政府债券的利率相比,其票面利率较低,但是它可以转换成普通股,在企业成长较好,普通股收益率较高时,将可转换债券转换成普通股可得到额外的收益,其安全性取决于企业的信誉。

(六) 抵押贷款

抵押贷款包括不动产抵押贷款、住房抵押贷款,其风险比较小,收益高于银行存款和政府债券的收益率,而且比较稳定,其缺陷是在二级市场没有完善的情况下,其流动性会受到影响。

比较目前几种保值增值方式,宋庆龄基金会秘书长李宁认为,银行存款安全性很高,流动性较好,效益性较差,尤其在处于银行利率水平较低时,此方式在基金会的增值组合中所占的比例不能大。信托存款一般比法定银行利率高许多,但是,现在中国人民银行对高息揽存实行严格监管,信托增值公司又出现信誉危机,因此,信托存款至少在目前不是一种合适的增值方式。在所有的增值方式中,国债的安全性最高,收益比银行存款和信托存款高,流动性好。股票增值带来的收益大,但风险也大。我国股票市场是新兴的、不完善、不稳定的市场,相对而言风险很高,目前不适合基金会过深介入③。从以上分析可以知道,在社会经济生活中,不存在一种完美的投资方式。对于基金会,理想的投资方式应该是根据自身的特点选择一种投资组合,实行分散性投资。在选择投资组合时,不仅要考虑各种投资方式的收益性,实现基金保值增值,而且也要考虑投资的风险大小和投资期限。只有在风险、收益、投资期限搭配合理的情况下,基金会对基金的保值增值结果才会满意的。

---

① 公益基金有望迎来发展机遇. 深圳新闻网,2003-08-08.
② 基金会从幕后走向前台 股市再添机构大腕. http://www.ehongyuan.com,2004-03-30.
③ 公益基金有望迎来发展机遇. 深圳新闻网,2003-08-08.

三、公益基金的保值增值管理建议

（一）重视投资战略问题

基金会的投资不仅要符合基金会自身发展的需要，更要符合社会公益事业发展的要求，在充分考虑安全性、效益性、流动性的基础上，选择符合基金会长远发展规划的投资方式。

（二）多渠道投资，专业化运作

基金会的基金走向市场投资运营，实现保值增值，是市场经济发展的必然趋势，多渠道、多样性投资组合是基金会投资的必然选择。投资渠道多元化，不但可以平衡安全性、流动性、效益性的关系，而且，一种有效的投资组合可以减少每一项投资的风险。

（三）吸引优秀的投资人才

对公益基金保值增值的成功管理需要有完善的客观条件，其中，掌握现代投资理论的优秀人才是保证公益基金投资资本市场得以成功的重要因素。同时，吸收品德高尚、理性、有良好实践经验的优秀投资人才是实现公益基金保值增值的最终决定因素，也是我国公益基金投资多元化的内在需要。

第十五章 非营利组织在长株潭两型社会建设中的功能研究

改革开放 30 年来,市场化改革与政府行为不配套的矛盾、经济发展与社会发展不同步的矛盾以及经济发展与环境污染相抵触的矛盾,都日益显露出来。要解决这些原有的和新产生的问题,就需要有一个综合的改革方案。为取得最佳改革效果,把改革的成本支出降到最小,2007 年 12 月 7 日中央选定位于中部地区的长株潭城市群建立"资源节约型和环境友好型社会国家综合配套改革试验区"(以下简称"两型社会")。

在长株潭地区获批"两型社会"试验区后,中央允许长株潭地区"先试先行",通过体制机制上的大胆创新全面推进各个领域的改革,期望在环境保护和资源节约等方面有所突破,走出一条有别于传统模式的工业化、城市化发展新路。非营利组织在环境保护和资源节约方面有丰富的经验和天然的优势,对非营利组织来说,"两型社会"这一试验区是非营利组织自身壮大发展和发挥非政组织功能,实现非政组织价值的契机。但是现阶段长株潭地区的非营利组织普遍规模偏小,力量偏弱,缺乏长远的发展规划,而且非营利组织与非营利组织之间,非营利组织与政府组织之间,缺乏必要的联系和合作,大部分处于一种"单打独斗"的状态。非营利组织这一新生力量还受到僵化的政治体制的束缚。各种各样的外部因素制约非营利组织发展,在这种现状之下,非营利组织很难发挥出自身应有的功能。

第一节　非营利组织与长株潭两型社会建设概述

一、相关研究进展

《国家发展改革委关于批准武汉城市圈和长株潭城市群为全国资源节约型和环境友好型社会建设综合配套改革试验区的通知》(以下简称《通知》)已经下发湖北省人民政府和湖南省人民政府。《通知》指出,推进武汉城市圈和长株潭城市圈综合配套改革,要深入贯彻落实科学发展观,从各自实际出发,根据资源节约型和环境友好型社会建设的要求,全面推进各个领域的改革,在重点领域和关键环节率先突破,大胆创新,尽快形成有利于能源节约和生态环境保护的体制机制,加快转变经济发展方式,推进经济又好又快发展,促进经济社会发展与人口、资源、环境相协调,切实走出一条有别于传统模式的工业化、城市化发展新路,为推动全国体制改革、实现科学发展与社会和谐发挥示范和带动作用。近年来研究"两型社会"的论文很多,研究非营利组织功能的论文也很多,但把"两型社会"和非营利组织功能这两个因素结合起来研究的论文几乎没有。然而这是一个全新的视角,有很大的研究空间,期望能为非营利组织功能的发挥开辟新的领域。目前的研究现状与研究角度如下。

(一)长株潭地区和两型社会方面的研究

1. 功能结构方面的研究

朱有志、周海燕的《长株潭城市群的发展定位及其路径选择》发表于郑州航空工业管理学院学报 2007 年 25 卷第 6 期,该文认为长株潭城市群不但是中部崛起战略中实施城市群发展战略的重点地区,也是国家对我国生产力空间布局进行调整的重点开发区域,这是一个"双重点"的区域定位,决定了长株潭城市群的发展不能仅仅局限于我省省域以内,而应着眼于更大的区域定位,使之成为我国内陆腹地中西结合部南端的新兴增长极。其中心城市应成为一个组团式的生态型国际化大都市。童中贤的《长株潭城市群空间规模重构分析》发表于《湖南社会科学》2006 年第 6 期,该文着重论述提高区域竞争力、统筹城乡发展、推进城市化进程的方式和策略,通过对比中原城市群、关中城市群及武汉城市群得出长株潭城市群发展方向,确定城市群内各城市的分工,发挥各自优势。

2. 内部资源整合方面的研究

这方面的研究有许忠建的《论长株潭经济一体化制度创新的着力点》,该文从长株潭经济一体化的实际推进情况入手,得出政府制度创新的着力点主要在加快地方规章建设,深化区域管理改革,改善市场调控制度和完善运行机制等方面。统一协调整个城市群实施的政府制度,对区域经济发展具有重要作用。刘武、何水所写《金融生态环境与长株潭经济一体化》,陈述了金融机构为了生存和发展,与其生态环境及内部金融组织在长期的密切联系和相互作用过程中,通过分工、合作形成具有一定结构特征、具有一定功能作用的动态平衡系统。通过整合金融资源促进区域经济的发展,银行业务在三市之间实行同城化,破除金融壁垒。

3. "两型社会"建设方面的研究

湖南省循环经济研究会在湖南农业大学召开学术年会,以"循环经济发展与废弃物资源开发利用"这一主题进行学术研讨,与会专家认为随着我国经济的飞跃发展,资源短缺与环境恶化的矛盾日益显现。面对这一矛盾,大力开发再生资源回收利用是提高资源利用效率、保护环境、建立资源节约型社会的重要途径之一。但由于目前从事回收经营的企业办证门槛太低,缺乏规划和监管,使得废品回收处于无序竞争状态。不少收购站设在居民区、马路旁,影响市容和公共安全。一些小加工厂、小火炉违规收购废旧金属进行加工,给偷盗者提供了销赃渠道。还有一些拾荒者将废旧物资随意拆卸,加工后的遗留物随意丢弃或焚烧,不仅浪费了可利用资源,也造成严重的二次污染。同时,与会专家还提出经济发展与环境保护如何实现"双赢"的问题,阐明发展循环经济就是保护环境,呼吁让环境保护在经济发展的相互关系中处于强势地位。

从所有对长株潭地区的研究可以看出,研究者大都侧重于从政府的层面分配和调整资源,以求促进长株潭地区的发展。只考虑借助于外部力量或者制度力量,而忽视了长株潭地区的内部力量,很多有益的内部因素没有调动起来,如长株潭地区的非营利组织。众所周知,内因是事物发生根本性变化的原因,外因必须通过内因才能发生作用,因此只有将这些有益的因素调动起来,才能更好更快地促进长株潭地区的发展。"两型社会"是中央政府对中部欠发达地区开出的一剂良药,重点解决环境保护、资源节约这两个矛盾,我国的非营利组织的组织目标与之不谋而合。

(二)非营利组织的功能方面研究

1. 非营利组织促进社会和谐方面的研究

蒋梅香在《和谐社会视角下中国非政府组织的作用分析》中写道,发展非营利组织是构建和谐社会的必然要求和路径选择。非营利组织可以充当沟通政府与民众的桥梁,还可以促进政府职能改革,提高政府工作效率。可以说非营利组织越来越重要。正如约翰·霍普金斯大学的莱斯特·萨拉蒙教授所说:"我们正置身于一场全球性的社团革命之中,历史将证明这场革命对 20 世纪后期的重要性丝毫不亚于民族国家的兴起对 19 世纪后期的世界的重要性。"何荣华在《非政府组织发展与社会稳定》一文中从正反两个方面讨论了非营利组织与社会稳定之间的关系。他认为正面的作用包括:①保持经济繁荣,促进社会发展;②大量吸纳职员,增加就业渠道;③改善政府形象,缓解社会矛盾;④制约政府权力,减少违法行为。反面作用包括:①滋生非法组织;②与政府紧张对立;③被外国组织渗透利用。

2. 非营利组织在区域一体化进程中的作用

王云骏所著《长三角区域合作中有待开发的制度资源——非营利组织在"区域一体化"中的作用》从对区域合作等同于政府间合作的质疑入手,分析非营利组织在其中可起到的作用。他认为非营利组织可以起到以下作用:①促进文化融合,建立跨区的长三角文化科技类社团；②协调竞争机制，建立跨区域的长三角同行业协会；③制定相关标准，建立长三角统一的非政府资格认证和质量检测机构；④扩大对外开放，建立代表长三角区域的对外交流民间团体；⑤鼓励人才交流，将长三角人才市场的建设向非营利组织逐步开放；⑥倡导信息共享，建立非营利组织主持的分类信息平台。

3. 非营利组织在社会转型期的作用

刘凤梅在《非政府组织的成长发育与政府职能转变》一文中论述了非政府组织在政府职能转变期存在和发挥作用的空间。由于政府存在再生性政府职能，且再生性政府职能具有可失去性、暂时性和持续性。随着政府改革的深入，从长远看，环境的发展与变迁，社会进一步发育成熟，再生性政府职能有向社会回归的趋势。这就意味着政府的社会服务职能逐步实现社会化，政府的社会管理职能逐步实现市场化，即政府要将社会服务职能和社会管理职能让渡给其他一些部门或组织，市民社会应运而生。孟芳在《非政府组织对公共事业发展的作用研究》一文中认为，政府的重要职能之一是为公民提供必要的公共服务与物品，而非营利组织为社会提供的产品也是一种公共物品或准公共物品，这与政府为社会提供的物品基本上是一致的，非营利组织完全可以在部分领域取代政府为社会提供公共或准物品。

目前，对非营利组织的功能方面研究相当丰富，也积累了大量的经验，这对研究非营利组织在"两型社会"建设中如何更好发挥其功能有着很好的借鉴意义。针对"两型社会"这个新时期下的课题，非营利组织应该如何应对这一新情况？非营利组织的原有功能是否能够继续发挥？非营利组织将侧重于在哪些方面发挥作用？

从国外研究进展看，美国人丽莎·乔丹在《非政府组织：政治　原则与创新》一书中论述了非营利组织如何推动政府立法方面的有益经验，并通过介绍乌干达非营利组织在战乱频发的冲突地区怎样通过正当的法律途径推动政府立法行动。德国人康保锐在《市场与国家之间的发展政策：公民社会组织的可能性与界限》一书中详细介绍了公民社会组织功能。作者在"发展政策"语境下界定了"公民社会"、"公民社会参与者"两个核心概念，详细分析了"发展"和"创新"两个主导概念，特别是对公民社会参与者的功能和作用进行了颇有见地的阐述。《企业型非营利组织》由美国人格雷戈里·迪斯和杰德·艾默森以及彼得·伊利诺米合著。该书从社会企业角度探讨了企业型非营利组织的使命、宗旨及其运作方法。特别是引入"社会企业家精神"这一概念，对非营利组织的运行和发展开辟了新的途径。菱田雅晴的《日本非营利组织》对日本非营利组织法的制定背景、制定过程、法治理念、管理体制以及非营利组织与政府的关系等进行了全面的信息收集和比较研究，同时还实地考察了许多日本非营利组织的活动现状以及各级政府机构对非营利组织活动所实行的促进政策，并且与日本非营利组织界的从业人员开展了富有成效的对话和交流，从多角度多侧面对日本的非营利组织展开了调查与研究。

《韩国规制改革－经济合作与发展组织考察报告》是在联合国经济合作与发展组织秘书长指导下完成的。该书旨在帮助韩国政府提高监管水平,即在确保现有规章制度能够有助于实现重大社会目标的同时,改革不利于竞争、创新和增长的规章制度。帮助韩国非营利组织实现可持续发展、创造就业机会和提高管理水平。

二、两型社会的基本概念

两型社会指的是"资源节约型、环境友好型社会"。资源节约型社会是指整个社会经济建立在节约资源的基础上,建设节约型社会的核心是节约资源。环境友好型社会是一种人与自然和谐共生的社会形态,其核心内涵是人类的生产和消费活动与自然生态系统协调可持续发展。

温家宝总理在政府工作报告中提出:"要在全社会大力倡导节约、环保、文明的生产方式和消费模式,让节约资源、保护环境成为每个企业、村庄、单位和每个社会成员的自觉行动,努力建设资源节约型和环境友好型社会。"也就是说,经济的发展不能以牺牲环境为代价,必须建立在优化结构、提高效益、降低消耗和保护环境的基础之上。那么这样的"综改区",也就是以节能降耗、保护环境为核心要素的改革试验区。

环境友好型社会是由环境友好型技术、环境友好型产品、环境友好型企业、环境友好型产业、环境友好型学校、环境友好型社区等组成。主要包括:有利于环境的生产和消费方式;无污染或低污染的技术、工艺和产品;对环境和人体健康无不利影响的各种开发建设活动;符合生态条件的生产力布局;少污染与低损耗的产业结构;持续发展的绿色产业;人人关爱环境的社会风尚和文化氛围。

与发达国家相比,中国资源利用率依然十分低下。据统计,中国的 GDP 占全球4％,而煤、铁、铝等的消耗占世界的 30％以上。近年来,在我国经济高速发展的同时,带给地方环境的压力相当大。加快建设资源节约型、环境友好型社会是十六届五中全会从我国国情出发提出的一项重大决策。

"两型社会"的定义对于房地产行业而言,同样意味着几个发展方向:住宅节能标准将被加强,节能建筑将成为楼市发展主流;七成用地用于民生的土地政策将得以有效推进,即包括经济适用房、廉租房、限价房(限面积房)、普通商品房等开发速度和比重将逐步加快、加大;高档别墅用地将受到一定限制,高档别墅供应将逐步放缓;土地浪费等问题将被提上议事日程;住宅配套设施建设标准将从严,建筑成本或将随之上涨。

随着经济的发展,资源的约束越来越突出。在这种情况下,为了保证经济"又好又快"地发展,我国经济结构面临转型,即从过去那种"高投入、高能耗、高污染、低产出"的模式向"低投入、低能耗、低污染、高产出"转变。中部地区作为国家重要的能源产出地区,资源消耗和环境污染问题在全国来说显得更加突出,在这种情况下,国家在中部的改革试验区提出"两型社会"建设目标,是一种具有全局意义的战略考虑。两个中部试验区,将成为"两型社会"的重要示范基地和产业结构调整的一个重要的突破口。

第二节　两型社会建设中非营利组织的功能缺失及其原因分析

一、非营利组织的基本功能

随着非营利组织在全球范围内蓬勃发展,在有关非营利组织理论研究中,非营利组织的功能问题成为一个重要的领域。总的看来,非营利组织主要具有以下几个方面的功能。

(一)补充性功能

在政府、营利组织和非营利组织三大部门的互动关系中,非营利组织具有补充性功能。对这种功能的理论解释,目前较有影响的是市场失灵与政府失灵理论、契约失灵理论。市场失灵与政府失灵理论从提供公共物品的角度揭示了社会在市场与政府之外还需要非营利组织存在的原因。此理论认为,市场机制无法提供公共物品,即市场处于失灵状态,这样公共物品或准公共物品的提供交由政府承担。伯顿·威斯布罗德(Burton Weisbrod)认为,政府所提供的服务旨在满足大部分选民的需要,一部分人对公共物品的特殊需求将得不到满足,此时,政府也处于失灵状态。而非营利组织可以发挥其组织灵活性特征,弥补政府不足以提供公共物品缺陷。迄今,这一理论广为应用。然而,这一理论并不能有效解释某些特殊的私人物品或准公共物品为什么既有市场在提供,也有非营利组织在提供,例如养老、医疗保健。契约失灵理论的代表人物为亨利·汉斯蒙(Henry Hansmann),他认为一般的契约机制无法帮助消费者监督生产者的行为,而非营利组织具有不分配盈余、不以营利为目的的特性,因此非营利组织借信息不对称欺骗消费者的可能性小,公众在消费时也容易相信他们会提供更好品质的服务。上面谈及的两种理论都是从剩余式的角度解释非营利组织作用,即将非营利组织视为弥补政府和市场不足的产物。

(二)在政府与社会之间协调的功能

非营利组织是国家与社会成员之间进行信息、能量交流的有效渠道,是国家与社会相互作用的中介。非营利组织通过社会动员、利益整合、利益表达、凝聚社会共识等活动形成公共舆论,并将有关信息输入或反馈给决策系统。这些信息成为政治决策的重要参考依据,也为政府合理决策与政策执行自我纠偏提供有益保障。非营利组织在制度以及法律的制定过程中提供建议,将进一步增进政策及法律制定的社会合法性。

(三)提供社会服务的功能

非营利组织的社会服务功能主要体现在为公民服务和为社会良性行为培育服务。非营利组织在提高公民素质、维护公民权利、提供公共产品,以及保护环境、慈善事业等方面发挥着政府组织不可替代的作用。转型期不仅需要培育新型的社会成员,政府还要通过社会调控构建新型的人与自然的和谐发展关系,维护可持续发展的自然环境。环境保护这样的社会事务涉及人类社会的每一个角落,需要每一位社会成员的自觉参与,这不是单纯的行政命令所能解决的问题。目前,绝大部分环保方面的工作是由世界各地的各类民间组织承担的。由于其广泛的自愿性,非营利组织在这些方面所做的工作也是政府组织无法代替的。

(四)培养公民平等、信任观念的功能

在公民德性方面,非营利组织具有培养公民平等、信任观念的功能。非营利组织提供了一个公共交流的平台,使人们在参与组织的活动中,在相互交流基础上,满足自身诉求和实现自身权利的同时,产生了平等、互惠、宽容等基本德性。这些交往的信息反馈有助于人们选择合作。可以说,非营利组织是实现社会合作的一种形式。无论是组织的成立,还是其运行,都是个人平等实现自由意志的过程,也是形成协作、宽容、包容、互惠互利的过程。通过成员间的联系、沟通、互信,必将唤起有助于合作的价值、创造一种群体身份和意识,培养人们合作的技巧和团结的习惯。社团把多数人的精神力量集结在一起,促使他们精神饱满地奔向由它指明的目标。

(五)利益协调功能

在国内事务中,政府所面临的并不是处于离散的个体状态的大众,也不可能与每个人产生互动,因此,在公与私之间、政府与个人之间,非营利组织的存在可以直接了解社会成员的具体需求和具体利益,最能代表民众的各种各样的制度需求,从而合法地、有序地表达不同群体的意愿。由于非营利组织是基于认同自愿加入,因此组织内部易于协调,很多原本需要政府解决的问题,在组织内部就可以协调解决了,有利于形成和扩大社会共识,使更多的社会成员认可、接受新的社会规则,帮助扩大有效的制度供给。所以,非营利组织可以很好地协调其内部成员之间的利益,是沟通政府与企业、政府与社会,政府与民众之间关系的桥梁、纽带和中介。

（六）监督政府功能

政府本身是受群众委托行使公共权力的，政府的行为应该受到群众的监督。但是单个的民众很难行使监督权，因为监督的成本可能很高。非营利组织作为群众自愿的集合体，可以通过合法的渠道参政议政，表达合理的组织利益，发挥对政府的监督功能，很好地承担起监督政府行为的角色。无论是有明确的目标设定、采取积极干预的行动策略的非营利组织，还是只有行动取向设定、采取温和的广告宣传行动的非营利组织，由于其监督是柔性的，因此这种监督更具有客观性，富有人情味，是人性化的监督，是确保政府不违背其宗旨的必要条件。

（七）在可持续发展和环境保护方面起积极作用

环保型非营利组织通过开展各种志愿的环境保护活动，帮助政府制定和实施环境政策、方案和行动计划，在保护自然环境、保持生态平衡方面发挥着重要的作用。主要表现在：①普及环保意识，提高环保理念。②监督企业生产，改善工业环境。企业作为市场主体，以追求利润最大化为宗旨，往往忽视社会责任。非营利组织作为社会力量的代表，对企业行为起重要的引导和督促作用。一方面，具有技术优势的非营利组织能为企业提供专业性、技术性的社会服务，使其改进生产技术，提高生产效率，节约资源消耗；另一方面，非营利组织还可通过对节能、提倡清洁生产、副产品回收等方面的宣传，对企业形成强大压力，督促企业在追求利润的同时，承担可持续发展的社会责任，从而使企业增强保护生态环境的自觉性。③开展实际调研，为政府决策提供建议。当地环保非营利组织支持和组织会员开展社会调查、收集环境信息、获取第一手资料，进行环境科研和环境理论研究，为政府环境决策及环境立法提供咨询及建议。

二、非营利组织在两型社会建设中的功能缺失

湖南省长株潭城市群非营利组织自 20 世纪 90 年代中期以来发展迅速，在湖南省各地区中，长株潭非营利组织数量最集中、发展最快，代表湖南省非营利组织发展的最新水平。据湖南省民间组织管理局统计资料显示，截至 2008 年 5 月，长株潭三地通过登记注册的民间组织共计 3 370 个，占全省总数的 22.6%；与 2007 年同期相比，新增非营利组织 295 个（不包括新增的社团分支机构），其中民办非企业 118 家，社团 109 个。同时，根据统计资料分析发现，长株潭三地发展最快的为行业性社会团体，专业性社会团体次之。学术性社会团体和联合性社会团体发展也较快。在市场经济体制的推动下，人们对专业知识的渴求日益增强化，专业性社团由最初的 100 多个发展到 500 多个。随着科学教育事业的发展，长株潭三地已有 350 个学术性社团，为区域学术发展提供了一个更广

阔的空间。联合性社团的数量由 2001 年的 65 个增长到如今的 302 个。此外,还有许多社团正处于探索发展阶段,随着管理体制的日益完善和外部环境的改善,它们必将日益发展壮大。

除社团外,民办非企业单位也是一类重要的非营利组织。到目前为止,三地民办非企业单位已经涉足社会、经济、科技、文化发展等诸多领域,除了国家举办的外,还出现了集体、联营、合资等类型,越来越多的公民、组织和其他社会力量投身到教育事业、科技事业、文化事业等社会公共事业之中,打破了传统的政府垄断教育、科技、文化等事业的局面。如长株潭区域内卫生类民办非企业单位数量呈倍数增长,到 2008 年已有 68 家卫生类民办非企业单位。此外还有教育类、劳动类、文化类、科技类、体育类、社会中介类、法律服务类等民办非企业单位。

然而,从总体来看,长株潭三地的非营利组织起步较晚,尚处于初级阶段,在区域社会、经济和文化建设中,非营利组织的总体功能体现还不明显,特别是与非营利组织应具有的基本功能相比,在发展过程中还面临许多这样或那样的功能不足,制约其进一步发展壮大。具体而言,主要有以下几方面的功能缺失。

(一) 非营利组织服务社会功能的缺失

使命是非营利组织的灵魂,是非营利组织得以生存和发展的重要前提。为社会、为会员服务是非营利组织的重要使命,公益性、非营利性则是非营利组织的基本价值。

非营利组织应以社会公益最大化作为自己的最高价值理念,为提供社会服务功能。然而在长株潭三地的非营利组织中却出现了营利化倾向,有部分组织打着公益的旗号,行谋取私利之实,以从事商业活动的方式赚取大量利润,将注意力过分地放在营利活动上,忽视甚至损害了公共福利和社会效益。这种偏离公益的现象主要表现在两个方面:①某些非营利组织由于其狭隘性导致公益目标偏离。非营利组织的狭隘性是指不存在面向全体社会成员的、涵盖社会公益各方面的公益性非营利组织。由于非营利组织的狭隘性、道德缺位和部门利益的膨胀,导致公益性非营利组织所服务的是特定对象的共同利益,而不是整个社会的公益,这就可能使某些非营利组织为了本部门、本行业的“共益”而去损害其他社会成员的公益。如湘潭某非营利性培训学校就曾以扩建为名侵吞了大量国家拨款。②公益私化,即公益事业成为个人牟利的工具,导致的公益目标偏离[①]。非营利组织在提供服务、参与社会管理的过程中受到政府政策、组织自身所处困难以及组织领导人关注对象不同等因素的影响,忽视了本组织的主要目标,追求次要目标,特别是在市场化运作中背离其市场化运作的初衷,放弃公益宗旨而过度逐利,导致

---

① 顾顺晓.非政府组织失灵的机理探究及其矫治[J].理论与改革,2007,21(8):55-58.

出现贪污腐败现象严重、效率低下、服务质量不高等问题。这种偏离公益目标过于逐利的行为虽然使非营利组织资金紧张状况得到一定的缓解,但却带来两个消极后果:一方面,无法保证营利收入用于达成组织的公益性目标;另一方面,可能会使其意图服务的对象因无力负担过高的服务费用而得不到应有的服务,失去组织存在的意义。

(二)非营利组织监管功能的缺失

组织内部制度健全与否关系组织本身的健康发展并直接影响其运作效率。非营利组织的内部制度应该由最高管理机构的决策制度,包括计划、组织、指挥、协调、监督等规定在内的内部管理制度,以及财务制度、人事制度、信息制度等组成。从目前的调查中可以发现,长株潭城市群中的许多非营利组织内部制度不健全,有的也只是一些不切实际的空规章。特别是在一些由个人创办的纯民间组织中,通常都是用典型的个人魅力型权威和不同程度的家长制作风代替各种日常管理工作制度,各种制度即兴而发,既没有科学、固定的办事程序,也没有合理、简便的工作流程,管理相当粗放。具体说来就是:在财务制度上,有些非营利组织没有专业的财务人员制定相应的、完善的财务报表,甚至没有会计和基本。审计程序。在人事制度方面,基本上没有专门的人才培育机制和志愿者管理体制。在信息制度方面也缺乏公开性和透明度。

与这种不健全的制度相对应,这些组织的机构设置也很不完善,理事会和监事会的作用没有充分发挥,甚至还存在大量非营利组织对理事会角色定位发生偏差的问题,理事会的决策作用让位于业务主管部门,导致这些非营利组织的独立性、自主性没有保障。

(三)非营利组织社会宣传功能缺失

目前,长沙、株洲和湘潭三市的非营利组织数量达到 3 370 个,占全省非营利组织的22.6%,但从整体上看,三地非营利组织的社会影响力或公众影响力并没有与其数量成正比,最明显的表现为市民对非营利组织的概念和认知较为陌生。

湖南大学非营利组织研究所于 2008 年 5 月组织了一次关于公务员对非营利组织认知和评价的问卷调查,具体结果见图 15-1。

在被调查的 78 个人中,仅有 6 人表示"经常听说"非营利组织这个词语,53 人"听说过",12 人"很少听说",7 人"没有听说过"。尽管只有 7 人(约占 9%)没听说过非营利组织,但在其余 91%被调查者中,参与非营利组织并对其有深入了解的却很少,参加过非营利组织组织活动的仅有 17 人(占 21.8%),仅有 7 人表示自己是某个非营利组织的成员,这在一定程度上说明非营利组织的发展与公众对其的认知还存在一定的差距。

此外,从以下两个方面也可看出社会公众对长株潭非营利组织的认知较为薄弱:①社会公益氛围不浓,社会公众对非营利组织的捐赠意识不强,慷慨解囊救济贫困的行

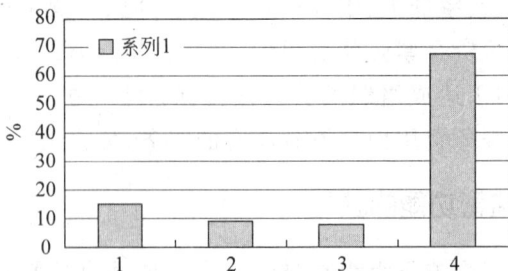

图 15-1　公务员对非营利组织的认知和评价

1. 表示很少听说；2. 表示没有听说过；3. 表示经常听说；4. 表示听说过

为鲜见报端；②媒体对非营利组织的关注程度不高。在上海、杭州、宁波、温州等地，媒体对慈善事业刊登、发布的公告和新闻等一律免费，但在湖南尚未形成这种有利的媒体环境。

非营利组织认知度的低下、社会公益氛围不浓以及媒体对非营利组织关注度不高等情况从不同侧面证明了非营利组织自我宣传功能的缺失。目前，长株潭地区的非营利组织还在"闭门造车"，没有大范围主动寻求其他有益力量帮助。宣传能力的低下又会直接加深非营利组织在资源获取、组织发展方面面临一系列问题。

（四）外联功能缺失

从共生的角度看，非营利组织并非孤立存在，它的生存和发展同任何存在的事物一样都需要一定的环境条件，并同环境中的各种因素产生各种联系。它与政府、企业、社会、媒体和其他非营利组织等的关系，与这些不同种类的组织或群体所形成的相互需求、相互依存的互利联盟就是非营利组织的共生。非营利组织本身作为社会生态系统的一个元素，总是在寻求一种成本最低、收益尽可能大的生存方式。要实现这种生存方式，非营利组织就必然寻求外部合作。

非营利组织的外部合作包括非营利组织与政府的合作、非营利组织与企业的合作、非营利组织与非营利组织之间的合作以及非营利组织与"顾客"之间的合作。从全球化的角度看，非营利组织的外部合作还包括非营利组织之间的国际交流。但是从长株潭非营利组织发展的实际现状来看，外部合作还很不充分，其合作的范围狭窄、方式单一、力度较弱，与国际非营利组织的合作更是缺乏。

1. 合作范围狭窄

非营利组织的发展离不开政府的指导和支持，政府职能的转变也需要非营利组织的参与，两者的合作对社会的建设和发展具有重要意义。但从目前长株潭地区的情况看，一方面，非营利组织自身的活动范围狭窄，导致政府与其合作相对较少；另一方面，非营利组织定位不清,政府缺乏对非营利组织系统的、合理的指导,引导与支持等方面的政策不健全,这也导致他们之间的合作较少。

从与企业界的合作来看,长株潭三地的非营利组织中能与企业合作的大多限于行业类非营利组织,能在教育、员工培训、政策咨询、企业社会责任等方面与企业合作的,除了少数大专院校之外,几乎是一片空白。

通过调查还发现,长株潭三地之间非营利组织的合作几乎不存在。由于政府在非营利组织登记管理上实行非竞争性原则,在同一行政区域内没有业务范围相同的非营利组织,因此也谈不上同一范围内的非营利组织的合作。长沙、株洲、湘潭三地同一类型的非营利组织由于地域的限制以及合作机制缺乏等问题,很少有跨市展开合作的举措,这不利于长株潭城市群的建设。例如,湘潭某协会作为农户与企业之间联系的一个中介机构,联合湘潭各个农户,通过"四个统一"为农户提供优惠、便利措施,促进农户的发展。但其具有的地域性特点,在一定程度上产生地方保护不利因素,影响长株潭城市群的共同发展。

2. 合作方式单一

由于国家法律政策、地方政府认识水平和改革力度、非营利组织的自身能力和作为、社会基础薄弱等众多因素的共同影响,长株潭地区非营利组织并没有成为独立的社会单元,除了被动接受业务主管部门下达的任务之外,能和政府采取多种合作方式的非营利组织相当少。

非营利组织与政府合作方式可以有多种多样的形式,例如,政府服务外包、向非营利组织购买公共产品以及准公共产品、非营利组织参与政府举行的听证会、参与政府相关政策制定过程等。但在实际操作过程中,长株潭的非营利组织以这些形式促进其与政府合作关系建立的案例很少。

在与企业合作方面,非营利组织通常采用传统的方式,即争取企业的捐助,然后为企业提供一定宣传活动。这种合作方式虽然在一定程度上解决了组织的经费问题,但并不能为组织发展提供长期的保障。此外,非营利组织为了获得活动的资金,在接受企业捐赠时,容易出现组织公益目标偏离问题。因此,非营利组织与企业的合作可以采用多种形式,例如,为企业提供培训服务、为企业提供经济决策。农夫山泉和希望工程的合作方式可以成为长株潭地区非营利组织学习的一个成功的案例。

3. 合作渠道不畅通

加强信息交流是非营利组织与外部互动合作中很重要的一环,同时也是非营利组织与外部互动合作中较为薄弱的一环。非营利组织与外部合作渠道不通主要是指信息沟通渠道不通畅。

良好的信息沟通是非营利组织与外部合作的先决条件。从长株潭地区非营利组织的实际情况来看,大多数非营利组织都缺乏与外部联系的正式沟通渠道,有的仅仅是在小范围内公布一个联系电话,而这个联系电话可能随着组织成员的变更而变化,更谈不上建立对外宣传和信息交流的门户网站。非营利组织与外部合作渠道的不通畅,一方面使得政府和社会公众对组织缺乏了解和信任,另一方面也使非营利组织自身难以获得社会各界的支持。

三、非营利组织在两型社会建设中功能缺失的原因分析

(一)相关法律规范欠缺

长期以来,我国政府一直在探索对非营利组织进行分类管理和逐步实现法制化。1989 年 10 月,国务院发布《社会团体登记管理条例》;1998 年 10 月,国务院颁布《民办非企业单位登记管理暂行条例》、修订后的《社会团体登记管理条例》以及《事业单位登记管理暂行条例》;1999 年 8 月,中国历史上第一部有关非营利组织《中华人民共和国公益事业捐赠法》出台;2004 年 3 月,《基金会管理条例》问世。重新修订的有关基金会登记管理和海外驻华民间组织登记管理方面的行政法规,也有望在近期内出台。可以说目前在我国已初步形成以法规、政策、规章和地方配套法规组成的非营利组织管理的政策法规体系,并对非营利组织登记、监督管理、奖励惩罚都给予详细规定,所有这些都极大地促进了我国非营利组织的发展。

但是,总体来说与我国非营利组织管理的有关法律法规还不够健全完善,对于非营利组织,除少数几个领域已有立法外,大部分还没有完整的立法,只有一些法规和条例、规定和管理办法,有关非营利组织的相关法律、法规急需出台。而且这些法规部分内容已过于陈旧,条款过于抽象,缺少可操作性。虽然上述登记管理条例和管理办法颁布后,全国对非营利组织进行了重新登记,对非营利组织情况的掌握有所增强。但实际上,近年来登记在册的新增非营利组织比实有的要少。部分非营利组织由于规模小、活动范围有限,不去进行登记;部分非营利组织由于找不到主管部门而无法登记,被迫处于未登记状况;部分非营利组织则作为企业登记,无法享受应得的税收优惠;等等。另外,我国的税收体制也制约了人们的自愿捐助。从我国目前的有关非营利组织发展的重大法律《中华人民共和国公益事业捐赠法》来看,它不仅不能鼓励更多的社会各界人士参与非营利组织捐赠,不能够调动他们捐赠的积极性,而且也没有明确的监督接受捐赠单位和机构资源使用与执行情况条款,以保证捐赠者的利益。可见,我国非营利组织管理的法律法规是不健全的,法制建设也是滞后的。随着社会经济的发展,非营利组织的急剧增加,这些法规显然已很难适应新形势的需要。由此可见,从法律层面上来说,法律规范

明显滞后于非营利组织的发展,这严重制约了非营利组织的健康发展。

(二)受制于双重管理体制

现行法规和管理体制在总体上不利于非营利组织的生存和发展,这是当前我国非营利组织面临的一个较为突出的难题。长期以来,我国政府对非营利组织的管理实行严格的双重管理体制,即由登记管理机关和业务主管单位分别行使监督管理职能,严格限制非营利组织通过登记注册合法化。在这种体制下,在同一行政层级上存在两个分别负责的监督管理部门:一个是统一的登记管理机关;另一个则是分散的业务主管单位。尽管这两类管理部门之间无论在法律上还是实践中都存在经常的沟通和协作,但因为分别隶属于不同的政府职能部门,其各自所执行的行政职能和所代表的行政利益无法完全一致起来,再加上各业务主管单位在机构设置、人员配备上参差不齐,监管能力存在较大差异,在执法和政策执行上也会出现不同,从而使得非营利组织不仅要面对双重的监督管理部门,而且不同非营利组织往往因为面对不同的监督管理部门而受到不同的政策待遇。在双重管理体制下,众多由民间自下而上组建而成的非营利组织,由于获得合法身份的门槛太高,找不到主管业务单位等诸多原因,它们只得转而采取工商注册形式,或者在其他党政部门的支持下取得各种变相的合法形式,或者甘冒不登记注册的风险。这就是为什么中国非营利组织越来越多出现在合法体系之外的原因。这也将给非营利组织的自身发展和监督管理带来许多困难和问题:一方面,大量涌现的非营利组织纷纷绕开现行法规,部门挂靠、媒体报道、领导出席、名人挂帅等各种形式的社会合法性大行其道,从而使得现行法规的有效性大打折扣,对于各种形式的非营利组织政府起不到应有的约束和监管作用;另一方面,大多取得合法身份的非营利组织从生成到发展的路径中渗透着行政化色彩:首先,非营利组织面临复杂的审批流程和严格的准入壁垒;其次,非营利组织在发展中接受双重管理体制的约束,通常带有"官民二重性"。目前,长株潭范围内取得合法地位的非营利组织都与政府部门存在一定的依附关系,一种是完全挂靠在政府部门,与政府关系密切,履行行政职能,如各级妇女联合会;另一种是不具备行政管理职能,但执行政府命令并直接实现政府社会政策,如湘潭行政管理学会;还有一种是接受政府委托和管理,提供公共物品与服务,如各种经济联合会。以上三种非营利组织在活动中不可避免地在不同程度上受政府的控制和影响,尚未完全摆脱"二政府"的地位,甚至出现政会不分、隐藏腐败、滋长官本位的局面。

(三)自律性缺失

据统计,到 1998 年底,中国全国性社会团体达到 1 800 多个,地方性社会团体总数达 16.56 万个,民办非企业单位可能有 70 多万。除此之外,中国还有大量经单位批准成立,在本单位内部活动的不需要登记的团体。另外,中国还有一些草根组织因找不到业务主管单位,或不愿受业务主管单位的管理而采取工商注册的形式,即名义上是公司、企业,实质上是非营利组织的某些下属组织。

可见,中国非营利组织的数量还是非常庞大的。然而,这些非营利组织的质量却参差不齐、鱼龙混杂,其中有许多已逐渐偏离组织的宗旨:有的组织非法集资、非法牟利,触犯了国家的法律;有的争名夺利、内耗严重;有的财务混乱、贪污腐败;有的进行愚昧迷信活动,诈骗钱财;有的甚至进行反政府、反人类、反科学的活动。

正是由于这些败类的存在,一方面使得非营利组织的社会公信度不足,得不到广大民众的支持,以致于在国内筹款困难,也难以招募志愿者;另一方面政府对其政策也缺乏连贯性,当非营利组织出现问题较多时,政府对它的政策相对就紧,反之则相对较松。这制约了中国的非营利组织的长期发展。因此,要加强非营利组织的自律和互律机制。在每个非营利组织内部,要有约束组织成员的行为标准和道德标准。使组织成员具备优秀的道德品质,从而在从事各种社会活动过程中能表现出较强的自我约束力,真正做到公道、公正、公平地工作,以促进组织内部管理制度化、具体化、标准化和合法化,提高非营利组织的公信力和社会支持度。

(四) 非营利组织缺乏资金、人才等组织发展的基本条件

非营利组织的生存与发展有赖于充足的资金,但资金缺乏是目前中国非营利组织发展的最大障碍。清华大学 NGO 研究所的抽样调查显示①,我国 41.1% 的非营利组织表示资金困难是它们当前面临的首要问题。经费问题已成为我国非营利组织发展难以突破的瓶颈。长株潭三地非营利组织也同样面临经费紧张的窘况,从笔者调查过的 100 家社会团体的情况来看,2006 年年平均支出只有 11.4 万,年支出不足万元的有 16 家,占 16%。支出中大多是用于维持日常运行,而开展各项活动等为实现其宗旨的可支配支出少得可怜,有 23 家全年业务活动费用支出为零,这严重影响了民间组织职能的发挥。此外笔者还发现,长株潭三地的非营利组织的运作主要还是依赖政府的财政资助和会费收入,社会资金的自我筹措能力弱,非营利组织的良性发展迫切需要改变这一现状。

此外,专业人才缺乏和人才结构不合理问题也很严重。由于我国尚缺乏专门的非营利组织专业人才培训机制,而且非营利组织吸纳了大量政府改革分流的冗员,再加上社会待遇、经济收入和生存问题,妨碍了优秀人才进入。非营利组织人力资源匮乏和素质不高也严重影响我国非营利组织工作的开展。

---

① 邓国胜.全国问卷调查分析[D].联合国区域发展中心,清华大学 NGO 研究中心,2001,(4):73-75.

在长株潭城市群非营利组织当中,目前存在人才结构不合理现状。一方面,从组织内部相对固定的工作人员(即专职工作者)情况看,一些非营利组织内部人员结构呈现老龄化倾向,如某协会理事会 5 名成员中,60 岁以上的有 3 人,其余的两人也达到 40 岁左右。再加上非营利组织自身条件的限制,缺乏有效的人员激励和培训机制,使其难以吸引更多高素质专业人才。从非营利组织人才结构的另一重要组成部分——志愿者来看,虽然志愿者的参与是非营利组织提高组织效率的有效形式,但现实中很多志愿者无法持续参与组织活动。此外,志愿者的高流动性也给组织志愿活动增加了难度,不利于工作的衔接。

(五) 公民意识淡薄

社会认知度不高、活动号召力不强、公民捐赠不积极等都是公民基础薄弱的表现,也是国内非营利组织所面临的共同困难。公民基础的强弱直接决定组织从社会上收集各种资源的能力,但它作为组织的无形资本往往被忽视了。目前,我国非营利组织的整体社会认知度都不是很高,组织在这方面仍处于被动地位。也就是说,大部分公民不了解甚至不知道非营利组织是什么,除非他们愿意主动去了解。

公民基础薄弱既有当地社会环境因素也有组织自身社会地位因素。当地大部分市民的经济生活水平还不是很高,生活相对闭塞。他们忙碌于自己的生活小圈子中,没有什么公益意识。在活动中,市民可能只记住了政府组织。再加上非营利组织的宣传力度不够,在市民中的认知度还很低。较低的认知度带来较低的信任度和参与度,从而影响非营利组织资金的来源和人才的引进。因为非政府组织现在发展的资金大部分靠政府的拨款,这样不仅加大了政府的开支,而且会造成非营利组织对政府的依赖,不利于非营利组织的发展。因此,非营利组织要加大宣传,提高公民对非营利组织的认识,从而扩宽资金的来源,吸引更多的人才加入非营利组织。

第三节　长三角城市群建设中非营利组织的基本功能

长三角城市群经过多年的发展,取得的成就有目共睹,这其中少不了中央的支持、政府和当地公民的努力。当然,我们更应该看到非营利组织在其中发挥的重要作用。非营利组织在促进长三角城市群公共服务、社会稳定、环境保护等方面也取得了一定的成绩,为长株潭地区的非营利组织参与"两型社会"建设,发挥非营利组织功能提供了丰富的借鉴经验。

一、提供服务满足多样化需求

现代社会是多元社会,人们的兴趣、价值观、经济利益等都高度多样化,由此必然产生各种各样的利益集团和种种不同的需求。在这种社会需求和利益格局多元化趋势下,政府很难做出及时恰当的反应,很难满足社会成员的多元化需求,从而形成不同社会阶层之间的矛盾。同时,政府作为一个庞大的科层机构,很难摆脱官僚主义的积弊,往往对多元化需求反应迟钝。而政府本身的缺陷,又使得政府官员缺乏降低成本、增加产出的内在动力,使得政府提供公共产品的效率低下,造成各阶层对政府的不满。非营利组织贴近基层,与民众接触密切,能及时了解社会各方面的需求,了解社会需求的各个细节,凭借其低成本优势,通过独立供给或与政府、企业联合供给满足公众的个性化需要。同时,还可以调动社会成员参与公共事务管理的积极性,有助于表达民意,促进政府决策科学化和民主化。这使得公共服务和公共产品的提供从形式到内涵得到进一步完善。非营利组织在提供公共物品和服务方面,最突出地表现在社区服务上,社区非营利组织的成立显示出极大的优势作用。以上海市为例,目前全市各街道普遍建有社区公共服务社、慈善超市、社区卫生服务中心、居家社区养老机构、老年人协会及文体俱乐部等社区民间组织。通过这些社区民间组织,一方面,实现了城市低保、社会福利、老龄、社区建设等民政工作的整体推进;另一方面,社区各类文体娱乐性民间组织覆盖面广、参与性强,以社区为基础组织丰富多彩的文体娱乐活动,既满足了居民精神文化生活需求,也促进了精神文明建设,深受社区居民欢迎。由此可见,非营利组织能够有效地弥补政府失灵,提高公共物品、公共服务的供给质量和效率,在提供公共物品和服务中起到了拾缺补遗的作用。

二、协调社会矛盾维护社会稳定

目前中国社会正处于急剧转型期,到目前为止,市场经济还没有完全发育成熟,并且在整个经济体制转型过程中形成了以市场经济为主体,夹杂着再分配经济和互惠经济的复杂经济体系。在这种体系下,由于"市场失灵"所带来的公共物品供应不足、信息传递滞缓、分配机制失衡等因素,必定会给经济和社会的发展产生一定的障碍,带来一系列的社会问题,如社会分配不公、贫富差距扩大、社会产生大量弱势群体等,各种复杂的社会矛盾日益显露出来,这些矛盾如果得不到及时有效的化解,极易引发各种社会问题,甚至影响社会的稳定。对待这些社会问题,如果每一个问题都由政府"事事躬亲",政府会力不从心,而市场(企业)对此更是无能为力。那么,在解决这些棘手的社会问题方面,非营利组织可以发挥它们特有的优势:灵活、创新机制和基层参与等特征,使公民的参与需要得到满足,并使社会问题在一定程度上得到缓解或解决。

首先,非营利组织提供了安全的社会保障和社会福利机制。近年来,我国开始提倡社会保障的社会化,即要实现社会保障的"服务对象社会化、资金来源社会化、社会保障管理社会化、服务设施社会化、服务队伍的社会化"。在以政府为主导,社会承担具体操作职能的社会保障社会化道路中,非营利组织显示了极大的优越性:①能够满足多元化的保障需要;②提高保障服务的供给效率和服务质量,降低成本;③有利于扩充保障资金来源,推进保障服务的可持续性。如近年来,在中国城市和乡村出现的专业民间维权志愿组织,在维护弱势群体的合法利益中发挥了重要作用。还有在扶贫开发领域,非营利组织的作用及优势也日益凸显,政府也开始逐渐注重和非营利组织在扶贫领域开展合作。长三角范围内的很多关注贫困和农村地区的非营利组织通过开展扶危、济困、安老、助残、扶幼、救孤活动,承担起帮助社会弱势群体的社会事务工作,实现社会财富的二次分配,从而在一定程度上促进社会公平的实现。非营利组织对我国农村和偏远地区及城市弱势群体的反贫困进程作出了重大的贡献,在以后的日子里它们必将进一步深化和密切与政府在扶贫方面的合作。对于严峻的就业问题,在非营利组织自身发展的同时,可以通过招收工作人员吸纳和接收大量的社会劳动力,为社会创造大量的就业机会,从而减轻社会就业压力,缓和社会矛盾,促进社会经济健康良性发展。此外,非营利组织还可以通过对下岗失业人员进行有针对性的培训,为其再就业创造条件,从而可以有效化解社会矛盾,促进和谐社会的构建。由此可见,非营利组织在保护弱势群体和促进就业方面具有十分重要的作用,可以有效缓解长三角区域经济发展中出现的一系列社会问题,从而促进社会公平的实现。

其次,非营利组织有效地培育了公民的公益精神,增进社会容忍。在社会保障和社会福利中,非营利组织起到的是协调社会结构的作用。在协调社会关系上,其作用更是不容忽视。非营利组织是现代公益文化的有效传播者,是现代公益精神的无形培育者,是现代公益事业的身体力行者。正如陈茂祥先生所说:"非营利组织以公益行动带动志工参与的风气,以组织纪律唤醒公民的社会责任,以社会议题呼吁公共事务的参与,以游说或抵制监督政府施政效能,以组织运作替代或补强政府机能,以及以心灵教化改善功利恶质的文化。"通过这些努力,最大限度地促进了社会阶层的融合以及社会关系的融洽。目前长三角地区已经出现的许多由具有相同理想、共同信念的人群组织起来,为一种社会责任感所推动,希望伸展自己在公共事务中的理想和抱负,从而建立起各种"公益性组织",这些组织以互助、救助为目的,提供公益服务、帮助弱势群体,以促进经济与社会协调发展为己任,做好协调关系、化解矛盾、理顺情绪的工作,在政府和公民社会之间架起一座桥梁,为构建和谐社会贡献自己的力量。

三、重视环境保护实现可持续发展

很长一段时间内,我国经济的发展是以物质资源尤其是以稀缺资源为主要依托,以征服和掠夺自然、牺牲生态环境为巨大代价,走的是生态与经济极不协调的不可持续发展的道路。长三角是我国经济最发达的区域之一,同时也是我国污染较为严重的区域之一。在其发展过程中也同样面临相似的问题,伴随社会和经济发展的同时,出现了一系列的问题,如资源浪费严重、生态环境岌岌可危,严重制约该区域经济、社会的进一步发展。近些年来,为解决资源短缺和环境问题,长三角区域各方都加强了节约资源和环境保护的力度,为之投入大量的人力、物力与财力,这是令人振奋的。但是,我们也必须清醒地看到,目前在长三角区域的资源和环境保护中,各方仍沿袭单一化的政府主导模式,这种模式难以适应社会经济发展,弊端日现。我们认为,环境保护不仅是一个系统工程,更应是一个多主体的公共体系。市场机制调节、政府干预与环保非营利组织参与共同支撑环境保护,三者缺一不可。但在目前长三角区域的环境保护中,与市场机制调节、政府干预二者相比较,环保非营利组织参与是最薄弱的环节,亟待加强。今后长三角相关各方应创造条件,积极推动非营利组织参与区域环境保护和资源节约中来。

长江三角洲区域内的环保非营利组织,自成立和诞生以来,就以提高公众的环境意识和保护生态环境为己任,通过开展形式多样的活动进行环境教育和宣传,普及环保意识,向公众传输环境信息。近年来,随着其自身能力和社会公信力的提高,更是开始进行跨地区合作,推动可持续发展,为实现环境与经济发展目标一致行动。主要表现在以下方面:

(1) 普及环保意识,提高环保理念。环保非营利组织一直努力坚持把环保工作向基层延伸,并取得显著成效。如浙江省青年志愿者协会绿色环保志愿者分会(中文简称"绿色浙江",英文简称"ZYEA")自成立以来就以"加强公民环境道德教育,提高公众的环保意识"为己任,在宣传提高公民环保意识等方面发挥了巨大作用。ZYEA 成功组织了"生命万物——青少年环保宣传广场义演"、"圆梦——保护青蛙行动"、"环保先锋"、"用科学救助动物——国际爱护动物行动周活动"、"梦想绿色天堂——绿色浙江大型广场环保时装秀"和"给小鸟安家"等一系列大型活动,取得了较大的社会反响。除了组织大量活动外,ZYEA 还建立"绿色浙江"小分队、绿色城市公共设施保洁小分队等开展日常性活动。截至 2002 年 3 月,ZYEA 已有包括浙江大学绿之源协会、福特汽车环保奖获得者杭州中策职高、全国绿色学校嘉兴市洪波中学、杭州市采荷街道红菱社区等在内的近 40 家单位,著名环保公益使者潘宏耕、朱天荣、朱强荣与环保教授刘广深、环保博士张志剑等150 余名个人成为分会的首批会员,遍及浙江各地,社会影响力不断扩大。此外,浙江省环保非营利组织还开展"千乡万村环保科普活动",志愿者走村入户,为农民送去环保科普挂图、书籍和光盘,并现场解答农户提出的有关环保问题。上海许多基层环保组织的活动更是深入社区和百姓日常生活,切实达到了崇尚绿色文明、普及绿色常识、推广绿色文化、践行绿色生活方式的效果。

(2) 监督企业生产,改善工业环境。企业作为市场主体,以追求利润最大化为宗旨,往往忽视社会责任。非营利组织作为社会力量的代表,对企业行为具有着重要的引导和督促作用。一方面,具有技术上优势的非营利组织,能为企业提供专业性、技术性的社会服务,使其改进生产技术,提高生产效率,节约资源消耗;另一方面,非营利组织还可通过对节能、提倡清洁生产、副产品回收等方面的宣传,对企业形成强大压力,督促企业在追求利润的同时,承担可持续发展的社会责任,从而使企业增强保护生态环境的自觉性。如在温州环保非营利组织通过自身的努力直接或间接地影响、推动了民营企业的环保行为。众所周知,民营企业在温州占 90% 以上,他们既是巨大财富的创造者,也是许多环境问题的制造者。目前,当地的一些环保 NGO 已经将"触角"深入这些企业,由于环保 NGO 活动的影响,促使一些民营企业或多或少地改变了环境理念,自觉或不自觉地加快了污染治理步伐,有些还成为建设绿色企业、节能减排,实行清洁生产的积极倡导者和带头者。在乐清市,人民电器集团、乐斯化学有限公司等一些在当地有影响的企业都有环保志愿者组织,这些企业在污染治理、支持与推动社会性环保事业等方面均作出了重大贡献,对周边企业起到良好的示范带头作用。这种影响甚至还间接延伸到部分行业协会,温州合成革行业协会倡导下的合成革污染治理持续推进,效果日益凸显便是最好的说明。

(3) 开展实际调研,为政府决策提供建议。当地环境非营利组织支持和组织会员开展社会调查、收集环境信息、获取第一手资料,进行环境科研和环境理论研究,为政府环境决策及环境立法提供咨询及建议。比如,宁波城市的发展建设就得益于环保非营利组织的努力。这些非营利组织充分调动广大城市志愿者,在绿化植树、社区环保、垃圾分类、资源节约与利用等方面深入开展工作,同时积极在其城市规划、城市品牌文化建设等诸多项目中献计献策。

综上所述,我们不难发现,非营利组织在区域发展中有着不可替代的作用,是政府与市场机制以外的第三种力量,它能够有效地弥补市场和政府失灵,以自身的优势为区域发展贡献力量。尤其是在节约资源和环境保护这两个方面,非营利组织有着政府部门不可比拟的优势,是环境和资源保护的一支重要的生力军。因此,非营利组织在长三角区域发展中的作用,对于长株潭"两型社会"(环境友好性和资源节约型)建设有重要的借鉴意义。在以后的建设中要学习和借鉴其优秀之处,扬长避短,充分发挥非营利组织功能。

第四节 两型社会建设中发挥非营利组织的功能

一、先导功能

(一)积极推广新技术新能源

进入 21 世纪,全球性的能源短缺、环境污染、气候变暖等问题日益困扰人类社会。生态文明建设成为大势所趋,能源革命不可避免,石油、煤、天然气等常规能源的日益较少甚至枯竭,生物质能、风能、太阳能等可再生能源开发利用和节能减排新技术的研发迫在眉睫。就我们湖南而言,开发利用新能源、新技术尤为迫切:一方面,我省缺煤少电,无油无气,能源供应十分紧张,必须加速发展替代能源,开发新能源,支撑经济社会发展,否则,新型工业化、新型城市化都将成为一句空话;另一方面,我省重化工工业比重大,节能减排任务重,经济结构调整势在必行,大力发展新能源和高新技术产业,改变传统的"高开采、低利用、高排放"粗放经济增长方式,加快经济结构调整,促进新型工业化和"两型社会"建设。然而现阶段我省的高新技术和新能源产业刚起步,尤其是在研发方面难以突破技术瓶颈。

作为中部欠发达地区,我省大多企业普遍缺乏高水平的专业技术人员、基础研究的知识储备和实验条件,依靠自身技术实现科技成果商品化周期长,耗资多,风险大,使得大多企业在新能源、新技术研发和推广方面望而却步,这就迫切需要通过与高校、科研院所合作寻求突破。非营利组织,尤其是非营利性的科研机构,不仅拥有众多高层次的人才和完备的实验设施,而且了解最新的国际科技动态,是科学研究的一支重要力量。高校、科研院所虽拥有雄厚的科研力量,但由于多方原因,学校缺乏活力和社会适应性,形成封闭的办学模式,与社会及产业界相互隔离。在当前市场经济条件下,学校只有走出封闭状态,面向社会,与产业界展开广泛的合作,更准确地选择科研课题和科研开发项目,克服存在的脱离社会实践需要问题,才能将更多的科技成果转化为经济效益。因此,通过产学研合作这一重要平台,实现校企优势互补,共同推动我省经济发展,已成为必然趋势。这也是长株潭两型社会建设的内在要求。成功的案例如 2008 年湘潭市人民政府与中南大学本着"资源共享、创新同步、优势互补、注重实效、共同发展"的原则,首次尝试校企合作、校市合作,共同推进湘潭市"两型社会"建设的步伐。[①] 在此次活动中,湘潭市代表湖南江滨活塞公司与中南大学签署了一系列合作协议,并成立"新型活塞材料

---

① 王昌文,唐大荣.湖南江滨活塞公司与中南大学签署新型活塞材料研究中心合作框架协议[J].中国汽车动态,2008,20(9):21-22.

研究中心"。在以后的项目合作中,双方将以优势互补、互惠互利、讲求实效、共同发展为基本原则,共同向国家和有关部门争取重大项目立项和经费支持,联合进行技术攻关和产品开发,以期通过双方的共同努力,构建国内一流的新型活塞材料研究与开发平台,实现先进发动机活塞材料的研发生产和应用推广。株洲市的环境保护研究院拥有一支业务精湛、专业齐全的科研队伍,是我国创建较早的公益性科学研究事业单位之一。随着长株潭"两型社会"实验区的提出,该院把促进长株潭城市群"两型社会"建设作为自身发展壮大的历史机遇,以高度的责任感为全市企事业单位服务,为把我市建设成为绿色相连、山水相融、和谐美好的宜居城市作出了重要贡献。

因此,要积极搭建产学研合作平台,以大学科技园、创业服务中心等创业孵化机构为载体,为科技成果转化提供商务、政策、资金、技术、信息等综合服务;以企业博士后站、工程技术中心、公共技术平台为载体,围绕重点产业和核心技术,引导企业与科研院所开展技术合作,进行联合攻关,实现科技与产业的直接对接。

(二)提高民众环保节能意识

人类的行为受其观念和意识支配。一种新的社会意识出现,开始总是默默无闻的,只有经过少数有识之士的大力提倡、积极宣传,才能为广大民众所接受,形成一种社会思潮。[①] 非营利组织具有贴近基层,与民众接触密切等优势,借助其力量有助于发动群众、宣传群众、教育群众、组织群众、动员群众保护环境。特别是其中众多的环保非营利组织,其功能主要是通过特定事件或环境问题提高公众环保意识。如通过把握各种有利时机,利用一切信息载体传播组织的环保理念,组织环境保护集会、演讲、报告、展览、演出、情报交流、学术研究、义务活动、反污染抗议活动等各种群众性活动吸引公众参与环境保护,为提高公众的环境保护意识和自觉性作出了突出贡献。如"自然之友"启动的中国第一辆环境教育流动教学车——"羚羊车",到目前止,已深入200余所学校,向2万多名中小学生以及社会群众宣传过保护自然环境、生态环境以及保护野生动物的紧迫性和必要性,影响深远。由多家环保民间组织联合发起的"26度空调"活动得到了政府部门、企业和社会的广泛认同和支持。[②] 这样的例子不胜枚举。有一点不容否认,非营利环保组织已成为中国普及环境教育和倡导公众参与环保的重要力量。

在长株潭"两型社会"建设中,尤其在建设环境友好型社会中,要充分发挥环保非营利组织的第三极作用,积极引导和教育广大民众提高环保意识,从自己做起,从身边小事做起。可以通过以下途径充分发挥非营利组织在环境教育方面的作用:①以舆论造

① 桑颖.论非政府组织在全球环境保护中的作用:[M].武汉:华中师范大学出版社,2007:12-13.
② 王炳晰.非政府组织在城市协调发展中的作用. http://www.china.com.cn,2008-01-04.

势,通过广播、横幅标语、宣传车、办黑板报等群众喜闻乐见的方式宣传环境保护的重要性;②以典型引路,通过对"绿色家庭"进行宣传表彰,营造社会氛围;③以活动为载体,引导公众参与环境保护。如株洲市通过发出"美丽株洲""五个一行动"倡议,开展城管系统"十佳城市美容师"评选,为全市近5万名小学生免费发放"文明随身袋"、引导小学生争当"创卫小标兵"等系列行动,推进城市文明,促进社会和谐。广大社区、乡村、家庭代表和环保志愿者踊跃参与"两型社会、绿色消费、从我做起"大型签名活动,免费发放约2万个环保购物袋。通过一些独特的,有创意的活动进行环境保护宣传,可在短时间内极大地提高普通民众的认知度,吸引广大民众积极参与。

(三)在环保领域展开国际合作

虽然我国的非营利组织已成为环境保护方面不可或缺的第三种力量,在和谐社会尤其在环境友好型两型社会建设中有着不可取代的作用,但目前我国的环保非营利组织由于自身和所处社会环境的原因,在获取和运用资源、协调关系、发挥作用等方面存在明显不足,大多数非营利环保组织在政府规制和市场挤压下艰难寻求生存和发展之路,难以像国外环保组织一样具有的勃勃生机。[①] 因而我国环保非政府组织还有待加强自身能力建设,改善生存环境,同时应积极开展和国际非营利组织和国际社会的合作。

对中国非营利组织来说,国际领域的沟通有巨大的可供开发的资源潜力和在国际上产生影响力的机会:通过与国外非营利组织开展交流、参加国际范围的各种论坛和研讨会、建立同国外非营利组织网络体系的联系机制等活动,不仅有利于了解国外的经验和教训,同时也有利于得到国际社会在项目、技术、资金方面的支持。譬如,国际上每年都有许多环保非营利组织投入数百万美元支持中国的环保非营利组织,有利地促进中国公众参与和善治,也为我国很多环保非营利组织带来国际社会的资金和技术支持。这些全球环境活动的跨国界宣传交流和国际组织的项目示范,有效地推动了中国环保非营利组织的成长。

在长株潭实验区建设中,尤其是环境友好型社会的建设,要求该区域的环保非营利组织积极参与国际社会的合作,以获得更广阔的发展空间,从而服务于"两型社会"建设。如美国环保协会(Environmental Defense Fund,EDF)通过与湘潭市政府签订协议,为湘潭市"两型社会"环保建设提供支持与合作。[②] EDF将携手湘潭市政府开展长株潭城市群排污权交易课题研究、试点与实施工作,开展清洁生产审核以及自愿减排等气候变化

---

① 李俊瑛. 对我国环保非政府组织发展的研究[J]. 学术研究,2006,33(12):22-23.

② 喻向阳. 美国环保协会支招湘潭"两型社会"环保建设. http://www.sina.com.cn,2008-10-25.

和温室气体相关合作项目,开展环境保护机构能力建设研究项目及湘潭九华工业园绿色供应链项目等一系列合作。此外 EDF 还将携手湘潭市政府举办企业高级经理人培训班,引导当地企业在履行节能减排基本任务的同时,以更加长远的眼光审视企业发展与环境保护之间的关系,从内部管理上探索出一条既适应本企业发展,又适合区域特点和未来趋势发展的道路,实现企业发展与国家利益"双赢"。由此可见,通过参与国际合作,为湘潭两型社会建设注入活力,为以后的发展提供了动力。

二、驱动功能

(一)促进政府职能转变

在我国高度集权的计划经济体制下,政府是"无限政府"、"全能政府",承担无限多的经济、社会职能,从宏观到微观几乎包揽了所有的经济、社会事务,权力触角延伸到社会的方方面面。由于政府的能力总是有限的,有限的政府能力不可能承担无限的政府职能,因此政府职能无限扩张的态势导致一系列矛盾和问题:①政府管理效力衰减。政府对社会事务大包大揽的管理方式存在一个效率和效益问题。由于社会事务的性质不同,需要不同的管理方式和方法。但政府管理的特点是宏观性和强制性,对于一些不符合一般特点的社会事务,政府就难以做到高效管理。②社会自我管理功能萎缩。政府职能的无限扩张使各种社会事务事无巨细都依赖于政府的管理,导致政府机构严重膨胀,社会对政府高度依赖,社会组织明显萎缩。在这种背景下,独立或半独立的社会组织缺乏生长的土壤和发挥作用的条件,导致社会功能分化程度降低。"量力而行"是中国的古训,对于政府同样适用。政府能力的有限性决定了政府职能必须与政府能力有效协调。政府要加快自身职能转变,将一部分社会管理事务交给非营利组织承担。同时,积极培育发展各类非营利组织,增强社会组织自身能力,为承接政府转移出的部分社会管理职能做好充分准备,这样才能走出"政府强、社会弱,社会弱、政府又不得不强"的怪圈。

(二)推动环保法律改革

西方国家的环境保护非营利组织尤其是规模较大的组织会进行院外活动,游说立法机关,推动制定和通过相关环境保护法。这些压力集团往往成为某项环境保护法案的积极倡导者,并促使其最终获得通过。西欧国家的许多环境保护组织还发展成为政党,即通称的绿党。已有 14 个国家的绿党先后或曾经以不同形式进入国家议会,极大地推动国内环境政策与法律的发展。非政府国际环境保护组织一直是推动国际环境法发展的中坚力量。① 这些国际组织不仅对国际环境保护文件的制定和实施产生一定影响，而且越来越多地积极参与文件的起草，或者向正式的会议提交建议草案，甚至作为政府代表团成员参加国际谈判。例如，已被广泛接受并成为环境法基本原则的可持续发展概念就是世界环境与发展委员会在《我们共同的未来》研究报告中提出的。又如国际自然保护同盟在一系列国际环境条约的制定和通过中起了巨大作用，其中《世界自然宪章》就是由国际自然同盟起草初稿，并于 1982 年在联合国大会通过的。

对于我国来说，也有相似的案例，如中国环保联合会环境法律服务中心进行的支持浙江省饭店业协会抵制某纸业集团诉讼；对温州市经济技术开发区环保违法行为进行调查并提出处理建议，体现了维护公众环境权益，服务社会的宗旨。通过对污染受害者提供法律帮助方式，维护污染受害者的权益，促进中国环境资源法的实施。对于长株潭环保非营利组织来说，应该努力抓住建设"两型社会"契机，充分发挥自身作用。在进行环保宣传、代表环境污染受害者维护其合法权益、开展与国际合作的同时，更应该在这些活动中发现当前相关环境保护法律的漏洞。比如，长株潭城市群中的湘江治理就是环保非营利组织关注的重点，非营利组织可以在对湘江治理的过程中，深入发现导致江水污染的主体、污染的原因，应该怎样规范和惩治污染者的行为，然后制定一系列草案，提交政府部门，推动环境法改革，使非营利组织真正起到弥补"政府失灵"作用。

（三）促进政府、企业与非营利组织的合作

我国在计划经济时期出现自成体系、市场分割、地方保护等地区经济分割严重局面，地区经济分割造成的区间人、财、物以及信息流动壁垒重重；基础设施建设"各自为战"；产业结构趋同，重复建设，恶性竞争；资源利用率低，宏观经济效益差等不良现象，严重地阻碍我国区域经济一体化的发展进程。非营利组织的参与将有利于打破这种局面。

（1）非营利组织是企业跨区域发展的推手。区域内的非营利组织尤其是行业协会是企业利益的忠实代表。一方面，企业可通过行业协会进行跨区域交流与互动，扩展企业的视野，拓宽市场的范围，使企业跨区域发展更具活力；另一方面，行业协会能为企业跨区域发展提供科学、专业的决策指导，以及准确、及时的市场信息，为企业节约成本与资源，增强企业跨区域合作的能力。

（2）非营利组织是政府治理的助手。非营利组织可以协助政府对市场进行管理，及时向市场各要素传达政府的政策措施，有效促进企业自律与自治。同时，政府可通过服务外包，将一部分职能交由非营利组织承担，这不仅能节约和降低治理成本，更能使政府集中精力进行宏观市场调控，有利于区域内建立统一的市场和有序的竞争机制。

（3）非营利组织能促进企业、政府之间的合作。由于非营利组织具有公共性、公益

---

① 蒋新.论环境保护非政府组织[J].前沿论坛,2006,14(7):15.

性和中立性特点,在政府与企业之间、企业与企业之间以及地方政府与地方政府之间,非营利组织能发挥良好的沟通和协调作用。地方政府和企业能通过非营利组织搭建的平台,共享信息、加强沟通、增进了解、合作共赢。

由此可见,研究非营利组织在长株潭城市群的发展、推动区域内经济一体化的发展以及促进新型城市化、新型工业化的实现,具有深远的理论和现实意义。

三、整合功能

"整合",原是一个数学术语,指形成整体和总体的过程。这一概念用于社会学,是指"社会体系与其成员(个人或群体)之间相互容纳、相互协调,最终形成一个具有特定功能的总体社会系统的过程"。20世纪90年代初始,当中国经济改革进入建立市场经济的新阶段时,出现资源流动、社会分化、国家职能转换趋势,随着经济社会的发展,我国传统的社会阶层结构发生深刻变化,出现了不同的利益主体和新的社会阶层。社会阶层的多元化、社会结构的复杂化也必然带来利益诉求和价值观念的多元化,彼此之间不可避免地会产生碰撞和对抗。社会阶层之间的关系是最重要的社会关系,构建和谐社会离不开社会阶层的和谐。只有社会各个阶层各得其所,和谐相处,才有整个社会的和谐。这就要求非营利组织必须着眼于社会的整合。

如何实现社会整合、确立社会空间等新问题层出不穷,早先那种以国家本位为基础的传统解释框架受到全面挑战。进入21世纪之后,政府和政府高官也开始正视民间力量的作用,一些重大社会决策开始倾听、征求民间组织的意见,非营利组织广泛介入社会事务,并向政府有关部门建言。实行社会整合也必须发挥多种社会整合力量进行整合,才能实现社会整合和社会健康和谐发展。无论从整体规模,还是非营利组织运行的规范性以及内部机制建设等方面来说,我国非营利组织的发展只是处于相对初级的阶段。从社会结构的宏观层面看,在原有的社会要素没有发生根本改变,不扩大政治组织规模,不增加政府管理成本的约束前提下,非营利组织的发展能极大地提高社会整体的组织化程度,形成分工合理的社会治理体系,提高社会运行的整体效能。当代中国社会正在由总体性社会,即一种社会高度一体化、整个社会生活几乎完全依靠国家驱动的社会,向现代国家与社会分离、多元化社会迈进。市场经济的导入、社会的转型,给传统的社会整合提出了挑战,导致政治权威的流失、社会主义政治文化的主流地位受到非社会主义政治文化的冲击,等等。因此,必须改变传统的社会整合方式,充分发挥非营利组织在多元化社会中的整合作用。

(一)整合文化结构优化区域发展模式

湖南省长株潭城市群两型社会建设的构想中,明确提出要促进文化发展一体化,具体要求为：创新文化管理体制，制定区域文化发展政策，挖掘区域历史悠久、根基深厚的文化资源；加强长株潭区域文化融合，树立区域认同，确立"共赢"和"协同"的观念，形成区域特色文化。整合文化产业，优化区域文化产业布局，建立区域文化共同市场。立足区域智力资源优势，构筑产学研一体化机制，强化高等教育事业发展对区域经济社会发展的重要支撑性作用，提高自主创新能力，大力发展广电、动漫、文娱等具有比较优势的文化创意产业。

这些要求既是对长株潭城市群区域文化发展的新要求，也为长株潭城市群区域文化发展提供了广阔的空间。从类型上来看，非政府领域是区域文化建设的主战场。例如，作为社区服务型的非营利组织，推动了社区文化的发展；作为助他教育型的非营利组织，推动了教育事业的发展；作为沟通传播型的非营利组织，为区域文化建设提供资信服务，加强文化的传播和流通；作为休闲娱乐型的非营利组织，不断创造各种休闲文化；作为科研学术型的非营利组织，促进了文化交流与创新；作为资金筹集型的非营利组织，为区域文化建设提供了大量的资金。

具体而言，长株潭城市群非营利组织发展对区域文化建设的促进作用体现在三个方面：

（1）整合文化结构，优化长株潭区域文化范式。非营利组织是区域文化发展的一个重要承载，即一些与文化发展密切相关的社会结构、社会组织以及参与组织的社会成员、社会运作机制和规则等。同时，它为区域文化建设提供一种崇高的使命。非营利组织"以志愿求公益"的组织使命属于慈善、博爱、利他之举，是长株潭城市群区域文化建设中普世性基本原则的集中体现，从而使物质力和精神力得到有机结合、和谐统一，起到优化文化范式的作用。

（2）推动文化交流，提升区域文化力。非营利组织通过水平联系相互联接，将一个地方社区同另一个地方社区联结起来的基层组织网络和基层支持组织网络，推动文化交流。而且，非营利组织通过基层创新和价值引导，提高了区域内人民群众从事文化建设的积极性，增强了区域凝聚力，从而为区域文化建设整合出一种强大的文化力。

（3）营造可持续发展的文化生态，促进区域文化繁荣。一方面，非营利组织和公民社会的兴起，为区域文化建设提供了良好的外环境；另一方面，非营利组织也参加不同民族、宗教、学派的文化活动，促使文化活动主体呈现多元化，文化种类呈现多样化，为文化融合和文化选择创造了有利条件。

（二）提升非营利组织社会资本及社会影响力

社会资本的概念起源于 20 世纪 80 年代，至今尚无统一的定义。尽管如此，学者们对社会资本拥有以信任、互惠、规范为核心的社会成员有机团结的网络机制这一理论框架能够接受。由此出发,李超玲认为非政府的社会是指有益于获得资源和支持、非营利组织内外个人及组织之间建立的社会信任网络①。非营利组织社会资本的实质就是社会信任,这也说明非营利组织不是封闭的行动个体,而是与其他领域发生各种联系的社会网络上的一个节点。她还认为,非营利组织的社会资本功能主要体现为减少非营利组织的内部交易费用以及整个社会的交易成本,降低管理成本;降低不确定性和风险,减少机会主义行为;提高非营利组织的组织效率;促进知识共享,加快组织创新。

然而,长株潭城市群的一些非营利组织并不能成功地"生产"和积累社会资本,存在公众信任下降、筹资减少以及科学合理运用资金的能力缺乏等削弱社会资本的现象。为积累非营利组织社会资本,就要加强组织的能力建设,通过能力建设从根本上促进组织向能促型方向转变,即基于组织已有的社会资本,通过有效的途径和策略进行转化,提升组织的能力,实现组织使命和目标,在这一过程中,进而使社会资本增值,在更高的层次上促进组织可持续发展这一良性循环过程②。课题组认为,这些能力建设主要包括合作能力建设、营销能力建设、公信力建设。

在合作能力建设方面长株潭城市群的非营利组织存在很大的不足,可以从三个方面加强其合作能力:①非营利组织应有政府建立基于比较优势的长期的合作伙伴关系,实现优势互补;②非营利组织应与企业开展有效的合作,使非营利组织成为企业履行社会责任的承接口,获得企业的支持;③非营利组织之间应达成广泛的战略联盟,这种联盟不仅指长株潭三地的现有非营利组织联盟,还包括与湖南省其他五地的以及省外、国外非营利组织的合作,实现资源互补,扩大组织的影响力。

在营销能力建设方面,通过调查发现,长株潭城市群的一些非营利组织营销能力存有很大的不足,例如,湘潭市民间组织管理局每年都会举办争先创优活动,这是一个很好的进行组织形象营销的机会,但有些工作开展的比较好的非营利组织对这项活动不积极、不重视。这说明了许多非营利组织营销意识薄弱。营销能力的建设主要是指要建立科学的营销运营机制,首先要树立营销理念,认识营销对非营利组织发展的重要性;另外组织内要设立专门的营销部门,配备专业的营销人员,若无专业人员则要进行有关营销能力建设的培训。

公信力建设主要是通过有效开展组织活动,内外部组织绩效评估,自觉接受政府、社会的监督,以及建立信息披露制度,将组织的运作情况、活动情况、接受捐赠情况、资金运用情况反馈给各利益相关者等途径进行加强。

---

① 李超玲,钟洪.非政府组织社会资本:概念、特征及其相关问题研究[J].江汉论坛,2007,22(4):33.
② 林闽钢.社会资本视野下的非营利组织能力建设[J].中国行政管理,2007,18(1):68.

四、调节功能

（一）调节不同阶层利益

和谐社会应当是各种社会关系和谐的总和。不和谐之所以产生，表面看是经济社会的某些方面出现了不均衡，或者说发生了失衡，其根源还是人与自然、人与人、人自身关系发生了失衡。因此非营利组织必须把促进各种关系的平衡作为着力点。这是政府政策行为体现以人为本要求的一个重要方面。各种关系实质是一种利益关系，眼前利益与长远利益、局部利益与整体利益、个人利益与团体利益、个人与个人之间的利益等。"人们奋斗所争取的一切，都同他们的利益有关。""利益问题，是影响社会和谐与否的根本问题。"非营利组织所具备的民间性、公益性特点及其中介地位，可以使其在实行行业自律、调节不同利益、协调各种关系，促进公平合理的市场秩序的建立和健全，发挥着政府所不能发挥的积极作用。一方面，它有助于维护竞争性的市场经济体制，弥补市场调节功能所产生的不良后果；另一方面，它调节政府的经济职能，抑制政府权力扩张的趋势，并满足一部分公共服务的需求供给。它介于政府与市场主体之间及各市场主体之间的特殊地位和性质赋予了其协调沟通、降低交易成本、维护市场经济秩序等方面的功能和作用，并要通过一定渠道促进政府制定相应的政策，限制对资源过度开采和对环境的污染，使对资源的利用和对环境的污染控制在生态环境能够承受的范围之内，达到人与自然关系的平衡。实现人与人的关系平衡，是非营利组织调节的关键。调节人际关系的实质就是调节人际利益关系。而人际利益关系不协调的关键是社会利益分配不和谐。这就要求政府在制定政策的时候，充分反映不同阶层不同方面群众的利益，千方百计保证广大人民群众都能享受到改革发展的成果。当前以收入差别为核心的社会差别问题，已经成为影响社会不和谐的最为突出的问题之一，是构建和谐社会的一大障碍。各种差别在持续拉大，造成社会贫富分化加剧，加之腐败因素造成的收入问题掺杂其中，使利益分配公平问题成为社会关注的焦点问题。构建和谐社会过程中非营利组织必须把调节社会收入差别作为当务之急。非营利组织可以向人民提供人道主义援助和进行慈善服务。在我国的慈善服务和扶贫开发领域里，活跃着一批非营利组织，比较著名的有中国扶贫基金会、中国国际非营利组织合作促进会、中国人口福利基金会、中国计划生育协会、中国青少年发展基金会、中华慈善总会等。当许多平民处于恶劣的经济环境时，非营利组织肩负起政府的这一重任，向经济贫乏的人民提供帮助。以此在很大程度上消除低收入阶层人民的部分困难。还有许多非营利组织从事对青年和青少年的教育事务。通过提供类似的公共物品，非营利组织在和谐社会构建中开展了一系列卓有成效的活动，为从根本上消除贫困作出了积极的贡献。非营利组织对收入分配的平衡调节不是要求社会利益分配的绝对平均,而是要相对公平地分配社会利益,使每个人都各得其利,不至于出现太大的社会贫富分化。解决收入分配差距过大的问题是一个十分复杂的工作,涉及经济、社会方方面面,因此,非营利组织的平衡调节任务也是复杂的、艰巨的。

(二) 参与政治,沟通化解社会矛盾

现代社会是民主法制的社会,建立社会主义民主与法治国家、推进社会主义政治文明是我国社会主义现代化建设的基本目标。但是,实行社会主义民主,必须有把政府与社会联系起来的畅通渠道,社会非营利组织就是政府联结社会、表达民意、实现政治参与的重要渠道。在现代多元化社会里,个体作为社会的一分子要表达自己的利益、愿望,往往是通过某个组织或群体来表达的,只有参加某个组织或群体,才能顺利表达自己的利益、愿望。非营利组织作为一种群众性组织,能够把分散的社会利益群体组织起来,进行制度化的利益表达,实现政府与民众的双向沟通。一方面,它代表社会利益向国家(政府)表达;另一方面,它又可以充当国家(政府)代言人的角色,向社会传达国家意志,协调国家与社会的关系,成为沟通国家与社会、政府与民众的重要渠道。

众所周知,因为地区和各种原因的影响,阶级之间还存在一定的隔阂,特别是弱势群体,其利益的表达更需要非政府组织进行沟通,实现全社会的稳定。"社会阶层之间的相互开放和平等进入,这是在现代社会分层中所应遵循的最为重要的公正规则"。要为社会各阶层的发展创造公平的机会,特别是"可以为社会位置较低的弱势群体成员处境的改善提供平等的机会,同时,又可以为优秀者自致性的胜出提供有效的途径"。非营利组织应该为社会各阶层的发展清除一切障碍,消除一切社会歧视,为社会成员创业、发展创造更加自由、公平的空间。如对农民工在城市的发展应该给予同等市民待遇,撤除户籍、就业、身份、社会保险、子女教育等方面的制度性屏障,不能让他们在城市生活中被边缘化。要改革政府机关及事业单位官员、干部选拔制度,打破身份、职业等人为限制,敞开大门面向社会,招贤纳士。对贫困家庭子女要给予接受教育的保障,使其能够平等发展。让各个阶层形成一种利益增进的良性关系,任何一个社会阶层利益增进都不以其他阶层利益损害为前提。计划经济时代形成的以牺牲农村和农民的利益发展城市的做法,使阶层间产生了不和谐,加剧了城乡二元割据的形成。现在免除农业税、减轻农民负担,对农业给予直补,促进城乡统筹发展等政策,就是对社会阶层的一种整合。当前,劳资纠纷问题、城市化中农民融入城市问题、流动人口问题等都是比较突出的社会问题,都反应了阶层的不和谐,非营利组织应该给予充分关注。社会的现代转型需要有相应的社会基础,非营利组织的发展不仅有利于重塑我国政府组织与企业、社会其他领域的关系,而且更有利于形成政府组织与各类非营利组织合作管理社会公共事务的社会

管理体系,也有利于加速改进和转变原有的不合理的社会要素和培育新的社会要素。非营利组织作为联结政府与社会的桥梁纽带,具有广泛的群众性和社会基础,能够把分散的社会力量凝聚起来,促进社会一体化,实现社会协调。总之,要通过非营利组织对社会进行有效调节,使社会各阶层实现良性互动,不断融合,促进整个社会的和谐。

长株潭"两型社会"的建设还有很长的路要走,这需要区域政府、企业、非营利组织、民众等的通力合作,特别是非营利组织虽然发展得还不够完善,但是它有巨大的生命力,相信有了"两型社会"这样的发展机遇,非营利组织更能充分发挥出其功能,在长株潭"两型社会"建设中彰显政府无可比拟的巨大活力。

附录一　社会团体登记管理条例

(1998 年 10 月 25 日中华人民共和国国务院令第 250 号发布
自 1998 年 10 月 25 日起施行)

第一章　总　　则

第一条　为了保障公民的结社自由,维护社会团体的合法权益,加强对社会团体的登记管理,促进社会主义物质文明、精神文明建设,制定本条例。

第二条　本条例所称社会团体,是指中国公民自愿组成,为实现会员共同意愿,按照其章程开展活动的非营利性社会组织。

国家机关以外的组织可以作为单位会员加入社会团体。

第三条　成立社会团体,应当经其业务主管单位审查同意,并依照本条例的规定进行登记。

社会团体应当具备法人条件。

下列团体不属于本条例规定登记的范围:

(一) 参加中国人民政治协商会议的人民团体;

(二) 由国务院机构编制管理机关核定,并经国务院批准免于登记的团体;

(三) 机关、团体、企业事业单位内部经本单位批准成立、在本单位内部活动的团体。

第四条　社会团体必须遵守宪法、法律、法规和国家政策,不得反对宪法确定的基本原则,不得危害国家的统一、安全和民族的团结,不得损害国家利益、社会公共利益以及其他组织和公民的合法权益,不得违背社会道德风尚。

社会团体不得从事营利性经营活动。

第五条　国家保护社会团体依照法律、法规及其章程开展活动,任何组织和个人不得非法干涉。

第六条　国务院民政部门和县级以上地方各级人民政府民政部门是本级人民政府的社会团体登记管理机关(以下简称登记管理机关)。

国务院有关部门和县级以上地方各级人民政府有关部门、国务院或者县级以上地方各级人民政府授权的组织,是有关行业、学科或者业务范围内社会团体的业务主管单位(以下简称业务主管单位)。

法律、行政法规对社会团体的监督管理另有规定的,依照有关法律、行政法规的规定执行。

第二章　管　辖

第七条　全国性的社会团体,由国务院的登记管理机关负责登记管理;地方性的社会团体,由所在地人民政府的登记管理机关负责登记管理;跨行政区域的社会团体,由所跨行政区域的共同上一级人民政府的登记管理机关负责登记管理。

第八条　登记管理机关、业务主管单位与其管辖的社会团体的住所不在一地的,可以委托社会团体住所地的登记管理机关、业务主管单位负责委托范围内的监督管理工作。

第三章　成　立　登　记

第九条　申请成立社会团体,应当经其业务主管单位审查同意,由发起人向登记管理机关申请筹备。

第十条　成立社会团体,应当具备下列条件:

(一)有50个以上的个人会员或者30个以上的单位会员;个人会员、单位会员混合组成的,会员总数不得少于50个;

(二)有规范的名称和相应的组织机构;

(三)有固定的住所;

(四)有与其业务活动相适应的专职工作人员;

(五)有合法的资产和经费来源,全国性的社会团体有10万元以上活动资金,地方性的社会团体和跨行政区域的社会团体有3万元以上活动资金;

(六)有独立承担民事责任的能力。

社会团体的名称应当符合法律、法规的规定,不得违背社会道德风尚。社会团体的名称应当与其业务范围、成员分布、活动地域相一致,准确反映其特征。全国性的社会团体的名称冠以"中国"、"全国"、"中华"等字样的,应当按照国家有关规定经过批准,地方性的社会团体的名称不得冠以"中国"、"全国"、"中华"等字样。

第十一条　申请筹备成立社会团体,发起人应当向登记管理机关提交下列文件:

(一)筹备申请书;

(二)业务主管单位的批准文件;

(三)验资报告、场所使用权证明;

（四）发起人和拟任负责人的基本情况、身份证明；

（五）章程草案。

第十二条　登记管理机关应当自收到本条例第十一条所列全部有效文件之日起 60 日内，作出批准或者不批准筹备的决定；不批准的，应当向发起人说明理由。

第十三条　有下列情形之一的，登记管理机关不予批准筹备：

（一）有根据证明申请筹备的社会团体的宗旨、业务范围不符合本条例第四条的规定的；

（二）在同一行政区域内已有业务范围相同或者相似的社会团体，没有必要成立的；

（三）发起人、拟任负责人正在或者曾经受到剥夺政治权利的刑事处罚，或者不具有完全民事行为能力的；

（四）在申请筹备时弄虚作假的；

（五）有法律、行政法规禁止的其他情形的。

第十四条　筹备成立的社会团体，应当自登记管理机关批准筹备之日起 6 个月内召开会员大会或者会员代表大会，通过章程，产生执行机构、负责人和法定代表人，并向登记管理机关申请成立登记。筹备期间不得开展筹备以外的活动。

社会团体的法定代表人，不得同时担任其他社会团体的法定代表人。

第十五条　社会团体的章程应当包括下列事项：

（一）名称、住所；

（二）宗旨、业务范围和活动地域；

（三）会员资格及其权利、义务；

（四）民主的组织管理制度，执行机构的产生程序；

（五）负责人的条件和产生、罢免的程序；

（六）资产管理和使用的原则；

（七）章程的修改程序；

（八）终止程序和终止后资产的处理；

（九）应当由章程规定的其他事项。

第十六条　登记管理机关应当自收到完成筹备工作的社会团体的登记申请书及有关文件之日起 30 日内完成审查工作。对没有本条例第十三条所列情形，且筹备工作符合要求、章程内容完备的社会团体，准予登记，发给《社会团体法人登记证书》。登记事项包括：

（一）名称；

（二）住所；

（三）宗旨、业务范围和活动地域；

（四）法定代表人；

（五）活动资金；

（六）业务主管单位。

对不予登记的,应当将不予登记的决定通知申请人。

第十七条 依照法律规定,自批准成立之日起即具有法人资格的社会团体,应当自批准成立之日起 60 日内向登记管理机关备案。登记管理机关自收到备案文件之日起 30 日内发给《社会团体法人登记证书》。

社会团体备案事项,除本条例第十六条所列事项外,还应当包括业务主管单位依法出具的批准文件。

第十八条 社会团体凭《社会团体法人登记证书》申请刻制印章,开立银行账户。社会团体应当将印章式样和银行账号报登记管理机关备案。

第十九条 社会团体成立后拟设立分支机构、代表机构的,应当经业务主管单位审查同意,向登记管理机关提交有关分支机构、代表机构的名称、业务范围、场所和主要负责人等情况的文件,申请登记。

社会团体的分支机构、代表机构是社会团体的组成部分,不具有法人资格,应当按照其所属的社会团体的章程所规定的宗旨和业务范围,在该社会团体授权的范围内开展活动、发展会员。社会团体的分支机构不得再设立分支机构。

社会团体不得设立地域性的分支机构。

第四章 变更登记、注销登记

第二十条 社会团体的登记事项、备案事项需要变更的,应当自业务主管单位审查同意之日起 30 日内,向登记管理机关申请变更登记、变更备案(以下统称变更登记)。

社会团体修改章程,应当自业务主管单位审查同意之日起 30 日内,报登记管理机关核准。

第二十一条 社会团体有下列情形之一的,应当在业务主管单位审查同意后,向登记管理机关申请注销登记、注销备案(以下统称注销登记):

（一）完成社会团体章程规定的宗旨的；

（二）自行解散的；

（三）分立、合并的；

（四）由于其他原因终止的。

第二十二条 社会团体在办理注销登记前,应当在业务主管单位及其他有关机关的指导下,成立清算组织,完成清算工作。清算期间,社会团体不得开展清算以外的活动。

第二十三条　社会团体应当自清算结束之日起 15 日内向登记管理机关办理注销登记。办理注销登记,应当提交法定代表人签署的注销登记申请书、业务主管单位的审查文件和清算报告书。

登记管理机关准予注销登记的,发给注销证明文件,收缴该社会团体的登记证书、印章和财务凭证。

第二十四条　社会团体撤销其所属分支机构、代表机构的,经业务主管单位审查同意后,办理注销手续。

社会团体注销的,其所属分支机构、代表机构同时注销。

第二十五条　社会团体处分注销后的剩余财产,按照国家有关规定办理。

第二十六条　社会团体成立、注销或者变更名称、住所、法定代表人,由登记管理机关予以公告。

第五章　监督管理

第二十七条　登记管理机关履行下列监督管理职责:

(一)负责社会团体的成立、变更、注销的登记或者备案;

(二)对社会团体实施年度检查;

(三)对社会团体违反本条例的问题进行监督检查,对社会团体违反本条例的行为给予行政处罚。

第二十八条　业务主管单位履行下列监督管理职责:

(一)负责社会团体筹备申请、成立登记、变更登记、注销登记前的审查;

(二)监督、指导社会团体遵守宪法、法律、法规和国家政策,依据其章程开展活动;

(三)负责社会团体年度检查的初审;

(四)协助登记管理机关和其他有关部门查处社会团体的违法行为;

(五)会同有关机关指导社会团体的清算事宜。

业务主管单位履行前款规定的职责,不得向社会团体收取费用。

第二十九条　社会团体的资产来源必须合法,任何单位和个人不得侵占、私分或者挪用社会团体的资产。

社会团体的经费,以及开展章程规定的活动按照国家有关规定所取得的合法收入,必须用于章程规定的业务活动,不得在会员中分配。

社会团体接受捐赠、资助,必须符合章程规定的宗旨和业务范围,必须根据与捐赠人、资助人约定的期限、方式和合法用途使用。社会团体应当向业务主管单位报告接受、使用捐赠、资助的有关情况,并应当将有关情况以适当方式向社会公布。

社会团体专职工作人员的工资和保险福利待遇,参照国家对事业单位的有关规定执行。

第三十条 社会团体必须执行国家规定的财务管理制度,接受财政部门的监督;资产来源属于国家拨款或者社会捐赠、资助的,还应当接受审计机关的监督。

社会团体在换届或者更换法定代表人之前,登记管理机关、业务主管单位应当组织对其进行财务审计。

第三十一条 社会团体应当于每年3月31日前向业务主管单位报送上一年度的工作报告,经业务主管单位初审同意后,于5月31日前报送登记管理机关,接受年度检查。工作报告的内容包括:本社会团体遵守法律法规和国家政策的情况、依照本条例履行登记手续的情况、按照章程开展活动的情况、人员和机构变动的情况以及财务管理的情况。

对于依照本条例第十七条的规定发给《社会团体法人登记证书》的社会团体,登记管理机关对其应当简化年度检查的内容。

第六章　罚　　则

第三十二条 社会团体在申请登记时弄虚作假,骗取登记的,或者自取得《社会团体法人登记证书》之日起1年未开展活动的,由登记管理机关予以撤销登记。

第三十三条 社会团体有下列情形之一的,由登记管理机关给予警告,责令改正,可以限期停止活动,并可以责令撤换直接负责的主管人员;情节严重的,予以撤销登记;构成犯罪的,依法追究刑事责任:

(一)涂改、出租、出借《社会团体法人登记证书》,或者出租、出借社会团体印章的;

(二)超出章程规定的宗旨和业务范围进行活动的;

(三)拒不接受或者不按照规定接受监督检查的;

(四)不按照规定办理变更登记的;

(五)擅自设立分支机构、代表机构,或者对分支机构、代表机构疏于管理,造成严重后果的;

(六)从事营利性的经营活动的;

(七)侵占、私分、挪用社会团体资产或者所接受的捐赠、资助的;

(八)违反国家有关规定收取费用、筹集资金或者接受、使用捐赠、资助的。

前款规定的行为有违法经营额或者违法所得的,予以没收,可以并处违法经营额1倍以上3倍以下或者违法所得3倍以上5倍以下的罚款。

第三十四条 社会团体的活动违反其他法律、法规的,由有关国家机关依法处理;有关国家机关认为应当撤销登记的,由登记管理机关撤销登记。

第三十五条 未经批准,擅自开展社会团体筹备活动,或者未经登记,擅自以社会团体名义进行活动,以及被撤销登记的社会团体继续以社会团体名义进行活动的,由登记管理机关予以取缔,没收非法财产;构成犯罪的,依法追究刑事责任;尚不构成犯罪的,依法给予治安管理处罚。

第三十六条　社会团体被责令限期停止活动的,由登记管理机关封存《社会团体法人登记证书》、印章和财务凭证。

社会团体被撤销登记的,由登记管理机关收缴《社会团体法人登记证书》和印章。

第三十七条　登记管理机关、业务主管单位的工作人员滥用职权、徇私舞弊、玩忽职守构成犯罪的,依法追究刑事责任;尚不构成犯罪的,依法给予行政处分。

第七章　附　　则

第三十八条　《社会团体法人登记证书》的式样由国务院民政部门制定。对社会团体进行年度检查不得收取费用。

第三十九条　本条例施行前已经成立的社会团体,应当自本条例施行之日起1年内依照本条例有关规定申请重新登记。

第四十条　本条例自发布之日起施行。1989年10月25日国务院发布的《社会团体登记管理条例》同时废止。

附录二　基金会管理条例

中华人民共和国国务院令第 400 号
2004 年 3 月 8 日

第一章　总　　则

第一条　为了规范基金会的组织和活动,维护基金会、捐赠人和受益人的合法权益,促进社会力量参与公益事业,制定本条例。

第二条　本条例所称基金会,是指利用自然人、法人或者其他组织捐赠的财产,以从事公益事业为目的,按照本条例的规定成立的非营利性法人。

第三条　基金会分为面向公众募捐的基金会(以下简称公募基金会)和不得面向公众募捐的基金会(以下简称非公募基金会)。公募基金会按照募捐的地域范围,分为全国性公募基金会和地方性公募基金会。

第四条　基金会必须遵守宪法、法律、法规、规章和国家政策,不得危害国家安全、统一和民族团结,不得违背社会公德。

第五条　基金会依照章程从事公益活动,应当遵循公开、透明的原则。

第六条　国务院民政部门和省、自治区、直辖市人民政府民政部门是基金会的登记管理机关。

国务院民政部门负责下列基金会、基金会代表机构的登记管理工作:

(一) 全国性公募基金会;

(二) 拟由非内地居民担任法定代表人的基金会;

(三) 原始基金超过 2 000 万元,发起人向国务院民政部门提出设立申请的非公募基金会;

(四) 境外基金会在中国内地设立的代表机构。

省、自治区、直辖市人民政府民政部门负责本行政区域内地方性公募基金会和不属于前款规定情况的非公募基金会的登记管理工作。

第七条　国务院有关部门或者国务院授权的组织,是国务院民政部门登记的基金会、境外基金会代表机构的业务主管单位。

省、自治区、直辖市人民政府有关部门或者省、自治区、直辖市人民政府授权的组织，是省、自治区、直辖市人民政府民政部门登记的基金会的业务主管单位。

第二章 设立、变更和注销

第八条 设立基金会，应当具备下列条件：

（一）为特定的公益目的而设立；

（二）全国性公募基金会的原始基金不低于 800 万元人民币，地方性公募基金会的原始基金不低于 400 万元人民币，非公募基金会的原始基金不低于 200 万元人民币；原始基金必须为到账货币资金；

（三）有规范的名称、章程、组织机构以及与其开展活动相适应的专职工作人员；

（四）有固定的住所；

（五）能够独立承担民事责任。

第九条 申请设立基金会，申请人应当向登记管理机关提交下列文件：

（一）申请书；

（二）章程草案；

（三）验资证明和住所证明；

（四）理事名单、身份证明以及拟任理事长、副理事长、秘书长简历；

（五）业务主管单位同意设立的文件。

第十条 基金会章程必须明确基金会的公益性质，不得规定使特定自然人、法人或者其他组织受益的内容。

基金会章程应当载明下列事项：

（一）名称及住所；

（二）设立宗旨和公益活动的业务范围；

（三）原始基金数额；

（四）理事会的组成、职权和议事规则，理事的资格、产生程序和任期；

（五）法定代表人的职责；

（六）监事的职责、资格、产生程序和任期；

（七）财务会计报告的编制、审定制度；

（八）财产的管理、使用制度；

（九）基金会的终止条件、程序和终止后财产的处理。

第十一条 登记管理机关应当自收到本条例第九条所列全部有效文件之日起 60 日内，作出准予或者不予登记的决定。准予登记的，发给《基金会法人登记证书》；不予登记的，应当书面说明理由。

基金会设立登记的事项包括：名称、住所、类型、宗旨、公益活动的业务范围、原始基金数额和法定代表人。

第十二条 基金会拟设立分支机构、代表机构的，应当向原登记管理机关提出登记申请，并提交拟设机构的名称、住所和负责人等情况的文件。

登记管理机关应当自收到前款所列全部有效文件之日起 60 日内作出准予或者不予登记的决定。准予登记的，发给《基金会分支（代表）机构登记证书》；不予登记的，应当书面说明理由。

基金会分支机构、基金会代表机构设立登记的事项包括：名称、住所、公益活动的业务范围和负责人。

基金会分支机构、基金会代表机构依据基金会的授权开展活动，不具有法人资格。

第十三条 境外基金会在中国内地设立代表机构，应当经有关业务主管单位同意后，向登记管理机关提交下列文件：

（一）申请书；

（二）基金会在境外依法登记成立的证明和基金会章程；

（三）拟设代表机构负责人身份证明及简历；

（四）住所证明；

（五）业务主管单位同意在中国内地设立代表机构的文件。

登记管理机关应当自收到前款所列全部有效文件之日起 60 日内，作出准予或者不予登记的决定。准予登记的，发给《境外基金会代表机构登记证书》；不予登记的，应当书面说明理由。

境外基金会代表机构设立登记的事项包括：名称、住所、公益活动的业务范围和负责人。

境外基金会代表机构应当从事符合中国公益事业性质的公益活动。境外基金会对其在中国内地代表机构的民事行为，依照中国法律承担民事责任。

第十四条 基金会、境外基金会代表机构依照本条例登记后，应当依法办理税务登记。

基金会、境外基金会代表机构，凭登记证书依法申请组织机构代码、刻制印章、开立银行账户。

基金会、境外基金会代表机构应当将组织机构代码、印章式样、银行账号以及税务登记证件复印件报登记管理机关备案。

第十五条 基金会、基金会分支机构、基金会代表机构和境外基金会代表机构的登记事项需要变更的，应当向登记管理机关申请变更登记。

基金会修改章程，应当征得其业务主管单位的同意，并报登记管理机关核准。

第十六条　基金会、境外基金会代表机构有下列情形之一的,应当向登记管理机关申请注销登记:

(一)按照章程规定终止的;

(二)无法按照章程规定的宗旨继续从事公益活动的;

(三)由于其他原因终止的。

第十七条　基金会撤销其分支机构、代表机构的,应当向登记管理机关办理分支机构、代表机构的注销登记。

基金会注销的,其分支机构、代表机构同时注销。

第十八条　基金会在办理注销登记前,应当在登记管理机关、业务主管单位的指导下成立清算组织,完成清算工作。

基金会应当自清算结束之日起 15 日内向登记管理机关办理注销登记;在清算期间不得开展清算以外的活动。

第十九条　基金会、基金会分支机构、基金会代表机构以及境外基金会代表机构的设立、变更、注销登记,由登记管理机关向社会公告。

第三章　组 织 机 构

第二十条　基金会设理事会,理事为 5 人至 25 人,理事任期由章程规定,但每届任期不得超过 5 年。理事任期届满,连选可以连任。

用私人财产设立的非公募基金会,相互间有近亲属关系的基金会理事,总数不得超过理事总人数的三分之一;其他基金会,具有近亲属关系的不得同时在理事会任职。

在基金会领取报酬的理事不得超过理事总人数的三分之一。

理事会设理事长、副理事长和秘书长,从理事中选举产生,理事长是基金会的法定代表人。

第二十一条　理事会是基金会的决策机构,依法行使章程规定的职权。

理事会每年至少召开 2 次会议。理事会会议须有三分之二以上理事出席方能召开;理事会决议须经出席理事过半数通过方为有效。

下列重要事项的决议,须经出席理事表决,三分之二以上通过方为有效:

(一)章程的修改;

(二)选举或者罢免理事长、副理事长、秘书长;

(三)章程规定的重大募捐、投资活动;

(四)基金会的分立、合并。

理事会会议应当制作会议记录,并由出席理事审阅、签名。

第二十二条　基金会设监事。监事任期与理事任期相同。理事、理事的近亲属和基金会财会人员不得兼任监事。

监事依照章程规定的程序检查基金会财务和会计资料,监督理事会遵守法律和章程的情况。

监事列席理事会会议,有权向理事会提出质询和建议,并应当向登记管理机关、业务主管单位以及税务、会计主管部门反映情况。

第二十三条 基金会理事长、副理事长和秘书长不得由现职国家工作人员兼任。基金会的法定代表人,不得同时担任其他组织的法定代表人。公募基金会和原始基金来自中国内地的非公募基金会的法定代表人,应当由内地居民担任。

因犯罪被判处管制、拘役或者有期徒刑,刑期执行完毕之日起未逾 5 年的,因犯罪被判处剥夺政治权利正在执行期间或者曾经被判处剥夺政治权利的,以及曾在因违法被撤销登记的基金会担任理事长、副理事长或者秘书长,且对该基金会的违法行为负有个人责任,自该基金会被撤销之日起未逾 5 年的,不得担任基金会的理事长、副理事长或者秘书长。

基金会理事遇有个人利益与基金会利益关联时,不得参与相关事宜的决策;基金会理事、监事及其近亲属不得与其所在的基金会有任何交易行为。

监事和未在基金会担任专职工作的理事不得从基金会获取报酬。

第二十四条 担任基金会理事长、副理事长或者秘书长的香港居民、澳门居民、台湾居民、外国人以及境外基金会代表机构的负责人,每年在中国内地居留时间不得少于 3 个月。

第四章　财产的管理和使用

第二十五条 基金会组织募捐、接受捐赠,应当符合章程规定的宗旨和公益活动的业务范围。境外基金会代表机构不得在中国境内组织募捐、接受捐赠。

公募基金会组织募捐,应当向社会公布募得资金后拟开展的公益活动和资金的详细使用计划。

第二十六条 基金会及其捐赠人、受益人依照法律、行政法规的规定享受税收优惠。

第二十七条 基金会的财产及其他收入受法律保护,任何单位和个人不得私分、侵占、挪用。

基金会应当根据章程规定的宗旨和公益活动的业务范围使用其财产;捐赠协议明确了具体使用方式的捐赠,根据捐赠协议的约定使用。

接受捐赠的物资无法用于符合其宗旨的用途时,基金会可以依法拍卖或者变卖,所得收入用于捐赠目的。

第二十八条 基金会应当按照合法、安全、有效的原则实现基金的保值、增值。

第二十九条　公募基金会每年用于从事章程规定的公益事业支出,不得低于上一年总收入的 70％；非公募基金会每年用于从事章程规定的公益事业支出,不得低于上一年基金余额的 8％。

基金会工作人员工资福利和行政办公支出不得超过当年总支出的 10％。

第三十条　基金会开展公益资助项目,应当向社会公布所开展的公益资助项目种类以及申请、评审程序。

第三十一条　基金会可以与受助人签订协议,约定资助方式、资助数额以及资金用途和使用方式。

基金会有权对资助的使用情况进行监督。受助人未按协议约定使用资助或者有其他违反协议情形的,基金会有权解除资助协议。

第三十二条　基金会应当执行国家统一的会计制度,依法进行会计核算、建立健全内部会计监督制度。

第三十三条　基金会注销后的剩余财产应当按照章程的规定用于公益目的；无法按照章程规定处理的,由登记管理机关组织捐赠给予该基金会性质、宗旨相同的社会公益组织,并向社会公告。

第五章　监督管理

第三十四条　基金会登记管理机关履行下列监督管理职责:

(一) 对基金会、境外基金会代表机构实施年度检查；

(二) 对基金会、境外基金会代表机构依照本条例及其章程开展活动的情况进行日常监督管理；

(三) 对基金会、境外基金会代表机构违反本条例的行为依法进行处罚。

第三十五条　基金会业务主管单位履行下列监督管理职责:

(一) 指导、监督基金会、境外基金会代表机构依据法律和章程开展公益活动；

(二) 负责基金会、境外基金会代表机构年度检查的初审；

(三) 配合登记管理机关、其他执法部门查处基金会、境外基金会代表机构的违法行为。

第三十六条　基金会、境外基金会代表机构应当于每年 3 月 31 日前向登记管理机关报送上一年度工作报告,接受年度检查。年度工作报告在报送登记管理机关前应当经业务主管单位审查同意。

年度工作报告应当包括:财务会计报告、注册会计师审计报告,开展募捐、接受捐赠、提供资助等活动的情况以及人员和机构的变动情况等。

第三十七条　基金会应当接受税务、会计主管部门依法实施的税务监督和会计监督。

基金会在换届和更换法定代表人之前,应当进行财务审计。

第三十八条 基金会、境外基金会代表机构应当在通过登记管理机关的年度检查后,将年度工作报告在登记管理机关指定的媒体上公布,接受社会公众的查询、监督。

第三十九条 捐赠人有权向基金会查询捐赠财产的使用、管理情况,并提出意见和建议。对于捐赠人的查询,基金会应当及时如实答复。

基金会违反捐赠协议使用捐赠财产的,捐赠人有权要求基金会遵守捐赠协议或者向人民法院申请撤销捐赠行为、解除捐赠协议。

第六章 法 律 责 任

第四十条 未经登记或者被撤销登记后以基金会、基金会分支机构、基金会代表机构或者境外基金会代表机构名义开展活动的,由登记管理机关予以取缔,没收非法财产并向社会公告。

第四十一条 基金会、基金会分支机构、基金会代表机构或者境外基金会代表机构有下列情形之一的,登记管理机关应当撤销登记:

(一)在申请登记时弄虚作假骗取登记的,或者自取得登记证书之日起 12 个月内未按章程规定开展活动的;

(二)符合注销条件,不按照本条例的规定办理注销登记仍继续开展活动的。

第四十二条 基金会、基金会分支机构、基金会代表机构或者境外基金会代表机构有下列情形之一的,由登记管理机关给予警告、责令停止活动;情节严重的,可以撤销登记:

(一)未按照章程规定的宗旨和公益活动的业务范围进行活动的;

(二)在填制会计凭证、登记会计账簿、编制财务会计报告中弄虚作假的;

(三)不按照规定办理变更登记的;

(四)未按照本条例的规定完成公益事业支出额度的;

(五)未按照本条例的规定接受年度检查,或者年度检查不合格的;

(六)不履行信息公布义务或者公布虚假信息的。

基金会、境外基金会代表机构有前款所列行为的,登记管理机关应当提请税务机关责令补交违法行为存续期间所享受的税收减免。

第四十三条 基金会理事会违反本条例和章程规定决策不当,致使基金会遭受财产损失的,参与决策的理事应当承担相应的赔偿责任。

基金会理事、监事以及专职工作人员私分、侵占、挪用基金会财产的,应当退还非法占用的财产;构成犯罪的,依法追究刑事责任。

第四十四条　基金会、境外基金会代表机构被责令停止活动的,由登记管理机关封存其登记证书、印章和财务凭证。

第四十五条　登记管理机关、业务主管单位工作人员滥用职权、玩忽职守、徇私舞弊,构成犯罪的,依法追究刑事责任;尚不构成犯罪的,依法给予行政处分或者纪律处分。

第七章　附　　则

第四十六条　本条例所称境外基金会,是指在外国以及中华人民共和国香港特别行政区、澳门特别行政区和台湾地区合法成立的基金会。

第四十七条　基金会设立申请书、基金会年度工作报告的格式以及基金会章程范本,由国务院民政部门制定。

第四十八条　本条例自 2004 年 6 月 1 日起施行,1988 年 9 月 27 日国务院发布的《基金会管理办法》同时废止。

本条例施行前已经设立的基金会、境外基金会代表机构,应当自本条例施行之日起6 个月内,按照本条例的规定申请换发登记证书。

附录三　民办非企业单位登记管理暂行条例

1998 年 10 月 25 日国务院令第 251 号发布
自 1998 年 10 月 25 日起施行

第一章　总　　则

第一条　为了规范民办非企业单位的登记管理,保障民办非企业单位的合法权益,促进社会主义物质文明、精神文明建设,制定本条例。

第二条　本条例所称民办非企业单位,是指企业事业单位、社会团体和其他社会力量以及公民个人利用非国有资产举办的,从事非营利性社会服务活动的社会组织。

第三条　成立民办非企业单位,应当经其业务主管单位审查同意,并依照本条例的规定登记。

第四条　民办非企业单位应当遵守宪法、法律、法规和国家政策,不得反对宪法确定的基本原则,不得危害国家的统一、安全和民族的团结,不得损害国家利益、社会公共利益以及其他社会组织和公民的合法权益,不得违背社会道德风尚。

民办非企业单位不得从事营利性经营活动。

第五条　国务院民政部门和县级以上地方各级人民政府民政部门是本级人民政府的民办非企业单位登记管理机关(以下简称登记管理机关)。

国务院有关部门和县级以上地方各级人民政府的有关部门、国务院或者县级以上地方各级人民政府授权的组织,是有关行业、业务范围内民办非企业单位的业务主管单位(以下简称业务主管单位)。

法律、行政法规对民办非企业单位的监督管理另有规定的,依照有关法律、行政法规的规定执行。

第二章　管　　辖

第六条　登记管理机关负责同级业务主管单位审查同意的民办非企业单位的登记管理。

第七条　登记管理机关、业务主管单位与其管辖的民办非企业单位的住所不在一地的,可以委托民办非企业单位住所地的登记管理机关、业务主管单位负责委托范围内的监督管理工作。

第三章　登　　记

第八条　申请登记民办非企业单位,应当具备下列条件:

(一)经业务主管单位审查同意;

(二)有规范的名称、必要的组织机构;

(三)有与其业务活动相适应的从业人员;

(四)有与其业务活动相适应的合法财产;

(五)有必要的场所。

民办非企业单位的名称应当符合国务院民政部门的规定,不得冠以"中国"、"全国"、"中华"等字样。

第九条　申请民办非企业单位登记,举办者应当向登记管理机关提交下列文件:

(一)登记申请书;

(二)业务主管单位的批准文件;

(三)场所使用权证明;

(四)验资报告;

(五)拟任负责人的基本情况、身份证明;

(六)章程草案。

第十条　民办非企业单位的章程应当包括下列事项:

(一)名称、住所;

(二)宗旨和业务范围;

(三)组织管理制度;

(四)法定代表人或者负责人的产生、罢免的程序;

(五)资产管理和使用的原则;

(六)章程的修改程序;

(七)终止程序和终止后资产的处理;

(八)需要由章程规定的其他事项。

第十一条　登记管理机关应当自收到成立登记申请的全部有效文件之日起60日内作出准予登记或者不予登记的决定。

有下列情形之一的,登记管理机关不予登记,并向申请人说明理由:

(一)有根据证明申请登记的民办非企业单位的宗旨、业务范围不符合本条例第四条规定的;

（二）在申请成立时弄虚作假的；

（三）在同一行政区域内已有业务范围相同或者相似的民办非企业单位，没有必要成立的；

（四）拟任负责人正在或者曾经受到剥夺政治权利的刑事处罚，或者不具有完全民事行为能力的；

（五）有法律、行政法规禁止的其他情形的。

第十二条　准予登记的民办非企业单位，由登记管理机关登记民办非企业单位的名称、住所、宗旨和业务范围、法定代表人或者负责人、开办资金、业务主管单位，并根据其依法承担民事责任的不同方式，分别发给《民办非企业单位（法人）登记证书》《民办非企业单位（合伙）登记证书》《民办非企业单位（个体）登记证书》。

依照法律、其他行政法规规定，经有关主管部门依法审核或者登记，已经取得相应的执业许可证书的民办非企业单位，登记管理机关应当简化登记手续，凭有关主管部门出具的执业许可证明文件，发给相应的民办非企业单位登记证书。

第十三条　民办非企业单位不得设立分支机构。

第十四条　民办非企业单位凭登记证书申请刻制印章，开立银行账户。民办非企业单位应当将印章式样、银行账号报登记管理机关备案。

第十五条　民办非企业单位的登记事项需要变更的，应当自业务主管单位审查同意之日起 30 日内，向登记管理机关申请变更登记。

民办非企业单位修改章程，应当自业务主管单位审查同意之日起 30 日内，报登记管理机关核准。

第十六条　民办非企业单位自行解散的，分立、合并的，或者由于其他原因需要注销登记的，应当向登记管理机关办理注销登记。

民办非企业单位在办理注销登记前，应当在业务主管单位和其他有关机关的指导下，成立清算组织，完成清算工作。清算期间，民办非企业单位不得开展清算以外的活动。

第十七条　民办非企业单位法定代表人或者负责人应当自完成清算之日起 15 日内，向登记管理机关办理注销登记。办理注销登记，须提交注销登记申请书、业务主管单位的审查文件和清算报告。

登记管理机关准予注销登记的，发给注销证明文件，收缴登记证书、印章和财务凭证。

第十八条　民办非企业单位成立、注销以及变更名称、住所、法定代表人或者负责人，由登记管理机关予以公告。

第四章 监督管理

第十九条 登记管理机关履行下列监督管理职责:

(一)负责民办非企业单位的成立、变更、注销登记;

(二)对民办非企业单位实施年度检查;

(三)对民办非企业单位违反本条例的问题进行监督检查,对民办非企业单位违反本条例的行为给予行政处罚。

第二十条 业务主管单位履行下列监督管理职责:

(一)负责民办非企业单位成立、变更、注销登记前的审查;

(二)监督、指导民办非企业单位遵守宪法、法律、法规和国家政策,按照章程开展活动;

(三)负责民办非企业单位年度检查的初审;

(四)协助登记管理机关和其他有关部门查处民办非企业单位的违法行为;

(五)会同有关机关指导民办非企业单位的清算事宜。

业务主管单位履行前款规定的职责,不得向民办非企业单位收取费用。

第二十一条 民办非企业单位的资产来源必须合法,任何单位和个人不得侵占、私分或者挪用民办非企业单位的资产。

民办非企业单位开展章程规定的活动,按照国家有关规定取得的合法收入,必须用于章程规定的业务活动。

民办非企业单位接受捐赠、资助,必须符合章程规定的宗旨和业务范围,必须根据与捐赠人、资助人约定的期限、方式和合法用途使用。民办非企业单位应当向业务主管单位报告接受、使用捐赠、资助的有关情况,并应当将有关情况以适当方式向社会公布。

第二十二条 民办非企业单位必须执行国家规定的财务管理制度,接受财政部门的监督;资产来源属于国家资助或者社会捐赠、资助的,还应当接受审计机关的监督。

民办非企业单位变更法定代表人或者负责人,登记管理机关、业务主管单位应当组织对其进行财务审计。

第二十三条 民办非企业单位应当于每年 3 月 31 日前向业务主管单位报送上一年度的工作报告,经业务主管单位初审同意后,于 5 月 31 日前报送登记管理机关,接受年度检查。工作报告内容包括:本民办非企业单位遵守法律法规和国家政策的情况、依照本条例履行登记手续的情况、按照章程开展活动的情况、人员和机构变动的情况以及财务管理的情况。

对于依照本条例第十二条第二款的规定发给登记证书的民办非企业单位,登记管理机关对其应当简化年度检查的内容。

第五章 罚 则

第二十四条 民办非企业单位在申请登记时弄虚作假,骗取登记的,或者业务主管单位撤销批准的,由登记管理机关予以撤销登记。

第二十五条 民办非企业单位有下列情形之一的,由登记管理机关予以警告,责令改正,可以限期停止活动;情节严重的,予以撤销登记;构成犯罪的,依法追究刑事责任:

(一)涂改、出租、出借民办非企业单位登记证书,或者出租、出借民办非企业单位印章的;

(二)超出其章程规定的宗旨和业务范围进行活动的;

(三)拒不接受或者不按照规定接受监督检查的;

(四)不按照规定办理变更登记的;

(五)设立分支机构的;

(六)从事赢利性的经营活动的;

(七)侵占、私分、挪用民办非企业单位的资产或者所接受的捐赠、资助的;

(八)违反国家有关规定收取费用、筹集资金或者接受使用捐赠、资助的。

前款规定的行为有违法经营额或者违法所得的,予以没收,可以并处违法经营额 1 倍以上 3 倍以下或者违法所得 3 倍以上 5 倍以下的罚款。

第二十六条 民办非企业单位的活动违反其他法律、法规的,由有关国家机关依法处理;有关国家机关认为应当撤销登记的,由登记管理机关撤销登记。

第二十七条 未经登记,擅自以民办非企业单位名义进行活动的,或者被撤销登记的民办非企业单位继续以民办非企业单位名义进行活动的,由登记管理机关予以取缔,没收非法财产;构成犯罪的,依法追究刑事责任;尚不构成犯罪的,依法给予治安管理处罚。

第二十八条 民办非企业单位被限期停止活动的,由登记管理机关封存其登记证书、印章和财务凭证。

民办非企业单位被撤销登记的,由登记管理机关收缴登记证书和印章。

第二十九条 登记管理机关、业务主管单位的工作人员滥用职权、徇私舞弊、玩忽职守构成犯罪的,依法追究刑事责任;尚不构成犯罪的,依法给予行政处分。

第六章 附 则

第三十条 民办非企业单位登记证书的式样由国务院民政部门制定。对民办非企业单位进行年度检查不得收取费用。

第三十一条 本条例施行前已经成立的民办非企业单位,应当自本条例实施之日起 1 年内依照本条例有关规定申请登记。

第三十二条 本条例自发布之日起施行。

附录四　外国商会管理暂行规定

国务院令(1989)36号　1989年6月14日发布

自1989年7月1日起施行

第一条　为了促进国际贸易和经济技术交往,加强对外国商会的管理,保障其合法权益,制定本规定。

第二条　外国商会是指外国在中国境内的商业机构及人员依照本规定在中国境内成立,不从事任何商业活动的非营利性团体。

外国商会的活动应当以促进其会员同中国发展贸易和经济技术交往为宗旨,为其会员在研究和讨论促进国际贸易和经济技术交往方面提供便利。

第三条　外国商会必须遵守中华人民共和国法律、法规的规定,不得损害中国的国家安全和社会公共利益。

第四条　成立外国商会,应当具备下列条件:

(一)有反映其会员共同意志的章程;

(二)有一定数量的发起会员和负责人;

(三)有固定的办公地点;

(四)有合法的经费来源。

第五条　外国商会应当按照国别成立,可以有团体会员和个人会员。

团体会员是以商业机构名义加入的会员。商业机构是指外国公司、企业以及其经济组织依法在中国境内设立的代表机构和分支机构。

个人会员是商业机构和外商投资企业的非中国籍任职人员以本人名义加入的会员。

第六条　外国商会的名称应当冠其本国国名加上"中国"二字。

第七条　成立外国商会,应当通过中国国际商会提出书面申请,由其报送中华人民共和国对外经济贸易部(以下简称审查机关)审查。

审查机关应当在收到全部申请书件之日起六十天内完成审查,对于符合本规定第四条规定条件的,签发审查同意的证件;对于不符合前述条件的,退回申请。如有特殊情况,不能在规定期限内完成审查的,审查机关应当说明理由。

第八条　成立外国商会的书面申请,应当由外国商会主要筹办人签署,并附具下列文件:

(一)外国商会章程一式五份。章程应当包括下列内容:

1. 名称和地址;

2. 组织机构;

3. 会长、副会长以及常务干事的姓名、身份;

4. 会员的入会手续及会员的权利和义务;

5. 活动内容;

6. 财务情况。

(二)发起会员名册一式五份。团体会员和个人会员,应当分别列册。团体会员名册应当分别载明商业机构的名称、地址、业务范围和负责人姓名;个人会员名册应当分别载明本人所属商业机构或者外商投资企业、职务、本人简历或者在中国境内从事商业活动的简历。

(三)外国商会会长、副会长以及常务干事的姓名及其简历一式五份。

第九条　成立外国商会的申请经审查机关审查同意后,应当持审查同意的证件,依照本规定和有关法律、法规和规定,向中华人民共和国民政部(以下简称登记管理机关)办理登记。外国商会经核准登记并签发登记证书,即为成立。

第十条　外国商会应当在其办公地点设置会计账簿。会员缴纳的会费及按照外国商会章程远规定取得的其他经费,应当用于该外国商会章程规定的各项开支,不得以任何名义付给会员或者汇出中国境外。

第十一条　外国商会应当于每年一月通过中国国际商会向审查机关、登记管理机关提交上一年度的活动情况报告。

中国国际商会应当为外国商会开展活动和联系中国有关主管机关提供咨询和服务。

第十二条　外国商会需要修改其章程、更换会长、副会长以及常务干事或者改变办公地址时,应当按照本规定第七条、第八条和第九条规定的程序经审查同意,并办理变更登记。

第十三条　外国商会应当接受中国有关主管机关的监督。

外国商会违反本规定的,登记管理机关有权予以警告、罚款、限期停止活动、撤销登记、明令取缔的处罚。

第十四条　外国商会解散,应当持该外国商会会长签署的申请注销登记报告和清理债务完结的证明,向管理机关办理注销登记,并报审查机关备案。

外国商会自缴回登记证书之日起,即应停止活动。

第十五条　本规定自 1989 年 7 月 1 日起施行。

附录五　非营利组织会计制度

财政部,财会[2004]7 号,2004 年 8 月 18 日

第一部分　总　说　明

一、本制度统一规定会计科目的编号,以便于编制会计凭证,登记账簿,查阅账目,实行会计电算化。民间非营利组织不得随意打乱重编。某些会计科目之间留有空号,供增设会计科目之用。

二、民间非营利组织应当按照本制度的规定,设置和使用会计科目。在不影响会计核算要求和会计报表指标汇总,以及对外提供统一的财务会计报告的前提下,可以根据实际情况自行增设、减少或合并某些会计科目。

明细科目的设置,除本制度已有规定者外,在不违反统一会计核算要求的前提下,民间非营利组织可以根据需要自行确定。

三、对于会计科目名称,民间非营利组织可以根据本组织的具体情况,在不违背会计科目使用原则的基础上,确定适合于本组织的会计科目名称。

四、民间非营利组织在填制会计凭证、登记会计账簿时,应当填列会计科目的名称,或者同时填列会计科目的名称和编号,不得只填科目编号,不填列科目名称。

五、民间非营利组织应当根据本制度有关财务会计报告的编制基础、编制依据、编制原则和方法的要求,对外提供真实、完整的财务会计报告。民间非营利组织不得违反规定,随意改变财务会计报告的编制基础、编制依据、编制原则和方法,不得随意改变本制度规定的财务会计报告有关数据的会计口径。

六、民间非营利组织的年度和中期财务会计报告,至少应当反映两个年度或两个相关会计期间的比较数据。

第二部分　会计科目名称和编号

顺序号编号名称

一、资产类

1 1001 现金

2 1002 银行存款

3 1009 其他货币资金

4 1101 短期投资

5 1102 短期投资跌价准备

6 1111 应收票据

7 1121 应收账款

8 1122 其他应收款

9 1131 坏账准备

10 1141 预付账款

11 1201 存货

12 1202 存货跌价准备

13 1301 待摊费用

14 1401 长期股权投资

15 1402 长期债权投资

16 1421 长期投资减值准备

17 1501 固定资产

18 1502 累计折旧

19 1505 在建工程

20 1506 文物文化资产

21 1509 固定资产清理

22 1601 无形资产

23 1701 受托代理资产

二、负债类

24 2101 短期借款

25 2201 应付票据

26 2202 应付账款

27 2203 预收账款

28 2204 应付工资

29 2206 应交税金

30 2209 其他应付款

31 2301 预提费用

32 2401 预计负债

33 2501 长期借款

34 2502 长期应付款

35 2601 受托代理负债

三、净资产类

36 3101 非限定性净资产

37 3102 限定性净资产

四、收入费用类

38 4101 捐赠收入

39 4201 会费收入

40 4301 提供服务收入

41 4401 政府补助收入

42 4501 商品销售收入

43 4601 投资收益

44 4901 其他收入

45 5101 业务活动成本

46 5201 管理费用

47 5301 筹资费用

48 5401 其他费用

第三部分　会计科目使用说明

一、资产类

1001 现金

一、本科目核算民间非营利组织的库存现金。

二、民间非营利组织应当严格按照国家有关现金管理的规定收支现金,并严格按照本制度规定核算现金的各项收支业务。

三、现金收支的主要账务处理如下:

(一)从银行提取现金,按照支票存根所记载的提取金额,借记本科目,贷记"银行存款"科目;将现金存入银行,根据银行退回的进账单第一联,借记"银行存款"科目,贷记本科目。

(二)因支付内部职工出差等原因所需的现金,按照支出凭证所记载的金额,借记"其他应收款"等科目,贷记本科目;收到出差人员交回的差旅费剩余款并结算时,按实际收回的现金,借记本科目,按应报销的金额,借记有关科目,按实际借出的现金,贷记"其他应收款"科目。

(三)因其他原因收到现金,借记本科目,贷记有关科目;支出现金,借记有关科目,贷记本科目。

四、民间非营利组织应当设置"现金日记账",由出纳人员根据收付款凭证,按照业务发生顺序逐笔登记。每日终了,应当计算当日的现金收入合计数、现金支出合计数和结余数,并将结余数与实际库存数核对,做到账款相符。

五、每日终了结算现金收支、财产清查等发现的现金短缺或溢余,应当及时查明原因,并根据管理权限,报经批准后,在期末结账前处理完毕:

（一）如为现金短缺,属于应由责任人或保险公司赔偿的部分,借记"其他应收款"科目,贷记"现金"科目;属于无法查明的其他原因的部分,借记"管理费用"科目,贷记"现金"科目。

（二）如为现金溢余,属于应支付给有关人员或单位的部分,借记"现金"科目,贷记"其他应付款"科目;属于无法查明的其他原因的部分,借记"现金"科目,贷记"其他收入"科目。

六、本科目期末借方余额,反映民间非营利组织实际持有的库存现金。

1002 银行存款

一、本科目核算民间非营利组织存入银行或其他金融机构的存款。

民间非营利组织的外埠存款、银行本票存款、银行汇票存款、信用卡存款等在"其他货币资金"科目核算,不在本科目核算。

二、民间非营利组织应当严格按照国家有关支付结算办法,正确地进行银行存款收支业务的结算,并按照本制度规定核算银行存款的各项收支业务。

三、银行存款收支的主要账务处理如下:

（一）将款项存入银行和其他金融机构,借记本科目,贷记"现金"、"应收账款"、"捐赠收入"、"会费收入"等有关科目。

（二）提取和支出存款时,借记"现金"、"应付账款"、"业务活动成本"、"管理费用"等有关科目,贷记本科目。

（三）收到的存款利息,借记本科目,贷记"其他应收款"、"筹资费用"等科目。但是,收到的属于在借款费用应予资本化的期间内发生的与购建固定资产专门借款有关的存款利息,借记本科目,贷记"其他应收款"、"在建工程"科目。

四、民间非营利组织发生外币业务时的账务处理:

（一）以外币购入商品、设备、服务等,按照购入当日（或当期期初）的市场汇率将支付的外币或应支付的外币折算为人民币金额,借记"固定资产"、"存货"等科目,贷记"现金"、"银行存款"、"应付账款"等科目的外币账户。

（二）以外币销售商品、提供服务或者获得外币捐赠等,按照收入确认当日（或当期期初）的市场汇率将收取的外币或应收取的外币折算为人民币金额,借记"银行存款"、

"应收账款"等科目的外币账户,贷记"捐赠收入"、"提供服务收入"、"商品销售收入"等科目。

(三)借入外币借款时,按照借入当日(或当期期初)的市场汇率将借入款项折算为人民币金额,借记"银行存款"科目的外币账户,贷记"短期借款"、"长期借款"等科目的外币账户;偿还外币借款时,按照偿还当日(或当期期初)的市场汇率将偿还款项折算为人民币金额,借记"短期借款"、"长期借款"等科目的外币账户,贷记"银行存款"科目的外币账户。

(四)发生外币兑换业务时,如为购入外币,按照购入当日(或当期期初)的市场汇率将购入的外币折算为人民币金额,借记"银行存款"科目的外币账户,按照实际支付的人民币金额,贷记"银行存款"科目的人民币账户,两者之间的差额,借记或贷记"筹资费用"等科目;如为卖出外币,按照实际收到的人民币金额,借记"银行存款"科目的人民币账户,按照卖出当日(或当期期初)的市场汇率将卖出的外币折算为人民币金额,贷记"银行存款"科目的外币账户,两者之间的差额,借记或贷记"筹资费用"等科目。

各种外币账户的外币余额,期末时应当按照期末汇率折合为人民币。按照期末汇率折合的人民币金额与账面人民币金额之间的差额,作为汇兑损益计入当期费用。但是,属于在借款费用应予资本化的期间内发生的与购建固定资产有关的外币专门借款本金及其利息所产生的汇兑差额,应当予以资本化,记入"在建工程"科目。

五、银行存款的收款凭证和付款凭证的填制日期和依据分别如下:

(一)采用支票方式。收款单位对于收到的支票,应填制进账单,并连同支票送交银行,根据银行盖章退给收款单位的收款凭证联和有关的原始凭证编制收款凭证,或根据银行转来由签发人送交银行的支票后,经银行审查盖章的收款凭证联和有关的原始凭证编制收款凭证;付款单位对于付出的支票,应根据支票存根和有关原始凭证编制付款凭证。

(二)采用汇兑结算方式。收款单位对于汇入的款项,应在收到银行的收账通知时,据以编制收款凭证;付款单位对于汇出的款项,应在向银行办理汇款后,根据汇款回单编制付款凭证。

(三)采用银行汇票方式。收款单位应当将汇票、解讫通知和进账单送交银行,根据银行退回的进账单和有关的原始凭证编制收款凭证;付款单位应在收到银行签发的银行汇票后,根据"银行汇票申请书(存根联)"编制付款凭证。如有多余款项或因汇票超过付款期等原因而退款时,应根据银行的多余款收账通知编制收款凭证。

(四)采用商业汇票方式,应当分别商业承兑汇票和银行承兑汇票方式:

1. 采用商业承兑汇票方式的,收款单位将要到期的商业承兑汇票连同填制的邮划或电划委托收款凭证,一并送交银行办理转账,根据银行的盖章退回的收账通知,据以编制收款凭证;付款单位在收到银行的付款通知时,据以编制付款凭证。

2. 采用银行承兑汇票方式的,收款单位将要到期的银行承兑汇票连同填制的邮划或电划委托收款凭证,一并送交银行办理转账,根据银行的收账通知,据以编制收款凭证;付款单位在收到银行的付款通知时,据以编制付款凭证。

收款单位将未到期的商业汇票向银行申请贴现时,应按规定填制贴现凭证,连同汇票一并送交银行,根据银行的收账通知,据以编制收款凭证。

(五)采用银行本票方式。收款单位按规定受理银行本票后,应将本票连同进账单送交银行办理转账,根据银行盖章退回给收款单位的收款凭证联和有关原始凭证编制收款凭证;付款单位在填送"银行本票申请书"并将款项交存银行,收到银行签发的银行本票后,根据申请书存根联编制付款凭证。收款单位因银行本票超过付款期限或其他原因要求退款时,在交回本票和填制的进账单经银行审核盖章后,根据银行退回给收款单位的收款凭证联编制收款凭证。

(六)采用委托收款结算方式。收款单位对于托收款项,根据银行的收账通知,据以编制收款凭证;付款单位在收到银行转来的委托收款凭证后,根据委托收款凭证的付款通知和有关的原始凭证,编制付款凭证。

(七)采用托收承付结算方式。收款单位对于托收款项,根据银行的收账通知和有关的原始凭证,据以编制收款凭证;付款单位对于承付的款项,应于承付时根据托收承付结算凭证的承付支款通知和有关发票账单等原始凭证,据以编制付款凭证。如拒绝付款,属于全部拒付的,不作账务处理;属于部分拒付的,付款部分按上述规定处理,拒付部分不作账务处理。

(八)以现金存入银行,应根据银行盖章退回的交款回单及时编制现金付款凭证,据以登记"现金日记账"和"银行存款日记账"。向银行提取现金,根据支票存根编制银行存款付款凭证,据以登记"银行存款日记账"和"现金日记账"。

(九)收到的存款利息,根据银行通知及时编制收款凭证。

六、民间非营利组织应按开户银行和其他金融机构、存款种类等,分别设置"银行存款日记账",由出纳人员根据收付款凭证,按照业务的发生顺序逐笔登记,每日终了应结出余额。"银行存款日记账"应定期与"银行对账单"核对,至少每月核对一次。月度终了,民间非营利组织账面余额与银行对账单余额之间如有差额,必须逐笔查明原因进行处理,并按月编制"银行存款余额调节表"调节相符。

七、民间非营利组织应加强对银行存款的管理,并定期对银行存款进行检查,如果有确凿证据表明存在银行或其他金融机构的款项已经部分或者全部不能收回的,应当将不能收回的金额确认为当期损失,冲减银行存款,借记"管理费用"科目,贷记本科目。

八、本科目期末借方余额,反映民间非营利组织实际存在银行或其他金融机构的款项。

1009　其他货币资金

一、本科目核算民间非营利组织的外埠存款、银行汇票存款、银行本票存款、信用卡存款、信用证保证金存款、存出投资款(或者存入其他金融机构)等各种其他货币资金。

二、外埠存款,是指民间非营利组织到外地进行临时或零星采购时,汇往采购地银行开立采购专户的款项。民间非营利组织将款项委托当地银行汇往采购地开立专户时,借记本科目,贷记"银行存款"科目。收到采购员交来供应单位发票账单等报销凭证时,借记"存货"等科目,贷记本科目。将多余的外埠存款转回当地银行时,根据银行的收账通知,借记"银行存款"科目,贷记本科目。

三、银行汇票存款,是指民间非营利组织为取得银行汇票按规定存入银行的款项。民间非营利组织在填送"银行汇票申请书"并将款项交存银行,取得银行汇票后,根据银行盖章退回的申请书存根联,借记本科目,贷记"银行存款"科目。民间非营利组织使用银行汇票后,根据发票账单等有关凭证,借记"存货"等科目,贷记本科目;如有多余款或因汇票超过付款期等原因而退回款项,根据开户行转来的银行汇票第四联(多余款收账通知),借记"银行存款"科目,贷记本科目。

四、银行本票存款,是指民间非营利组织为取得银行本票按规定存入银行的款项。民间非营利组织向银行提交"银行本票申请书"并将款项交存银行,取得银行本票后,根据银行盖章退回的申请书存根联,借记本科目,贷记"银行存款"科目。民间非营利组织使用银行本票后,根据发票账单等有关凭证,借记"存货"等科目,贷记本科目。因本票超过付款期等原因而要求退款时,应当填制进账单一式两联,连同本票一并送交银行,根据银行盖章退回的进账单第一联,借记"银行存款"科目,贷记本科目。

五、信用卡存款,是指民间非营利组织为取得信用卡按照规定存入银行的款项。民间非营利组织应按规定填制申请表,连同支票和有关资料一并送交发卡银行,根据银行盖章退回的进账单第一联,借记本科目,贷记"银行存款"科目。民间非营利组织用信用卡购物或支付有关费用,借记有关科目,贷记本科目。民间非营利组织信用卡在使用过程中,需向其账户续存资金的,借记本科目,贷记"银行存款"科目。

六、信用证保证金存款,是指民间非营利组织为取得信用证按规定存入银行的保证金。民间非营利组织向银行交纳保证金,根据银行退回的进账单第一联,借记本科目,贷记"银行存款"科目。根据开证行交来的信用证来单通知书及有关单据列明的金额,借记"存货"等科目,贷记本科目和"银行存款"科目。

七、存出投资款,是指民间非营利组织存入证券公司但尚未进行投资的现金。民间非营利组织向证券公司划出资金时,应按实际划出的金额,借记本科目,贷记"银行存款"科目;购买股票、债券等时,按实际发生的金额,借记"短期投资"等科目,贷记本科目。

八、本科目应设置"外埠存款"、"银行汇票"、"银行本票"、"信用卡存款"、"信用证保证金存款"、"存出投资款"等明细科目,并按外埠存款的开户银行、银行汇票或本票的收款单位等设置明细账。

九、民间非营利组织应加强对其他货币资金的管理,及时办理结算,对于逾期尚未办理结算的银行汇票、银行本票等,应按规定及时转回,借记"银行存款"科目,贷记本科目。

十、本科目期末借方余额,反映民间非营利组织实际持有的其他货币资金。

1101 短期投资

一、本科目核算民间非营利组织持有的能够随时变现并且持有时间不准备超过 1 年(含 1 年)的投资,包括股票、债券投资等。

本科目应当按照短期投资种类设置明细账,进行明细核算。

民间非营利组织如果有委托贷款或者委托投资(包括委托理财)且作为短期投资核算的,应当在本科目下单设明细科目核算。

二、短期投资的主要账务处理如下:

(一)短期投资在取得时应当按照投资成本计量,具体如下:

1. 以现金购入的短期投资,按照实际支付的全部价款,包括税金、手续费等相关费用作为其投资成本,借记本科目,贷记"银行存款"等科目。

如果实际支付的价款中包含已宣告但尚未领取的现金股利或已到付息期但尚未领取的债券利息,则按照实际支付的全部价款减去其中已宣告但尚未领取的现金股利或已到付息期但尚未领取的债券利息后的金额作为短期投资成本,借记本科目,按照应领取的现金股利或债券利息,借记"其他应收款"科目,按照实际支付的全部价款,贷记"银行存款"等科目。

2. 接受捐赠的短期投资,按照所确定的投资成本,借记本科目,贷记"捐赠收入"科目。

(二)收到被投资单位发放的利息或现金股利,按照实际收到的金额借记"银行存款"等科目,贷记本科目。但是,实际收到在购买时已记入"其他应收款"科目的利息或现金股利时,借记"银行存款"等科目,贷记"其他应收款"科目。

持有股票期间所获得的股票股利,不作账务处理,但应在辅助账簿中登记所增加的股份。

(三)出售短期投资或到期收回债券本息,按照实际收到的金额,借记"银行存款"科目,按照已计提的减值准备,借记"短期投资跌价准备"科目,按照所出售或收回短期投资的账面余额,贷记本科目,按照未领取的现金股利或利息,贷记"其他应收款"科目,按照其差额,借记或贷记"投资收益"科目。

三、期末,民间非营利组织应当对短期投资是否发生了减值进行检查。如果短期投资的市价低于其账面价值,应当按照市价低于账面价值的差额计提短期投资跌价准备。如果短期投资的市价高于其账面价值,应当在该短期投资期初已计提跌价准备的范围内转回市价高于账面价值的差额。

四、本科目期末借方余额,反映民间非营利组织持有的各种股票、债券等短期投资的成本。

1102 短期投资跌价准备

一、本科目核算民间非营利组织提取的短期投资跌价准备。

二、民间非营利组织应当定期或者至少于每年年度终了,对短期投资是否发生了减值进行检查,如果发生了减值,应当计提短期投资跌价准备。

如果已计提跌价准备的短期投资价值在以后期间得以恢复,则应当在已计提跌价准备的范围内部分或全部转回已确认的跌价损失,冲减当期费用。

三、短期投资跌价准备的主要账务处理如下:

(一)如果短期投资的期末市价低于账面价值,按照市价低于账面价值的差额,借记"管理费用——短期投资跌价损失"科目,贷记本科目。

(二)如果以前期间已计提跌价准备的短期投资的价值在当期得以恢复,即短期投资的期末市价高于账面价值,按照市价高于账面价值的差额,在原已计提跌价准备的范围内,借记本科目,贷记"管理费用——短期投资跌价损失"科目。

四、民间非营利组织出售或收回短期投资,或者以其他方式处置短期投资时,应当同时结转已计提的跌价准备。

五、本科目期末贷方余额,反映民间非营利组织已计提的短期投资跌价准备。

1111 应收票据

一、本科目核算民间非营利组织因销售商品、提供服务等而收到的商业汇票,包括银行承兑汇票和商业承兑汇票。

二、应收票据的主要账务处理如下:

(一)因销售商品、提供服务等收到开出、承兑的商业汇票,按照应收票据的面值,借记本科目,贷记"商品销售收入"、"提供服务收入"等科目。

(二)收到应收票据以抵偿应收账款时,按照应收票据的面值,借记本科目,贷记"应收账款"科目。

(三)持未到期的应收票据向银行贴现,应当根据银行盖章退回的贴现凭证第四联收账通知,按实际收到的金额(即减去贴现息后的净额),借记"银行存款"科目,按照应收票据的账面余额,贷记本科目,按照差额,借记"筹资费用"科目。

贴现的商业承兑汇票到期,因承兑人的银行账户不足支付,申请贴现的民间非营利组织收到银行退回的应收票据、支款通知和拒绝付款理由书或付款人未付票款通知书时,按照所付本息,借记"应收账款"科目,贷记"银行存款"科目;如果申请贴现的民间非营利组织的银行存款账户余额不足,银行作逾期贷款处理时,按照转作贷款的本息,借记"应收账款"科目,贷记"短期借款"科目。

（四）将持有的应收票据背书转让,已取得所需物资时,按照所取得物资应确认的成本,借记"存货"等科目,按照应收票据的账面余额,贷记本科目,按照实际收到或支付的银行存款等,借记或贷记"银行存款"等科目。

（五）应收票据到期时,应当分别情况处理：

1. 收回应收票据,按照实际收到的金额,借记"银行存款"科目,按照应收票据的账面余额,贷记本科目。

2. 因付款人无力支付票款,收到银行退回的商业承兑汇票、委托收款凭证、未付票款通知书或拒绝付款证明等,按照应收票据的账面余额,借记"应收账款"科目,贷记本科目。

（六）如果有确凿证据表明所持有的未到期应收票据不能够收回或收回的可能性不大时,按照应收票据账面余额,借记"应收账款"科目,贷记"应收票据"科目。

（七）如果应收票据为带息票据,应当在持有期间的期末、贴现、背书转让或票据到期时,按照带息应收票据的票面价值和确定的利率计提利息,计提的利息增加带息应收票据的账面余额,借记本科目,贷记"筹资费用"科目。

到期不能收回的带息应收票据,转入"应收账款"科目核算后,期末不再计提利息,其所包含的利息,在有关备查簿中进行登记,待实际收到时再冲减收到当期的筹资费用,借记"银行存款"等科目,贷记"筹资费用"科目。

三、民间非营利组织应当设置"应收票据备查簿",逐笔登记每一应收票据的种类、号数和出票日期、票面金额、票面利率、交易合同号和付款人、承兑人、背书人的姓名或单位名称、到期日、背书转让日、贴现日期、贴现率和贴现净额、计提的利息,以及收款日期和收回金额、退票情况等资料,应收票据到期结清票款或退票后,应当在备查簿内逐笔注销。

四、本科目期末借方余额,反映民间非营利组织持有的商业汇票的票面价值和应计利息。

1121 应收账款

一、本科目核算民间非营利组织因销售商品、提供服务等主要业务活动,应当向会员、购买单位或接受服务单位等收取的、但尚未实际收到的款项。

二、应收账款的主要账务处理如下：

（一）发生应收账款时,按照应收未收金额,借记本科目,贷记"会费收入"、"提供服务收入"、"商品销售收入"等科目。

（二）收回应收账款时，按照实际收到的款项金额，借记"银行存款"等科目，贷记本科目。

（三）如果应收账款改用商业汇票结算，在收到承兑的商业汇票时，按照票面价值，借记"应收票据"科目，贷记本科目。

三、民间非营利组织应当定期或者至少于每年年度终了，对应收账款进行全面检查，计提坏账准备。对于确实无法收回的应收账款应当及时查明原因，并根据管理权限，报经批准后，按照无法收回的应收账款金额，借记"坏账准备"科目，贷记本科目。

如果已转销的应收账款在以后期间又收回，按照实际收回的金额，借记本科目，贷记"坏账准备"科目；同时，借记"银行存款"科目，贷记本科目。

四、本科目应当按照债务人设置明细账，进行明细核算。

五、本科目期末借方余额，反映民间非营利组织尚未收回的应收账款。

1122　其他应收款

一、本科目核算民间非营利组织除应收票据、应收账款以外的其他各项应收、暂付款项，包括应收股利、应收利息、应向职工收取的各种垫付款项、职工借款、应收保险公司赔款等。

二、其他应收款的主要账务处理如下：

（一）对外进行短期或长期股权投资应收取的现金股利：

1. 购入股票时，如果实际支付的价款中包含已宣告但尚未领取的现金股利，按照实际支付的全部价款减去其中已宣告但尚未领取的现金股利后的金额，借记"短期投资"、"长期股权投资"科目，按照应当领取的现金股利，借记本科目，按照实际支付的价款，贷记"银行存款"等科目。

2. 对外长期股权投资应分得的现金股利或利润，应当于被投资单位宣告发放现金股利或分派利润时，借记本科目，贷记"投资收益"或"长期股权投资"等科目。

3. 实际收到的现金股利或利润，按照实际收到的金额，借记"银行存款"科目，贷记本科目。

（二）对外进行短期或长期债权投资应收取的利息（到期一次还本付息的长期债券投资应收取的利息，在"长期债权投资"科目核算，不在本科目核算）：

1. 购入债券，如果实际支付的价款中包含已到付息期但尚未领取的债券利息，按照实际支付的全部价款减去其中已到付息期但尚未领取的利息后的金额，借记"短期投资"、"长期债权投资"科目，按照应当领取的利息，借记本科目，按照实际支付的价款，贷记"银行存款"等科目。

2. 分期付息、到期还本的债券以及分期付息的其他长期债权投资持有期间，已到付息期而应收未收的利息,应于确认投资收益时,按照应获得的利息,借记本科目,贷记"投资收益"科目。

3. 实际收到的利息,按照实际收到的利息金额,借记"银行存款"科目,贷记本科目。

(三) 发生的其他各项应收、暂付款项等,借记本科目,贷记"现金"、"银行存款"等科目;收回上述各项款项时,借记"现金"、"银行存款"等科目,贷记本科目。

三、民间非营利组织应当定期或者至少于每年年度终了,对其他应收款进行全面检查,计提坏账准备。对于确实无法收回的其他应收款应当及时查明原因,并根据管理权限,报经批准后,按照无法收回的其他应收款金额,借记"坏账准备"科目,贷记本科目。

如果已转销的其他应收款在以后期间又收回,按照实际收回的金额,借记本科目,贷记"坏账准备"科目;同时,借记"银行存款"科目,贷记本科目。

四、本科目应按其他应收款的项目进行分类,并按不同的债务人设置明细账,进行明细核算。

五、本科目期末借方余额,反映尚未收回的其他应收款。

1131 坏账准备

一、本科目核算民间非营利组织提取的坏账准备。

二、民间非营利组织应当定期或者至少于每年年度终了,对应收款项进行全面检查,分析其可收回性,对预计可能产生的坏账损失计提坏账准备,确认坏账损失并计入当期费用。当期应补提或冲减的坏账准备按照以下公式计算:

当期应补提或冲减的坏账准备＝当期按应收款项计算应计提的坏账准备金额－本科目期初贷方余额

三、坏账准备的主要账务处理:

(一) 提取坏账准备时,借记"管理费用——坏账损失"科目,贷记本科目;冲减坏账准备时,借记本科目,贷记"管理费用——坏账损失"科目。

(二) 对于确实无法收回的应收款项,应当及时查明原因,并根据管理权限,报经批准后,按照无法收回的应收账款金额,借记本科目,贷记"应收账款"、"其他应收款"等科目。

如果已确认并转销的应收款项在以后期间又收回,按照实际收回的金额,借记"应收账款"、"其他应收款"科目,贷记本科目;同时,借记"银行存款"科目,贷记"应收账款"、"其他应收款"科目。

四、本科目期末贷方余额,反映民间非营利组织已提取的坏账准备。

1141 预付账款

一、本科目核算民间非营利组织预付给商品供应单位或者服务提供单位的款项。

二、预付账款的主要账务处理如下:

（一）因购货而预付款项时,按照实际预付的金额,借记本科目,贷记"银行存款"等科目。

（二）收到所购货物时,按照应确认所购货物成本的金额,借记"存货"等科目,按照本科目账面余额,贷记本科目,按照退回或补付的款项,借记或贷记"银行存款"等科目。

（三）如果有确凿证据表明预付账款并不符合预付款项性质,或者因供货单位破产、撤销等原因已无望再收到所购货物的,按照预付账款账面余额,借记"其他应收款"科目,贷记本科目。

三、民间非营利组织对其预付账款,一般不计提坏账准备。如果有确凿证据表明预付账款并不符合预付款项性质,或者因供货单位破产、撤销等原因已无望再收到所购货物的,应当先将其转入其他应收款,然后再按规定计提坏账准备。

四、本科目应按供应单位设置明细账,进行明细核算。

五、本科目期末借方余额,反映民间非营利组织实际预付的款项。

1201 存货

一、本科目核算民间非营利组织在日常业务活动中持有以备出售或捐赠的,或者为了出售或捐赠仍处在生产过程中的,或者将在生产、提供服务或日常管理过程中耗用的材料、物资、商品等,包括材料、库存商品、委托加工材料,以及达不到固定资产标准的工具、器具等。

本科目应当按照存货的种类和存在形式设置明细账进行明细核算。

二、存货的主要账务处理如下:

（一）存货在取得时,应当以其成本入账,具体如下:

1. 外购的存货,按照采购成本(一般包括实际支付的采购价格、相关税费、运输费、装卸费、保险费以及其他可直接归属于存货采购的费用),借记本科目,贷记"银行存款"、"应付账款"等科目。民间非营利组织可以根据需要在本科目下设置"材料"、"库存商品"等明细科目。

2. 自行加工或委托加工完成的存货,按照采购成本、加工成本(包括直接人工以及按照合理方法分配的与存货加工有关的间接费用)和其他成本(指除采购成本、加工成本以外的,使存货达到目前场所和状态所发生的其他支出),借记本科目,贷记"银行存款"、"应付账款"、"应付工资"等科目。民间非营利组织可以根据实际情况,在本科目下设置"生产成本"等明细科目,归集相关成本。

3. 接受捐赠的存货,按照所确定的成本,借记本科目,贷记"捐赠收入"科目。

（二）存货在发出时,应当根据实际情况采用个别计价法、先进先出法或者加权平均法,确定发出存货的实际成本,具体如下:

1. 业务活动过程中领用存货,按照确定的成本,借记"管理费用"等科目,贷记本科目。

2. 对外出售或捐赠存货,按照确定的出售存货成本,借记"业务活动成本"等科目,贷记本科目。

三、民间非营利组织的各种存货,应当定期进行清查盘点,每年至少盘点一次。对于发生的盘盈、盘亏以及变质、毁损等存货,应当及时查明原因,并根据管理权限,报经批准后,在期末结账前处理完毕:

(一)如为存货盘盈,按照其公允价值,借记本科目,贷记"其他收入"科目。

(二)如为存货盘亏或者毁损,按照存货账面价值扣除残料价值、可以收回的保险赔偿和过失人的赔偿等后的金额,借记"管理费用"科目,按照可以收回的保险赔偿和过失人赔偿等,借记"现金"、"银行存款"、"其他应收款"等科目,按照存货的账面余额,贷记本科目。

四、期末,民间非营利组织应当对存货是否发生了减值进行检查。如果存货的可变现净值低于其账面价值,应当按照可变现净值低于账面价值的差额计提存货跌价准备。如果存货的可变现净值高于其账面价值,应当在该存货期初已计提跌价准备的范围内转回可变现净值高于账面价值的差额。

五、本科目期末借方余额,反映存货实际库存价值。

1202 存货跌价准备

一、本科目核算民间非营利组织提取的存货跌价准备。

二、民间非营利组织应当定期或者至少每年年度终了,对存货是否发生了减值进行检查,如果发生了减值,应当计提存货跌价准备。

如果已计提跌价准备的存货价值在以后期间得以恢复,则应当在已计提跌价准备的范围内部分或全部转回已确认的跌价损失,冲减当期费用。

三、存货跌价准备的主要账务处理如下:

(一)如果存货的期末可变现净值低于账面价值,按照可变现净值低于账面价值的差额,借记"管理费用——存货跌价损失"科目,贷记本科目。

(二)如果以前期间已计提跌价准备的存货价值在当期得以恢复,即存货的期末可变现净值高于账面价值,按照可变现净值高于账面价值的差额,在原已计提跌价准备的范围内,借记本科目,贷记"管理费用——存货跌价损失"科目。

四、本科目期末贷方余额,反映民间非营利组织已计提的存货跌价准备。

1301 待摊费用

一、本科目核算民间非营利组织已经支出,但应当由本期和以后各期分别负担的分摊期在 1 年以内(含 1 年)的各项费用,如预付保险费、预付租金等。

二、民间非营利组织的待摊费用应当按照其受益期限在 1 年内分期平均摊销,计入当期费用。如果某项待摊费用已经不能使民间非营利组织受益,应当将其摊余价值一次全部转入当期费用。

三、待摊费用的主要账务处理如下:

(一)发生待摊费用,如预付保险费、预付租金时,借记本科目,贷记"现金"、"银行存款"等科目。

(二)按照受益期限分期平均摊销时,借记"管理费用"等科目,贷记本科目。

四、本科目应当按照摊销费用种类设置明细账,进行明细核算。

五、本科目期末借方余额,反映民间非营利组织各种已支出但尚未摊销的费用。

1401　长期股权投资

一、本科目核算民间非营利组织持有时间准备超过1年(不含1年)的各种股权性质的投资,包括长期股票投资和其他长期股权投资。

民间非营利组织如果有委托贷款或者委托投资(包括委托理财)且作为长期股权投资核算的,应当在本科目下单设明细科目核算。

二、长期股权投资应当区别不同情况,分别采用成本法或者权益法核算。如果民间非营利组织对被投资单位没有控制、共同控制和重大影响,长期股权投资应当采用成本法进行核算;如果民间非营利组织对被投资单位具有控制、共同控制或重大影响,长期股权投资应当采用权益法进行核算。

三、长期股权投资的主要账务处理如下:

(一)长期股权投资在取得时,应当按照取得时的实际成本作为初始投资成本,具体如下:

1. 以现金购入的长期股权投资,按照实际支付的全部价款,包括税金、手续费等相关费用作为其初始投资成本,借记本科目,贷记"银行存款"等科目。

如果实际支付的价款中包含已宣告但尚未领取的现金股利,则按照实际支付的全部价款减去其中已宣告但尚未领取的现金股利后的金额作为其初始投资成本,借记本科目,按照应领取的现金股利,借记"其他应收款"科目,按照实际支付的全部价款,贷记"银行存款"等科目。

2. 接受捐赠的长期股权投资,按照所确定的初始投资成本,借记本科目,贷记"捐赠收入"科目。

(二)长期股权投资持有期间,按照不同情况分别采用成本法或者权益法核算:

1. 采用成本法核算时,除非追加(或收回)投资或者发生减值,长期股权投资的账面价值一般保持不变。

(1)被投资单位宣告发放现金股利或利润时,按照宣告发放的现金股利或利润中属于民间非营利组织应享有的部分,确认当期投资收益,借记"其他应收款"科目,贷记"投资收益"科目。

（2）实际收到现金股利或利润时，按照实际收到的金额，借记"银行存款"等科目，贷记"其他应收款"科目。

2. 采用权益法核算时，长期股权投资的账面价值应当根据被投资单位当期净损益中民间非营利组织应享有或分担的份额，以及被投资单位宣告分派的现金股利或利润中属于民间非营利组织应享有的份额进行调整。

（1）期末，按照应当享有或应当分担的被投资单位当年实现的净利润或发生的净亏损的份额，调整长期股权投资账面价值，如被投资单位实现净利润，借记本科目，贷记"投资收益"科目，如被投资单位发生净亏损，借记"投资收益"科目，贷记本科目，但以长期股权投资账面价值减记至零为限。

（2）被投资单位宣告分派利润或现金股利时，按照宣告分派的现金股利或利润中属于民间非营利组织应享有的份额，调整长期股权投资账面价值，借记"其他应收款"科目，贷记本科目。在实际收到现金股利或利润时，借记"银行存款"等科目，贷记"其他应收款"科目。

3. 被投资单位宣告分派的股票股利，不作账务处理，但应当设置辅助账，进行数量登记。

（三）处置长期股权投资时，按照实际取得的价款，借记"银行存款"等科目，按照已计提的减值准备，借记"长期投资减值准备"科目，按照所处置长期股权投资的账面余额，贷记本科目，按照尚未领取的已宣告发放的现金股利或利润，贷记"其他应收款"科目，按照其差额，借记或贷记"投资收益"科目。

（四）改变投资目的，将短期股权投资划转为长期股权投资，应当按短期股权投资的成本与市价孰低结转，并按此确定的价值作为长期股权投资的成本，借记本科目，按照已计提的相关短期投资跌价准备，借记"短期投资跌价准备"科目，按照原短期股权投资的账面余额，贷记"短期投资"科目，按照其差额，借记或贷记"管理费用"科目。

四、期末，民间非营利组织应当对长期股权投资是否发生了减值进行检查。如果长期股权投资的可收回金额低于其账面价值，应当按照可收回金额低于账面价值的差额计提长期投资减值准备。如果长期股权投资的可收回金额高于其账面价值，应当在该长期股权投资期初已计提减值准备的范围内转回可收回金额高于账面价值的差额。

五、本科目应当按照被投资单位设置明细账，进行明细核算。

六、本科目期末借方余额，反映民间非营利组织持有的长期股权投资的价值。

1402 长期债权投资

一、本科目核算民间非营利组织购入的在 1 年内（不含 1 年）不能变现或不准备随时变现的债券和其他债权投资。

二、民间非营利组织可以根据具体情况设置明细科目,进行明细核算,如:

(一)债券投资,下设明细科目:面值、溢价或折价、债券费用、应收利息等;

(二)可转换公司债券;

(三)其他债权投资。

民间非营利组织如果有委托贷款或者委托投资(包括委托理财)且作为长期债权投资核算的,应当在本科目下单设明细科目核算。

三、长期债权投资的主要账务处理如下:

(一)长期债权投资在取得时,应当按照取得时的实际成本作为初始投资成本,具体如下:

1. 以现金购入的长期债权投资,按照实际支付的全部价款,包括税金、手续费等相关费用作为其初始投资成本,借记本科目,贷记"银行存款"等科目。

如果实际支付的价款中包含已到付息日但尚未领取的债券利息,则按照实际支付的全部价款减去其中已到付息日但尚未领取的债券利息后的金额作为其初始投资成本,借记本科目,按照应领取的利息,借记"其他应收款"科目,按照实际支付的全部价款,贷记"银行存款"等科目。

2. 接受捐赠的长期债权投资,按照所确定的初始投资成本,借记本科目,贷记"捐赠收入"科目。

(二)长期债权投资持有期间,应当按照票面价值与票面利率按期计算确认利息收入,如为到期一次还本付息的债券投资,借记本科目"债券投资(应收利息)"明细科目,贷记"投资收益"科目,如为分期付息、到期还本的债权投资,借记"其他应收款"科目,贷记"投资收益"科目。

长期债券投资的初始投资成本与债券面值之间的差额,应当在债券存续期间,按照直线法于确认相关债券利息收入时摊销,如初始投资成本高于债券面值,按照应当分摊的金额,借记"投资收益"科目,贷记本科目,如初始投资成本低于债券面值,按照应当分摊的金额,借记本科目,贷记"投资收益"科目。

(三)购入的可转换公司债券在转换为股份之前,应当按一般债券投资进行处理。可转换公司债券转换为股份时,按照所转换债券投资的账面价值减去收到的现金后的余额,借记"长期股权投资"科目,按照收到的现金等,借记"现金"、"银行存款"科目,按照所转换债券投资的账面价值,贷记本科目。

(四)处置长期债权投资时,按照实际取得的价款,借记"银行存款"等科目,按照已计提的减值准备,借记"长期投资减值准备"科目,按照所处置长期债权投资的账面余额,贷记本科目,按照未领取的债券利息,贷记本科目"债券投资(应收利息)"明细科目或"其他应收款"科目,按照其差额,借记或贷记"投资收益"科目。

（五）改变投资目的，将短期债权投资划转为长期债权投资，应当按短期债权投资的成本与市价孰低结转，并按此确定的价值作为长期债权投资的成本，借记本科目，按照已计提的相关短期投资跌价准备，借记"短期投资跌价准备"科目，按照原短期债权投资的账面余额，贷记"短期投资"科目，按照其差额，借记或贷记"管理费用"科目。

四、期末，民间非营利组织应当对长期债权投资是否发生了减值进行检查。如果长期债权投资的可收回金额低于其账面价值，应当按照可收回金额低于账面价值的差额计提长期投资减值准备。如果长期债权投资的可收回金额高于其账面价值，应当在该长期债权投资期初已计提减值准备的范围内转回可收回金额高于账面价值的差额。

五、本科目期末借方余额，反映民间非营利组织持有的长期债权投资价值。

1421 长期投资减值准备

一、本科目核算民间非营利组织提取的长期投资减值准备。

二、民间非营利组织应当定期或者至少于每年年度终了，对长期投资是否发生了减值进行检查，如果发生了减值，应当计提长期投资减值准备。

如果已计提减值准备的长期投资价值在以后期间得以恢复，则应当在已计提减值准备的范围内部分或全部转回已确认的减值损失，冲减当期费用。

三、长期投资减值准备的主要账务处理如下：

（一）如果长期投资的期末可收回金额低于账面价值，按照可收回金额低于账面价值的差额，借记"管理费用——长期投资减值损失"科目，贷记本科目。

（二）如果以前期间已计提减值准备的长期投资价值在当期得以恢复，即长期投资的期末可收回金额高于账面价值，按照可收回金额高于账面价值的差额，在原计提减值准备的范围内，借记本科目，贷记"管理费用——长期投资减值损失"科目。

四、民间非营利组织出售或收回长期投资，或者以其他方式处置长期投资时，应当同时结转已计提的减值准备。

五、本科目的期末贷方余额，反映民间非营利组织已计提的长期投资减值准备。

1501 固定资产

一、本科目核算民间非营利组织固定资产的原价。固定资产是指同时具有以下特征的有形资产：

（一）为行政管理、提供服务、生产商品或者出租目的而持有的；

（二）预计使用年限超过1年；

（三）单位价值较高。

二、民间非营利组织应当根据固定资产定义，结合本组织的具体情况，制定适合于本组织的固定资产目录、分类方法、每类或每项固定资产的折旧年限、折旧方法，作为进行固定资产核算的依据。

民间非营利组织的固定资产如果发生了重大减值,计提减值准备的,应当单独设置"固定资产减值准备"科目进行核算。

三、固定资产的主要账务处理如下:

(一)固定资产在取得时,应当按照取得时的实际成本入账。取得时的实际成本包括买价、包装费、运输费、交纳的有关税金等相关费用,以及为使固定资产达到预定可使用状态前所必要的支出。具体如下:

1. 外购的固定资产,按照实际支付的买价、相关税费以及为使固定资产达到预定可使用状态前发生的可直接归属于该固定资产的其他支出(如运输费、安装费、装卸费等),借记本科目,贷记"银行存款"、"应付账款"等科目。

如果以一笔款项购入多项没有单独标价的固定资产,按照各项固定资产公允价值的比例对总成本进行分配,分别确定各项固定资产的入账价值。

2. 自行建造的固定资产,按照建造该项固定资产达到预定可使用状态前所发生的全部支出,借记本科目,贷记"在建工程"科目。

3. 融资租入的固定资产,按照租赁协议或者合同确定的价款、运输费、途中保险费、安装调试费以及融资租入固定资产达到预定可使用状态前发生的借款费用等,借记本科目"融资租入固定资产"明细科目,贷记"长期应付款"科目。

4. 接受捐赠的固定资产,按照所确定的成本,借记本科目,贷记"捐赠收入"科目。

(二)按月提取固定资产折旧时,按照应提取的折旧金额,借记"存货——生产成本"、"管理费用"等科目,贷记"累计折旧"科目。

(三)与固定资产有关的后续支出,如果使可能流入民间非营利组织的经济利益或者服务潜力超过了原先的估计,如延长了固定资产的使用寿命,或者使服务质量实质性提高,或者使商品成本实质性降低,则应当计入固定资产账面价值,但其增计后的金额不应当超过该固定资产的可收回金额。其他后续支出,应当计入当期费用。

发生后续支出时,按照应当计入固定资产账面价值的金额,借记"在建工程"、"固定资产"科目,贷记"银行存款"等科目,按照应当计入当期费用的金额,借记"管理费用"等科目,贷记"银行存款"等科目。

(四)固定资产出售、报废或者毁损,或以其他方式处置时,按照所处置固定资产的账面价值,借记"固定资产清理"科目,按照已提取的折旧,借记"累计折旧"科目,按照固定资产账面余额,贷记本科目。

四、民间非营利组织对固定资产应当定期或者至少每年实地盘点一次。对盘盈、盘亏的固定资产,应当及时查明原因,并根据管理权限,报经批准后,在期末前结账处理完毕:

(一)如为固定资产盘盈,按照其公允价值,借记本科目,贷记"其他收入"科目。

（二）如为固定资产盘亏，按照固定资产账面价值扣除可以收回的保险赔偿和过失人的赔偿等后的金额，借记"管理费用"科目，按照可以收回的保险赔偿和过失人赔偿等，借记"现金"、"银行存款"、"其他应收款"等科目，按照已提取的累计折旧，借记"累计折旧"科目，按照固定资产的账面余额，贷记本科目。

五、民间非营利组织应当设置"固定资产登记簿"和"固定资产卡片"，按固定资产类别设置明细账，进行明细核算。

经营租入的固定资产，应当另设辅助簿进行登记，不在本科目核算。

六、本科目期末借方余额，反映民间非营利组织期末固定资产的账面原价。

1502 累计折旧

一、本科目核算民间非营利组织固定资产的累计折旧。

二、民间非营利组织应当对固定资产计提折旧，在固定资产的预计使用寿命内系统地分摊固定资产的成本。但是，用于展览、教育或研究等目的的历史文物、艺术品以及其他具有文化或者历史价值并作长期永久保存的典藏等，不计提折旧。

（一）民间非营利组织应当根据固定资产的性质和消耗方式，合理地确定固定资产的预计使用寿命和预计净残值。

（二）民间非营利组织应当按照固定资产所包含经济利益或服务潜力的预期实现方式选择折旧方法，可选用的折旧方法包括年限平均法、工作量法、双倍余额递减法和年数总和法。折旧方法一经确定，不得随意变更。

（三）固定资产的价值、使用寿命、预计净残值等发生变更的，应当根据变更后的价值、预计尚可使用寿命和净残值等，按照选定的折旧方法计提折旧。

（四）民间非营利组织一般应当按月提取折旧，当月增加的固定资产，当月不提折旧，从下月起计提折旧；当月减少的固定资产，当月照提折旧，从下月起不提折旧。

固定资产提足折旧后，无论能否继续使用，均不再提取折旧；提前报废的固定资产，也不再补提折旧。所谓提足折旧，是指已经提足该项固定资产应当提取的折旧总额，其中应当提取的折旧总额为固定资产原价减去预计净残值。

（五）计提融资租入固定资产折旧时，应当采用与自有应折旧固定资产相一致的折旧政策。能够合理确定租赁期届满时将会取得租入固定资产所有权的，应当在租入固定资产尚可使用年限内计提折旧；无法合理确定租赁期届满时能够取得租入固定资产所有权的，应当在租赁期与租入固定资产尚可使用年限两者中较短的期间内计提折旧。

三、累计折旧的主要账务处理如下：

按月计提固定资产折旧时，按照应当计提的金额，借记"存货——生产成本"、"管理费用"等科目，贷记本科目。

四、本科目期末贷方余额，反映民间非营利组织提取的固定资产折旧累计数。

1505 在建工程

一、本科目核算民间非营利组织进行在建工程(包括施工前期准备、正在施工中的建筑工程、安装工程、技术改造工程等)所发生的实际支出。

民间非营利组织可以根据需要,在本科目下设置明细科目,进行明细核算。

二、在建工程的主要账务处理如下:

(一)在建工程应当按照实际发生的支出确定其工程成本,并单独核算,具体如下:

1.自营工程,按照直接材料、直接人工、直接机械使用费等确定其成本:

(1)领用材料物资时,按照所领用材料物资的账面余额,借记本科目,贷记"存货"科目。

(2)发生应负担的职工工资时,按照实际应负担的工资金额,借记本科目,贷记"应付工资"科目。

(3)工程应当分摊的水、电等其他费用,按照实际应分摊的金额,借记本科目,贷记"银行存款"等科目。

2.出包工程,应当按照应支付的工程价款等确定其成本,具体如下:

(1)按照合同规定向承包商预付工程款、备料款时,按照实际预付的金额,借记本科目,贷记"银行存款"科目。

(2)与承包商办理工程价款结算时,按照补付的工程款,借记本科目,贷记"银行存款"、"应付账款"等科目。

3.在建工程发生的工程管理费、征地费、可行性研究费等,借记本科目,贷记"银行存款"等科目。

4.为购建固定资产而发生的专门借款的借款费用,在允许资本化的期间内,按照专门借款的借款费用的实际发生额,借记本科目,贷记"长期借款"等科目。

(二)出售在建工程,在建工程报废、毁损或者以其他方式处置在建工程时,按照所处置在建工程的账面价值,借记"固定资产清理"科目,按照在建工程账面余额,贷记本科目。

(三)所购建的固定资产已达到预定可使用状态时,按照在建工程的成本,借记"固定资产"科目,贷记本科目。

三、本科目的期末借方余额,反映民间非营利组织尚未完工的各项在建工程发生的实际支出。

1506 文物文化资产

一、本科目核算民间非营利组织文物文化资产的价值。文物文化资产是指用于展览、教育或研究等目的的历史文物、艺术品以及其他具有文化或者历史价值并作长期或者永久保存的典藏等。

二、文物文化资产的主要账务处理如下：

（一）文物文化资产在取得时，应当按照取得时的实际成本入账。取得时的实际成本包括买价、包装费、运输费、交纳的有关税金等相关费用，以及为使文物文化资产达到预定可使用状态前所必要的支出。具体如下：

1. 外购的文物文化资产，按照实际支付的买价、相关税费以及为使文物文化资产达到预定可使用状态前发生的可直接归属于该文物文化资产的其他支出（如运输费、安装费、装卸费等），借记本科目，贷记"银行存款"、"应付账款"等科目。

如果以一笔款项购入多项没有单独标价的文物文化资产，按照各项文物文化资产公允价值的比例对总成本进行分配，分别确定各项文物文化资产的入账价值。

2. 接受捐赠的文物文化资产，按照所确定的成本，借记本科目，贷记"捐赠收入"科目。

（二）出售文物文化资产，文物文化资产毁损或者以其他方式处置文物文化资产时，按照所处置文物文化资产的账面余额，借记"固定资产清理"科目，贷记本科目。

三、民间非营利组织对文物文化资产应当定期或者至少每年实地盘点一次。对盘盈、盘亏的文物文化资产，应当及时查明原因，并根据管理权限，报经批准后，在期末前结账处理完毕：

（一）如为文物文化资产盘盈，按照其公允价值，借记本科目，贷记"其他收入"科目。

（二）如为文物文化资产盘亏，按照固定资产账面余额扣除可以收回的保险赔偿和过失人的赔偿等后的金额，借记"管理费用"科目，按照可以收回的保险赔偿和过失人赔偿等，借记"现金"、"银行存款"、"其他应收款"等科目，按照文物文化资产的账面余额，贷记本科目。

四、民间非营利组织应当设置文物文化资产登记簿和文物文化资产卡片，按文物文化资产类别等设置明细账，进行明细核算。

五、本科目期末借方余额，反映民间非营利组织期末文物文化资产的价值。

1509 固定资产清理

一、本科目核算民间非营利组织因出售、报废和毁损或其他处置等原因转入清理的固定资产价值及其清理过程中所发生的清理费用和清理收入等。

二、固定资产清理的主要账务处理如下：

（一）所处置固定资产转入清理时，按照所处置固定资产的账面价值，借记本科目，按照已提取的折旧，借记"累计折旧"科目，按照固定资产账面余额，贷记"固定资产"科目。

（二）清理过程中发生的费用和相关税金，按照实际发生额，借记本科目，贷记"银行存款"等科目；

（三）收回所处置固定资产的价款、残料价值和变价收入等，借记"银行存款"等科目，贷记本科目；应当由保险公司或过失人赔偿的损失，借记"现金"、"银行存款"、"其他应收款"等科目，贷记本科目。

（四）固定资产清理后的净收益，借记本科目，贷记"其他收入"科目；固定资产清理后的净损失，借记"其他费用"科目，贷记本科目。

三、本科目应当按照被清理的固定资产设置明细账，进行明细核算。

四、本科目期末余额，反映尚未清理完毕的固定资产的价值以及清理净收入（清理收入减去清理费用）。

1601　无形资产

一、本科目核算民间非营利组织为开展业务活动、出租给他人或为管理目的而持有的且没有实物形态的非货币性长期资产，包括专利权、非专利技术、商标权、著作权、土地使用权等。

民间非营利组织的无形资产如果发生了重大减值，计提减值准备的，应当单独设置"无形资产减值准备"科目进行核算。

二、无形资产的主要账务处理如下：

（一）无形资产在取得时，应当按照取得时的实际成本入账。具体如下：

1. 购入的无形资产，按照实际支付的价款，借记本科目，贷记"银行存款"等科目。

2. 接受捐赠的无形资产，按照所确定的成本，借记本科目，贷记"捐赠收入"科目。

3. 自行开发并按法律程序申请取得的无形资产，按依法取得时发生的注册费、聘请律师费等费用，借记本科目，贷记"银行存款"等科目。

依法取得前，在研究与开发过程中发生的材料费用、直接参与开发人员的工资及福利费、开发过程中发生的租金、借款费用等直接计入当期费用，借记"管理费用"等科目，贷记"银行存款"等科目。

（二）无形资产应当自取得当月起在预计使用年限内分期平均摊销，按照应提取的摊销金额，借记"管理费用"科目，贷记本科目。

如预计使用年限超过了相关合同规定的受益年限或法律规定的有效年限，该无形资产的摊销年限按如下原则确定：

1. 合同规定了受益年限但法律没有规定有效年限的，摊销期不应超过合同规定的受益年限；

2. 合同没有规定受益年限但法律规定了有效年限的，摊销期不应超过法律规定的有效年限；

3. 合同规定了受益年限，法律也规定了有效年限的，摊销期不应超过受益年限和有效年限两者之中较短者。

如果合同没有规定受益年限,法律也没有规定有效年限的,摊销期不应超过 10 年。

(三)出售或以其他方式处置无形资产,按照实际取得的价款,借记"银行存款"等科目,按照该项无形资产的账面余额,贷记本科目,按照其差额,贷记"其他收入"科目或借记"其他费用"科目。

三、本科目应当按照无形资产类别设置明细账,进行明细核算。

四、本科目期末借方余额,反映民间非营利组织已入账但尚未摊销的无形资产的摊余价值。

1701 受托代理资产

一、本科目核算民间非营利组织接受委托方委托从事受托代理业务而收到的资产。

民间非营利组织受托代理资产的确认和计量比照接受捐赠资产的确认和计量原则处理。

二、受托代理资产的主要账务处理如下:

(一)收到受托代理资产时,按照应确认的入账金额,借记本科目,贷记"受托代理负债"科目。

(二)转赠或者转出受托代理资产,按照转出受托代理资产的账面余额,借记"受托代理负债"科目,贷记本科目。

三、民间非营利组织应当设置"受托代理资产登记簿",并根据具体情况设置明细账,进行明细核算。

四、民间非营利组织收到的受托代理资产如果为现金、银行存款或其他货币资金,可以不通过本科目核算,而在"现金"、"银行存款"、"其他货币资金"科目下设置"受托代理资产"明细科目进行核算。即在取得这些受托代理资产时,借记"现金——受托代理资产"、"银行存款——受托代理资产"、"其他货币资金——受托代理资产"科目,贷记"受托代理负债"科目;在转赠或者转出受托代理资产时,借记"受托代理负债"科目,贷记"现金——受托代理资产"、"银行存款——受托代理资产"、"其他货币资金——受托代理资产"科目。

五、本科目期末借方余额,反映民间非营利组织期末尚未转出的受托代理资产价值。

二、负债类

2101 短期借款

一、本科目核算民间非营利组织向银行或其他金融机构等借入的期限在 1 年以下(含 1 年)的各种借款。

二、短期借款的主要账务处理如下:

(一)借入各种短期借款时,按照实际借得的金额,借记"银行存款"科目,贷记本科目。

（二）发生短期借款利息时，借记"筹资费用"科目，贷记"预提费用"、"银行存款"等科目。

（三）归还借款时，借记本科目，贷记"银行存款"科目。

三、本科目应当按照债权人设置明细账，并按照借款种类及期限等进行明细核算。

四、本科目期末贷方余额，反映民间非营利组织尚未偿还的短期借款本金。

2201　应付票据

一、本科目核算民间非营利组织购买材料、商品和接受服务供应等而开出、承兑的商业汇票，包括银行承兑汇票和商业承兑汇票。

二、应付票据的主要账务处理如下：

（一）因购买材料、商品和接受服务等开出、承兑商业汇票时，借记"存货"等科目，贷记本科目。

（二）以承兑商业汇票抵付应付账款时，借记"应付账款"科目，贷记本科目。

（三）支付银行承兑汇票的手续费时，借记"筹资费用"科目，贷记"银行存款"科目。

（四）应付票据到期时，应当分别情况处理：

1. 收到银行支付到期票据的付款通知时，借记本科目，贷记"银行存款"科目。

2. 如无力支付票款，按照应付票据的账面余额，借记本科目，贷记"应付账款"科目。

（五）如果为带息应付票据，应当在期末或到期时计算应付利息，借记"筹资费用"科目，贷记本科目。

到期不能支付的带息应付票据，转入"应付账款"科目核算后，期末时不再计提利息。

三、民间非营利组织应当设置"应付票据备查簿"，详细登记每一应付票据的种类、号数、签发日期、到期日、票面金额、票面利率、合同交易号、收款人姓名或单位名称，以及付款日期和金额等资料。应付票据到期结清时，应当在备查簿内逐笔注销。

四、本科目期末贷方余额，反映民间非营利组织持有的尚未到期的应付票据本息。

2202　应付账款

一、本科目核算民间非营利组织因购买材料、商品和接受服务供应等而应付给供应单位的款项。

二、应付账款的主要账务处理如下：

（一）发生应付账款时，按照应付未付金额，借记"存货"、"管理费用"等科目，贷记本科目。

（二）偿付应付账款时，借记本科目，贷记"银行存款"等科目。

（三）开出、承兑商业汇票抵付应付账款时，借记本科目，贷记"应付票据"科目。

（四）确实无法支付或由其他单位承担的应付账款，借记本科目，贷记"其他收入"

科目。

三、本科目应当按照债权人设置明细账,进行明细核算。

四、本科目期末贷方余额,反映民间非营利组织尚未支付的应付账款。

2203 预收账款

一、本科目核算民间非营利组织向服务和商品购买单位预收的各种款项。

二、预收账款的主要账务处理如下:

(一)向购货单位预收款项时,按照实际预收的金额,借记"银行存款"等科目,贷记本科目。

(二)确认收入时,按照本科目账面余额,借记本科目,按照应确认的收入金额,贷记"商品销售收入"等科目,按照补付或退回的款项,借记或贷记"银行存款"等科目。

三、本科目应当按照购货单位设置明细账,进行明细核算。

四、本科目期末贷方余额,反映民间非营利组织向购货单位预收的款项。

2204 应付工资

一、本科目核算民间非营利组织应付给职工的工资总额。包括在工资总额内的各种工资、奖金、津贴等,不论是否在当月支付,都应当通过本科目核算。

二、民间非营利组织应当按照相关规定,根据考勤记录、工时记录、工资标准等,编制"工资单",计算各种工资,并应当将"工资单"进行汇总,编制"工资汇总表"。

三、应付工资的主要账务处理如下:

(一)支付工资时,借记本科目,贷记"现金"、"银行存款"等科目。从应付工资中扣还的各种款项(如代垫的房租、家属药费、个人所得税等),借记本科目,贷记"其他应收款"、"应交税金"等科目。

(二)期末,应当将本期应付工资进行分配,如:

1. 行政管理人员的工资,借记"管理费用"科目,贷记本科目。

2. 应当记入各项业务活动成本的人员工资,借记"业务活动成本"、"存货——生产成本"科目,贷记本科目。

3. 应当由在建工程负担的人员工资,借记"在建工程"等科目,贷记本科目。

四、民间非营利组织应当设置"应付工资明细账",按照职工类别分设账页,按照工资的组成内容分设专栏,根据"工资单"或"工资汇总表"进行登记。

五、本科目期末一般应无余额,如果应付工资大于实发工资的,期末贷方余额反映尚未领取的工资余额。

2206 应交税金

一、本科目核算民间非营利组织按照有关国家税法规定应当交纳的各种税费,如营业税、增值税、所得税、房产税、个人所得税等。

二、民间非营利组织应当根据具体情况,设置明细科目,进行明细核算。

三、应交税金的主要账务处理如下:

如果发生了营业税纳税义务时,按照应交纳的营业税,借记"业务活动成本"等科目,贷记本科目。交纳营业税时,借记本科目,贷记"银行存款"科目。

如果发生了增值税纳税义务时,应当按税收有关规定计算应缴纳的增值税,并通过本科目核算。

如果发生了所得税纳税义务时,按照应交纳的所得税,借记"其他费用"科目,贷记本科目。交纳所得税时,借记本科目,贷记"银行存款"科目。

如果发生了个人所得税纳税义务时,按照规定计算应代扣代交的个人所得税,借记"应付工资"等科目,贷记本科目。交纳个人所得税时,借记本科目,贷记"银行存款"科目。

四、本科目期末贷方余额,反映民间非营利组织尚未交纳的税费;期末借方余额,反映民间非营利组织多交的税费。

2209　其他应付款

一、本科目核算民间非营利组织应付、暂收其他单位或个人的款项,如应付经营租入固定资产的租金等。

二、其他应付款的主要账务处理如下:

(一)发生的各项应付、暂收款项,借记"银行存款"、"管理费用"等科目,贷记本科目。

(二)支付款项时,借记本科目,贷记"银行存款"等科目。

三、本科目应当按照应付和暂收款项的类别和单位或个人设置明细账,进行明细核算。

四、本科目期末贷方余额,反映尚未支付的其他应付款项。

2301　预提费用

一、本科目核算民间非营利组织按照规定预先提取的已经发生但尚未支付的费用,如预提的租金、保险费、借款利息等。

二、预提费用的主要账务处理如下:

(一)按照规定预提计入本期费用时,借记"筹资费用"、"管理费用"等科目,贷记本科目。

(二)实际支出时,借记本科目,贷记"银行存款"等科目。

三、本科目应当按照费用种类设置明细账,进行明细核算。

四、本科目期末贷方余额,反映民间非营利组织已预提但尚未支付的各项费用。

2401　预计负债

一、本科目核算民间非营利组织对因或有事项所产生的现时义务而确认的负债,包括因对外提供担保、商业承兑票据贴现、未决诉讼等确认的负债。

二、预计负债的主要账务处理举例如下：

（一）确认预计负债时，按照应确认的预计负债金额，借记"管理费用"等科目，贷记本科目。

（二）实际偿付负债时，借记本科目，贷记"银行存款"等科目。

（三）转回预计负债时，借记本科目，贷记"管理费用"等科目。

三、本科目应当按照预计负债项目设置明细账，进行明细核算。

四、本科目期末贷方余额，反映民间非营利组织已预计尚未支付的债务。

2501 长期借款

一、本科目核算民间非营利组织向银行或其他金融机构借入的期限在 1 年以上（不含 1 年）的各项借款。

二、长期借款应当按照实际发生额入账。长期借款的借款费用应当在发生时计入当期费用。但是，为购建固定资产而发生的专门借款的借款费用在规定的允许资本化的期间内，应当按照专门借款的借款费用的实际发生额予以资本化，计入在建工程成本。这里的借款费用包括因借款而发生的利息、辅助费用以及因外币借款而发生的汇兑差额等。

民间非营利组织应当按照规定确定专门借款的借款费用允许资本化的期间及其金额。

三、长期借款的主要账务处理如下：

（一）借入长期借款时，按照实际借入额，借记"银行存款"等科目，贷记本科目。

（二）发生的借款费用，借记"筹资费用"科目，贷记本科目。如为购建固定资产而发生的专门借款的借款费用，在允许资本化的期间内，按照专门借款的借款费用的实际发生额，借记"在建工程"科目，贷记本科目。

（三）归还长期借款时，借记本科目，贷记"银行存款"科目。

四、本科目应当按照贷款单位设置明细账，并按贷款种类进行明细核算。

五、本科目期末贷方余额，反映民间非营利组织尚未偿还的长期借款本息。

2502 长期应付款

一、本科目核算民间非营利组织的各项长期应付款项，如融资租入固定资产的租赁费等。

二、长期应付款的主要账务处理举例如下：

（一）发生长期应付款时，借记有关科目，贷记本科目。

（二）支付长期应付款项时，借记本科目，贷记"银行存款"科目。

三、本科目应当按照长期应付款的种类设置明细账，进行明细核算。

四、本科目期末贷方余额,反映尚未支付的各种长期应付款。

2601 受托代理负债

一、本科目核算民间非营利组织因从事受托代理业务、接受受托代理资产而产生的负债。

受托代理负债应当按照相对应的受托代理资产的金额予以确认和计量。

二、受托代理负债的主要账务处理如下:

(一) 收到受托代理资产,按照应确认的入账金额,借记"受托代理资产"科目,贷记本科目。

(二) 转赠或者转出受托代理资产,按照转出受托代理资产的账面余额,借记本科目,贷记"受托代理资产"科目。

三、本科目应当按照指定的受赠组织或个人,或者指定的应转交的组织或个人设置明细账,进行明细核算。

四、本科目期末贷方余额,反映民间非营利组织尚未清偿的受托代理负债。

三、净资产类

3101 非限定性净资产

一、本科目核算民间非营利组织的非限定性净资产,即民间非营利组织净资产中除限定性净资产之外的其他净资产。

二、民间非营利组织应当在期末将当期非限定性收入的实际发生额、当期费用的实际发生额和当期由限定性净资产转为非限定性净资产的金额转入非限定性净资产。

三、非限定性净资产的主要账务处理如下:

(一) 期末,将各收入类科目所属"非限定性收入"明细科目的余额转入本科目,借记"捐赠收入——非限定性收入"、"会费收入——非限定性收入"、"提供服务收入——非限定性收入"、"政府补助收入——非限定性收入"、"商品销售收入——非限定性收入"、"投资收益——非限定性收入"、"其他收入——非限定性收入"科目,贷记本科目。同时,将各费用类科目的余额转入本科目,借记本科目,贷记"业务活动成本"、"管理费用"、"筹资费用"、"其他费用"科目。

(二) 如果限定性净资产的限制已经解除,应当对净资产进行重新分类,将限定性净资产转为非限定性净资产,借记"限定性净资产"科目,贷记本科目。

(三) 如果因调整以前期间收入、费用项目而涉及调整非限定性净资产的,应当就需要调整的金额,借记或贷记有关科目,贷记或借记本科目。

四、本科目期末贷方余额,反映民间非营利组织历年积存的非限定性净资产。

3102 限定性净资产

一、本科目核算民间非营利组织的限定性净资产。如果资产或者资产的经济利益

（如资产的投资收益和利息等）的使用和处置受到资源提供者或者国家有关法律、行政法规所设置的时间限制或（和）用途限制，则由此形成的净资产即为限定性净资产。

本制度所称的时间限制，是指资产提供者或者国家有关法律、行政法规要求民间非营利组织在收到资产后的某一时期或某一特定日期之后才能使用该项资产；本制度所称的用途限制，是指资产提供者或者国家有关法律、行政法规要求民间非营利组织将收到的资产用于某一特定的用途。

民间非营利组织的董事会、理事会或类似机构对净资产的使用所作的限定性决策、决议或拨款限额等，属于民间非营利组织内部管理上对资产使用所作的限制，它不属于本制度所界定的限定性净资产。

二、民间非营利组织应当在期末将当期限定性收入的实际发生额转为限定性净资产。

三、限定性净资产的主要账务处理如下：

（一）期末，将各收入类科目所属"限定性收入"明细科目的余额转入本科目，借记"捐赠收入——限定性收入"、"政府补助收入——限定性收入"等科目，贷记本科目。

（二）如果限定性净资产的限制已经解除，应当对净资产进行重新分类，将限定性净资产转为非限定性净资产，借记本科目，贷记"非限定性净资产"科目。

如果资产提供者或者国家有关法律、行政法规要求民间非营利组织在特定时期之内或特定日期之后将限定性净资产或者相关资产用于特定用途，该限定性净资产应当在相应期间之内或相应日期之后按照实际使用的相关资产金额或者实际发生的相关费用金额转为非限定性净资产。

（三）如果因调整以前期间收入、费用项目而涉及调整限定性净资产的，应当就需要调整的金额，借记或贷记有关科目，贷记或借记本科目。

（四）本科目期末贷方余额，反映民间非营利组织历年积存的限定性净资产。

四、收入费用类

4101 捐赠收入

一、本科目核算民间非营利组织接受其他单位或者个人捐赠所取得的收入。

民间非营利组织因受托代理业务而从委托方收到的受托代理资产，不在本科目核算。

二、民间非营利组织的捐赠收入应当按照是否存在限定区分为非限定性收入和限定性收入设置明细科目，进行明细核算。

如果资产提供者对资产的使用设置了时间限制或者（和）用途限制，则所确认的相关收入为限定性收入；除此之外的其他所有收入，为非限定性收入。

三、民间非营利组织接受捐赠，应当在满足规定的收入确认条件时确认捐赠收入。

四、捐赠收入的主要账务处理如下：

（一）接受的捐赠，按照应确认的金额，借记"现金"、"银行存款"、"短期投资"、"存货"、"长期股权投资"、"长期债权投资"、"固定资产"、"无形资产"等科目，贷记本科目"限定性收入"或"非限定性收入"明细科目。

对于接受的附条件捐赠，如果存在需要偿还全部或部分捐赠资产或者相应金额的现时义务时（比如因无法满足捐赠所附条件而必须将部分捐赠款退还给捐赠人时），按照需要偿还的金额，借记"管理费用"科目，贷记"其他应付款"等科目。

（二）如果限定性捐赠收入的限制在确认收入的当期得以解除，应当将其转为非限定性捐赠收入，借记本科目"限定性收入"明细科目，贷记本科目"非限定性收入"明细科目。

（三）期末，将本科目各明细科目的余额分别转入限定性净资产和非限定性净资产，借记本科目"限定性收入"明细科目，贷记"限定性净资产"科目，借记本科目"非限定性收入"明细科目，贷记"非限定性净资产"科目。

五、期末结转后，本科目应无余额。

4201　会费收入

一、本科目核算民间非营利组织根据章程等的规定向会员收取的会费收入。

一般情况下，民间非营利组织的会费收入为非限定性收入，除非相关资产提供者对资产的使用设置了限制。

二、民间非营利组织应当在满足规定的收入确认条件时确认会费收入。

三、会费收入的主要账务处理如下：

（一）向会员收取会费，在满足收入确认条件时，借记"现金"、"银行存款"、"应收账款"等科目，贷记本科目"非限定性收入"明细科目，如果存在限定性会费收入，应当贷记本科目"限定性收入"明细科目。

（二）期末，将本科目的余额转入非限定性净资产，借记本科目"非限定性收入"明细科目，贷记"非限定性净资产"科目。如果存在限定性会费收入，则将其金额转入限定性净资产，借记本科目"限定性收入"明细科目，贷记"限定性净资产"科目。

四、本科目应当按照会费种类（如团体会费、个人会费等）设置明细账，进行明细核算。

五、期末结转后，本科目应无余额。

4301　提供服务收入

一、本科目核算民间非营利组织根据章程等的规定向其服务对象提供服务取得的收入，包括学杂费收入、医疗费收入、培训收入等。

一般情况下，民间非营利组织的提供服务收入为非限定性收入，除非相关资产提供者对资产的使用设置了限制。

二、民间非营利组织应当在满足规定的收入确认条件时确认提供服务收入。

三、提供服务收入的主要账务处理如下：

（一）提供服务取得收入时，按照实际收到或应当收取的价款，借记"现金"、"银行存款"、"应收账款"等科目，按照应当确认的提供服务收入金额，贷记本科目，按照预收的价款，贷记"预收账款"科目。在以后期间确认提供服务收入时，借记"预收账款"科目，贷记本科目"非限定性收入"明细科目，如果存在限定性提供服务收入，应当贷记本科目"限定性收入"明细科目。

（二）期末，将本科目的余额转入非限定性净资产，借记本科目"非限定性收入"明细科目，贷记"非限定性净资产"科目。如果存在限定性提供服务收入，则将其金额转入限定性净资产，借记本科目"限定性收入"明细科目，贷记"限定性净资产"科目。

四、本科目应当按照提供服务的种类设置明细账，进行明细核算。

五、期末结转后，本科目应无余额。

4401 政府补助收入

一、本科目核算民间非营利组织因为政府拨款或者政府机构给予的补助而取得的收入。

二、民间非营利组织的政府补助收入应当按照是否存在限定区分为非限定性收入和限定性收入设置明细科目，进行明细核算。

如果资产提供者对资产的使用设置了时间限制或者（和）用途限制，则所确认的相关收入为限定性收入；除此之外的其他所有收入，为非限定性收入。

三、民间非营利组织应当在满足规定的收入确认条件时确认政府补助收入。

四、政府补助收入的主要账务处理如下：

（一）接受的政府补助，按照应确认的金额，借记"现金"、"银行存款"等科目，贷记本科目"限定性收入"或"非限定性收入"明细科目。

对于接受的附条件政府补助，如果民间非营利组织存在需要偿还全部或部分政府补助资产或者相应金额的现时义务时（比如因无法满足政府补助所附条件而必须退还部分政府补助时），按照需要偿还的金额，借记"管理费用"科目，贷记"其他应付款"等科目。

（二）如果限定性政府补助收入的限制在确认收入的当期得以解除，应当将其转为非限定性捐赠收入，借记本科目"限定性收入"明细科目，贷记本科目"非限定性收入"明细科目。

（三）期末，将本科目各明细科目的余额分别转入限定性净资产和非限定性净资产，借记本科目"限定性收入"明细科目，贷记"限定性净资产"科目，借记本科目"非限定性收入"明细科目,贷记"非限定性净资产"科目。

五、期末结转后,本科目应无余额。

4501 商品销售收入

一、本科目核算民间非营利组织销售商品(如出版物、药品)等所形成的收入。

一般情况下,民间非营利组织的提供服务收入为非限定性收入,除非相关资产提供者对资产的使用设置了限制。

二、民间非营利组织应当在满足规定的收入确认条件时确认商品销售收入。

三、商品销售收入的主要账务处理如下:

(一)销售商品取得收入时,按照实际收到或应当收取的价款,借记"现金"、"银行存款"、"应收票据"、"应收账款"等科目,按照应当确认的商品销售收入金额,贷记本科目"非限定性收入"明细科目(如果存在限定性商品销售收入,应当贷记本科目"限定性收入"明细科目),按照预收的价款,贷记"预收账款"科目。在以后期间确认商品销售收入时,借记"预收账款"科目,贷记本科目"非限定性收入"明细科目,如果存在限定性商品销售收入,应当贷记本科目"限定性收入"明细科目。

(二)销售退回,是指民间非营利组织售出的商品,由于质量、品种不符合要求等原因而发生的退货。销售退回应当分别情况处理:

1. 未确认收入的已发出商品的退回,不需要进行会计处理。

2. 已确认收入的销售商品退回,一般情况下直接冲减退回当月的商品销售收入、商品销售成本等:按照应当冲减的商品销售收入,借记本科目,按照已收或应收的金额,贷记"银行存款"、"应收账款"、"应收票据"等科目,按照退回商品的成本,借记"存货"科目,贷记"业务活动成本"科目。

如果该项销售发生现金折扣,应当在退回当月一并处理。

3. 报告期间资产负债表日至财务报告批准报出日之间发生的报告期间或以前期间的销售退回,应当作为资产负债表日后事项的调整事项处理,调整报告期间会计报表的相关项目:按照应冲减的商品销售收入,借记"非限定性净资产"科目(如果所调整收入属于限定性收入,应当借记"限定性净资产"科目),按照已收或应收的金额,贷记"银行存款"、"应收账款"、"应收票据"等科目;按照退回商品的成本,借记"存货"科目,贷记"非限定性净资产"科目。

如果该项销售已发生现金折扣,应当一并处理。

(三)现金折扣,是指民间非营利组织为了尽快回笼资金而发生的理财费用。现金折扣在实际发生时直接计入当期筹资费用:按照实际收到的金额,借记"银行存款"等科目,按照应给予的现金折扣,借记"筹资费用"科目,按照应收的账款,贷记"应收账款"、"应收票据"等科目。

购买方实际获得的现金折扣,冲减取得当期的筹资费用:按照应付的账款,借记"应付账款"、"应付票据"等科目,按照实际获得的现金折扣,贷记"筹资费用"科目,按照实际支付的价款,贷记"银行存款"等科目。

(四)销售折让,是指在商品销售时直接给予购买方的折让。销售折让应当在实际发生时直接从当期实现的销售收入中抵减。

(五)期末,将本科目的余额转入非限定性净资产,借记本科目,贷记"非限定性净资产"科目。如果存在限定性商品销售收入,则将其金额转入限定性净资产,借记本科目,贷记"限定性净资产"科目。

四、本科目应当按照商品的种类设置明细账,进行明细核算。

五、期末结转后,本科目应无余额。

4601 投资收益

一、本科目核算民间非营利组织因对外投资取得的投资净损益。

一般情况下,民间非营利组织的投资收益为非限定性收入,除非相关资产提供者对资产的使用设置了限制。

二、投资收益的主要账务处理如下:

(一)短期投资。出售短期投资或到期收回债券本息,按照实际收到的金额,借记"银行存款"科目,按照已计提的减值准备,借记"短期投资跌价准备"科目,按照所出售或收回短期投资的账面余额,贷记"短期投资"科目,按照未领取的现金股利或利息,贷记"其他应收款"科目,按照其差额,借记或贷记本科目。

(二)长期股权投资。

1.采用成本法核算的,被投资单位宣告发放现金股利或利润时,按照宣告发放的现金股利或利润中属于民间非营利组织应享有的部分,确认当期投资收益,借记"其他应收款"科目,贷记本科目。

2.采用权益法核算的,在期末,按照应当享有或应当分担的被投资单位当年实现的净利润或发生的净亏损的份额,调整长期股权投资账面价值,如被投资单位实现净利润,借记"长期股权投资"科目,贷记本科目,如被投资单位发生净亏损,借记本科目,贷记"长期股权投资"科目,但以长期股权投资账面价值减记至零为限。

3.处置长期股权投资时,按照实际取得的价款,借记"银行存款"等科目,按照已计提的减值准备,借记"长期投资减值准备"科目,按照所处置长期股权投资的账面余额,贷记"长期股权投资"科目,按照未领取的现金股利,贷记"其他应收款"科目,按照其差额,借记或贷记本科目。

(三)长期债权投资。

1.长期债权投资持有期间,应当按照票面价值与票面利率按期计算确认利息收入,如为到期一次还本付息的债券投资,借记"长期债权投资——债券投资(应收利息)"科目,贷记本科目,如为分期付息、到期还本的债权投资,借记"其他应收款"科目,贷记本科目。

长期债券投资的初始投资成本与债券面值之间的差额,应当在债券存续期间,按照直线法于确认相关债券利息收入时摊销,如初始投资成本高于债券面值,按照应当分摊的金额,借记本科目,贷记"长期债权投资"科目,如初始投资成本低于债券面值,按照应当分摊的金额,借记"长期股权投资"科目,贷记本科目。

2. 处置长期债权投资时,按照实际取得的价款,借记"银行存款"等科目,按照已计提的减值准备,借记"长期投资减值准备"科目,按照所处置长期债券投资的账面余额,贷记"长期债权投资"科目,按照未领取的现金股利,贷记"其他应收款"科目或"长期债权投资——债券投资(应收利息)"科目,按照其差额,借记或贷记本科目。

(四)期末,将本科目的余额转入非限定性净资产,借记本科目,贷记"非限定性净资产"科目。如果存在限定性投资收益,则将其金额转入限定性净资产,借记本科目,贷记"限定性净资产"科目。

三、期末结转后,本科目应无余额。

4901　其他收入

一、本科目核算民间非营利组织除捐赠收入、会费收入、提供服务收入、商品销售收入、政府补助收入、投资收益等主要业务活动收入以外的其他收入,如确实无法支付的应付款项、存货盘盈、固定资产盘盈、固定资产处置净收入、无形资产处置净收入等。

一般情况下,民间非营利组织的其他收入为非限定性收入,除非相关资产提供者对资产的使用设置了限制。

二、其他收入的主要账务处理举例如下:

(一)现金、存货、固定资产等盘盈的,根据管理权限报经批准后,借记"现金"、"存货"、"固定资产"、"文物文化资产"等科目,贷记本科目"非限定性收入"明细科目,如果存在限定性其他收入,应当贷记本科目"限定性收入"明细科目。

(二)对于固定资产处置净收入,借记"固定资产清理"科目,贷记本科目。

(三)对于无形资产处置净收入,按照实际取得的价款,借记"银行存款"等科目,按照该项无形资产的账面余额,贷记"无形资产"科目,按照其差额,贷记本科目。

(四)确认无法支付的应付款项,借记"应付账款"等科目,贷记本科目。

(五)在非货币性交易中收到补价情况下应确认的损益,借记有关科目,贷记"其他收入"科目。

(六)期末,将本科目的余额转入非限定性净资产,借记本科目,贷记"非限定性净资产"科目。如果存在限定性的其他收入,则将其金额转入限定性净资产,借记本科目,贷记"限定性净资产"科目。

三、本科目应当按照其他收入种类设置明细账,进行明细核算。

四、期末结转后,本科目应无余额。

5101 业务活动成本

一、本科目核算民间非营利组织为了实现其业务活动目标、开展其项目活动或者提供服务所发生的费用。

二、如果民间非营利组织从事的项目、提供的服务或者开展的业务比较单一,可以将相关费用全部归集在"业务活动成本"项目下进行核算和列报;如果民间非营利组织从事的项目、提供的服务或者开展的业务种类较多,民间非营利组织应当在"业务活动成本"项目下分别项目、服务或者业务大类进行核算和列报。

三、民间非营利组织发生的业务活动成本,应当按照其发生额计入当期费用。

四、业务活动成本的主要账务处理如下:

(一)发生的业务活动成本,借记本科目,贷记"现金"、"银行存款"、"存货"、"应付账款"等科目。

(二)期末,将本科目的余额转入非限定性净资产,借记"非限定性净资产"科目,贷记本科目。

五、期末结转后,本科目应无余额。

5201 管理费用

一、本科目核算民间非营利组织为组织和管理其业务活动所发生的各项费用,包括民间非营利组织董事会(或者理事会或者类似权力机构)经费和行政管理人员的工资、奖金、津贴、福利费、住房公积金、住房补贴、社会保障费、离退休人员工资与补助,以及办公费、水电费、邮电费、物业管理费、差旅费、折旧费、修理费、无形资产摊销费、存货盘亏损失、资产减值损失、因预计负债所产生的损失、聘请中介机构费和应偿还的受赠资产等。

二、民间非营利组织发生的管理费用,应当在发生时按其发生额计入当期费用。

三、管理费用的主要账务处理如下:

(一)现金、存货、固定资产等盘亏,根据管理权限报经批准后,按照相关资产账面价值扣除可以收回的保险赔偿和过失人的赔偿等后的金额,借记本科目,按照可以收回的保险赔偿和过失人赔偿等,借记"现金"、"银行存款"、"其他应收款"等科目,按照已提取的累计折旧,借记"累计折旧"科目,按照相关资产的账面余额,贷记相关资产科目。

(二)对于因提取资产减值准备而确认的资产减值损失,借记本科目,贷记相关资产减值准备科目。冲减或转回资产减值准备,借记相关资产减值准备科目,贷记本科目。

(三)提取行政管理用固定资产折旧,借记本科目,贷记"累计折旧"科目。

（四）无形资产摊销时，借记本科目，贷记"无形资产"科目。

（五）发生的应归属于管理费用的应付工资、应交税金等，借记本科目，贷记"应付工资"、"应交税金"等科目。

（六）对于因确认预计负债而确认的损失，借记本科目，贷记"预计负债"科目。

（七）发生的其他管理费用，借记本科目，贷记"现金"、"银行存款"等科目。

（八）期末，将本科目的余额转入非限定性净资产，借记本科目，贷记"非限定性净资产"科目。

四、本科目应当按照管理费用种类设置明细账，进行明细核算。

民间非营利组织可以根据具体情况编制管理费用明细表，以满足内部管理等有关方面的信息需要。

五、期末结转后，本科目应无余额。

5301　筹资费用

一、本科目核算民间非营利组织为筹集业务活动所需资金而发生的费用，包括民间非营利组织获得捐赠资产而发生的费用以及应当计入当期费用的借款费用、汇兑损失（减汇兑收益）等。

民间非营利组织为了获得捐赠资产而发生的费用包括举办募款活动费，准备、印刷和发放募款宣传资料费以及其他与募款或者争取捐赠有关的费用。

二、民间非营利组织发生的筹资费用，应当在发生时按其发生额计入当期费用。

三、筹资费用的主要账务处理如下：

（一）发生的筹资费用，借记本科目，贷记"预提费用"、"银行存款"、"长期借款"等科目。发生的应冲减筹资费用的利息收入、汇兑收益，借记"银行存款"、"长期借款"等科目，贷记本科目。

（二）期末，将本科目的余额转入非限定性净资产，借记"非限定性净资产"科目，贷记本科目。

四、本科目应当按照筹资费用种类设置明细账，进行明细核算。

五、期末结转后，本科目应无余额。

5401　其他费用

一、本科目核算民间非营利组织发生的、无法归属到上述业务活动成本、管理费用或者筹资费用中的费用，包括固定资产处置净损失、无形资产处置净损失等。

二、民间非营利组织发生的其他费用，应当在发生时按其发生额计入当期费用。

三、其他费用的主要账务处理如下：

（一）发生的固定资产处置净损失，借记本科目，贷记"固定资产清理"科目。

（二）发生的无形资产处置净损失，按照实际取得的价款，借记"银行存款"等科目，按照该项无形资产的账面余额,贷记"无形资产"科目,按照其差额,借记本科目。

(三)期末,将本科目的余额转入非限定性净资产,借记"非限定性净资产"科目,贷记本科目。

四、本科目应当按照费用种类设置明细账,进行明细核算。

五、期末结转后,本科目应无余额。

第四部分　会计报表格式

编　　号　　会计报表名称　　编制期

会民非 01 表　资产负债表　　中期报告、年度报告

会民非 02 表　业务活动表　　中期报告、年度报告

会民非 03 表　现金流量表　　年度报告

第五部分　会计报表编制说明

一、资产负债表编制说明

1. 本表反映民间非营利组织某一会计期末全部资产、负债和净资产的情况。

2. 本表"年初数"栏内各项数字,应当根据上年年末资产负债表"期末数"栏内数字填列。如果本年度资产负债表规定的各个项目的名称和内容同上年度不相一致,应对上年年末资产负债表各项目的名称和数字按照本年度的规定进行调整,填入本表"年初数"栏内。

3. 本表"期末数"各项目的内容和填列方法:

(1)"货币资金"项目,反映民间非营利组织期末库存现金、存放银行的各类款项以及其他货币资金的合计数。本项目应当根据"现金"、"银行存款"、"其他货币资金"科目的期末余额合计填列。如果民间非营利组织的受托代理资产为现金、银行存款或其他货币资金且通过"现金"、"银行存款"、"其他货币资金"科目核算,还应当扣减"现金"、"银行存款"、"其他货币资金"科目中"受托代理资产"明细科目的期末余额。

(2)"短期投资"项目,反映民间非营利组织持有的各种能够随时变现并且持有时间不准备超过 1 年(含 1 年)的投资,包括短期股票、债券投资和短期委托贷款、委托投资等。本项目应当根据"短期投资"科目的期末余额,减去"短期投资跌价准备"科目的期末余额后的金额填列。

(3)"应收款项"项目,反映民间非营利组织期末应收票据、应收账款和其他应收款等应收未收款项。本项目应当根据"应收票据"、"应收账款"、"其他应收款"科目的期末余额合计,减去"坏账准备"科目的期末余额后的金额填列。

(4)"预付账款"项目,反映民间非营利组织预付给商品或者服务供应单位等的款

项。本项目应当根据"预付账款"科目的期末余额填列。

(5)"存货"项目,反映民间非营利组织在日常业务活动中持有以备出售或捐赠的,或者为了出售或捐赠仍处在生产过程中的,或者将在生产、提供服务或日常管理过程中耗用的材料、物资、商品等。本项目应当根据"存货"科目的期末余额,减去"存货跌价准备"科目的期末余额后的金额填列。

(6)"待摊费用"项目,反映民间非营利组织已经支出,但应当由本期和以后各期分别负担的、分摊期在 1 年以内(含 1 年)的各项费用,如预付保险费、预付租金等。本项目应当根据"待摊费用"科目的期末余额填列。

(7)"一年内到期的长期债权投资"项目,反映民间非营利组织将在 1 年内(含 1 年)到期的长期债权投资。本项目应当根据"长期债权投资"科目的期末余额中将在 1 年内(含 1 年)到期的长期债权投资余额,减去"长期投资减值准备"科目的期末余额中 1 年内(含 1 年)到期的长期债权投资减值准备余额后的金额填列。

(8)"其他流动资产"项目,反映民间非营利组织除以上流动资产项目外的其他流动资产。本项目应当根据有关科目的期末余额分析填列。如果其他流动资产价值较大的,应当在会计报表附注中单独披露其内容和金额。

(9)"长期股权投资"项目,反映民间非营利组织不准备在 1 年内(含 1 年)变现的各种股权性质的投资的可收回金额。本项目应当根据"长期股权投资"科目的期末余额,减去"长期投资减值准备"科目的期末余额中长期股权投资减值准备余额后的金额填列。

(10)"长期债权投资"项目,反映民间非营利组织不准备在 1 年内(含 1 年)变现的各种债权性质的投资的可收回金额。本项目应当根据"长期债权投资"科目的期末余额,减去"长期投资减值准备"科目的期末余额中长期债权投资减值准备余额,再减去本表"一年内到期的长期债权投资"项目金额后的金额填列。

(11)"固定资产"项目,反映民间非营利组织的各项固定资产的账面价值。本项目应当根据"固定资产"科目的期末余额,减去"累计折旧"科目的期末余额后的金额填列。

(12)"在建工程"项目,反映民间非营利组织期末各项未完工程的实际支出,包括交付安装的设备价值、已耗用的材料、工资和费用支出、预付出包工程的价款等。本项目应当根据"在建工程"科目的期末余额填列。

(13)"文物文化资产"项目,反映民间非营利组织用于展览、教育或研究等目的的历史文物、艺术品以及其他具有文化或者历史价值并作长期或者永久保存的典藏等。本项目应当根据"文物文化资产"科目的期末借方余额填列。

(14)"固定资产清理"项目,反映民间非营利组织因出售、毁损、报废等原因转入清理但尚未清理完毕的固定资产的账面价值,以及固定资产清理过程中发生的清理费用和变价收入等各项金额的差额。本项目应当根据"固定资产清理"科目的期末借方余额填列;如果"固定资产清理"科目期末为贷方余额,则以"－"号填列。

(15)"无形资产"项目,反映民间非营利组织拥有的为开展业务活动、出租给他人或为管理目的而持有的没有实物形态的非货币性长期资产,包括专利权、非专利技术、商标权、著作权、土地使用权等。本项目应当根据"无形资产"科目的期末余额填列。

(16)"受托代理资产"项目,反映民间非营利组织接受委托方委托从事受托代理业务而收到的资产。本项目应当根据"受托代理资产"科目的期末余额填列。如果民间非营利组织的受托代理资产为现金、银行存款或其他货币资金且通过"现金"、"银行存款"、"其他货币资金"科目核算,还应当加上"现金"、"银行存款"、"其他货币资金"科目中"受托代理资产"明细科目的期末余额。

(17)"短期借款"项目,反映民间非营利组织向银行或其他金融机构等借入的、尚未偿还的期限在1年以下(含1年)的各种借款。本项目应当根据"短期借款"科目的期末余额填列。

(18)"应付款项"项目,反映民间非营利组织期末应付票据、应付账款和其他应付款等应付未付款项。本项目应当根据"应付票据"、"应付账款"、"其他应付款"科目的期末余额合计填列。

(19)"应付工资"项目,反映民间非营利组织应付未付的员工工资。本项目应当根据"应付工资"科目的期末贷方余额填列;如果"应付工资"科目期末为借方余额,以"－"号填列。

(20)"应交税金"项目,反映民间非营利组织应交未交的各种税费。本项目应当根据"应交税金"科目的期末贷方余额填列;如果"应交税金"科目期末为借方余额,则以"－"号填列。

(21)"预收账款"项目,反映民间非营利组织向服务和商品购买单位等预收的各种款项。本项目应当根据"预收账款"科目的期末余额填列。

(22)"预提费用"项目,反映民间非营利组织预先提取的已经发生但尚未实际支付的各项费用。本项目应当根据"预提费用"科目的期末贷方余额填列。

(23)"预计负债"项目,反映民间非营利组织对因或有事项所产生的现时义务而确认的负债。本项目应当根据"预计负债"科目的期末贷方金额填列。

(24)"一年内到期的长期负债"项目,反映民间非营利组织承担的将于1年内(含1年)偿还的长期负债。本项目应当根据有关长期负债科目的期末余额中将在1年内(含1年)到期的金额分析填列。

(25)"其他流动负债"项目,反映民间非营利组织除以上流动负债之外的其他流动负债。本项目应当根据有关科目的期末余额填列。如果其他流动负债金额较大的,应当在会计报表附注中单独披露其内容和金额。

（26）"长期借款"项目，反映民间非营利组织向银行或其他金融机构等借入的期限在 1 年以上（不含 1 年）的各种借款本息。本项目应当根据"长期借款"科目的期末余额减去其中将于 1 年内（含 1 年）到期的长期借款余额后的金额填列。

（27）"长期应付款"项目，反映民间非营利组织承担的各种长期应付款，如融资租入固定资产发生的应付租赁款。本项目应当根据"长期应付款"科目的期末余额减去其中将于 1 年内（含 1 年）到期的长期应付款余额后的金额填列。

（28）"其他长期负债"项目，反映民间非营利组织除以上长期负债项目之外的其他长期负债。本项目应当根据有关科目的期末余额减去其中将于 1 年内（含 1 年）到期的其他长期负债余额后的金额分析填列。如果其他长期负债金额较大的，应当在会计报表附注中单独披露其内容和金额。

（29）"受托代理负债"项目，反映民间非营利组织因从事受托代理业务、接受受托代理资产而产生的负债。本项目应当根据"受托代理负债"科目的期末余额填列。

（30）"非限定性净资产"项目，反映民间非营利组织拥有的非限定性净资产期末余额。本项目应当根据"非限定性净资产"科目的期末余额填列。

（31）"限定性净资产"项目，反映民间非营利组织拥有的限定性净资产期末余额。本项目应当根据"限定性净资产"科目的期末余额填列。

二、业务活动表编制说明

1. 本表反映民间非营利组织在某一会计期间内开展业务活动的实际情况。

2. 本表"本月数"栏反映各项目的本月实际发生数；在编制季度、半年度等中期财务会计报告时，应当将本栏改为"本季度数"、"本半年度数"等本中期数栏，反映各项目本中期的实际发生数。在提供上年度比较报表时，应当增设可比期间栏目，反映可比期间各项目的实际发生数。如果本年度业务活动表规定的各个项目的名称和内容同上年度不相一致，应对上年度业务活动表各项目的名称和数字按照本年度的规定进行调整，填入本表上年度可比期间栏目内。

本表"本年累计数"栏反映各项目自年初起至报告期末止的累计实际发生数。

本表"非限定性"栏反映本期非限定性收入的实际发生数、本期费用的实际发生数和本期由限定性净资产转为非限定性净资产的金额；本表"限定性"栏反映本期限定性收入的实际发生数和本期由限定性净资产转为非限定性净资产的金额（以"－"号填列）。在提供上年度比较报表项目金额时，限定性和非限定性栏目的金额可以合并填列。

3. 本表各项目的内容和填列方法：

（1）"捐赠收入"项目，反映民间非营利组织接受其他单位或者个人捐赠所取得的收入总额。本项目应当根据"捐赠收入"科目的发生额填列。

（2）"会费收入"项目，反映民间非营利组织根据章程等的规定向会员收取的会费总额。本项目应当根据"会费收入"科目的发生额填列。

（3）"提供服务收入"项目，反映民间非营利组织根据章程等的规定向其服务对象提供服务取得的收入总额。本项目应当根据"提供服务收入"科目的发生额填列。

（4）"商品销售收入"项目，反映民间非营利组织销售商品等所形成的收入总额。本项目应当根据"商品销售收入"科目的发生额填列。

（5）"政府补助收入"项目，反映民间非营利组织接受政府拨款或者政府机构给予的补助而取得的收入总额。本项目应当根据"政府补助收入"科目的发生额填列。

（6）"投资收益"项目，反映民间非营利组织以各种方式对外投资所取得的投资净损益。本项目应当根据"投资收益"科目的贷方发生额填列；如果为借方发生额，则以"一"号填列。

（7）"其他收入"项目，反映民间非营利组织除上述收入项目之外所取得的其他收入总额。本项目应当根据"其他收入"科目的发生额填列。

上述各项收入项目应当区分"限定性"和"非限定性"分别填列。

（8）"业务活动成本"项目，反映民间非营利组织为了实现其业务活动目标、开展其项目活动或者提供服务所发生的费用。本项目应当根据"业务活动成本"科目的发生额填列。

民间非营利组织应当根据其所从事的项目、提供的服务或者开展的业务等具体情况，按照"业务活动成本"科目中各明细科目的发生额，在本表第 12 行至第 21 行之间填列业务活动成本的各组成部分。

（9）"管理费用"项目，反映民间非营利组织为组织和管理其业务活动所发生的各项费用总额。本项目应当根据"管理费用"科目的发生额填列。

（10）"筹资费用"项目，反映民间非营利组织为筹集业务活动所需资金而发生的各项费用总额，包括利息支出（减利息收入）、汇兑损失（减汇兑收益）以及相关手续费等。本项目应当根据"筹资费用"科目的发生额填列。

（11）"其他费用"项目，反映民间非营利组织除以上费用项目之外发生的其他费用总额。本项目应当根据有关科目的发生额填列。

（12）"限定性净资产转为非限定性净资产"项目，反映民间非营利组织当期从限定性净资产转入非限定性净资产的金额。本项目应当根据"限定性净资产"、"非限定性净资产"科目的发生额分析填列。

（13）"净资产变动额"项目，反映民间非营利组织当期净资产变动的金额。本项目应当根据本表"收入合计"项目的金额，减去"费用合计"项目的金额，再加上"限定性净资产转为非限定性净资产"项目的金额后填列。

三、现金流量表编制说明

1. 本表反映民间非营利组织在某一会计期间内现金和现金等价物流入和流出的信息。

2. 本表所指的现金,是指民间非营利组织的库存现金以及可以随时用于支付的存款,包括现金、可以随时用于支付的银行存款和其他货币资金;现金等价物,是指民间非营利组织持有的期限短、流动性强、易于转换为已知金额现金、价值变动风险很小的投资(除特别指明外,以下所指的现金均包含现金等价物)。

民间非营利组织应当根据实际情况确定现金等价物的范围,并且一贯性地保持其划分标准,如果改变划分标准,应当视为会计政策变更。民间非营利组织确定现金等价物的原则及其变更,应当在会计报表附注中披露。

3. 现金流量表应当按照业务活动产生的现金流量、投资活动产生的现金流量和筹资活动产生的现金流量分别反映。本表所指的现金流量,是指现金的流入和流出。

4. 民间非营利组织应当采用直接法编制业务活动产生的现金流量。采用直接法编制业务活动现金流量时,有关现金流量的信息可以从会计记录中直接获得,也可以在业务活动表收入和费用数据基础上,通过调整存货和与业务活动有关的应收应付款项的变动、投资以及固定资产折旧、无形资产摊销等项目后获得。

5. 本表各项目的内容和填列方法:

(1) “接受捐赠收到的现金”项目,反映民间非营利组织接受其他单位或者个人捐赠取得的现金。本项目可以根据“现金”、“银行存款”、“捐赠收入”等科目的记录分析填列。

(2) “收取会费收到的现金”项目,反映民间非营利组织根据章程等的规定向会员收取会费取得的现金。本项目可以根据“现金”、“银行存款”、“应收账款”、“会费收入”等科目的记录分析填列。

(3) “提供服务收到的现金”项目,反映民间非营利组织根据章程等的规定向其服务对象提供服务取得的现金。本项目可以根据“现金”、“银行存款”、“应收账款”、“应收票据”、“预收账款”、“提供服务收入”等科目的记录分析填列。

(4) “销售商品收到的现金”项目,反映民间非营利组织销售商品取得的现金。本项目可以根据“现金”、“银行存款”、“应收账款”、“应收票据”、“预收账款”、“商品销售收入”等科目的记录分析填列。

(5) “政府补助收到的现金”项目,反映民间非营利组织接受政府拨款或者政府机构给予的补助而取得的现金。本项目可以根据“现金”、“银行存款”、“政府补助收入”等科目的记录分析填列。

(6) “收到的其他与业务活动有关的现金”项目,反映民间非营利组织收到的除以上业务之外的现金。本项目可以根据“现金”、“银行存款”、“其他应收款”、“其他收入”等科目的记录分析填列。

(7)"提供捐赠或者资助支付的现金"项目,反映民间非营利组织向其他单位和个人提供捐赠或者资助支出的现金。本项目可以根据"现金"、"银行存款"、"业务活动成本"等科目的记录分析填列。

(8)"支付给员工以及为员工支付的现金"项目,反映民间非营利组织开展业务活动支付给员工以及为员工支付的现金。本项目可以根据"现金"、"银行存款"、"应付工资"等科目的记录分析填列。

民间非营利组织支付的在建工程人员的工资等,在本表"购建固定资产、无形资产所支付的现金"项目中反映。

(9)"购买商品、接受服务支付的现金"项目,反映民间非营利组织购买商品、接受服务而支付的现金。本项目可以根据"现金"、"银行存款"、"应付账款"、"应付票据"、"预付账款"、"业务活动成本"等科目的记录分析填列。

(10)"支付的其他与业务活动有关的现金"项目,反映民间非营利组织除上述项目之外支付的其他与业务活动有关的现金。本项目可以根据"现金"、"银行存款"、"其他应付款"、"管理费用"、"其他费用"等科目的记录分析填列。

(11)"收回投资所收到的现金"项目,反映民间非营利组织出售、转让或者到期收回除现金等价物之外的短期投资、长期投资而收到的现金。不包括长期投资收回的股利、利息,以及收回的非现金资产。本项目可以根据"现金"、"银行存款"、"短期投资"、"长期股权投资"、"长期债权投资"等科目的记录分析填列。

(12)"取得投资收益所收到的现金"项目,反映民间非营利组织因对外投资而取得的现金股利、利息,以及从被投资单位分回利润收到的现金;不包括股票股利。本项目可以根据"现金"、"银行存款"、"投资收益"等科目的记录分析填列。

(13)"处置固定资产和无形资产所收回的现金"项目,反映民间非营利组织处置固定资产和无形资产所取得的现金,减去为处置这些资产而支付的有关费用之后的净额。由于自然灾害所造成的固定资产等长期资产损失而收到的保险赔款收入,也在本项目反映。本项目可以根据"现金"、"银行存款"、"固定资产清理"等科目的记录分析填列。

(14)"收到的其他与投资活动有关的现金"项目,反映民间非营利组织除上述各项之外收到的其他与投资活动有关的现金。其他现金流入如果金额较大的,应当单列项目反映。本项目可以根据"现金"、"银行存款"等有关科目的记录分析填列。

(15)"购建固定资产和无形资产所支付的现金"项目,反映民间非营利组织购买和建造固定资产,取得无形资产和其他长期资产所支付的现金。不包括为购建固定资产而发生的借款利息资本化的部分,以及融资租入固定资产支付的租赁费。借款利息和融资租入固定资产支付的租赁费,在筹资活动产生的现金流量中反映。本项目可以根据"现金"、"银行存款"、"固定资产"、"无形资产"、"在建工程"等科目的记录分析填列。

（16）"对外投资所支付的现金"项目，反映民间非营利组织进行对外投资所支付的现金，包括取得除现金等价物之外的短期投资、长期投资所支付的现金，以及支付的佣金、手续费等附加费用。本项目可以根据"现金"、"银行存款"、"短期投资"、"长期股权投资"、"长期债权投资"等科目的记录分析填列。

（17）"支付的其他与投资活动有关的现金"项目，反映民间非营利组织除上述各项之外，支付的其他与投资活动有关的现金。如果其他现金流出金额较大的，应当单列项目反映。本项目可以根据"现金"、"银行存款"等有关科目的记录分析填列。

（18）"借款所收到的现金"项目，反映民间非营利组织举借各种短期、长期借款所收到的现金。本项目可以根据"现金"、"银行存款"、"短期借款"、"长期借款"等科目的记录分析填列。

（19）"收到的其他与筹资活动有关的现金"项目，反映民间非营利组织除上述项目之外，收到的其他与筹资活动有关的现金。如果其他现金流入金额较大的，应当单列项目反映。本项目可以根据"现金"、"银行存款"等有关科目的记录分析填列。

（20）"偿还借款所支付的现金"项目，反映民间非营利组织以现金偿还债务本金所支付的现金。本项目可以根据"现金"、"银行存款"、"短期借款"、"长期借款"、"筹资费用"等科目的记录分析填列。

（21）"偿付利息所支付的现金"项目，反映民间非营利组织实际支付的借款利息、债券利息等。本项目可以根据"现金"、"银行存款"、"长期借款"、"筹资费用"等科目的记录分析填列。

（22）"支付的其他与筹资活动有关的现金"项目，反映民间非营利组织除上述项目之外，支付的其他与筹资活动有关的现金，如融资租入固定资产所支付的租赁费。本项目可以根据"现金"、"银行存款"、"长期应付款"等有关科目的记录分析填列。

（23）"汇率变动对现金的影响额"项目，反映民间非营利组织外币现金流量及境外所属分支机构的现金流量折算为人民币时，所采用的现金流量发生日的汇率或期初汇率折算的人民币金额与本表"现金及现金等价物净增加额"中外币现金净增加额按期末汇率折算的人民币金额之间的差额。

（24）"现金及现金等价物净增加额"项目，反映民间非营利组织本年度现金及现金等价物变动的金额。本项目应当根据本表"业务活动产生的现金流量净额"、"投资活动产生的现金流量净额"、"筹资活动产生的现金流量净额"和"汇率变动对现金的影响额"项目的金额合计填列。

第六部分　会计报表附注

民间非营利组织的会计报表附注至少应当披露以下内容：

（一）重要会计政策及其变更情况的说明；

（二）董事会（或者理事会或者类似权力机构）成员和员工的数量、变动情况以及获得的薪金等报酬情况的说明；

（三）会计报表重要项目及其增减变动情况的说明；

（四）资产提供者设置了时间或用途限制的相关资产情况的说明；

（五）受托代理业务情况的说明，包括受托代理资产的构成、计价基础和依据、用途等；

（六）重大资产减值情况的说明；

（七）公允价值无法可靠取得的受赠资产和其他资产的名称、数量、来源和用途等情况的说明；

（八）对外承诺和（或）有事项情况的说明；

（九）接受劳务捐赠情况的说明；

（十）资产负债表日后非调整事项的说明；

（十一）有助于理解和分析会计报表需要说明的其他事项。

参 考 文 献

[1] 迈克尔·A.希特,R.杜安·爱尔兰,罗伯特·E.霍斯基森.战略管理——竞争与全球化(概念)[M].
     北京:机械工业出版社,2002.

[2] 文理.企业战略管理:原理、案件、分析[M].北京:中国科学技术大学出版社,2003.

[3] 芝加哥大学商学院,欧洲管理学院,密歇根大学商学院,牛津大学赛德商学院.把握战略:MBA战略
     精要[M].北京:北京大学出版社,2003.

[4] 科林·克拉克·希尔,基恩·格来斯特.战略管理案例[M].北京:经济管理出版社,2000.

[5] 陈晓春.非营利组织市场经济[M].长沙:湖南人民出版社,2003.

[6] 陈晓春.市场经济与非营利组织研究[M].长沙:湖南人民出版社,2001.

[7] 劳伦斯·S.克雷曼.人口资源管理:获取竞争优势的工具[M].北京:机械工业出版社,2003.

[8] 黄明胜,水家耀.核心能力:现代企业持续竞争的案例[M].武汉:华南理工大学出版社,2001.

[9] 保罗·A.阿根狄.公司沟通[M].北京:清华大学出版社,2003.

[10] 吴照云.管理学[M].北京:经济管理出版社,2003.

[11] Caryn·A.Spain,Ron Wishnoff.战略远见:制造前瞻性战略决策工具[M].北京:机械工业出版
     社,2003.

[12] 胡大立,吴照云.关于优化价值链条的几点分析[J].中国工业经济,2001,(12):5.

[13] 迈克尔·波特.竞争优势[M].陈小悦,译.北京:华夏出版社,1997.

[14] 莱斯特·M.萨拉蒙,等.全球公民社会——非营利部门视界[M].贾西津,魏玉,等,译.北京:社会科
     学文献出版社,2002.

[15] 陈晓春.市场经济与非营利组织研究[M].长沙:湖南人民出版社,2001.

[16] 卡利斯·Y.鲍德漫,金·B.克拉克.价值链管理[M].北京:中国人民大学出版社,2001.

[17] 詹姆斯·P.盖拉特.21世纪非营利组织管理[M].北京:中国人民大学出版社,2003.

[18] 保罗·C.纳特,罗伯特·W.巴可夫.公共和第三部门组织的战略管理:领导手册[M].北京:中国人
     民大学出版社,2002.

[19] 菲利普·科特勒,艾伦·R.安德理亚森.非营利组织战略管理[M].北京:中国人民大学出版
     社,2003.

[20] 周三多.战略管理新思维[M].南京:南京大学出版社,2002.

[21] 里贾纳·E.赫兹琳杰.营利组织管理[M].北京:中国人民大学出版社,2002

[22] 丰斯·特龙彭纳斯,查理斯·汉普登——特纳.在文化的波涛中冲浪:理解工商管理中的文化多样
     性[M].美世杰,译.北京:华夏出版社,2003.

[23] 吴汉东.知识产权法学[M].北京:北京大学出版社,2000.

[24] 马克思,恩格斯.马克思恩格斯全集.第46卷(下)[M].北京:人民出版社,1972.

[25] 马克思,恩格斯.马克思恩格斯全集.第23卷[M].北京:人民出版社,1972.

[26] 马克思.剩余价值理论.第1册[M].北京:人民出版社,1975.

[27] 王名.非营利组织管理概论[M].北京：中国人民大学出版社,2002.

[28] 刘春湘.非营利组织治理结构研究[M].长沙：中南大学出版社,2007.

[29] 程昔武.非营利组织治理机制研究[M].北京：中国人民大学出版社,2005.

[30] 弗朗西斯·福山.大分裂——人类本性与社会秩序的重建[M].刘榜离,等,译.北京：中国社会科学出版社,2002.

[31] 罗伯特·帕特南.民主运转起来[M].南昌：江西人民出版社,2001.

[32] 戴维·奥斯本,彼德·普拉斯特里克.摒弃官僚制：政府再造的五项战略[M].谭功荣,刘霞译.北京：中国人民大学出版社,2002.

[33] 李炳秀,陈晓春.内部人控制与非营利组织治理结构探析[J].云梦学刊,2005,(3)：53-56 .

[34] 侯江红.公益组织财务监督机制研究[J].事业财会,2007,(5)：2-5.

[35] 陈岳堂.转型时期非营利组织外部监督机制的构建[J].求索,2007,(3)：45-46.

[36] 张彪,向晶晶.构建非营利组织财务透明度提升机制的基本思路[J].财经理论与实践,2008,(4)：73-76.

[37] 张彪.论政府对非营利组织发展的财务支持[J].求索,2008,(9)：38-40.

[38] 陈伟.财务监督和内部审计的分析与比较[J].特区经济,2004,(9)：26-27.

[39] Galaskiewicz J,Wassermam, S. Mimestic Processeswithin an interorganizational field：An empirical test[J]. Administrative Science Quarterly,1989,34 (3)：454- 479.

[40] 孙晋众.网络组织的形成与演化机制[J].山西高等学校社会科学学报,2004,(11)：32-34.

[41] 彭未名,梁瑜.文化冲突危机的跨文化管理思考[J].江汉论坛,2007,(3).

[42] 李静,万继峰.非营利组织会计目标浅探[J].财会月刊,2005,(12)：17.

[43] 葛家澍,陈少华.改进企业财务报告问题研究[M].北京：中国财经经济出版社,2002.

[44] 张彪,陈晓春.非营利组织准公共产品成本刍议[J].湖南师范大学社会科学学报,2004,(3).

[45] 邓国胜.非营利组织评估[M].北京：社会科学文献出版社,2001.

[46] 马庆钰.中国非政府组织发展与管理[M].北京：国家行政学院出版社,2007.

[47] 阿里·德赫斯.长寿公司[M].北京：红旗出版社,1998.

[48] 陈晓春,李苗苗.非营利组织的发展：动力、机制与作用[J].湖南大学学报：社会科学版,2006,(1)：74.

[49] 李珍刚.当代中国政府与非营利组织互动关系研究[M].北京：中国社会科学出版社,2004.

[50] 王敏,王乐夫.公共事务的责任分担与利益共享——公共事务管理体制改革与开放的思考[J].学术研究,2001,(11)

[51] 周志忍,陈庆云.自律与他律——第三部门监督机制个案研究[M].杭州：浙江人民出版社,1999.

[52] 颜克高,陈晓春.非营利组织管理者的报酬与激励[J].商业研究,2006,(9)：8.

[53] 张建国.可持续发展战略下的 NPO 财务管理[J].北方经济,2006,(5)：63.

[54] 刘培峰.非政府组织参与的几个问题[J].学海,2005,(5) .

[55] 陈晓春,谭娟,胡扬名.基于共生理论的区域行政发展研究[J].财经理论与实践,2007,(6)：115-118.

[56] 俞可平.全球化：全球治理[M].北京：社会科学文献出版社,2003.

[57]　迟福林. 论公共服务型政府[J]. 理论参考,2006,(6)：26-27.

[58]　谢庆奎. 论政府发展的含义[J]. 北京大学学报,2003,(1)：16- 21.

[59]　陈晓春. 共生的精神构筑和谐世界[EB/OL]. http：//www. riben. org/shown ews. asp. aid＝342.

[60]　陈晓春,黄炎波,颜克高. 非营利组织的共生探析[J]. 湖南大学学报：社会科学版,2004,(3)：52- 54.

[61]　刘祖云. 当代中国公共行政伦理的审视[M]. 北京：人民出版社,2006.

[62]　刘鹏. 论强化党的社会整合功能[J]. 理论导刊,2005,(1)：4-7.

[63]　葛家澍,陈少华. 改进企业财务报告问题研究[M]. 北京：中国财经经济出版社,2002.

[64]　商玉生. 公信力建设导引中国 NPO 走向[DB/OL]. http：//www. npo. org. cn/cn/ member/topic/ detail. php? id＝28. 2004-11-22.

[65]　崔玉,马凤芝. 中国非营利组织社会公信力建设的制度化途径：自律与社会交代[DB/ OL] . http：// www. help- poverty. org. cn/ helpweb2/ngo/ n37-3. htm.

[66]　邓国胜. 构建我国非营利组织的问责机制[J] . 中国行政管理,2003,(3)：38.

[67]　邓国胜. 非营利组织 APC 评估理论[J]. 中国行政管理,2004,(10)：33-37.

[68]　仲伟周,曹永利. 我国非营利组织发展存在的问题及其治理[J]. 公共行政,2004,(10)：78.

[69]　范丽珠. 全球化下的社会变迁与非政府组织(NGO)[M]. 上海：上海人民出版社,2003.

[70]　陈晓春,赵晋湘. 非营利组织失灵与治理之探讨[J]. 财经理论与实践,2003,(2)：29- 32.

[71]　何增科. 公民社会与第三部门[M]. 北京：社会科学文献出版社,2000.

[72]　王绍光. 多元与统一——第三部门国际比较研究[M]. 杭州：浙江人民出版社,1999.

[73]　Waldermar Nielsen. The Endangered Sector. New York：Columbia University Press,1979：14,47.

[74]　Lester M Salamon. Rethinking Public Management：Third-Party Government and the Chnging Forms of Government Action. Public Policy,1981,29(3)：255-257.

[75]　Helmut Anheier. Managing Non-Profit Organizations：Towards a New Approach,in Civil Society Working Papers,1,Centre for Civil,LSE,London,2000.

[76]　Bret Elliott. Nonprofit Organizations and the Internet. Nonprofit Management & Leadership,1998,8 (3).

[77]　Weisbrod Burton. the Not- for - profit. Sector in a Mixed Economy,Manuscript,Twentieth Century Found,N. Y. ,1985.

[78]　Young,Dennis. If not for profit ,for what? If not for profit,for what?：a behavioral theory of the nonprofit sector based on entre prenenrship. Lexington,Mass：D. C. Heath,1983.

[79]　Eade Deborah. Capacity-Building：An Approach to People-Centred Development. UK. Oxfam. 1997.

[80]　Ronald J Burke,Eddy NG. The changing nature of work and organizations：Implications for human resource management. Human Resource review,2006,(56).

[81]　Weisbrod,Burton. Toward a Theory of the Voluntary Nonprofit Sector in Three- Sector Economy// E. Phelps. eds. Altruism Morality and Economic Theory. New York：Russel Sage,1974.

[82]　Salamon L. Partners in Public Service：the scope and theory of government-non Profit relation,in Powell. The wcnprcefit secter：a research hanelbook. Yate University Press,New Haven,1987,29 (3).

[83] Barry Bozeman. Public Management，The State of Arts，San Francisco：Jossey -Bass Publishers，1993.

[84] Robert Goodwin. the Benefit of Volunteer Activities by Families. Journal of AVS，December 1995.

[85] Karsten Nowrot. Legal Consequence of Globalization：The Status of Non- Government Organization under International Law，Indiana Journal of Global Legal Studies，1999，11(6).

[86]   Jeffrey L Dunoff. The Misguided Debate over NGO Participation at the WTO. Journal of International Economic Law，1998，(3).

[87] Stephan Hobb. Global Challenges to Statehood：The Increasingly Important，1998.

[88]   Peter F Drucker. Lessons for Successful Non-profit Governance. Non-profit Management & Leadership，1990，(1)：7-14.

[89] 孔繁斌.从限制结社自由到监管公共责任——中国政府社团管制正当性及其制度选择[J].中国行政管理，2005，(2)：83-85.

[90] 里贾纳·E.赫茨琳杰.非营利组织管理[M].北京：中国人民大学出版社，2000：1-26.

[91] 王名，陶传进.中国民间组织的现状与相关政策建议[J].中国行政管理，2004，(1)：54-56.

[92] Lester M Salamon. The Rise of the Non-profits Sector. Foreign Affairs，1994，(4)：109-122.

[93] Thomas Wolf. Managing a Non-profit Organization in the Twenty-First Century. NewYork：Simon & Schuster，1999：6-7.

[94] 张远凤.德鲁克.论与非营利组织管理[J].外国经济与管理，2002，(9)：2-7.

[95] 王绍光.多元与统一——第三部门国际比较研究[M].杭州：浙江人民出版社，1999：6-8.

[96] 范丽珠.全球化下的社会变迁与非政府组织[M].上海：上海人民出版社，2003：265- 266.

[97] 侯江红.论公益组织的财务特征与政府财务监督机制[J].云南行政学院学报，2008，(4)：79-82.

[98] 陈林.非营利组织法人治理研究[J].中国科学技术大学管理学院学报，2002，(1)：52-54.

[99] 黄少安，产权经济学导论[M].济南：山东人民出版社，1994：231-232.

[100] Oliver Hart. Corporation Governance：Some Theory and Implicational. The Economic Journal，1995，(1)：678-689.

[101] Robert Blood. Should NGO be viewed as political corporation? Journal of Communication Management，2004，(2)：120-133.

[102] 詹少青，胡介埙.西方政府——非营利组织关系理论综述[J].外国经济与管理，2005，(9)：24-31.

[103] 谢蕾.西方非营利组织理论研究的新进展[J].国家行政学院学报，2002，(1)：89-92.

[104] 杨光华，陈晓春.非营利组织产权问题研究[J].哈尔滨学院学报，2005，(3)：62-63.

[105] 李仕明.现代企业产权制度——内涵、结构与激励机制[J].中国软科学，2000，(5)：26-28.

[106] 王名，贾西津.基金会的产权结构与治理[J]，经济界，2003，(1)：40-45.

[107] 贾西津.第三次改革——中国非营利组织部门战略研究[M].北京：清华大学出版社，2005：76-78.

[108] 周美芳.论非营利组织治理理论与我国非营利组织治理的方向[J].经济纵横，2005，(8)：58-61.

[109] 周志忍，陈庆云.自律与他律：第三部门监督机制个案研究[M].杭州：浙江人民出版社，1999：73-79.

[110] Judith R Saidel，Sharon L Harlan. Contracting and Patterns of Non-profit Governance. Non-profit management & leadership，1998，(3)：243-259.

[111] 张彪.姚君芳.非营利组织财务监督体系的构建[J].求索,2009,(7)：41-43.

[112] Jessop B. The Rise of Governance and the Risk of Failure：The case of Economic Development. International Social Journal,1998,(2)：29-45.

[113] Aboody D,Kasznik R. CEO Stock Options Awards and Timing of Corporate Voluntary Disclosures. Journal of Accounting and Economics,2000,(29)：73-100.

[114] 仲伟周,曹永利.我国非营利组织发展存在的问题及其治理[J].西安交通大学学报：社会科学版, 2004,(6)：20-34.

[115] 叶常林.非营利组织失灵：组织边界之模糊与清晰.中国行政管理,2006,(11)：91-94.

[116] 俞可平,等.中国公民社会的制度环境[M].北京：北京大学出版社,2006：21-35.

[117] 王名,刘培峰.民间组织通论[M].北京：时事出版社,2004：67-69.

[118] 李静,万继峰.我国非营利组织会计信息披露现状解读[J].现代财经-天津财经学院学报,2006, (2)：30-33.

[119] 王国生.民间非营利组织会计[M].北京：中国金融出版社,2005：21-34.

[120] 吴东民.董西明.非营利组织管理[M].北京：中国人民大学出版社,2003：375-376.

[121] 席恒.公与私：公共事业运行机制研究[M].北京：商务印书馆,2003：121-124.

[122] 钱颜文,姚芳,孙林岩.非营利组织治理及其治理结构研究：一个对比的视角[J].科研管理,2006, (3)：114-121.

[123] 周志忍,陈庆云.道德驱动的自律与制度化自律——希望工程公共责任和监督机制研究[J].中国行政管理,2001,(3)：23-28.

[124] 陈岳堂.非营利基金会信息披露质量评价及其治理研究.长沙：中南大学出版社,2008：142-145.

[125] Chau,Gray. Owner ship Structure and Corporation Voluntary Disclosed in Hong Kong and Singapore. The International Journal of Accounting,2002,(37)：247-265.

[126] 资中筠.财富的归宿——美国现代公益基金会评述[M].上海：上海人民出版社,2006：12-34.

[127] 吴东民.董西明.非营利组织管理[M].北京：中国人民大学出版社,2003：76-78.

[128] 龚光明,李晗.美国非营利组织审计委员会制度：介绍与启示[J].事业财会,2005,(3)：52-53.

[129] 王名.李勇.英国非营利组织[M].北京：社会科学文献出版社,2009：86-98.

[130] 徐晞,叶民强.我国非营利组织负责人的激励与约束机制研究——以行业协会为例[J].经济问题探索,2007,(1)：178-182.

[131] Dennis R Young. The First Three years of NML：Central Issues in the Management of Non-profit Organization. Non-profit Management & Leadership,1993,(1)：3-22.

[132] 金锦萍.非营利法人治理结构研究[M].北京：北京大学出版社,2005：176-178.

[133] 陈金罗,葛云松,等.中国非营利组织法的基本问题[M].北京：中国方正出版社,2006：136-137.

[134] 孙芳城,王海兵,肖传志.非营利组织的会计目标及会计信息披露[J].财会月刊,2006,(7)：5-6.

[135] 蔡磊.非营利组织基本法律制度研究[M].厦门：厦门大学出版社,2005：15-35.

[136] 仲伟周,曹永利.我国非营利组织的绩效考核指标体系设计研究[J].科研管理,2006：(3)：116-122.

[137] Dennis R Young. Alternative models of government-nonprofit sector relations：theoretical and

international perspective. Non-profitand Voluntary Sector Quarterly,2000,(1)：149-172.

[138] 程昔武.非营利组织治理机制研究[M].北京：中国人民大学出版社,2008：34-54.

[139] 钱玮亭.论强制性信息披露的度[J].决策与信息(财经观察),2005,(7)：50-51.

[140] 赵明,王霞.从经济学的角度看强制性信息披露[J].新疆财经学院学报,2006,(2)：78-81.

[141] 钱玉文.试论经营者的强制性信息披露义务[J].行政与法,2005,(8)：122-124.

[142] 徐晞.我国非营利组织治理问题研究[M].北京：知识产权出版社,2009：120-123.

[143] 侯江红.公益组织财务监督机制研究[J].事业财会,2007,(5)：2-5.

[144] Philipkolte GaryArmstrong.市场营销原理[M].赵平,王霞,译.北京：清华大学出版社,2003.

[145] 马歇尔.经济学原理(上册)[M].中文版.北京：商务印书馆,1981.

[146] 于坤章.论企业差异化战略[J].财经理论与实践,2000：13.

[147] Milofsky C,Hall P D. Commentary on Van Til's lndependence of Research：Another View[J]. Nonprofit and Voluntary sectorquarterly,1990,19 (1)：79-83.

[148] Weisbrod,Burton. Toward a Theory Of the Voluntary Nonprofit Sector in Three- Sector Economy [M]. //In E. Phelps. Eds. Altruism Morality and Economic Theory. New York：Russell Sage, 1974：98- 125.

[149] Hans Mann Henry. The Role of Nonprofit Enterprise[J],Yale Law Journal,1980,89 (5)：835-901.

[150] Salamon LM. Rethinking Public Management：Third-party Government and The Changing Forms of Government Action[J]. Public Policy,1981,29(3)：255-275.

[151] Gidron Benjamin, Kramer Ralph, Salamon LH. Government and The Third Sector [J]. San Francisco,Jossey-Bass Publishers,1992,13-29.

[152] 罗西瑙.没有政府统治的治理[M].伦敦：剑桥大学出版社,1995：5.

[153] 俞可平.治理与善治[M].北京：社会科学文献出版社,2000：1-15.

[154] Carver J. Boards That Make A Difference：A New Design for Leadership in Nonprofit and public Organization. 2th ed. Sanfrancisco：Jossey-Bass Publisher,1997：181.

[155] 张曙光.民办非营利机构的成长与21世纪的中国[EB/OL].中国经济网站.http://www.cnjj.com/content/china/zhangshuguang/004.htm,1999.

[156] 俞可平.中国公民社会的兴起与智力的变迁[M]//王名.中国社团的兴起.北京：科学文献出版社,2001：5.

[157] 吴忠泽.民间组织管理[J].清华大学发展研究通讯,1999,(13).

[158] 里贾纳·E.赫兹琳杰,等.北京新华信商业管理有限责任公司译.非营利组织管理[M].北京：中国人民大学出版社,2000：3-5,49-60.

[159] 胡仙芝.从善政向善治的转变[J].公共行政,中国人民大学书报资料中心,2002,(1).

[160] Wood M M. Nonprofit Boards and Leadership：cases on Governance, change, and Board- Staff Dynamics[J]. San Francisco：Jossey-Bass Publisher,1996：3.

[161] Wood M M. Governance and Leadership：in Theory and practice//Wood, MM. Nonprofit Boards and Leadership：Cases on Governance,change,and Board-Staff Dynamics[J]. San Francisco：Jossey-Bass Publisher,1996：1-14.

[162] Gies DL,Ott JS,Shafritz JM. The Nonprofit Organization：Essential Readings. Pacific Grove[J]. California：Brooks/Cole Publisher Company,1990：178.

[163] Young DR. The First Three Years of NML：Central lssues in the Management ofnonprofit Organization[J]. Nonprofit Management & Leadership,1993,4(1)：3-22.

[164] 李维安.现代公司治理研究[M].北京：中国人民大学出版社,2002：23-24.

[165] 陈林.NGO 治理：寻找崇高人性与谋利冲动间的平衡点[N].21 世纪经济报道,2003-05-21.

[166] 高闯.内部人控制与公司治理论纲[J].辽宁大学学报,1997,(6)：27-30.

[167] Mark Lyons. The Contribution Of Nonprofit and Cooperative Enterprises in Australia[J]. Third Sector,2001.

[168] Peter F Drucke. Lessons for Successful Nonprofit Governance[J]. Nonprofit Management & Leadership,1990.

[169] 李维安,武立东.公司治理教程[M].上海：上海人民出版社,2002：53,58.

[170] 高程德.现代公司理论[M].北京：北京大学出版社,2003：18l-183.

[171] 曾维和,周小俊.非营利组织的诚信建设[EB/OL].博客中国.www.blogchina.com.

[172] 崔玉,马凤芝.中国非营利组织社会公信力的制度化途径：自律与社会交代[EB/OL].http://www.help-poverty.org.cn/helpweb2/n37htm.

[173] 李虹.论非营利组织的社会公信力建设[J].上海交通大学学报,2003,11(1)：32-36.

[174] 陈林.从"非国有化"到"非营利化"：NPO 的法人治理问题[J].《中国研究》学术年刊(香港),2002,(8).

[175] Mark Lyons. The Contribution Of Nonprofit and Cooperative Enterprises in Australia,thirdsector [J]. Newyork：walterdegruyter,2001,261-262.

[176] 王乐夫.领导学：理论、实践与方法[M].广州：中山大学出版社,1999：68-71.

[177] 周志忍,陈庆云.自律与他律——第三部门监督机制个案研究[M].杭州：浙江人民出版社,1999：41-43.

[178] 冯亚波.基金会管理运行机制研究[D].青岛：青岛海洋大学.

[179] 苏力,高丙中.规制与发展——第三部门的法律环境[M].杭州：浙江人民出版社,1999.

[180] 李琼艳.非营利组织财务管理有待规范[J].广西会计,2001,(1),29.

[181] 黎群.企业战略[M].北京：中国铁道出版社,2000.

[182] Valarice A Zeithaml. Consumer Perceptions of prlce,Quality,and Value：A Means- End Model and synthesis of Evidence [J].Journal of Marketing,1988(7)：2-22.

[183] 张彦宁.现代企业经营战略[M].北京：中国展望出版社,1988.

[184] 王方华,吕巍.企业战略管理[M].上海：复旦大学出版社,2003.

[185] 刘庆元,刘宝宏.战略管理——分析、制定与实施[M].大连：东北财经大学出版社,2001.

[186] 宁建新,晓待.企业战略管理的策划与案例[M].青岛：青岛海洋大学出版社,2000.

[187] 菲利普·科特勒.营销管理[M].郭国庆,译.北京：中国人民大学出版社,1999.

[188] Leslie de Chernatory. Manangement of Marks[J]. The Journal of Brand Manangement. 1998,(3)：25-27.

[189] Shocker A,Svivatava R,Ruckert R. Challenges and Opportunities Facing Brand Management；An Introduction to the Special lssue[J]. Jounal of Marketing Research,1994,31(5)：149-158.

[190] 周晖.论非营利组织的市场营销与形象竞争[J].湖南商学院学报,2003,(11)：46.

[191] 彼得·德鲁克.社会的管理[M].上海：上海财经大学出版社,2003.

[192] 陈锦飞.我国非营利组织的社会职能及其管理[J].新东方,2005,(4)：54.

[193] 王静,于立荣.营销观念在非营利组织中的应用[J].科技情报开发与经济,2004,14(10)：154.

[194] Philip Kotler. Marketing for Nonprofit Organizations[M],2th ed. //陈晓春. 非营利组织营销学. 长沙：湖南人民出版社,2003.

[195] 武志伟.当前我国非营利组织实施战略管理面临的问题与对策分析[J].生产力研究,2003,(2)：26.

[196] 彼得·圣吉.第五项修炼——学习型组织的艺术与实务[M].北京：北京大学出版社,1999.

[197] Hamel G,Prahalad C. Competing for the Future[J]. Harvard Business School Press,1994.

[198] 李春华,严明.谈非营利组织绩效管理的改善[J].财会月刊,2004,(12)：54.

[199] 董文琪.非营利组织的持续性发展与领导力培育[J].理论与改革,2005,(1)：117.

[200] 唐俊辉,唐重振.浅析非营利组织人力资源管理[J].人才开发,2005,(4)：27.

[201] Prahalad C K,Hamel G. The core competence of the corporation[J]. Harvard Business Review,1990(3)：79-91.

[202] Hamel G,Prahalad C. Competing for the Future[J]. Harvard Business School Press,1994.

[203] Leonard- Barton. Core Capabilities and Core Ri8idities：A Paradox in Managing New Product Development[J]. Strateglc Management Journal,1992,(13)：111-125.

[204] 李相银,杨亚平.论核心能力创建的途径[J].经济师,2002,(8)：23.

[205] 白津夫.核心竞争力：理论与战略问题[J].学习与探索,2003,(1)：56.

[206] 章卓然.非政府组织文化竞争力研究[D].长沙：湖南大学,2010.

[207] 啸父.增强文化品牌的力量[EB/OL]. http://www. zhpp. org. cn/school/strategy/200506/116. html,2005-6-24.

[208] Ansoff H I. Corporate strategy：an analytic approach to business policy for growth and expansion [J]. Harmond sworth Middlesex,Penguin Books,1968.

[209] Penrose E. The theory of the Growth of The Firm. 3th ed[M]. Oxford University press,1959.

[210] Gort Michael. Diversification and integration in American industry[M]. Princeton university press,1962.

[211] Rumelt Richard P. Strategy,Structure,and economic Performance [J]. Boston,Harvard University,1974.

[212] 李敬.多元化战略[M].上海：复旦大学出版社,2002.

[213] 孙志芳.多元化经营思考[J].企业研究.2003,(3).

[214] 陈晓春,颜克高.非营利组织多元化经营探析[J].财经理论与实践,2004,(3)：108-111.

[215] 黎诣远.西方经济学[M].北京：高等教育出版社,2000.

[216] 林善浪,吴肇光.核心竞争力与未来中国[M].北京：中国社会科学出版社,2003.

[217]　李品媛.企业核心竞争力研究[M].北京：经济科学出版社,2003.

[218]　David J Collies, Cynthia A. Montgomery. Creating lope rate Advantage[J]. Harvard Business Review,1998,(5/6)：76-77.

[219]　冯英健.网络营销基础与实践[M].3 版.北京：清华大学出版社,2007.

[220]　中国互联网络信息中心.中国互联网络发展状况统计报告[EB. OL].2008-01.

[221]　王方华,周洁如.非营利组织营销[M].上海：上海交通大学出版社,2005.

[222]　杰里米·莱特.博客营销[M].北京：中国财政经济出版社,2007.

[223]　楼天阳,何佳讯.关系范式下营销目标的基础指标[J].经济管理,2003.

[224]　CNNIC.2006 年中国搜索引擎市场调研报告[R].2006.

[225]　托马斯·弗里德曼.世界是平的[M].北京：科学技术出版社,2006.

[226]　科特勒,阿姆斯特朗.市场营销原理[M].9 版.北京：清华大学出版社,2003.

[227]　肖沙娜·朱伯夫,詹姆斯·马克斯明.支持型经济[M].北京：中信出版社,2004,5.

[228]　马道宗.菲利普·科特勒营销圣经[M].北京：台海出版社,2002,10.

[229]　张其仔.社会资本论——社会资本与经济增长[M].北京：社会科学文献出版社,2002.

[230]　菲利普·科特勒,艾伦·R.安德里亚森.非营利组织战略营销[M].北京：中国人民大学出版社,2003.

[231]　雷丙寅."体验"视角下的几个细分市场[J].营销导刊,2003,l.

[232]　肖娟,叶枫.利用数据挖掘管理客户关系[J].经济管理,2003,1.

[233]　杨魁,李惠民.第五代管理：现代企业形象管理战略与策划[M].兰州：兰州大学出版社.2007：42-43.

[234]　黄维梁.我国服务企业的差异化营销[J].经济管理,2003,3.

[235]　申光龙.整合营销传播战略管理[M].北京：中国物资出版社,2001.

[236]　菲利普·凯奇.全球整合营销传播[M].北京：中国财政经济出版社,2004.

[237]　罗作汉,耿斌.网络营销实务[M].北京：中国对外经济贸易出版社,2002.

[238]　黄敏学.网络营销[M].武汉：武汉大学出版社.2000.

[239]　方志远.网络营销目标市场的量化定位[J].现代管理科学,2005.

[240]　毛刚.论非营利组织及其在中国的发展[J].华东经济管理,2004.

[241]　张志刚,程佳琳.非营利组织营销战略探讨[J].前沿,2004.

[242]　Paul M Dholakia, Vicki G Morwitz. How Surveys Influence Customers[J]. Harvard Business Review,May,2002,(5).

[243]　Donald Gutstein. How The Intemet Undermines Democracy[J]. Toronto：Stoddart,1999.

[244]　Darrell K Rigby,Frederick F Reichheld,Phil ScheRer. A. Void the Four Perils of CRM[J]. Harvard Business Review,Feb,2002,(1).

[245]　Gauntlett. Web studies：rewiring media studies for the digital age[J]. London：Anrold;New York：Co-published in the United States of America by Oxford University Press,2000.

[246]　Michael O'Nein. Nonprofit Nation：A New Look at the Third America 1" edition [J]. San Francisco：Jossey-Bass,Jun,2002.

[247] Gary J Stern,Elana. Centor-Marketing Workbook for Nonprofit Organization：Develop the Plan 2"d edition[J]. Saint Paul：Amherst H. Wilder Foundation,2001,(3).

[248] Barry J. Mcleis. Successful Marketing Strategies For Nonprofit Organization [J]. Indianapolis：John Wiley&Sons,1995,(8).

[249] Philip Kotler,Alan. Andreasen-Strategicing for Nonprofit Organizations6" edition [J]. New Jersey：PrenticeHall,2002,(10).

[250] Peter F. Druker. Managing the Non-Profit Organization：Principles and Practices Reprint edition [J]. NewYork：HarperBusiness,1992,(8).

[251] 赵一鸣.非营利组织的网络营销[D].长沙：湖南大学政治与公共管理学院,2008.

[252] 陈晓春,陈玉娥.非营利组织民营化研究[J].云梦学刊,2005,(11)：63-65.

[253] 民政部 2005 年二季度民政事业统计数据（截至 2005 年 6 月 30 日）http://admin. mca. gov. cn/mztj/yuebao0506. htm.

[254] 赵立波.民办非企业单位：现状、问题及发展[J].中国行政管理,2008,(9)：100- 105.

[255] 郭国庆.现代非营利组织研究[M].北京：首都师范大学出版社,2001.

[256] E. S.萨瓦斯.民营化与公私部门的伙伴关系[M].北京：中国人民大学出版社,2002.

[257] 黄晓慧.论有限政府[J].江西行政学院学报,2001,(09).

[258] 倪颖.当代新公共管理评论[J].同济大学学报,2000,(12).

[259] 刘伟.转轨经济中的国家、企业和市场[M].北京：华文出版社,2001.

[260] 张彪,张士建.可持续发展与非营利组织会计改革[J].财经理论与实践.2004,(5)：66-69.

[261] 赵建勇.中外政府会计规范比较研究[M].上海：上海财经大学出版社,1999：103- 112.

[262] 荆新,阎达五.对事业单位会计改革等问题的意见[J].预算管理与会计,1998,(10)：28-33.

[263] 刘光忠.改进我国预算会计制度的思考[J].会计研究,2002,(1)：25-30.

[264] 陈立齐,李建发.国际政府会计准则及其发展评述[J].会计研究,2003,(9)：49-52.

[265] 陈胜群,等.政府会计基础的比较研究[J].会计研究,2002,(5)：34-39.

[266] 张士建,张彪.可持续发展与非营利组织净资产保全[J].财会月刊,2004,(10)：16-17.

[267] 张彪.非营利组织可持续发展的财务策略[J].财经理论与实践,2003,(1)：81-83.

[268] 萨拉蒙,等.全球公民社会--非营利部门视界[M].贾西津,等,译.北京：社会科学文献出版社,2002：30.

[269] 郭国庆,李先国.国外非营利机构筹资模式及启示[J].经济理论与经济管理,2001,(12)：22-27.

[270] 尼尔斯-约兰·奥尔韦,卡尔-约翰·彼得里,等.使平衡计分卡发挥效用——平衡战略与控制[M].北京：中国人民大学出版社,2004.

[271] 王锐兰,谭振亚,刘思峰.我国非营利组织绩效管理与发展走向研究[J].江汉学刊,2005,6(3).

[272] 西奥多·H.波伊斯特.公共与非营利组织绩效考评：方法与应用[M].北京：中国人民大学出版社,2005.

[273] 张彪.郴州市体育竞猜俱乐部财务运作剖析[J].时代财会,2002,(12)：40-43.

[274] 张彪.对我国非营利组织的税收政策思考[J].税友,2002,(12)：17-18.

[275] 范恒山.事业单位改革：国际经验与中国探索[M].北京：中国财政经济出版社,2004：15.

[276] Brignall S, Modell S. An institutional perspective on perfomance measurement and management in the new public sector. Management Accounting Research, 2000, 11(3).

[277] Kaplan R S, Norton D P. The Balanced Scorecard-Measures that Drive Performance. Harvard Business Review, January-February, 1992.

[278] Kaplan R S, Norton D P. Transforming the Balanced Scorecard from Performance Measurement to Strategic Management: Part1. Accounting Horizons, 2001.

[279] Dennis R Young. Alternative models of government-nonprofit sector relations: theoretical and international perspective[J]. Non-profitand Voluntary Sector Quarterly, 2000, (1): 149-172.

[280] 程昔武. 非营利组织治理机制研究[M]. 北京: 中国人民大学出版社, 2008: 34-54.

[281] 钱玮亭. 论强制性信息披露的度[J]. 决策与信息, 2005, (7): 50-51.

[282] 赵明, 王霞. 从经济学的角度看强制性信息披露[J]. 新疆财经学院学报, 2006, (2): 78-81.

[283] 钱玉文. 试论经营者的强制性信息披露义务[J]. 行政与法, 2005, (8): 122-124.

[284] 徐晞. 我国非营利组织治理问题研究[M]. 北京: 知识产权出版社, 2009: 120-123.

[285] 侯江红. 公益组织财务监督机制研究[J]. 事业财会, 2007, (5): 2-5.

[286] 方振邦. 绩效管理[M]. 北京: 中国人民大学出版社, 2003.

[287] 孙宗虎, 李晓颖. 绩效考评与激励管理[M]. 北京: 中国言实出版社, 2004.

[288] 秦扬勇. 平衡计分卡与绩效管理[M]. 北京: 中国经济出版社, 2005.

[289] 陈林. 非营利组织法人治理研究[J]. 中国科学技术大学管理学院学报, 2002, (1): 52-54.

[290] 黄少安, 产权经济学导论[M]. 济南: 山东人民出版社, 1994: 231-232.

[291] 文森特·奥斯特罗姆. 治理公共事务[M]. 上海: 上海三联书店出版, 2000.

[292] 陈福今. 大力推进社会管理创新努力构建和谐社会[J]. 国家行政学院学报, 2005, (6): 13-15.

[293] 薛寒冰. 推进社会管理创新构建社会主义和谐社会[J]. 科教文汇, 2007, (9): 152.

[294] 陈志勇. 社会管理创新: 非正式制度视角思考[J]. 理论探索, 2007, (2): 128-130.

[295] 杨立新, 侯琦. 试论转型期我国社会管理创新的若干问题[J]. 党政干部学刊, 2010, (12): 53-55.

[296] 马凯. 努力加强和创新社会管理. 加强和创新社会管理: 党员干部学习参考[M]. 北京: 人民日报出版社, 2011.

[297] 徐珊. 非营利的激情[M]//彼得·德鲁克. 非营利组织的经营之道. 台湾: 远流出版事业股份有限公司, 1994.

[298] 任理轩. 理性看待当前的社会公正问题. 加强和创新社会管理: 党员干部学习参考[M]. 北京: 人民日报出版社, 2011: 2-11.

[299] 陈晓春, 王辉. 我国非营利组织问责适应性探析[J]. 行政论坛, 2008, (4): 75-79.

[300] 陈晓春, 贺菊花, 卜小燕. 浅析我国非营利组织的公信力建设[J]. 北华大学学报: 社会科学版, 2007, (6): 45-48.

[301] 仲伟周, 曹永利. 我国非营利组织发展存在的问题及其治理[J]. 公共行政, 2004, (10): 78.

[302] 丁·奥罗兹. 基金会权威指南. 基金会如何发掘、资助和管理重点项目[M]. 北京: 机械工业出版社, 2002.

[303] 莫易. 百亿公益基金会欲破增值困境[EB/OL]. 新华网, 2004-07-05.

[304] 民政部就《基金会管理条例》相关政策答问全文[EB/OL].中国新闻网,2004-03-29.

[305] 史密斯—巴克林协会.非营利管理[M].北京:中信出版社,2004.

[306] 朱传一.慈善机构与基金会筹资方略[N].华夏时报,2001-02-09.

[307] 李柚云,孟淑芳.筹资管理与高校的可持续发展[J].科学观察,2003,(5).

[308] 李朝全.利益驱动机制在社会筹资中的运用[J].中国青年科技,1999,(10).

[309] 顾晓今.中国青基会财务工作报告[N].中国青基会通讯,2001-04-05.

[310] 谢宝富.当代中国公益基金会与政府的关系分析[J].中国社会科学院研究生院报,2003,(4)

[311] 里贾纳·E.赫茨琳杰,等.非营利组织管理[M].北京:中国人民大学出版社,哈佛商学院出版社,2000:8.

[312] 白思俊.现代项目管理[M].北京:机械工业出版社,2001:21.

[313] 田文富."两型"社会建设的路径初探[J].延边大学学报,2008,(3).

[314] 罗伯特·罗茨.新的治理[J].政治学研究,1996,(54).

[315] 王云骏.长三角区域合作中有待开发的制度资源——非政府组织[J].时事观察,2005,(14).

[316] 李玲玲.长株潭高新技术产业与区域经济发展[J].衡阳师范学院学报,2002,(16).

[317] 焦怡雪.美国历史环境保护中的非政府组织[J].国外城市规划,2003,(22).

[318] 马文银.长株潭循环经济型生态城市构想[J].商场现代化,2006,(18).

[319] 林家彬.国务院发展研究中心调查研究报告[R].2007,10(26):33-38.

[320] 刘喜银.非政府组织:资源配置领域的制度创新[J].内蒙古社会科学,2002,(49).

[321] 范铁中.西方国家治理理论对我国构建和谐社会的启示[J].理论研究,2007,(93).

[322] 曹良.试论民间非营利组织的企业化管理[D].上海:复旦大学,2006.

[323] 马庆钰.中国非政府组织发展与管理[M].北京:国家行政学院出版社,2007.

[324] Ronald J Burke,Eddy N G. The changing nature of work and organizations:Implications for human resource management[J]. Human Resource review. 2006,(56).

[325] Weisbrod Burton. Toward a Theory of the Voluntary Nonprofit Sector in Three-Sector Economy E Phelps//. Altruism Morality and Economic Theory. New York:Russel Sage,1974.

[326] Salamon Lester. Partners in Public Service:the scope and theory of government-non Profit relation//Powell. The wcnprcefit secter:a research hanelbook. Yate University Press,New Haven,1987,29(3).

[327] Robert Goodwin. the Benefit of Volunteer Activities by Families [J]. Journal of AVS,December 1995.

[328] Karsten Nowrot. Legal Consequence of Globalization:The Status of Non-Government Organization under International Law[J]. Indiana Journal of Global Legal Studies,1999,11(6).

[329] Jeffrey L Dunoff. The Misguided Debate over NGO Participation at the WTO [J]. Journal of International Economic Law,1998,(3).

[330] 于波.基于"治理"理论的转轨时期我国非政府组织的培育[D].大连:大连理工大学,2005.

[331] 查尔斯·沃尔夫.市场或政府:权衡两种不完善的选择[M].中国发展出版社,1994.

[332] 顾顺晓.非政府组织失灵的机理探究及其矫治[J].理论与改革,2007,21(8).

[333] 李俊瑛. 对我国环保非政府组织发展的研究[D]. 长沙：中南大学政治与行政管理学院, 2006.

[334] 喻向阳. 美国环保协会支招湘潭"两型社会"环保建设[EB/OL]. (2008-10-25) http://www. sina. com. cn.

[335] 王炳晰. 非政府组织在城市协调发展中的作用[EB/OL]. (2008-01-04) http://www. china. com. cn/ aboutchina/data/07cs/2008-01/04/content_9480714. htm.

[336] 蒋新. 论环境保护非政府组织[J]. 前沿论坛, 2006, (7).

[337] 桑颖. 论非政府组织在全球环境保护中的作用[D]. 武汉：华中师范大学, 2007.

[338] 金乐琴. 非政府组织：可持续发展制度创新的亮点[J]. 山西财经大学学报, 2005, (29).

[339] 周振. 非政府组织在长株潭"两型社会"建设中的功能研究[D]. 长沙：湖南大学, 2008.

后　记

　　非营利组织是除政府和企业之外的第三部门，它广泛涉足于文化、艺术、宗教、科研等多个领域。非营利组织的发展为我国社会进步降低了交易成本，有效地促进了我国科、教、文、卫事业的全面发展，非营利组织的经营管理是关系国泰民安的大事。本书讨论了有关非营利组织经营管理的战略环境、战略目标、生命周期、民营化、多元化经营、品牌战略、信息化与网络经营、组织价值导向等问题。

　　我国是一个人口众多、处于社会转型期、社会需求多元化的国家。2011 年 2 月份，胡锦涛总书记在省部级主要领导干部社会管理及其创新专题研讨班开班式上发表重要讲话，提出"扎扎实实提高社会管理科学化水平，建设中国特色社会主义社会管理体系"。非营利组织是社会管理的重要参与者，提升其经营管理能力是加强和创新社会管理的重要途径。目前在许多公共管理学院都已为本科生、研究生设置非营利组织管理相关课程，提高了学生对非营利组织的理解和认识。著述本书的目的就是为了顺应当前学科建设和人才培养的要求。

　　本书在编著过程中，得到了国家社会科学基金、国家自然科学基金、清华大学出版社等单位的支持，在此表示衷心的感谢！在编撰过程中，参考了大量的国内外文献，引用标注共计 300 多条，在此，对从事非营利组织研究的同行表示衷心的感谢！

　　由于时间仓促以及作者水平有限，本书中存在的不足地方，敬请国内外同行批评指正！

陈晓春

2012 年 5 月